CORPORATE GOVERNANCE

THEORY AND CASES

公司治理理论

宁向东◎著

中国发展出版社

图书在版编目（CIP）数据

公司治理理论/宁向东著.—2版.—北京：中国发展出版社，2006.9（2016.12重印）

ISBN 978-7-80087-783-4

Ⅰ.①公…　Ⅱ.①宁…　Ⅲ.①公司—企业管理　Ⅳ.①F276.6

中国版本图书馆CIP数据核字（2006）第102319号

书　　　名：公司治理理论（第二版）
著作责任者：宁向东
出 版 发 行：中国发展出版社
（北京市西城区百万庄大街16号8层　100037）
标 准 书 号：ISBN 978-7-80087-783-4
经　销　者：各地新华书店
印　刷　者：北京科信印刷有限公司
开　　　本：670mm×990mm　1/16
印　　　张：32
字　　　数：490千字
版　　　次：2006年9月第2版
印　　　次：2016年12月第9次印刷
印　　　数：31001—36000册
定　　　价：58.00元

联 系 电 话：（010）68990630　68990692
购 书 热 线：（010）68990682　68990686
网 络 订 购：http：//zgfzcbs.tmall.com//
网 购 电 话：（010）88333349　68990639
本 社 网 址：http：//www.develpress.com.cn
电 子 邮 件：bianjibu16@vip.sohu.com

目录 contents

案　例

李子奈教授序

按照中国的传统习惯，为书作序者，或者是领导，或者是权威学者。近些年来，又增加了一类人：指导教师。我即属于这第三类人。作为本书作者曾经的指导教师、长时期的同事和朋友，虽然我的研究方向是计量经济学，对企业制度和公司治理知之甚少，但在了解了全书的内容体系之后，还是十分高兴地接受作者之邀，写下这篇“序言”，藉以向读者推荐这本力作。

翻阅了全部书稿，作为一个非专业的读者，尽管不能准确地对本书的具体内容作出评价，但是仍然感觉到本书所具有的鲜明特色。首先，这本书的体系性和逻辑性比较强。从经理报酬、内部人持股、董事会制度、股东权利保护制度，到公司控制市场，环环相扣，一层比一层深入，充分展示了现代公司治理体系的逻辑。其次，本书的内容比较新。由于作者对国外的研究情况非常熟悉，所以，在阐述问题的时候，充分地利用了世界范围内关于公司治理研究的最新成果。这就一下子把读者带到了最前沿，有助于读者在更高的层次上看问题和理解问题。书中对于内部人持股、董事会制度有关理论研究的综述，都体现了这一点。第三，本书有很多创新之处。比如，关于企业融资与组织发展两个维度的划分，以及基于此种划分对代理型公司治理问题和剥夺型公司治理问题的定义与阐释，都是此前同类著作中所未有或少见的。

在目前的中国，有关企业制度和公司治理领域的著作，又多又少。说多，是指著作数量；说少，是指有新意的内容。两个月甚至更短时间内写出的书，有之；坐在办公室不出门写出的书，有之；把课堂的讲稿整理一下就成为专著的，也有之。对于某些问题，这样写出的书很可能是高水平的好书。但是，对于企业制度和公司治理这样的题目，如此写出的书恐怕很难给读者更多的思想上的启迪和理论上的提高，指导实践恐怕更难。宁向东博士在清华任教15年，在我的印象中从来没有停止过该领域的研究。他是属于“两多”的学者，读书多，接触企业多。读书，就读那些原著，真正读懂；接触企业，不是去做报告，告诉人家应该怎样做，而是去学习，去调研，了解人家是怎样做的。加上他洞悉东西方经济学理论，善于思考，日积月累，经数年之功，写出具有上述特色的专著就是水到渠成的事了。

李子奈

2004年10月于清华大学

姜彦福教授序

在中国，公司治理的研究历史并不长，今天却已成为显学，成为学术界、产业界和政府关注的一个热点或焦点。情况之所以有如此变化，大概就是因为在我国建立和完善现代企业制度的过程中所暴露的诸多问题，正是这些问题揭示出公司治理是关乎中国现代企业制度建设成败的真问题和大问题。

在公司治理的思想上，尽管学术界有“股东至上”的主张和利益相关者“共同治理”的主张，但我认为，保护投资者股东的利益是公司治理的基石和核心，离开这个基石和核心，都是远离公司治理主旨的本末倒置。公司治理问题的提出，缘于现代公司存在着经理人寻求私利而损害股东利益的行为风险，用本书作者的话说，所谓的公司治理也就是解决这种行为风险以保护股东利益的“招数”。

公司治理的诸多招数亦称作“制度安排”或制度建设。所谓制度者，人的行为规则或规范也。公司治理的制度安排，不过是针对人们在公司活动中的行为施加影响的特定招数，这些制度招数，是利益相关者们（包括政府）长期博弈的结果，是一个不断地创新、检验、淘汰和改进的过程。

从人的行为角度去理解中国公司治理的现状和问题，我认为，除了应当继续关注和研究公司治理的正式制度以外，还有两个方面的问题是应特别重视的，一个是国人对契约责任的认同问题，一个是人的行为自律的道德基础问题。我相信，这两个问题既是有中国特色的问题，也是影响中国公司治理的深层次基础性问题。

我与本书作者向东相识二十余年，即是师生，也是挚友。向东治学相当严谨，《公司治理理论》一书，是他十余年苦心研读的结晶，其内容之丰富，品位之高端，是我读过的同类著作中所少见的。本书稿付梓之际，我有幸先睹为快，并受作者之托，写了上述几句话，权且算作序。

姜彦福

2004 年 10 月于清华园

第二版自序

本书第一版出版后，受到相当多的读者和同行垂爱。在一年多的时间里，印刷两次，并很快发行完毕。本书责任编辑告诉我，对于一部较为严肃的学术著作，这个结果在今天是非常难得的。我对这个结果除了有点沾沾自喜之外，更多地是感到一种压力和矛盾。这在于：我一方面希望更多的人能够读到我的书，增加自己的研究成果对于社会的影响力；但另一方面，我也确实担心自己的一些偏见、笔误，甚至是错误会贻害社会。因此，我非常期望能够通过不断的修订来完善这本书。

本次经修订形成了第二版。在修订中，我主要做了如下三个方面的工作。第一，将近两年公司治理领域在世界范围内所出现的新问题和新情况在书中加以补充和分析，对一些新的材料加以介绍。第二，对读者反馈所最需要的内容做了一些增写。本书曾在清华大学、中山大学、美国杜兰大学等多所大学的 EMBA 课程中，在很多高级经理和董事会成员的培训课程中使用过，收到了很多评论，我也被问到了很多问题。其中的一部分问题和评论成为了本次修改中要充实的主要内容。第三，增加了一些我在近期关于中国公司治理问题的研究成果和看法。

具体来说，第二版相较第一版在如下方面有较大变动，请读者在购买之前一定要注意比较，考虑这些新增部分是否属于自己所需要的内容，以免花冤枉钱。

在导言部分，除了顺序上和内容上有一定的调整之外，我增写了“中国的公司治理现状”一节，希望更加清晰地为读者在开篇之初就建立起一个关于中国公司治理现实情况的概貌。在第二章，我主要增写了“揭开公司面纱制度”一节。这可以配合我国《公司法》立法进展，使读者对新《公司法》有关内容有更加深入的理解。在其他各节，也有一些新增的段落和图表。在第五章，关于董事会，以及各委员会的运作，我增写了安然事件之后美国公司治理上的一些新情况，供读者参考。此外，我也增写了“基于管理的董事会运作”一节，这是国际公司治理领域的前沿，也是我和研究团队目前重点研究的内容。但在这本书里，我只是点到为止。第六章在股东大会投票规则和累积投票制方面，有少量内容的补充。在第九章，我增写了两个新的小节，其一是关于“公司治理的评级”，其二是“关于《公司法》的修改”。前者是介绍性质，后者则是评论性质，希望这些内容对中国公司治理大环境的改善能起一定的作用。在案例方面，本次修订主要增加了两个案例：“中国网通”和“格林柯尔”。除了上述被提及的工作，其他各章基本上都只是个别字句的修改，没有大的变动。

坦率地讲，修订书的过程是对自己的工作进行重新审视的过程，是照镜子，照得越细，就照出越多的丑来，就越不满意。所以，虽然现在是做第二版的修订，但我在心中已经开始筹划着如何进行下一次的修订。我期望自己能够在那时拿出令读者更满意的一个版本。当然，这不是对本次修订之后，依然不足成堆的推脱之辞。

最后，我要感谢对于这次修订做出过有益帮助的人。清华大学经济管理学院的研究生吴晓亮、任伟峻、许李彦和赵峦，博士后龚红，以及清华大学中国经济研究中心的研究助理郭婵君、王红和赵军，还有吉林大学的徐卓同学，都为本书的最后完成做过某种形式的辅助工作，感谢他们。也感谢对于本书给予关注、批评和建议的企业家们。

宁向东

2006 年 8 月

第一版自序

（原为：本书的框架与致谢）

我是一个愚钝而又兴趣时常游移的人，因此，要写完一本书，其实挺不容易。我从1990年代初期开始集中精力研究企业制度和公司治理问题，应该说属于动手比较早的。但直到90年代后期，公司治理问题逐渐被国内知识界和企业界所认识，我都没能写出什么特别有价值的东西。我的一个研究生就曾“指责”过我说：起个大早，还不“赶集”。其实，不是我不想“赶集”，是觉得实在没有什么值得出卖的东西。

近几年来，随着研究工作的积累和深入，更主要地，是随着年龄和阅历的增长，对一些问题的认识逐渐清晰了、明确了。对于国内外公司治理的基本情况，也有了一点自己的看法。在这种情况下，就断断续续地写下了本书。

本书包括一个导言和十章正文，另有六个案例作为附录，大致可以分为四个部分。

导言和前两章是第一部分，是对公司治理问题的初步说明和界定。在这里，我明确区分了代理型公司治理问题和剥夺型公司治理问题。应该指出的是，第二章所涉及的“剥夺型公司治理问题”，在本书后面的部分，并没有被加以展开，从而进行更加深入和细致的讨论。如果可能，今后我将专文探讨。

第三章到第八章，是本书的第二部分，所讨论的都是具体的公司治理机制，包括经理报酬、内部人持股、董事会制度、股权保护、公司控制市场，以及利益相关者的控制问题。我在阐述上述措施的时候，视角是基于“董事会中心模式”的，这是本书的局限性。

第九章“公司治理的基础设施”和第十章“公司治理的历史演进”，构成本书的第三部分。在这一部分中，我力求将公司治理从“具体机制”层面提升到“社会环境”层面，力求从更加宽阔的视野来展现公司治理机制演进的历史逻辑。由于这个领域的内容非常之多，我只挑选那些最重要的东西来加以讨论。

在本书的最后，我选择了六个案例，试图帮助读者更好地理解正文中的内容。这些案例是我在曾经讲授过的二十几个案例中选出来的，有一定的代表性。不过，需要说明的是，限于篇幅，我在本书中所提供的只是案例材料的简编，目的是为了介绍一点实际情况。这些材料并不足以进行较为深入的分析，更不是可供读者借鉴的结论性内容。这一点，读者需要格外注意。

在本书即将完稿的时候，照例要向那些给予我帮助的人表示感谢。

李子奈教授和姜彦福教授是我在清华大学工作期间给我最多无私帮助的人，所以，我首先要向他们表示我的谢意。我特意请这两位先生为本书写了序言，一是想借用他们的影响力为本书增色，另外更重要的，也在于我认为他们是最适合为本书作序的人。我的这两位老师都是老一辈的清华学者，为学严谨，正直豁达，不喜张扬。他们对我的影响至深至远，不仅仅在学问方面，更在于处事为人。从1990年我留校工作开始，他们就给予了我很多的关心和照顾，当然也有督促和帮助。

姜彦福教授是我在1995年之前讨论最多的老师。在那个时期，办公室条件还不如今天这样好，我就经常去姜老师家里，向他汇报一些读书心得，并就一些理论问题向他求教。有时是我们两个人，有时还能碰到廖理教授和陈涛涛教授。今天想来，在那样一个全民经商的年代里，姜老师的博学和睿智，不仅在学问方面给了我很多方向性的影响，而且，对于我坚定地走学问之路，也有重大影响。可以说，在那个时期能够与姜老师如师如友般地进行讨论，对我一生来说，都是一笔宝贵的财富。

李子奈教授是我攻读博士学位的导师，也是我的系主任。由于他的办公室和我的办公室比邻，所以，用“朝夕相处”这四个字来形容，是恰当的。李老师对我有两个方面的深刻影响。首先是在学问方面，他近20年的教育，使我受惠多多。其实，这不仅仅于我，李老师是国内率先开设《计量经济学》和《高等计量经济学》课程的学者，清华校内外受惠于此的学子不计其数。我近水楼台，当然要受惠更多一些。其次，也是更重要的，我从李老师身上学习了很多如何为师、如何为人，以及如何对待名利的人生态度。李老师每天从早到晚都几乎“生活”在办公室里，他的大门永远向每一个学生敞开。这种敬业精神，常常让我自愧弗如，也常常鞭策我更加努力。

除了上述两位教授，我也要特别感谢在清华大学多年来关心我研究工作的赵纯均教授、陈章武教授、陈国青教授、魏杰教授、陈小悦教授、夏冬林教授、廖理教授、张陶伟教授、杨斌教授。感谢中国经济研究中心的王红、赵军，感谢我在清华大学所指导过的研究生们，包括黄垚、张海文、周鹏、滕新凤、赵峦、宋风华、孙艺、郭久龙等，他们都对本书的完成做过某种辅助工作。也要感谢我在清华大学内外的学生们和讲座听众们，他们常常会向我提出意料之外的问题，给予我持续研究的动力。这对枯燥的研究工作是不可或缺的。

特别感谢哈佛商学院的 Warren McFarlan 教授、Tom Piper 教授、Mike Beer 教授、Tarun Khanna 教授、

Hall Brain 教授；感谢美国依利诺大学（UIUC）的 Peter Schran 教授、Thomas Ulen 教授、Lee Alston 教授、Larry Neal 教授；感谢澳大利亚新南威尔士大学的 Peter Swan 教授；香港中文大学 Leslie Young 教授、郎咸平教授；香港大学周贤明教授；中国证监会童道驰博士。他们对于本书的写作都提供了不同程度的帮助。感谢中国发展出版社的尚元经和李莉两位编辑，他们一如既往地努力工作，是保证本书高质量出版的关键。

最后，需要指出，由于公司治理是最时髦又是最混乱的领域（《华尔街日报》语），因此，受本人学术水平的限制，本书在认识上和表述上的偏见或问题应该不少，欢迎读者指正。批评意见请寄“清华大学经济管理学院宁向东收，邮政编码 100084”。

宁向东

2004 年 10 月

Corporate Governance: Theory and Cases

公司治理理论

导言

探索公司治理的未知疆界

1 从一个故事开始
2 两类公司治理问题
3 公司治理的发展浪潮
4 公司治理的实务进展
5 学术界的探索
6 中国的公司治理现状

1 从一个故事开始

曾经在差不多两年的时间里，我在各种关于公司治理的演讲中都会讲述下面的故事。我力求通过这样一个故事向各种类型的听众传达以下观念：公司治理是一个制度形成和演进的过程，是产权明晰的资源所有者为了确立剩余分配规则、保护自己权益而进行的讨价还价过程。这个过程是在特定法律和特定交易环境中进行的，制度环境决定了不同公司治理机制的净收益，也决定了制度安排的特征和走向。

1995年，在全民经商的热潮中，我的一个朋友有了一个不错的发明，估计一旦商品化，潜在的市场可能会不错，但他没有钱投资。这个项目的总投资量不算太大，大约两千万左右就可以达到生产上比较经济的规模。我的朋友找到我，说你在企业界的朋友不少，能不能在民营企业这个圈子里帮我找一个肯投资的人，将来我们把事情做出来，大家三七分账，我拿三，投资者拿七。

过了一个月，我为这个朋友找到了一个农民企业家。此公靠盖房子起家，靠着一块块砌砖积攒了万贯家财。此公没有学历，但满脑袋都是智慧。我陪着他们谈了一天，我的朋友为企业家描绘了非常有吸引力的技术优势和可观的市场前景。但是，当关于企业运行方面的问题几乎都一一得到解决之后，这个企业家提出了他最后一个问题。他说：在我投资之后，我的钱都变成了设备和在制的产品，企业是个高科技企业，我根本没有能力管，经营决策完全由你做主，那么，我怎么才能知道你是在为了我们两个人的利益而努力，而不是在“黑”我呢？如果你“黑”我，我又该怎样保护我自己呢？

这是一个很敏感但又不容回避的问题。在这个时候，我的朋友及时地把我推了出去。他说，这是一个公司治理的问题，宁教授是研究公司治理的，请他给我们出个主意吧。我当时并没有多少企业运作的经验，对公司治理的理解也相当粗浅。但无知者无畏，我就给他们大讲了一顿“法人治理结构”。我从经理报酬讲到董事会制度，还建议他们聘请一些独立的外部董事来对经理层加以约束。这在当时都是些时髦也少人知道的内容，听得这位企业家两眼大放光芒。我以为这样就可以解决问题了，但没有想到当这个企业家礼貌地听完了我的长篇大论之后，对我的朋友说：宁教授讲得确实好，但我们也没有必要搞得太复杂了。他说，你有一个女儿，我也有一个女儿，两个孩子又一样大，这样吧，干脆你把女儿送到我这里来，两个孩子结成伴，我供她们吃，供她们上学，你也可以踏踏实实地搞经营。

这是一个“人质”方案。

我的朋友没有接受这个方案，这次合作没有成功。但是，这个故事却极大地改变了我对公司治理问题的认识，它给我带来了非常丰厚的收获。从这个故事中，我悟出了公司治理的真正含义。

“公司治理”，从最本质的意义上讲，是在一定的法律环境与商业文化传统中，与公司相关的不同利益主体之间所形成的相互约束的“招”的集合。在上面的例子中，企业家所要寻求的就是约束我的朋友经理的“招”。具体来说，在代理经营的情况下，股东拿出钱来投资，但企业通常是交给职业经理经营的。而经理的利益又与股东的利益不一致，他们之间的信息也不对称，没办法及时监督。怎么办呢？股东就要想出“招”来约束和监督经理。董事会制度是一种办法，一个“招”；同样，拿经理的女儿作“人质”，虽然不合法，但也是一个“招”。那么，为什么这个企业家选择后者，而不选择前者那个合理合法，又符合国际规范的办法呢？就是因为公司治理的机制在使用上是有成本的。这个企业家在核算了他使用不同办法的收益和成本之后，他认为使用“人质”的办法更加划算。设置董事会的方式固然规范，但是，无论从董事会成员的聘请还是从董事会的运作上，这位企业家能够掌控的东西都会很有限，内部人控制都会不可避免。对他来说，显然不是一个好方式。

当然，提出“人质”方案，还符合经济学上的“筛选”机制。因为，无论最后是否实行“人质”方案，这个方案对于经理都是一个考验，一个筛选的过程。通过这个考验，企业家可以判断我的朋友对其项目成功的信心。也就是说，你是否有胆量把女儿送来，实际代表着你对项目最后能否开发成功的信心和把握。我的朋友在介绍项目的时候，把成功说成“万事俱备，只欠投资”的事情，但企业家并不可能通过一个简单介绍就完全获得足够的下决心的信息。于是，提出“人质”方案，看你是否愿意把女儿送来，有助于了解更多的信息，最后再下决心。

在我看来，上面这个故事的含义是深远的。也正是从这个故事开始，我再也不相信什么“规范法人治理结构”的说法，不相信公司治理是可以被“规范”的。天下从来就没有一个规范的公司治理结构这回事，不同的公司要根据自己国家的企业文化和人们习惯的行为方式来寻找对其最为有效，也最为划算的治理机制，也就是在特定约束条件下的最优治理机制。放之四海而皆准的公司治理模式历史上不存在，未来也不会有。

上面这个故事成为我在研究公司治理道路上的一个转折点。而我到处给人讲这个故事，就是希望有更多的人能够分享我的经验和感悟。因为在我看来，尽管公司治理今天已经成为显学，“公司治理”这四个字成为了在各种媒体上出现频率非常高的词，但关于“公司治理”，我们所了解的实在是太少，也太肤浅。在很多问题上，我们常常是“知其然，而不知其所以然”。

2 两类公司治理问题

理解公司治理问题的类型，要综合考虑企业内部权利关系的特征。这包括如下几个方面的关系。首先，是股东之间的权利关系，这是公司内部最基本的关系。其次，是公司股东与董事会之间的关系，这是一个派生的关系。第三，是股东与公司实际控制者（在某些情况下可以是没有任何股权的职业经理人，也可以是控制性股东）之间的关系。这些关系共同形成了公司治理结构的基本框架。

企业的各种权利关系，往往随着企业的发展而逐渐发展和深化，以及复杂化。企业在创始之初可能只有一个发起人或股东，这是比较多见的类型。当然，企业也可能是由几个人共同合伙创建的，这样形成的企业通常是我们所说的有限责任公司。如果是几个人合伙，又可以分存在主要发起人，以及不存在主要发起人、而是由所有股东共同决策两种类型。

在股东共同决策的情况下，可以是在每一个决策发生时，都由所有股东参与，并且通过投票这种最简单的资本民主形式完成。当然，如果股东的人数非常多，或者是由于有些股东因为持股数量有限，在每一次决策时都积极参与可能就非常不划算，于是，这时公司往往会采用委托决策的方式，把决策权从由股东决策转移到由董事会决策。在多数情况下，股东决策是按照资本数量的多少来作为决策依据，而在董事会决策的情况下，决策的方式则是董事会成员按人头来表决。

然而，无论这些权利过程在形态上差异如何，依照与公司相关的不同利益主体之间的关系在性质上的不同，我们可以将公司治理的问题分为如下两类：一类是代理型公司治理问题；另一类是剥夺型公司治理问题。代理型公司治理问题面对的是股东与经理之间的关系；而剥夺型公司治理问题，则涉及着股东之间的利益关系。对于某些公司，所存在的是第一类公司治理问题；而对于另外一些公司，则存在着第二类公司治理问题。当然，现实中更多的是两类问题兼而有之的公司。我们必须认识到，对于不同的公司，由于其问题的性质不同，解决问题的手段也大相径庭。

那么，为什么会产生公司治理问题呢？这是由于，任何公司在发展的过程中或迟或早都会在如下两个难度上发生结构的变化：一个是公司的组织形式，一个是公司的融资状况。下面我们结合图示 0－1 来加以说明。

在图示 0－1 中，我们可以想见，任何一个企业在其创业的最初阶段，都可以被还原为一个企业家的企业，具体来说，在企业创业之初，一般总存在一个关键人物。他一般是企业的百分之百的投资者和创业者，是企业的灵魂，具有权威。企业没有外部融资，经营上也是由这个企业主直接指挥，权力高度集中。但是，随着企业的发展，企业一定要在两个维度上出现变化。

在图示 0－1 中的水平方向上，企业的组织形式会逐渐层级化，逐渐形成分权结构。这可能是由于伴随产品出现多样化趋势，或产品线拉长或增多。在这种情况下，公司将引入职业管理阶层，将相当一部分权力

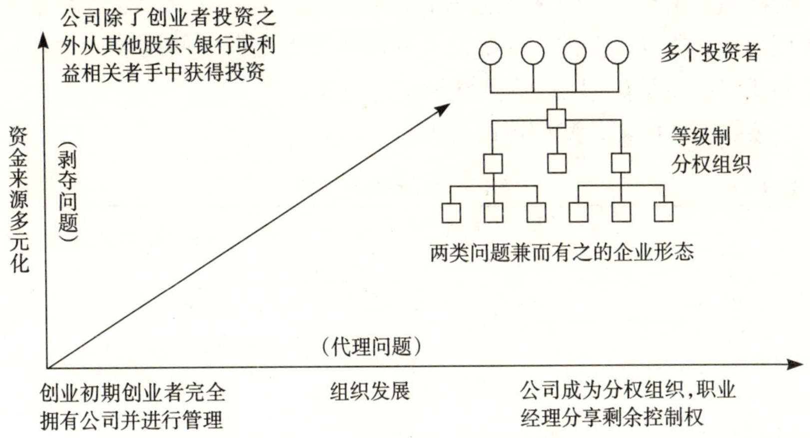

图示 0－1　公司形态与两类治理问题

由创业者转移给职业经理。这时，所有者并不掌管公司百分之百的权利。但是，可以想见的是经理的利益与所有者的利益不一致，再加上信息不对称，监督困难，经理自然就可能会在分权结构下为自己的利益，而不是投资者的利益做决策或做事。我们把公司在这种情况下的出现的问题，叫代理问题。

在图示 0－1 的垂直维度上，或在企业的创始之初，或随着企业的发展，发起人的投资可能会不够，所以，企业或者需要发起人之外的其他投资，或者需要追加投资。这都会引致企业的资金来源多元化。企业融资的方式主要有三种。其一，是依赖留存收益，进行内源性融资。这意味着，企业最初的启动资金由股东提供，以后，公司发展的融资也主要靠内部的红利留存解决。第二，是靠股权融资。即随着公司的不断发展，公司最初投资者的股权被不断稀释，有新的股东或投资者逐渐进入公司，股东关系不再是铁板一块。第三，是企业从银行或其他金融机构获得债务融资。在上述三种方式中，后两种都意味着有外部投资者进入，或者是股权投资，或者是债权投资。但无论是后两种形式中的哪一种，投资者都比过去的情况要复杂得多，一部分投资者可能会放弃一定的决策权或控制权。这时，就很有可能会出现有控制权的股东剥夺没有控制权的股东的情况。我们把公司这时出现的问题，叫做剥夺问题。

对于多数企业，它在发展过程中所遇到的问题，往往并不仅仅是某一类问题。由于公司通常在组织形式上会逐渐走向分权，也常常进行外源型融资，所以，多数企业的治理问题实际上是两类问题兼而有之。这就如我们在图示 0 – 1 中 45 度线所描述的情况。

根据上述解说，我们可以得出表 0 – 1。

表 0 – 1　　　　公司治理问题的类型

	投资者是百分之百的管理者	职业经理拥有部分权力
完全依赖内源性融资	1. 没有公司治理问题	2. 代理型公司治理问题
股权融资		3. 代理型公司治理问题 剥夺型公司治理问题
债务融资	4. 剥夺型公司治理问题	5. 剥夺型公司治理问题 代理型公司治理问题
股权融资和债务融资		6. 代理型公司治理问题 剥夺型公司治理问题

在表 0 – 1 中，不同的企业形态中存在着不同类型的公司治理问题。

处于表格 1 状态的企业，其实没有公司治理问题，有的只是管理的问题，因为在这类企业当中，既不会存在管理者不尽职，也不会存在股东之间的利益纷争。

处于表格 2 状态的企业，由于没有其他的股东和债权人，所以，企业面临的主要问题是职业管理者进入企业之后，在“分权”体系之下，投资者有可能会对企业失控。这时，对于企业最重要的问题，是要建立有效的公司控制体系。

处于表格 3 状态的企业，完全会存在如表格 2 中企业一样的问题，所以，也要防止职业经理的管理腐败问题，防止失控。但同样也很重要的是，企业还必须要解决不同股东之间的利益差异问题。具体来说，在这样的企业里，常常会存在着控制性股东和非控制性股东。由于两者之间的利益不一致，控制性股东就会侵害其他股东。这也需要一定的公司治理体系来加以防范。

处于表格 4 状态的企业，实际上存在着企业的投资者或管理者侵害银行或债权人利益的问题。这也是公司治理的问题。本书的第八章会对这个问题进行探讨。

处于表格 5 中的企业，除了存在剥夺型公司治理问题、会对银行资产不够尽职之外，还会存在代理型公司治理问题。由于这一点非常好理解，不多解释。

最复杂的是处于表格 6 中的企业，两种公司治理问题兼而有之，并且内容丰富。大多数股份公司或上市公司，都属于这样一种类型。

3 公司治理的发展浪潮

公司治理在今天成为“显学”，在很大程度上是由于自从 90 年代初开始、在世界范围内曾经先后出现过三次比较重要的历史事件。这些事件依次是“卡特伯里报告”的公布、亚洲金融危机和以“安然事件”为核心的美国公司治理危机。非常巧合的是，这些事件大约以 5 年为一个周期，分别发生在 1992 年、1997 年和 2002 年。正是由于这些事件一轮轮的推动，公司治理这个在 20 年前只是因为股东诉讼而仅仅被法律界关注的问题，已经成为了受经济学家、管理学家，甚至是普通公众深深关注的话题。

1 1992 年：《卡特伯里报告》

英国的卡特伯里委员会在 1992 年 12 月出版了一份研究报告，名为《公司治理结构的财务表征》。可以说，这个报告对于公司治理运动是十分重要的，它标志着这个运动的开始，英国也因为这个报告成为了公司治理运动的发源地。

撰写《卡特伯里报告》的背景是这样的。在 1980 年代，英国有不少著名的公司相继倒闭，引起很大的社会震动。深入研究这些破产企业的案例，可以发现大量企业的破产是由于公司的经理人员行事丑陋、不能尽职尽责；而作为股东代表的董事也违背股东的利益，不能履行他们对公司应该履行的职责。针对这种情况，英国成立了一个以卡特伯里为主席的委员会，其目的是为了检查英国上市公司治理结构的财务特征。

《卡特伯里报告》对公司治理的四个领域进行了调查，并提出了改进建议。这些领域包括：①在向股东评价和报告公司绩效方面，董事的责任；②董事会审计委员会建立和运行方面的情况；③审计师的主要责任；④股东、董事会与审计师之间的关系。《卡特伯里报告》也提出了董事会的最佳行为准则，其中的绝大多数条款后来被伦敦股票交易所采纳为所有的上市公司应该遵循的规则。

《卡特伯里报告》较多地关注公司治理的财务方面，因此，当这份报告引起社会广泛关注之后，其他一些研究报告也相继问世。后续的报告讨论了公司治理的其他领域。比如，在 1996 年 7 月，格林伯里委员会出版了《格林伯里报告》，这个报告更多地讨论了董事的薪酬问题，并针对上市公司提出了改善建议。

《格林伯里报告》的建议涉及：董事薪酬的披露、已经获得股东正式认可的长期激励性报酬计划的规定、公司的薪酬政策、董事服务契约时限，以及当契约到期时对董事报酬的支付等。同《卡特伯里报告》的内容一样，《格林伯里报告》的许多内容后来也成为了伦敦股票交易所上市公司的必备条件。

需要指出，尽管《卡特伯里报告》在公司治理发展史中地位重要，但在 1997 年之前，除了在一些英语国家或受英国公司制度影响比较大的国家和地区（比如我国的香港地区），这份报告的影响力还相对有限。公司治理问题也还不是一个受到国际范围内普遍关注的问题。使公司治理问题在关注程度上再上一个台阶的历史事件，是发生在 1997 年的亚洲金融危机。正是这次金融危机，使公司治理成为了一个国际话题。

2 1997 年：亚洲金融危机

在亚洲金融危机发生之前，日本、韩国这些后起的工业化国家一直是国际经济舞台的另类明星。这些国家因其经济发展的斐然“业绩”，以及它们各自体制中非常独特的企业与国家、企业与银行、企业与投资者之间的关系，一直被奉为“特色”。但是，金融危机发生之后，伴随这些特殊制度关系的问题被暴露得一览无遗。人们不再把这些特殊的制度关系继续看成是“特色”，而认为它们是其各自体制中的固有缺欠、必须要改革的缺欠。这种看法因美国经济的持续走强而不断被强化。美国的公司治理体系被认为是一种经典，而日本等国家的治理方式则更多地是亟待改造的代名词。

不仅仅是日本和韩国等东亚国家因金融危机而面临着公司治理危机，就连欧洲大陆的一些老牌经济发达国家也受到亚洲金融危机的牵连。由于这些国家在法律体系、对股东进行保护的方式和程度上与英美国家都非常不同，而更多地是与日本的模式比较相近，于是，这些国家也开始反思自己国家公司治理体系中的问题，反思过去被认为是“特色”的东西究竟是“特色”还是“糟粕”。这导致了国际范围内的体制比较。

亚洲金融危机之所以引发美国以及各类国际组织的特别关注，还有另外一个重要的原因，就是有很多发达国家的基金是投在像印度尼西亚、马来西亚和泰国的股市里。据说，泰国和印度尼西亚股市有40%以上的市值是控制在美国的机构投资者手里的。因此，亚洲国家公司业绩下降、股市崩盘，就会直接引发美国机构投资者的收益降低，引发危机。所以，亚洲金融危机虽然发生在亚洲，但却并不是与美国和其他发达国家没有干系。通过国际资本的流动，发展中国家和发达国家之间实际是存在着一个无形的联系的。

那么，如何促进解决发展中国家的公司治理问题呢？受发达国家尤其是美国主导的一些国际组织开始发挥作用。比如，为了改善其成员国的公司治理结构，OECD于1998年4月成立了公司治理原则专门委员会，并于1999年5月正式发表了《公司治理原则》。1999年，世界银行与OECD合作建立了“全球公司治理论坛”，以推进发展中国家的公司治理改革。

在这些国际组织的强力推动下，世界上已经有很多国家开始重视自己国家中的公司治理问题，并把改善公司治理作为追求经济持续增长的新动力。在21世纪来临的时候，世界上很多国家都形成了改善公司治理体系的共识，并确立了如下一些基本原则。

首先，应通过各种手段加强公司治理体系中董事会的责任（Accountability）和可信性（Responsibility）。这包括：明确董事会的职责，强化董事的诚信与勤勉义务，确保董事会对经理层的有效监督，建立健全绩效评价与激励约束机制。

其次，各国都希望改善公司治理体系的公平性（Fairness）。这主要是指要平等对待所有股东，如果他们的权利受到损害，他们应有机会得到有效补偿。同时，公司治理框架还应该保护公司的利益相关者（如债权人、雇员、供应商和客户）的合法权利。

第三，应促进各国公司治理体系的透明性（Transparency），主要是指应该建立有效的信息披露制度。信息披露，是股东行使表决权的基本前提，是影响公司行为和保护投资者利益的有力工具。强有力的披露制度有助于公司吸引资金，维持对资本市场的信心。良好的治理结构要求可靠的信息审计，以确保信息披露的真实性和准确性。

3 2002 年：安然事件与美国公司治理危机

正在大家都在研究亚洲金融危机与这些国家公司治理体系之间关系的时候，谁也没有想到的是：在自认为公司治理问题解决得比较好的美国，也出现了一系列的大事情。表 0 – 2 列示了仅 2002 年上半年在美国揭露出的公司治理事件。这些事件成为影响公司治理运动进一步深入的第三次历史事件。

表 0 – 2　　　　2002 年上半年在美国揭露出的公司治理事件

时　间	事 件 内 容
2001 年 12 月 2 日	安然公司申请破产保护
2002 年 3 月 14 日	安达信销毁安然案件的相关文件，被控告妨碍司法，罪名成立，安达信濒临破产
2002 年 4 月 1 日	施乐公司因会计问题被调查后，同意支付 1000 万美元罚款，与美国证监会和解
2002 年 4 月 30 日	世界通讯公司董事长个人借款事件被披露，被迫辞职
2002 年 5 月 21 日	美林证券公司与检察官就分析师利益冲突调查问题达成和解，并同意支付 1 亿美元和解金
2002 年 5 月 23 日	Adelphia 公司的创始人家族成员挪用公司资金事件被披露后，辞去董事职务
2002 年 6 月 12 日	英克隆公司首席执行官涉嫌内幕交易、欺诈和做伪证而被捕，涉及玛莎史都华等公司
2002 年 6 月 25 日	世界通讯 40 亿美元的假账丑闻曝光，财务总监因此被公司开除
2002 年 6 月 28 日	施乐公司承认过去 5 年虚报营业收入达 64 亿美元，引发股市大跌

2002 年，以“安然事件”为代表的美国公司丑闻，标志着美国公司治理体系的危机。这个事件也把整个公司治理运动推向了一个新的高潮。

这个事件不是发生在韩国，不是发生在日本，也不是发生在欧洲，而是发生在被认为公司治理体系发育得最完备的美国。并且，也不是只有一家安然公司出了问题，而是包括世界通讯、泰科公司等一大批世界级的公司出了问题，这就格外具有意义。它充分说明了公司治理问题的复杂性和改善公司治理体系的任重道远。

4 公司治理的实务进展

由于上述事件的推动，公司治理问题逐渐成为了现代经济领域的一个重要问题和研究对象。20 年来，在实务领域，公司治理得到了有关国际机构、政府监管部门、媒体，以及公司的共同关注，各国证券市场监管机构或相关政府部门、社会组织都已着手制订并出台了一些公司治理的准则和指引（Guideline）。

从 1990 年代初期开始，各市场经济发达国家的证监会、证券监管机构、证券交易所（如美国的纽约证券交易所、纳斯达克市场）都先后发布了有关上市公司加强治理工作的准则和指引。在这个过程中，一些社会性的中介组织起到了非常重要的推动作用。前面提到的 OECD 在 1997 年发布的《公司治理原则》，世界银行也加强了它向成员国家在有关公司治理问题上的知识普及和观念传播，这一切都促进了很多国家把公司治理问题放在了一个很重要的位置去加以考虑。2001 年，中国证监会也对外发布了中国上市公司的治理准则。

不过，公司治理准则或指引是对公司治理的一种理想性描述，现实中很多公司并不能在实质意义上完全做到上述准则或指引中所规定的内容。有些公司在形式上做到了，但在实际上并没有达到应有的效果。另外，不同的商业环境、不同的企业股权关系和传统，也使得指引中的手段并不能在所有公司里都成为有效的办法。

比如，就以董事会制度为例。尽管各个公司尤其是上市公司都按照证券监管机构的要求，建立了董事会。但是，很多公司的董事会并没有完全成为股东可以信赖的托管机构。哈佛大学出版社曾经出版过一本专著，名字叫《Board of Directors：Ryth and Reality》。在这本书中，作者研究了很多董事会的案例，最后指出：在现实世界中，董事会的很多行为都是不适当或是尽职不够的。

首先，董事会成员的挑选，在很大程度上由经理人员说了算，所以，董事会成员不作为，董事会也不够民主。有些公司发行特种股票，这些股票的投票权违背了一股一票的原则。在加拿大、瑞典，还有一些国家，这种情况比较普遍。在这样的投票规则下，很难按照大多数股东的意愿来选择董事会成员。

其次，现实生活中的董事会在运作上是无效率的。董事会会议上反对现行经理决策的意见常常不能被恰当对待。作者在书中列举了非常多的董事会没有办法保护股东利益的例子。还有一些证据表明，美国公司的董事会内部，谦恭和礼貌替代了真诚和坦率。这种现象被人们戏称为“董事会文化”。在这种鼓励妥协、避免冲突的环境中，公司经理无形中获得了对董事会的控制权。

由于公司治理的实际情况比证券监管机构规定的治理准则或指引要复杂得多，另外，由于在很多国家监管机构对公司采用什么样的治理机制不做统一要求，于是，各个公司在实际推进公司治理工作的时候就有了很多不同的做法，为此，证券监管机构、媒体或一些民间的公司治理研究团体和协会还在准则和指引之外，向公司推出一系列好公司的“表率做法”或“最佳做法”。

在西方，这些“表率做法”是各个公司之间进行交流、总结和互相学习的工具。在美国，一些机构和媒体经常会根据企业的业绩和企业内部的治理状况进行评价，并对企业进行排序。比如，《商业周刊》在2002年选出最佳的董事会和最差的董事会，并对它们各自的特征进行描述。请参见表0-3。有了这些类似的评比和研究，一些专业机构就可以对“最佳的公司治理”进行研究，并把研究的结果总结出来，汇集成“表率做法”或“最佳做法”供别的公司效仿和参考。

除了“指引”和“表率做法”这些实务层面的内容之外，还有其他一些公司治理领域的案例研究。这些案例或者由学者，或者由媒体记者和分析师写成，它们对公司内部的治理状况和内在机制进行了深入和细致的描述，并进行了一定程度的分析，有助于投资者和董事会成员们借鉴，提高自己公司的治理水平。

表0－3　　美国《商业周刊》所评选的最佳和最差的董事会

最佳董事会		最差董事会	
公　司	理　由	公　司	理　由
3M公司	董事会的独立性强，9位董事和公司没有任何商业关系和利益联系	苹果电脑	董事长持股仅2股，董事身份引起质疑，例如经销商担任薪酬委员会中的董事；董事会送昂贵飞机给董事长
Apria健诊	股东中有3位积极主义者，当他们发现董事长之妻担任公司职务后，随即提出撤换董事长	Conseco	即使公司股价大跌，董事会仍给董事长800万美元的红利；每次独立董事开会时，董事长一定要出席
高露洁	董事们的投入程度高，董事会成员很少在多家公司兼任董事；在董事委任状上已明列公司治理方面的内容	狄拉百货	董事会没有设置提名委员会，董事由董事长来确定
通用电器	公司董事会中人才济济，公司不断创造股东价值；董事会的独立性逐渐得到改善	盖普(Gap)	公司的一些业务，例如店面装修由董事长弟弟来进行；董事会成员互锁问题严重，首席执行官业绩差，但迟迟不能更换
		K-Mart	疏于监督，以致会计、盈余修正和薪资措施纷遭调查；坐视公司破产而无作为；核准货款给25位主管
Home Depot	董事会中仅有两位内部董事，其他均为外部董事，独立董事定期召开会议，董事长不参与独立董事会议；每年董事会须考察20家公司的分店	Quest	公司创办人与公司关联交易频繁，并列席公司的薪酬委员会；公司虽然业绩差，但董事长报酬优厚；独立董事不懂业务
强生	公司的独立董事都持有大量公司股票；在所有董事会成员中，只有一人身兼四家以上公司的董事	泰森食品	2/3的公司董事跟公司有私人关系，其中，7位董事与公司有商业往来，在公司的一次并购活动中，董事长获得210万美元奖金
Medtronic	董事会成员定期集会，并且董事长不出席，董事业绩衡量机制相当健全	施乐	公司财务报告有很多疑点，股价持续下降，公司产品技术落后，董事兼职情况非常严重；董事自己开的律师事务所承担公司的法律事务
辉瑞制药	独立董事集会时，董事长一般不出席；董事长不在审计、薪酬和提名委员会中任职		
德州仪器	董事会独立性强，外部股东对公司投资比例大		

从实务的角度看，任何公司治理的准则和做法都不可能完全杜绝问题的发生。关键是要不断结合实际情况进行治理机制的改善。套用我们现在最流行的词，叫“与时俱进”。2002 年，美国出现了很严重的公司治理问题，我们有些人因此嘲笑美国人：老是说别人，看不到自己也有很大的问题。其实，美国虽然在世界上是公司治理最好的国家，但并不意味着它的公司治理就到了极致，不会再出问题。美国体制的伟大之处，就在于它可以在问题出现后能够及时修补漏洞，保证今后不再犯同样的错误。仅在安然、世通事件之后的 3 个月的时间里，美国实际上就进行了如下的制度安排。

（1）2002 年 5 月，美国证券交易所为强化上市公司的董事会职能，对上市公司作了以下新规定：①董事在任期内不得出售其所持有的公司股份；②要求董事在为公司服务满 10 年或年届 70 岁之后应主动辞职，以避免董事过度自我保护；③应加强董事会的自我评定工作，这包括董事自我评定的范围扩大，以及对董事会政策及自然人董事的匿名评审。

（2）2002 年 6 月，美国证券管理委员会要求美国前 947 家大企业董事长为 2001 年重新调整后的财务报告提供背书保证。这意味着如果证监会发现公司的财务报告被做过人为处理，证监会可以根据背书采取法律行动，这强化了董事长与公司财务报告真实性之间的关系，强化了董事长的责任。

（3）2002 年 7 月，美国通过了沙班氏/欧克斯利法案（Saranes-Oxley Act 2002）。这个法案包含如下改革措施。①在证监会下面设立“上市公司会计监督委员会”（Public Company Accounting Oversight Board，简称 AOB），对会计师的执业品质和工作进行监督，严禁企业在媒体公开发表那些不符合公认会计准则的财务信息。法案规定证监会应至少每三年审查所有上市公司有关资料，及时解聘有不当行为的公司董事或高级管理人员。②上市公司的 CEO 和财务总监应该保证公司含有财务报表的定期报告符合证券交易法的有关规定，报告信息应如实反映公司的财务状况和业绩。如果违反前述规定，这两个人最高将会被处以 500 万美元的罚款，并处 20 年的有期徒行。③公司的审计委员会（Audit Committee）应该具备以下性质：所有成员须为独立董事；应直接负责注册会计师的选任、经费支付和监管；设立沟通管道，以利公司员工直接检举弊端；有权聘任独立律师和其他顾问。④注册会计师不得同时替公司提供会计和咨询服务，如果想提供获准的服务项目（如内部审计服务），则必须要经过公司审计委员会同意，并且，所有需要批准的咨询服务必须在公司的定期报告中披露。⑤公司的注册会计师应该每隔五年更换一次，且有关查账人员在离职一年内禁止担任被审查公司的高级财务主管。⑥公司因违反证券管理规章而被调查或起诉期间，公司不得对那些为调查提供信息的有关员工进行报复；公司如有任何秋后算账行为，均属刑事犯罪行为。

5 学术界的探索

与实务部门热热闹闹的情况不同，从学术研究的角度看，我们对公司治理领域的重要规律还缺乏深入的理解，对很多重要问题还知之不多。这主要是由于公司治理作为一个学术问题，提出来的时间还太短。在20年前，即使在比较宽泛意义上的学术刊物里，公司治理都是一个少人涉及的领域。

在1980年代之前，这个问题更多地只是被法律界所关注，只是股东之间、股东与经理之间打官司的主题。直到1976年，美国学者Jensen和Meckling发表了他们的大作《企业理论：经理行为、代理成本和所有权结构》，理论研究才真正得以发端。

某些理论史学家愿意把公司治理研究的鼻祖回溯到亚当·斯密那里。亚当·斯密在《国富论》里也确实写过“股份公司的董事管理的不是他们自己的钱而是别人的钱，因此，我们不能期望他们会像私人合伙企业中的合伙人那样尽心尽力。在股份公司的业务管理中，漫不经心和浪费总是无所不在”这样的话。但是，那只是提出了问题或表述了一些观点，还不是比较深入的理论研究。

只是到了20世纪的最后20年，公司治理才越来越成为学术研究的热点，学者们才开始使用最现代的分析手段和工具来展开研究工作。公司治理研究领域的带头人是哈佛商学院的Jensen教授。在公司治理研究不断向纵深发展的过程中，Jensen 教授的贡献是极其重要的。这不仅体现在他于 1976 年、1986 年关于自由现金流的理论，1990 年关于经理激励的两个计量研究和 1993 年关于公司控制机制的一些关键性著述上，而且还体现在他为这个研究领域发展而做出的其他努力方面。比如，Jensen 教授所创办的《财务经济学杂志》已经成为发表有关公司治理研究的重要阵地，由于这本杂志所刊登稿件的录用风格影响，实证分析已经成为公司治理研究中的重要方法。

现在，经过了大约 30 年左右的发展，公司治理研究已经成为经济学、财务学、管理学共同关注的热点，学者们利用专业工具从不同的角度对公司治理进行了研究。从 80 年代至今，西方的学术界，包括经济学、金融学、管理学、法学、组织理论、政治学，不同的学科都曾经把研究的注意力投向了这个领域，有关公司治理的论文充斥着国际上主要的学术刊物和政策讨论领域。

不过，到目前为止，我们关于公司治理问题的研究还相当肤浅，既没有形成一般可接受的分析框架，也缺乏用命题形式构建的理论体系。从学科发展的角度看，公司治理的交叉性还比较强，自身的理论完整性还相当差。目前已有的一些经验发现，也多是在经济学与公司财务学和会计学的交叉研究中取得的成果。

当然，经济学为深入研究公司治理问题准备了理论基础，包括合同理论、交易费用理论、企业与经济组织的理论和现代产权理论等，但现有的研究工作是相当不够的。比如，很多经济学家把公司治理问题当做代理问题，并用委托代理的框架来进行分析。这种情况在我国的经济学界尤甚。这非常有局限性。

委托代理框架，作为合同理论的一种思考视角，核心是为了处理不对称信息问题。设置了委托人和代理人两种角色，就可以把复杂的交易问题处理为一方有信息、一方没有信息的两个当事人之间的策略性互动问题。但是，公司治理问题中所涉及的关系，其实并不是简单的合同关系，这些关系也是很难用委托代理理论的框架来处理的。

委托代理理论的框架，其最初的发展是在对 Arrow-Debreu 范示的不满过程中逐渐成形的。委托代理理论的核心，是进行机制设计。经济学家设想自己是可以依照所有可观测的相关指标设计出一个机制来的，经济学家并相信这个机制会自动地发挥作用，生成出激励效应，实现最优化的结果。在 1979 年的论文中，Myerson 通过研究表明：所有的最优机制都等价于一种显示（revealation）机制。只要获得经济主体向外界公布的信息，就可以针对他的公示信息进行机制设计。

也就是说，在完全竞争的市场环境下，所有交易的主体可以在事前无成本、瞬时地写出一个完全的合同，这个合同要规定当事人如何使用和支配资金，至少要列清原则，以及怎样在不同当事人之间分配资金运营得到的收益。只要能够签订一个完全的合同，在合同中准确地规定在所有可能情况出现时当事人应该如何行动，以及如何进行利益分配，就可以达到一个帕累托有效的境界。这种思想的一个自然的推论是：尽管给定某些当事人以决策权，但在机制设计的思路下，所有的决策实际上都是事前设计好的。

但现实生活告诉我们，公司治理领域中的很多问题往往并不能简单地依靠签订完全合同的办法来解决，这不仅仅是因为大多数未来可能发生的情况都是很难描述和预见的，还在于合同也常常是不完全的。合同不完全，事实上也就留下了事后对租金分配进行讨价还价的空间。

讨价还价往往受到除了最初合同之外的其他几种因素的影响。这些因素包括：①权力的分配状况，比如，在现代公司中，管理者和出资者分配剩余控制权的状况，即在合同规定以外的意外情况发生后，谁有权进行决策。其实，现代产权理论所关注的恰恰就是剩余控制权的有效分配问题。②交易的相关者在其他选择下的净收益水平。例如，交易者按第二方案行事时的损失有多大。③影响事后交易结果的制度环境。如果在出现争议之后，并没有相应的法律追索机制，那么，事后机会主义行为发生的可能性就较大。

所有这些影响事后讨价还价行为的因素，就形成了一个所谓的“治理体系”，发挥着约束租金分配的作用。也就是说，“治理”机制的客观存在，仰仗着如下两个条件：第一，双方的交易关系会产生租金，存在讨价还价的余地；第二，不可能在事前签订一个完全的合同，租金在事前无法完美地分配掉。而公司治理的目的，就在于要在事后讨价还价过程中获得一个有利的谈判地位。

具体来说，正是由于企业内部存在的巨大租金，在事前没有办法被完美地分配掉，于是，才需要“公司治理”，需要约束企业内外不同利益相关者在事后的讨价还价行为。也正是在这个意义上，“公司治理”才被定义为是“可以对伴随公司运行而产生的准租金进行事后分配的一系列限制机制的总和”。

从这个意义上说，公司治理问题在本质上不应该被简单地处理成委托代理问题。委托代理理论在这里有个根本无法解决的逻辑矛盾：既然事后的准租金可以被事前通过合同得到完全分配，那为什么还需要给某些当事人决策权呢。这个逻辑也可以反过来说，既然机制设计已经包括了所有最优结果的情况下，事后的再协商就是不必要的，而且也是低效率的，那么，为什么还要为事后的“治理”活动留有空间呢？总之，在委托代理的框架下，无论如何也不能解释公司治理为什么恰恰是事中和事后的工作。

不过，尽管经济学理论在解释公司治理问题的时候存在着诸多问题，但让我们备感欣慰的是：提出这些问题的，并进一步探索的，也是经济学家们。这说明了经济学是一门自省的学问。

从公司治理的研究方法上，学者们所使用的方法主要分为定性研究和定量研究两大类，并以定量研究比较时髦。定性研究主要是对各种公司治理问题的现象进行描述和分析，所使用的方法是基于政治经济学的、法学的、管理学的和历史的。使用定性研究的结果截然不同地分为两个层次：一种是像 Macheal Jensen 这样的大师，在相当有包容性的理论框架下解析公司治理的具体问题，许多研究结论启发了后来者，并成为了定量研究的检验命题；但另外一种仅仅停留在阐述的层次上，是简单的现象描述，缺乏深入的理论意义。

与定性方法相比，定量方法无论在所研究的问题上，还是在使用的技术上相对比较集中。在问题方面，大多是研究不同公司治理机制与公司业绩之间的关系。在技术方法上，通常是以回归方法为主进行计量经济学研究，解释变量通常是衡量公司业绩的变量，而被解释变量则是描述公司治理机制的特征变量，如董事会的规模、董事会的构成或董事会的委员会制度等。

在回归研究之外，也有相当数量的学者针对不同公司治理机制变化时所引起的市场反应，来对公司治理的机制进行分析和评价，研究方法主要是事件研究，也就是对超额收益进行检验。比如说，研究不同环境下董事会任命或离职公告后所引起的股东财富的变化，研究当公司 CEO 被解除职务或者是减少接管市场的影响等涉及到公司治理机制的事件发生后，股票市场究竟会如何反应等。

定量研究使我们常常陷入另外一种困境。这就是不同的、都貌似科学的实证研究，所取得的研究结果非常不一致，甚至相互冲突。比如，一般认为，解决管理腐败问题的一个重要方面是要给经理更多的股权；在其他条件都不变的情况下，当经理持股的比例增加时，公司的价值应该相应增加。1985 年以后，很多实证研究都是在围绕这个命题进行检验，但发现却是非常多样的。在 1985 年，Demsetz 和 Lehn 的研究中没有发现相应的支持证据。而 1988 年，Morck 等人的研究却发现：经理持股比例和公司价值之间是分段线形关系。而 1990 年，McConnell 和 Servaes 又发现经理持股与公司价值之间的关系是一个倒 U 型关系。由于这些不同的经验发现，公司治理的理论研究就更加趋于争议、趋于活跃，理论结论也更加接近真实和科学。

6 中国的公司治理现状

在本书的最后部分，我将为读者展示我自己所理解的“一国公司治理体系”形成过程中的因果关系图示。但在本章，我们却只能凭借这个图示来介绍中国的公司治理问题与状况，而无法与读者详论这个体系为什么会是这样。需要首先强调，讨论中国的公司治理问题，我们必须要区分名义上的公司治理机制和现实中的权利关系和运作过程。具体来说，尽管我国众多企业都按照《公司法》的要求，成立了所谓的“董事会”和“监事会”，但实际上的运作过程在多数情形下都表明，这些“正规的”公司治理的机制，要么不能体现公司的全部权力关系，要么形同虚设。

在不同类型所有制的企业中，由于权力关系在性质和内容上完全不同，因而，它们也面临着相当不同的公司治理问题。因此，讨论中国的公司治理问题，我们一定要避免泛泛地谈所谓的“法人治理结构”，而应该结合具体公司的权利性质和关系来讨论它的实际控制过程。要基于不同权力主体之间关系的性质，基于不同类型公司内部权力关系的复杂性，否则我们就不可能看到中国公司治理问题的真相和全貌。下面，我将以典型的国有企业、家族性的民营企业和上市公司来分别讨论，看看在这些类型的公司中，可能会面临什么样的治理问题。

1 国有企业

让我们首先讨论中国的国有企业。改革开放近30年的时间里，国有企业发生了非常大的变化。在权力结构上，多数企业都确立了“一把手说了算”的体制。这是讨论国有企业治理结构的一个必要前提。以国家国资委直接管理的169家国有独资企业为例，按照《企业法》注册的企业，采用的是总经理负责制，是一个总经理带着经理班子进行经营，总经理是一把手；而按照《公司法》注册的国有独资公司，虽然设置了董事会，但董事会几乎全是内部人，又和公司的经理班子高度重合，所以，本质上是董事长负责制，董事长是一把手。所以，可以说在国有独资企业里面，治理结构的基础是“一把手负责”。在地方的一些国有企业当中，有些甚至是虽然股权已经多元化了，由多个国有利益主体共同投资，但依然是“一把手”在实施完全的控制。

对于“一把手说了算”的体制，有它非常好的一面。“一把手负责”这个体制的基本规则是副手对一把手负责。这个体制的好处是整个班子内部权力高度集中，一把手权威非常明确，一件事只要一把手拍板就可以定了，这在决策效率方面，可以减少很多扯皮的情况。而在内部权力关系上，副手对一把手负责，责任和报告关系也非常明确，指挥体系相对有效。另外，在中国“一把手”这个概念深入人心，“一个人说了算”也是很多组织做事容易获得认同的方式。我在2005年曾经做过500个企业管理者的调查，其中包括高层、中层的管理人员。绝大多数人在调查中都承认他所在企业过去的发展历程一般与“一把手”个人的角色是高度相关的，而他们也认同“一把手说了算”的体制。

然而，不可否认“一把手说了算”的决策方式也有很大的缺点。核心问题是在企业内部没有办法产生出制衡的机制，甚至是外部的派出监事制度、传统的纪律检查制度和监察制度，以及职工参与制度都有可能失效。只要是一把手想做的事，通常别人都挡不住，而一把手不想做的事情，就是对企业的长期发展再重要，都很难做成。对于一些经营环境比较简单的企业，如果决策难度不高，标杆企业很容易找，或是处于垄断行业中，一把手个人的智慧就比较容易保证决策的正确性。但对于大型企业，或经营环境非常复杂，“一把手负责制”体制就充满危险。在决策的科学性要求非常高的情况下，个人的智慧往往不能把所有的问题都考虑周到，并在充分的信息情况下进行准确的决策。所以，把企业的稳定发展完全依附于一个人的决策准确性上面、放在一个人的智慧上面，是有问题的。这也不符合公司治理的基本原则。

传统制衡机制的设计，是用党委书记来监督一把手，这是十几年前的思路。当时很多人赞成这样的说法，但事实证明有不少问题。于是，国有企业的一把手往往党委书记和董事长，或者是党委书记和总经理一身兼，甚至是三个职位都是一个人。这样做的结果，是企业内部没有制衡，党的纪律检查职能和国家的监督稽查职能，职工的有效决策参与，在这个企业内部都会失去效果。

后来，按照公司法人治理结构的设计，按照《公司法》的要求，大多数国有企业都依法建立了董事会和监事会，理论上讲，这是一种制衡力量。但是，在多数的国有企业里面，所有的制度建设过程都是在一把手的直接指挥和控制下进行的，所以，它仅仅是为了满足企业改制或公司注册时的要求，董事会往往无法“董事”，监事会也往往无法“监事”。一句话，形同虚设。所以，如果问中国国有企业的治理状况如何，我愿意说，“翻牌”是比较普遍的情况和准确的描述。

那么，能不能，以及如何解决好对“一把手”的制衡问题呢？或者往大一点说，如何在国有企业里面建立起有效的公司治理结构呢？我认为，关键是要建立来自于外部的制衡力量。外部制衡机构最容易想到的是由政府来制衡。但这可能是一条不容易走通的路。政府部门比较擅长的办法是行政审批，然而，事实证明，行政审批除了把时间拖长，带来一大堆其他问题之外，往往并不是有效解决问题的办法。所以，可以说“一把手负责制”加上“政府制衡”这个体制不是一个好方案。

2005年10月以来，在6家中央企业里面，开始建立由国家国资委派出人员占多数的董事会。这些企业包括宝钢、神华等特大型的国有集团公司。这件事非常值得关注。与以往不同的是，这些公司的董事会成员要么来自海外企业，要么是国有大型企业退下来的管理者，他们都代表国资委，由国资委派出，对国资委负责。这个动作采取之后已经过了几个月。这几个月来的最大变化是：在宝钢等企业里面，董事会的会议时间变长了，频率增加了。经理人员说，董事会不好开了，汇报的难度大大增加。

2 民营企业

与国有企业不同，由于权力结构上的根本差异，中国的民营企业目前正遭遇着公司治理上的挑战。中国民营企业的治理问题主要涉及如下几个方面。这些方面的问题都不是基于西方市场经济实践的、正统的公司治理学说所着力讨论的内容，但却是对中国民营企业进一步发展形成制约的、实实在在的问题。

第一，是提升公司创业者或创业家族的“所有权能力”问题。我接触过不少企业家，他们早在 80 年代就开始创业，无论是从浙江出来的鞋匠，还是来自于山西的煤炭运输个体户，他们现在都有万贯家财，有分散在很多行业的投资，他们在创造财富的时候，也常常感到竞争的残酷。他们聘请了很多经理人来帮助他们解决管理的问题，但如何有效地激励和监督这些经理，使他们大伤脑筋。他们参加很多的培训课程，希望能够找到一种模式，套用这个模式就可以解决他们所面临的问题。而我却会告诉他们，并不存在着什么好的、灵验的公司治理模式在等待他们，世界上根本没有可以供他们套用的模式。所有好的体制都是一定程度的创新性使用的结果。而创新性使用的背后就是“所有权能力”。

打个比方说，公司的所有者就是一把伞，当公司规模小的时候，“伞”可以覆盖整个业务，获得分权的经理是如来佛手里的孙悟空，跳不出这个“伞”的边界。但是，当公司业务成长之后，所有者必须要把伞同步放大，只有这样，才能保证公司的治理机制是到位的。董事会当然是个办法，但它在中国甚至世界上很多国家和地区的使用存在着众所周知的局限性。怎么办？就是要靠“所有权能力”、结合自己的国情和企业情况来创新性地开发出一些新模式和新做法。我经常会援引三星在早期发展阶段的“秘书室”的设置，我认为它是“所有权能力”的一个代表性结果。

1959 年，三星集团开始设立秘书室。但我所称道的秘书室是 70 年代改组之后的那个秘书室。据说三星秘书室的思路是来自于濑岛龙三，来自于日本关东军的参谋本部。濑岛龙三是“伊藤忠”大发展的功臣，他把军队的经验用于伊藤忠商社的管理工作，据说直接促成了商社的腾飞。三星在濑岛龙三的建议下改组了秘书室，最初相当于收集和分析情报的参谋本部。后来除了收集情报之外，还负责监察、企划等多种业务。在李健熙开始就任会长的1987年，秘书室承担了集团经营中40%的管理功能。秘书室长甚至可以代替社长行使职权，向分公司下达营业指令。当然，任何机制都是一把“双刃剑”。秘书室在逐渐强大的过程中也开始暴露出其缺陷。秘书室在一定程度上后来开始具备“东厂”的某些特征，对下属公司的干预太过分，广受非议。

不过，我以为这种早期的“三星模式”是公司治理“股东中心”模式的一个典型代表，应该值得现阶段的中国企业注意。在驾御企业、处理与职业经理人的关系方面，中国民营企业的很多所有者能力不足，所以，提高“创业股东”的“所有权能力”或“治理能力”，是绝大多数中国民营企业解决治理问题的关键。除了三星，我也常常建议中国的民营企业家们研究一下瑞典的Wallenberg家族。它在150年的时间里就成功地控制了十几家世界500强企业，它所累积出的“所有权能力”非常值得关注。

中国民营企业所面临的第二大公司治理问题，是与“职业经理人”的关系问题。这包括对职业经理人的选择、聘用、激励、监督、与管理层面的充分融合、解聘，以及多个职业经理人的队伍整合问题。与这个话题最紧密相关的，是公司领导人员的选择路径，是以内部晋升为主还是以外部空降为主的问题。这是非常值得讨论，但目前还是争议颇多的领域。我一直坚信，联想走到今天，其核心的法宝是“搭班子、定战略和带队伍”，以内部为主的培养领导人的办法，是企业稳定持续发展的根本动因。

民营企业面临的第三大问题，是家族传承和接班的问题。中国社会不同于美国社会，第一代企业家的财富不会以捐赠社会作为其归宿，最后还是要交给第二代、第三代。在香港，李石溪家族已经传到了第五代，很多家族传到了第四代。相比香港企业，中国大陆企业的年龄还偏小，那么，如何保证公司的基业长青，是很多成功企业家目前必须要着手讨论的问题。在这个选择中，“家族本位”和“公司本位”是两个不同的思考方向。然而，无论他们做出怎样的抉择，权力转移中都可能会出现致命的陷阱。无法越过这个门槛，企业就不会有出路、有明天。其实，这个问题与前面提到的“所有权能力”是高度相关的，接班工作做得不好，本质上是企业的“所有权能力”没有得到衔接。

民营企业面对的第四个问题，是“与元老之间的关系”问题。这包括如何在公司的发展过程中如何解决能力已经落伍的元老，如何防止因元老关系处理不当而引致的公司分裂问题。中国企业和中国古代政治一样，创业元老之间往往可以同患难，但不能够同富贵。当公司业绩好、或者不好，都有可能导致分家。在很多没有分家的企业里面，有的时候也会有看得见的山头，或是看不见的山头。

最后一个重要的问题，是控制性股东对非控制性股东的剥夺问题。这种情况在民营企业里面并不少见。那么，参股者该如何处理和防范类似的问题发生呢，这也是民营企业家们不能忽视的。在本书的第二章，我们将集中讨论这个问题。在此就不赘述了。

3 上市公司

很多人都认为，公司治理这个话题主要是与上市公司相关的，所以，他们想当然地以为上市公司的治理状况要好过一般的非上市公司。其实，这是误解。公司治理说到底是公司的权利结构，那么，“上市”是否改变了这个权利结构呢？在多数情况下，没有。

具体来说，公司的权利结构受内部和外部两个方面的根本影响。上市之后，内部的变化是增加了新的股东，多数情况增加的是分散的小股东；而外部的变化则是增加了证监会等监督机构，及其与之相应的规则。情况表明，这些来自于内、外部的变化确实是存在的，但影响力非常有限。

我坚持认为，在 90 年代最后几年之前，虽然都建立了董事会和监事会，但中国的上市公司几乎没有什么可以称得上是公司治理的东西。中国上市公司的治理状况往往与公司上市前的权利结构是相对应的。我们知道，公司治理是伴随融资过程产生的。股东将钱投入到企业里面，自然要求回报，自然有动力去监督企业的运行过程。也正是在这样的压力下，才产生了公司治理的需要和机制。但是，我们的公司在上市前后，其实早把融资和被控制的事情想好了，他们的目标是既要获得来自于资本市场的融资，但同时又不要失去控制。

我们知道，多数企业经过改制、走向上市，是为了获得证券市场的资金投入。但是，上市也会带来公司权力上的变化，新股东会因为他们的投入而获得对于公司一定的控制权。所以，多数公司的控制人在上市之初都要思考“融资”与“控制”之间的平衡问题。如果融资数量大，所要稀释的股权就多，公司失控的风险就比较大；但如果融资数量小，虽然控制力大，但上市的意义也小。所以，企业在上市之前，必须要盘算在不失去控制的前提下，对外出让多大比例的股权，以便获取期望的资金。

其实，不仅仅是中国公司把“上市”仅仅作为融资的渠道和方式，整个东亚国家或地区，包括台湾、泰国、马来西亚大多如此。例如在亚洲金融危机之后，一个统计表明：在 1997 年 6 月，90% 以上的在雅加达股票交易所上市的公司只将其不到一半的资产对外发行股份，进行交易。2/3 的公司只将其 31% 的股份公开发行并交易。甚至到 2000 年末，情况也没有任何改变。显然，在这种动机下“上市”主要为了达到两个目的：①通过股票市场获得直接融资；②建立一个通过股票对企业进行定价的机制。通过这种定价机制，所有者可以把其在上市公司的资产作为抵押来向银行借款，实现二次融资。而企业的所有者将公司的流动性降到最低，就可以保证不失去对公司的控制权。

对于公司发起者的这种动机，购买股票的股东当然也心领神会，所以，他们把获得回报的希望放在二级市场，放在“炒股票”的方面。而对于公司内部的运作和治理机制的建立，绝大多数人既没有能力，也没有兴趣。当然，在我们现今的客观条件下，分散的股东参与公司治理，交易成本也不低，所以，在一般情况下也就算了。表 0－4 引自中国人民大学张慧博士等发表在《北京行政学院学报》2006 年第 2 期上的研究论文，是关于上市公司股东大会参加人数的统计。该研究样本为 300 家上市公司，样本数据的年份为 2004 年。从中我们可以看到股东们对公司会议的参与程度和积极性。

表 0－4

平均每次股东大会的人数	频　数	占样本比重	累积比重
6 人以下	55	18. 33	18. 33
6～10 人	61	20. 33	38. 66
10～15 人	36	12	50. 66
15～21 人	24	8	58. 66
21～30 人	17	5. 67	64. 33
30 人以上	51	17	81. 33
合计	244	81. 33	
缺失数据	56	18. 67	
总计	300	100. 0	

显然，在广大股东如此的态度下面，除了少数公司因主要股东之间持股份额差不多、利益上产生冲突而发生控制权的争夺以外，多数上市

公司是缺少广大股东参与的，是内部人控制的。前身为国有企业的，是原来的总经理或厂长在控制；而前身为民营企业的，就是创业企业家在把持公司的大权。企业基本上还是一个人说了算。

比如，三九集团把几个下属公司都变成了上市公司，但我们很难说它在上市前后有什么特别鲜明、特别突出的变化。赵新先对于企业的影响力和控制其实都还停留在国有企业时期那个水平，是凌驾于公司董事会和监事会之上的。我们说，在企业发展的早期阶段，“一个人说了算”很可能是提高决策效率的好办法。但是，当企业规模变大，在竞争环境既复杂又残酷的新阶段里，个人权威凌驾于董事会之上，甚至董事会都是由领导人亲自挑选的“马仔”，这就在很大程度上是为企业挖掘了坟墓。

在内部力量无法有效催生公司治理的情况下，无疑，所有的希望都会被寄托在证监会这些外部的管制机构方面。事实上，从1999年以来，中国证监会也确实借着亚洲金融危机之后全世界席卷公司治理浪潮的大趋势，试图强化中国的公司治理。这包括在中国建立了公司治理准则，建立独立董事制度，完善资本市场的基本游戏规则等等。应该承认，这些都是极其重要的工作。但是，由于中国的事情非常复杂，在政府部门之间、官员之间、企业与市场关系中间存在着很多说不清、道不明的权力关系和利益关系，所以，很多工作并不是非常到位，甚至是虎头蛇尾，完全成为了形式和过场。

以独立董事制度的建设为例。我现在还清楚地记得2000年那个炎热的夏天，中国证监会第一次独立董事培训班时大家的踌躇满志。但六年过去了，独立董事的作用发挥是有限的。在多数出事的上市公司里面，都有达到数量要求的独立董事配置，但他们无一例外地都没有发挥应有的作用。当然，也有极少数的独立董事偶尔“不懂事”一回，揭了公司的老底。但更多的独立董事已经习惯于睁一只眼、闭一只眼，甚至在私底下还衍生出了“独立董事的专门学问”。一次，一位资深独立董事对我介绍他的秘诀，就是：简单的事情，都投赞成票；复杂的事情，都投反对票。由于公司董事会人员结构中独立董事的数量远远少于半数，所以，随便他怎么投，都不会影响最后的结果，而他自己却得以在日后公司出事的时候免除责任。真是两全其美的好办法。显然，这种情况不得到解决，上市公司的治理问题将永远缺乏最基础的东西，任何听上去“美好”的制度都无法得以真正执行。

Corporate Governance: Theory and Cases

公司治理理论

第一章
代理型公司治理问题

1 现代公司中的代理关系
2 代理问题与公司治理的目标
3 经理专用投资的模型
4 代理问题与公司价值的下降
5 解决代理问题的治理机制

代理型公司治理问题，是各种公司治理问题中最经典、最一般化的情况，也是最受到关注的情况。我们理解代理型公司治理问题，可以想像大型分散持有的公众公司的例子。在这些公司中，投资者数量众多，股权高度分散，经理人常常会成为公司重大决策的实际控制人，于是，他们也就不可避免地会出现用投资者的钱为自己的利益服务的倾向。解决代理型公司治理问题，就是要找到对经理进行激励和约束的途径，解决股东与经理之间的利益冲突。

1 现代公司中的代理关系

1 从古典企业到现代公众公司

代理型公司治理问题的提出，其根本原因是现代公众公司形式的出现。我们知道，从企业制度的角度看，人类历史上主要出现了三种比较常见的企业形式，依次为单人业主企业、合伙企业，以及公司制企业。前两类企业通常被称为古典企业，而今天在经济生活中起着主要作用的则是现代公司。关于现代公司的特征，学者们有着各自不同的描述。

1972 年，在美国经济学家 Alchian 和 Demsetz 非常著名的《生产、信息成本和经济组织》一文中，他们对古典企业和现代公司从理论高度做了开创性的描述，但两位学者的原始表达并不十分清晰。1980 年，在题为《代理问题与企业理论》的文章中，另外一位著名经济学家 Fama 教授则基于前者的工作做了更加清晰的陈述。Fama 教授将古典企业定义为包含如下六个特征的合同结构：①团队生产；②有几个投入品的所有者；③有一方与所有联合投入品的所有者订立合同；④他有权重新谈判任何一种投入品的合同，而不影响他与其他投入品所有者之间的合同；⑤他拥有剩余索取权；⑥他有权出售其中心合同剩余身份。Fama 教授认为，在古典企业中，上述③、④、⑤、⑥各项职能是不能分开地聚集在一个人身上的，他既是企业的出资人，也是经理人。而在公司制度下面，

③、④项的经理职能和⑤、⑥项的风险承担职能是体现在不同的利益主体身上的。经理完全可以不再是出资人。

1976 年，同样是美国经济学家的 Jensen 和 Meckling 发表了《企业理论：经理行为、代理成本和所有权结构》一文，这是开创性的工作。在这篇文章中，两位学者实际上突出了企业法人的概念。现代公司就是企业法人与其他要素所有者之间“一系列合同的节点（a nexus of contracts)”。在他们看来，企业法人总是各种合同的一方，而另外一方是不同的要素所有者，或者说是企业所使用资源的提供方。Jensen 和 Meckling 的观点对于认识现代公司，对于揭示公司内部的种种经济关系是非常有益的。通过研究企业的合同性质，可以发现企业内部决策权的流动，这就进一步促进了关于企业内部权力转移关系的研究，促进了对企业资源使用的决策权的分割过程、流动过程和支配过程的研究。

图示 1－1 所描述的，就是公司内部围绕企业法人的各种合同关系。从这个图示中，我们可以看到，公司总是围绕着一系列合同形成的，企业法人是这些合同关系的节点。公司的创办和运行实际上就是这些合同的形成与实施过程。

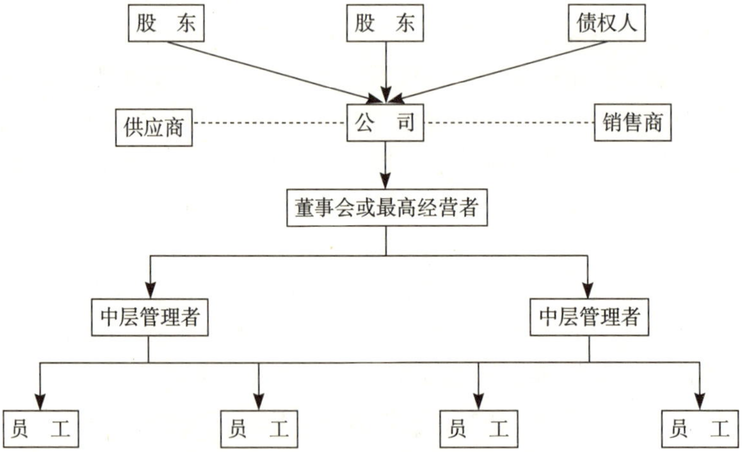

图示 1－1　公司是一系列合同关系的节点

最初，公司创办人希望通过签订合同获得包括资本等稀缺资源，这通过选择公司的法律形式和公司章程内容来实现。然后，资本等稀缺资源的提供者选择是否加入公司，以及加入公司的形式。投资的形式可以是成为债权人，也可以是成为公司的股东。成为债权人，就是签订收益水平和期限都相对确定的合同；而成为股东，则是要签订另外一种具有剩余索取权和表决权（剩余控制权）的合同。尽管公司在设立之后，仍然能够继续签订上述合同，但在公司经营的过程中，它更多地是同供应商和销售商发生关系，签订经营性的合同。公司也与管理人才和一般劳动力的所有者签订工作合同。前者为高级管理人员的就业合同，后者为一般员工的就业合同。相对于一般员工的就业合同，高级管理人员的就业合同在报酬形式等方面要更加复杂一些。

公司最高层的投资人（包括股东和债权人）并不直接经营企业，他们会通过不同的合同形式把控制企业的权利托管给公司的董事会。投资者和公司董事会之间形成信任托管关系。从理论上讲，公司董事会作为一个团体也并不直接经营企业，他们会挑选有能力的职业经理人，把经营管理企业的权利授权给公司的最高管理层。当然，在公司的实际经营过程中，最高管理者也不是把所有的决策权都保留在自己手中，而是不断向下授权，一部分决策权力会分派给公司的中层管理人员，甚至相当数量的决策权力还可能更多地向下传递，分派给公司较低层次的管理人员和普通员工。

由此，公司的授权关系自上而下形成了一个沙漏般的形状。上面是个倒三角，公司的投资者放弃亲自管理公司的权力，这个权力从很多股东和债权人手里被集中到最高经营层手中。为了能够使这些权力的使用得到监控，公司的股东大会选举出一个董事会，专门对管理层进行约束。这样，股东作为一个整体只保留进行重大决策的权力，董事会负责公司战略性事务的决策，最高管理者负责日常决策。不过，正如前面所说，最高管理者也并没有把所有的日常决策权利都保留在自己的手中，他还会不断地向下授权。于是，在最高管理层下面，决策权力由集中变为分散。这形成了一个正三角的授权体系。公司组织的每一个环节都承担着一部分与公司日常经营相关的决策权力。

2 现代公司的股权分散化

从图示 1－1 中，我们看到，现代公司通常是由很多人共同投资的，这就有可能出现股权分散化的趋势。在英美国家，我们看到了非常明显的这样的趋势，这大概是由于这些国家的民主传统。在很多国外学者关于英美国家公司制度的论著中，都提到了民主制度对公司产权和治理结构的基础性作用。

最早发现并提出股权分散化趋势的，是美国学者 Berle 和 Means，他们两个人一个是经济学家，一个是法律专家，在 1932 年共同提出了现在被称之为“Berle-Means 命题”的观察结论。Berle 和 Means 的研究结论发表在他们的一本名为《The Modern Corporation and Private Property》的书中。在这本书中，他们通过对英美国家现实情况的归纳研究说明：现代公司中股权越来越分散，所有者权利实际上越来越是名义上的，企业实际上是把持在职业经理的手中。他们由此认为，控制着公司主要权力，并且不受监督的职业经理可能会以损害股东权益的方式追求他们自己的利益。

Berle 和 Means 的观点基于对以下情况的分析。在 20 世纪初，美国公司的规模正在不断变大，而且总的集中趋势在增加。到 1930 年，美国 200 家最大的非金融公司控制了 49.2% 的公司财富，38% 的经营性财产及 22% 的国民财富。英国在 20 世纪也出现了类似的趋势。在这些大公司控制资源的范围和实力不断增加的同时，股东持股的状况却出现高度分散化的趋势：富有家庭不再集中投放他们的财产，而是将其财富分散投资于更加广阔的领域里。一方面公司变大，但另一方面股东却变小，这样两个趋势就使得公司股东对职业经理实施控制变得不大可能。

Berle 和 Means 在他们的研究中将具有超过 20% 投票权的股票定义为“重要”股票。那些没有定义为“重要”的股票为“经理控制的”。“经理控制”的含义是经理具有“挑选董事会成员（或其中的多数）的实际权力”。结果，1929 年在最大的 200 家非金融公司中，有 58% 的财产是被职业经理所控制的。表 1－1 摘自《The Modern Corporation and Private Property》一书，从中我们可以看到最初的分离趋势。

表 1－1　　美国 200 家最大的非金融公司的控制类型

控制类型	公司的数量	占全部公司的比例	占全部公司资产的比例
完全所有权控制	12	6	4
多数所有权控制	10	5	2
少数所有权控制	46.5	23	14
机构控制	41	21	22
经理控制	88.5	44	58
清算人控制	2	1	0
总计	200	100	100

Berle 和 Means 根据上述观察得出了他们的命题。他们说：事实上，从所有权中分离出来的经济权利的集中，创造了一批经济皇帝，同时也把这些皇帝送到一种“绝对权利”的新形式之中，他们代表“所有者站在了借以行使权力的位置上”。Berle 和 Means 将股份公司的职业经理定义为具有王子般权威和支配力的人。他们使用“绝对权利”这个词，在英文中，这个词意味着宪法和其他制度约束都无法比拟的“权威”。

1987 年，Cosh 和 Hughes 发表了他们用 54 家最大的美国和英国公司样本进行的研究。他们发现，这些公司最大股东持股数量占公司总股份比例的中位数在英国公司是 3.7%，而在美国公司则是 5.1%。表 1 –2 是 Cosh 和 Hughes 对持股结构的统计。这个发现进一步支持了 Berle 和 Means 的命题，揭示了英美国家公司股权结构分散程度进一步加大的趋势。

Cosh 和 Hughes 的研究用巨型企业的例子证明了董事和职业经理的持股是少之又少，从另外一个角度再次证明了自 20 世纪初期开始的所有权与控制相分离的局面在 20 世纪后期并没有什么本质变化。表 1 –2 显示，在英国的样本中，没有董事会成员控制企业股份的 5% 以上，只有在两个企业中，董事控制了大约 1.4% 的股份。与英国的情况相比，美国的数据要相对高一些。Cosh 和 Hughes 在经过了进一步分析还发现，在英国，董事控制的总股份（包括基金所掌握的股份）的中位数为 0.06%，均值为 0.85%；而在美国，中位数为 0.75%，均值为 8.1%。

表 1 –2　　54 家英美公司主要持股

	英国样本		美国样本	
	持股数量	持股比例中位数	持股数量	持股比例中位数
持股超过 5%				
董事	0		6	23.4
基金	1	17.7	2	18.5
金融机构	4	6.4	6	6.3
其他	4	31.1	2	5.3
总和	9	16.7	16	9.0
持股超过 1%				
董事	2	1.4	12	7.4
基金	1	17.7	12	2.8
金融机构	201	10.9	224	14.8
其他	28	1.5	10	2.5
总和	232	16.8	258	24.5

上述证据充分证明，至少在英国和美国，现代公司的股权分散趋势是明显的。

3 授权与代理关系

由于股东数量众多、公司股权分散，加上股东对于公司只负担有限责任，这样，公司的资产所有权与管理过程就出现相互分离的情况，出资者不涉及企业的日常管理，公司的管理职能完全由职业经理承担。职业经理也不是一个人，而是一个贯穿企业内部、由不同级别经理共同组成的管理团队。于是，从这个意义上，我们可以说，现代公司的合同关系，实际上就是一个授权关系。

由现代公司层层授权的体系代替古典企业的决策结构，从正面意义上讲主要是由于两个原因：其一是为了提高决策效率；其二是为了更有效地利用信息。

首先，采用现代公司制度形式，可以有效地积聚资金，建立大型企业，股东共同承担风险。而投资人与董事会、董事会与经营者之间的授权关系，可以在股权分散的情况下解决决策效率问题。具体来说，当企业规模较大，投资者人数众多的时候，决策不可能采用所有利益相关者一致表决、全体所有者集体管理的方式，只能通过信任托管、集中决策以及监督决策的方式进行，必须要选择代理经营。而如果选择有能力的管理团队，则客观效果完全会超过由投资者管理的结果。

其次，建立现代公司，在公司内部由最高管理者进行授权，还可以更好地利用科学决策所必须要拥有的信息，解决决策效率的问题。

我们知道，公司决策所必需的信息，实际上是分布于整个企业内部的。所有的员工或多或少都拥有一部分信息。如果把所有的决策权力都集中在最高管理者手里，那么，要保证决策的科学性，就必须做到能够及时准确地把公司内部的所有信息都集中在负责决策的最高管理者那里。同时，决策者也要能够对所有可以获得的信息进行科学的分析，才能最后达到理想的决策效果。

那么，能不能做到这一点呢？仅仅从信息传递的角度看，就相当困难。这是因为进行信息传递是有成本的，是要占用时间的，员工也不见得有积极传递决策信息的意愿。首先，信息的归集和传递是有时间成本的。如果决策要在信息变化比较剧烈的环境中做出，那么，现期的决策就很有可能是依赖于已经过时的信息做出，这必然会导致决策的失灵。其次，公司组织也往往难以创造出让员工积极准确传输信息的激励来。而且，即使企业能够建立起无成本的信息传输通道，员工也愿意随时地把信息上传，实际上也存在着另外的问题。

比如，按照 Jensen 在另外一篇论文中的观点，企业信息可以被分为两种：专有信息和通用信息。只有通用信息，才可以在不同人之间进行传递，而专有信息是无论如何都不能离开信息采集者的。在这样的情况下，惟一能够有效解决科学决策的办法就是向有专有信息的人授权，尽可能使决策权和做出好决策所必需的信息能够汇集到一个决策主体身上。这其实也恰恰是公司内部要进行授权的道理所在。

不过，虽然授权在理论上可以从上到下地解决公司决策效率问题，但是，现代公司还要面对代理问题。经济学把这种授权之后的不尽力现象叫“代理问题”。一般来说，当授权关系所涉及的双方利益不一致、信息不对称，监督也存在困难的时候，就会出现得到授权的利益主体在缺乏监督的情况下不尽力的情况，拥有决策权的一方可能不一定按照能够使授权方利益最大化的方式行事。

比如，职业经理的利益与公司出资人的利益不一致。公司出资人的利益目标是它的投资收益最大化，他们期望公司的“利润最大化”，但是，职业经理的利益目标则不是这些最大化，而是他个人在当前阶段以及在未来的收益最大化。职业经理的未来收益可以通过他在经理市场上的声誉来实现，如果没有一个有效的经理市场，经理声誉就是无所谓的事情。那么，在这种情况下，职业经理就一定会只追求短期收益的最大化。

董事会或最高经营者不按照投资者的意愿来经营企业，中层管理者和员工不按照最高管理者所期望实现的目标努力，这样，在现代公司制度下，就会出现因代理问题而引发的巨大的价值损失。当然，投资者不会容忍这样的情况，于是，就出现了各种公司治理的机制和手段。

2 代理问题与公司治理的目标

1 投资者价值与公司目标

图示1－2是一个公司治理的原理图。图中由两条虚线左右分成三个区域，最左面的区域是企业管理的基本任务，中间区域描述的是管理机构及其职能，而这一切都由最右面部分的动力机制所驱使。

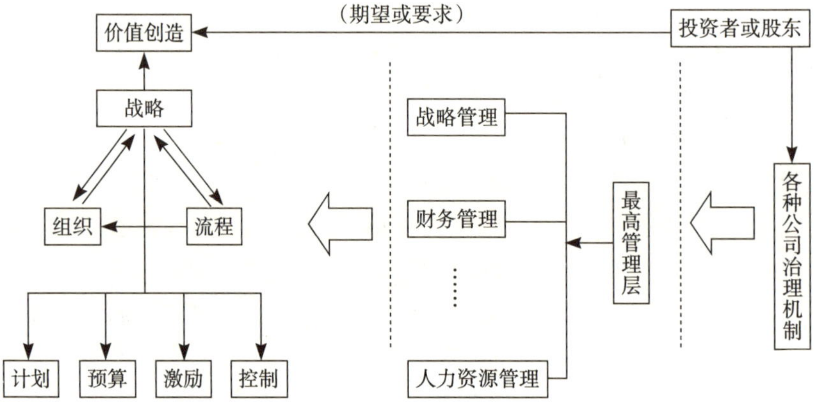

图示1－2　公司治理原理

具体来说，公司的一切活动都应该围绕着一个目标，为股东创造价值。当一个公司在成立之前，无论他在公开对外招股，还是通过私人募集的方式获得资金，它都要通过一个分析和承诺对外进行说明。这个说明应该既包括对业务的分析和计划，也包括对投资收益的承诺。对于私人募集的方式，这个说明书一般就是商业计划书；而对于公开发行股票进行资金募集的方式，它就是招股书。但无论是什么形式的说明，它都要回答一个基本的问题，就是投资的回报情况。一句话，投资者或股东所要的，是公司的价值创造。价值创造，是一切企业的核心目标。能够创造高于资本成本的价值，是衡量一切管理者经营能力和工作业绩的根本标准，也是对企业做出判断的关键依据。

那么，怎样保证企业能够创造股东价值呢？从最理想的情况说，企业必须要进行科学有效的管理。什么是科学有效的管理？图示1－2最左面的框图所描述的，就是现代科学管理的基本内容。首先是要搭建管理框架的基本内核，建立战略、组织和流程之间的动态调整关系；其次，是在上述框架内部建立起一个从战略到日常运作之间的框架体系，把公司组织打造成一个“全员紧盯战略的组织”。

在企业的管理体系中，战略是最关键的环节。企业能否为股东创造价值，战略分析、战略制定和战略实施是最基础的工作。很多企业不能为股东创造价值，固然在管理的方方面面都可以发现问题，但如果细致分析，常常是企业最基本的盈利可能性是不存在的。也就是说，企业在现有的战略定位和框架下，根本就不具备盈利机会。一个不具备盈利机会的企业，怎么可能为股东创造价值？所以，在进行一切管理活动之前，对市场机会和企业的内部资源能力进行细致的分析，制定行之有效的战略目标和实施方案是最重要的工作。

企业有了一个好的战略，还必须要根据战略的需要对业务流程进行设计和规范。之后，要依照战略和业务流程的需要设计有效并快速反应的组织。用美国著名的企业史专家钱德勒的话说，就是“战略决定组织，组织必须要跟随战略”。战略、流程与组织是企业管理框架中的三个最重要的概念，它们放在一起紧密协调，就构成了企业运行的“硬”的架构，构成了一切管理工作的“硬核”。

我愿意把这三个概念及其相互之间的基本关系称为公司管理的“铁三角”。战略、流程和组织，是公司管理的“骨骼”，是任何公司都有的内容。但是，不同的公司在这个“骨骼架构”上的定位是不同的，其作用的结果也是有差别的。建立一个符合企业实际情况的、有效的“铁三角”，是一切管理的最基础的工作，具有决定性的作用。实证研究表明，成功地为股东创造价值的企业，一定建立了有效的“战略、流程和组织”之间的互动关系，并且能够不断根据企业实际需要进行创新。

企业光是建立了一个有效的“管理框架”够不够呢？显然不够。这就好比绝大多数人身体的构造都是合理的，都有健全的骨骼体系和血液系统，都不残疾。但是，这些人在身体机能方面却有着很大的差别。有的人是“三十岁的身体，五十岁的状况”，而另外一些人是“五十岁的身体，三十岁的状况”。差别在哪里呢？通过更细致层面的比较，可以发现这两种人的根本差别不在结构方面，而是在相同结构的运行效率上面显著不同。比如，在同样的血管里面，流动着含氧量不同的血液，这当然会使肌体表现出不同的效率水平了。企业的道理是一样的。除了要有一个好的“管理框架”之外，企业还必须要能够进行高效的日常运作。

企业高效的日常运作，包括计划、预算、激励和约束等环节或过程。也就是说，当企业制定了一个好的战略、建立了一个适应战略的业务流程和组织框架之后，还必须要能够把企业的战略目标同企业日常运行的过程相互联系起来，把股东价值创造和长远的战略目标同企业内部各个环节、各个部门的日常工作联系起来。只有这样，才能把股东价值创造这样一个比较抽象的大目标建立在一个坚实的基础上。相对于前面所说的“铁三角”这样“硬”的管理框架，这方面的工作实际上是一种更为细致的“软”的工作。

总之，只有通过“硬”和“软”两个方面的努力，才能进行有效的管理工作，实现为股东创造价值的总目标。实证研究发现，几乎所有成功的企业，都是通过进行上面所述的管理工作，才在相当长的一段时间里成为市场竞争中的佼佼者的。而那些不能实现“基业长青”的企业，都恰恰是在上面管理框架中的某一个环节或多个环节出了问题，但却不能及时发现问题并进行调整，才没有成为股东满意的企业的。所以，为股东创造价值，绝不是一句口号，一句空话，而是上述管理工作的必然结果。只要建立了上述适应性的管理框架，企业就一定能够为股东创造价值。相反，如果没有上述这些努力，即使在短时间里可以盈利，但股东价值的长远实现是没有保证的。

2 管理者的能力和尽职

通过上述活动来实现股东价值创造，是管理者的任务。如图示 1－2 中间部分所显示，最抽象地说，管理包括两个层级的工作：在较低的层级上，是管理的职能工作，这是由具体的管理部门来完成的，包括战略管理部门、财务管理部门、人力资源管理部门等等；而在较高的层级，是所谓的高层管理者。

公司高层管理者的任务既包括督促职能管理者各负其责，在前面所述的管理框架中完成他们各自的使命和任务，同时，也包括从宏观上把这些具体的职能工作综合到一起，形成合力。那么，高层管理者能否自觉有效地完成这个任务呢？答案是不肯定的。当管理者没有能力的时候或不尽职的时候，都不能做好这样的工作。

为什么国外公司特别强调对高管人员持股的要求？就是由于在企业的损失中，由于高管人员不尽力的损失，是最为严重的损失。企业的很多问题，很大程度上就是经营者无能，或是经营者有能力但不尽职所致，所以，投资者希望通过让经理人员持股，在一定程度上把他们变成股东，使之与股东的利益有所一致。

管理者不尽职的情况，主要是指公司的实际控制者为了一己私利，置投资者利益于不顾的情况。具体来说，虽然职业经理追求自身利益最大化的行动，可以是与投资者收益的最大化相一致的。但在很多情况下，职业经理的利益最大化往往会与投资者的收益最大化目标完全不同。于是，经理就会利用手中所掌控的资源为自己谋利，而不为投资者的权益努力工作，甚至以损害投资者利益的方式为自己牟利。我们把后者称为“管理腐败”。

“管理腐败”有两层含义：一个是管理者不能以股东利益为第一诉求，在决策上不能以股东利益为第一优先考虑的因素；第二个层次，是管理者有意利用手中的权力为自己谋福利的过程。管理者为自己谋福利，绝大多数的情况下必然会侵犯股东的利益。

导致管理腐败的根本原因主要来自于两个方面。一方面是经营者与股东的利益并不一致；另一方面是股东不能准确察觉经营者的行动，存在着监督的困难。

首先是股东与经营者的利益分歧。这种分歧是指股东通常是希望公司利益的最大化，但代表股东经营业务的经营者却并不是为了公司利益最大化而工作，他们可能是要追求自身利益的最大化，比如个人在经理市场上身价的最大增加等等。

具体来说，在现代公司中，股东聘请职业管理者代表自己经营公司的业务。尽管股东们并不知道公司的最大效益是多少，以及怎样才能获得这个最大效益（如果他们知道的话，他们自己就会自己直接向员工下达经营指令，而不再需要职业的经营者了），但他们总是希望经营者的努力所带来的是公司的最大效益。不过，这常常只是他们的一厢情愿。经营者可能希望拼命扩大他现在管理的企业的规模，这是因为随着公司规模增加，他的影响力会相应增大，他本人未来的雇佣前途和收入也就会更好。于是，这种动机将会促使他去增大公司的开支，从而势必会影响公司最大利润的获取。也就是说，管理者往往并不是从业主的最大收益角度去考虑问题，显然，这会为公司的发展带来风险。

在一些时候，管理者可能还会做出一些吃里爬外的事情来。比如，他甚至可以和潜在的收购者达成约定：他在任期内“无为而治”，或不尽职责，然后，在公司被兼并后，对方给他提供一项数额较大的解雇补偿费。总之，在现代公司中，由于控制权在经营者手中，而企业的剩余索取权通常在股东手中，两者并不具有完全的对应关系。这样，公司经营者的自身利益与股东利益之间的不一致就会被强化，从而引致出一系列管理腐败行为。管理者与公司投资者的利益差异越大，管理腐败行为的可能性就会越大。

其次，导致管理腐败行为的第二个原因是股东与经营者之间的信息不对称。管理腐败行为问题之所以难以被准确判断就是由于存在着信息不对称的问题。这种情况就好比我们去修理汽车。比如我们的汽车修理完毕仅一个星期就又坏了，而你这时并不能准确地判断是你的运气不好呢，还是修理工并未认真进行修理。

股东对于经营者常常会有类似的茫然。当经营者用公司的钱出了一趟差，比如说去国外考察了一个项目。股东真的很难分清经营者究竟是去为了公司的利益而奔波，还是为了满足个人的旅游需要？再比如，我国过去进行承包制改革，在签订承包合同之前，发包的国有资产管理官员（股东代表）并不清楚企业的价值，而经营者却十分清楚；而且经营者还对企业未来的市场状况掌握着比官员多得多的信息。但经营者不会讲实话，他会想办法夸大困难，把承包基数压低。同时，要求把完成基数之后的奖励提高。这是事前的信息不对称。在签订合同之后，经营者还会利用信息不对称来扩大自己的利益，损害股东的利益。比如，他会控制承包任务的完成，以免超额过多，为自己在签订新合同时造成麻烦。

3 管理腐败的类型

近年来，很多学者对种种管理腐败现象进行了实证研究，这些研究发现，管理腐败主要有如下一些形式。

第一，经理往往直接侵占投资者的财产。直接侵占是投资者利益被损害最主要的、最频繁的形式。经济史方面的研究发现，公司法的发展在很大程度上就是以保护投资者利益，防止对投资者的无度侵占为主题的。另外，经理在控制企业资源的过程中自己会得到各种非直接收益。在法律对投资者的保护比较好的地方，法律会尽力限制经理通过各种渠道将公司财产转移给自己。在这种情况下，大多数经理会转而用在职消费的方式通过控制权为自己带来个人收益。而在法律保护比较差的地方，财富转移的现象就比较多。

第二，经理还会不断地把公司营造成自己的“个人帝国”。在美国经济史上持续时间最长的收购案中，Circon 公司的创始人和 CEO，也是公司最大的个人股东，一直在违背其他股东的利益，坚持不出售公司，而导致股东财富的持续损失。这是典型的经理人控制公司资源，为自己谋取效用的例子。即使经理不再有竞争力或不再合适来经营公司，他们也可以通过防卫他人接替自己来侵占股东。经济学家发现，业绩较差的经理总是想方设法拒绝被替换，这可能是导致公司出现最大损耗的原因。

经理的个人帝国往往是难以打破的，所以，当意外事故之后，市场通常会有积极的表现。Johnson，Magee，Nagarajan 和 Newmen 在 1985 年发现，当公司经理在飞机事故或因心脏病发作而突然死亡后，经理人所经营公司的股票价格会提高。对于那些经理不将资金返还给投资者而致力于建立起巨大帝国的主要大公司，其价格的增长甚至是巨大的。关于这种证据的一个较好的解释是：在有权的经理死后，控制权的收益流会减少。

第三，经理会通过短期行为为自己牟利。由于公司经理人员的货币收益和非货币收益（如声誉等）通常只与其任期内的公司业绩相关，因此，经理人员的任期有限就使他们在决策时不可避免地偏重短期经营业绩。高级管理人员惯常的做法包括：削减科技开发投入、广告费支出、修理费支出，甚至运用财务上的巧妙做账，以及运用金融上的某些灵活操作做出当期的账面利润，或把未来的收益做到现期等等。

第四，经理可能会通过提高公司的债务比例降低经营难度。有些经理常常吹嘘他们公司的低债务情况，但是，Modigliani 和 Miller 经过研究后在 1958 年就指出：经理人员如果过分自夸公司的低债务状况，在很大程度上，这可能是因为他们无能。

第五，经理会通过不同的契约形式来保护自己的利益。当公司与员工、供应商和消费者签订契约时，经理对契约结构往往很谨慎，并精心选择。例如，在签订债务契约时，可以约定如果经理更换，债务将到期。同时，经理还会签订一些隐性契约。上述这些契约往往是由经理的个人名誉而不是公司名誉支撑的，因此经理而非公司拥有对方的信任。

第六，经理还会通过买入或出售资产来增加相对利润。在公司进行接管的时候，董事会在投资未做出前往往不容易对投资做出评价，经理就会集中扩大那些他具有相对优势的经营。当现有经理被认为是公司的主营业务的最佳管理者时，即使边际投资具有负现值，他也会倾向于把更多的资源投入到这项业务上。相反，如果其他经理能更好地运行现有业务，现任经理会倾向于向那些他具有比较优势的领域分散投资。即使现有经理远远不是新业务的最佳管理者，他仍可以减少自己的劣势，直到董事会意识到他对新业务的管理是糟糕的。而买入资产是达到这个目的的重要手段，即使是用过高价格来买入资产。同样，公司的某一部门管理不善会降低经理的报酬和业绩评价结果，而出售资产既能够增加相对利润，又会对现有经理的业绩产生好的影响。即使在产业方向上是要坚持的，经理人在一些情况下也会选择出售。

第七，经理所做出的投资决定可能反映了他们的个人兴趣，而不是投资者的兴趣。Mcconnell 和 Muscarella 在 1986 年仔细地研究了投资公告对于石油产业内各种公司的影响，发现对石油企业投资公告来说，事件研究呈现出明显的负收益，而在其他行业中的公司则不是这样。在下一节我们将重点讲述这个内容。

3 经理专用投资的模型

这里所说的“经理专用投资”，是指经理使用股东的钱进行投资，但这个投资对于经理的价值远远超过对于企业的价值。换句话说，由于这样一个投资，经理的利益可能得到了保证，股东约束经理的限制性力量将不会有效地发挥作用。

我们下面介绍的模型就描述了这个基本关系，模型由美国经济学家 Shileifer 和 Vishny 于 1989 年建立，发表于《财务经济学杂志》，论文名称为《管理者的离心离德：经理专用投资的案例》。

假定在一个公司里面，经理有权决定如何利用公司的资源进行投资，而缺乏董事会的必要干涉。我们说董事会难于干涉，是因为董事会常常缺乏评价项目的足够信息。当投资做出后，所有投资都变成沉没成本，在这种情况下，即使董事会发现投资项目的真实价值，判断出这个项目是减少公司价值的，但投资项目已经实施，董事会也无计可施。Shleifer 和 Vishny 由此为经理专用投资项目确定了一个特征，叫做不可回收性。也就是说，经理专用投资的资产清理价格很低，即使在事后董事会意识到经理特定投资并非最优投资，但也会因不可回收性很高而无计可施，大量投资付之东流。于是，现有经理的决策正确与否对股东价值意义重大。

那么，经理可以得到什么好处呢？首先，经理倾向于把公司资源投资到那些在他的管理下比在其最好的替代者管理下更有价值的资产上，由于经理专用投资会使经理自己对股东来说具有较大价值，并且替换成本高昂，所以，过度的经理专用投资补充了经理的能力，现任经理可以利用这一投资来维系和延长任期。其次，尽管经理专用投资不是使公司价值最大化的投资，但这类投资可以使经理对股东来讲更有价值，这样，经理就有可能因此获得其他利益，包括增加自己的报酬。

设 I_{inc} 代表由现任经理决定的“经理专用投资”的数量，在现任经理的管理下，公司价值可以通过下述表达式来描述：

$$V_{inc}=\alpha_{inc}\cdot B(I_{inc})-p\cdot I_{inc}$$

其中，α_{inc} 代表现任经理管理经理专用投资的能力，$B(I_{inc})$ 代表当投资量为 I_{inc} 时，每单位生产能力所获得的利润的现值，p 代表单位投资成本。假定 B 的一阶导数大于0，二阶导数小于0，当 I_{inc} 无穷大时，函数 B 的一阶导数的极限为0。

如果现任经理被另外的管理者替换，我们可以把公司在新经理管理下的利润写成：

$$V_{alt}=\alpha_{alt}\cdot B(I_{inc}+I_{alt})-p\cdot(I_{inc}+I_{alt})$$

其中，α_{alt} 为新经理管理已做出投资的能力，I_{alt} 为新经理的追加投资。

在上述讨论中，我们在描述企业价值的时候，都没有考虑经理报酬的因素。

关于经理专用投资，还要做出两个重要的假设。第一，经理专用投资是不可回收的，这意味着 $I_{alt}\geqslant 0$。为了处理问题简单起见，假设资产的清算价格为0。第二，由于投资项目是经理专用投资，我们还可以假设现任经理比任何新经理都能够更好地管理该项投资，这意味着我们有

表达式 $\alpha_{inc} > \alpha_{alt}$。从这一假设出发，我们可以得出：现任经理有可能利用经理专用投资来增加相对利润。而如果 $\alpha_{inc} < \alpha_{alt}$，就意味着现任经理倾向于投资其他项目来避免被替换。

我们假定：现任经理从进行经理专用投资中能够获得的好处，是他的报酬将得到增加。在这里，报酬是个广义的概念，是指经理在与董事会谈判的过程中可以从股东那里得到的所有利益，包括直接的金钱报酬、在职消费，以及其他各种福利和好处等等。

我们进一步假设经理获得报酬的时间是在经理专用投资做出之后。也就是说经理可以依据他对专用投资的管理能力来与董事会讨价还价。这也比较符合现实的情况，在经理人进行投资建议的时候，董事会往往并不充分了解经理专用投资对公司价值的影响，他们往往凭借经理人的建议报告和分析报告进行决策。

假设股东支付经理报酬的基准是比较现任经理和其他经理的能力差别。我们可以用任何有可能替代现任经理的新经理来代表其他经理的能力。这样，现任经理的报酬就是公司在不同经理经营下股东财富差异的函数，可以写为：

$$w = f[\alpha_{inc} \cdot B(I_{inc}) - (\alpha_{alt} \cdot B(I_{inc} + I_{alt}) - p \cdot I_{alt})]$$

从这个表达式中，我们容易发现，对于任何经理专用投资已经做出之后，现任经理比起可能的替代者为公司获得的利润越大，现任经理所将获得的报酬就会越高。实际上，这也是一种激励，现任经理会由此去选择那些更有助于自己发挥经营能力的投资项目。

图示 1－3 是根据上述表达式所画出的现任经理报酬变化的趋势。通过这个图示，我们可以发现如下一些特征。

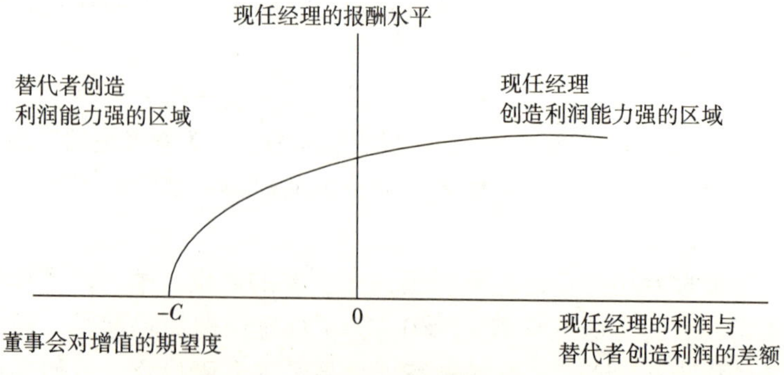

图示 1－3　现任经理的报酬变化趋势

首先，f 函数是一个增函数，公司经营的相对利润越高，经理所能够获得的报酬就越高。

其次，经理报酬为 0 的点，是相对利润大约等于 $-C$ 的点。这与我们通常的想像有一定差距。一般认为，C 应该等于 0，报酬为 0 的点就是相对利润为 0 的点，董事会应该在有任何新经理能力比现任经理强的时候，就解雇现任经理。但是，现实的情况是：只有董事会预期潜在替代者能够比现任经理多创造 C 的利润时，现任经理才被解雇。$-C$ 的含义意味着董事会的监管不利，这在一定程度上由公司资产内生的种种性质决定。在很多企业里，C 可能非常大。比如，在那些经理人会对董事会的人员和决策过程有较大影响力的公司里，只有在非常大的 C 的情况下，才有可能调动公司股东的某些决策机制发挥作用。

最后，$f' < 1$，这表明经理报酬的增加少于边际相对利润的增加。

这是一个关于经理选择的模型，经理的选择是 I_{inc}，也就是专用投资的数量，现任经理进行选择的目标函数是使 y 最大化。我们可以把现任经理进行选择的目标函数写做：

$$y = w + \theta[\alpha_{inc} \cdot B(I_{inc}) - p \cdot I_{inc} - w]$$

其中，θ 为现任经理的持股比例，我们假定经理的持股比例比较低，于是 θ 远小于 1。这个假定保证了现任经理不完全承担经理专用投资的大多数后果。

前已提及，现任经理比其替代者能够更好地管理经理专用投资，因此，现任经理会比其替代者更愿意进行自己比较擅长经营的专用投资，并且数量也会较多。为了有效地求解这个方程，我们假定资产的不可回收性对新任经理形成约束，于是，在均衡时，有 $I_{alt} = 0$。

这样，我们可以将现任经理的目标函数重新写为：

$$y = f[(\alpha_{inc} - \alpha_{alt})B(I_{inc})](1-\theta) + \theta[\alpha_{inc} \cdot B(I_{inc}) - p \cdot I_{inc}]$$

在上式中有一个权重的概念 θ，现任经理的目标由两部分决定，公司价值的权重为 θ，而相对利润的权重为 $1-\theta$。因为相对利润的权重较高，现任经理不能将投资成本内部化。模型结果表明，经理会过多地投资于经理专用投资来避免被替换并获取更多报酬。

我们可以根据下式解出公司价值最大化的投资 I^*。

$$\alpha_{inc} \cdot B'(I^*) = p$$

相反，现任经理个人收益函数的一阶条件为：

$$\theta[\alpha_{inc} \cdot B'(I_{inc}) - p] + (1-\theta) f' B'(I_{inc})(\alpha_{inc} - \alpha_{alt}) = 0$$

而现任经理个人收益函数的二阶导数在我们关于 B 的一阶导数为负的假设下将恒为负。这表明，存在经理效用最大化的最优投资量。满足经理个人目标的投资水平会高于公司价值最大化的投资水平 I^*。这是因为，现任经理比其替代者能够更好地管理经理特定投资，在替代者管理投资 I^* 时，利润会下降；而在现任经理的管理下，投资数为 I^* 时，利润不变。于是，相对利润增加，报酬增加。而为了增加报酬，现任经理的投资量一定会高于 I^*。这一结果也揭示了为什么经理喜欢增长的秘密。

其实在 Shleifer 和 Vishny 之前，也有一些学者提出现任经理一般会追求企业规模增长的模型。比如，Baumol 在 1959 年、Marris 在 1964 年先后提出了经理主义的企业模型。在这些模型中，他们把公司销售额的增长作为经理增长的目标。

Baumol 和 Marris 的理论现在被称为“经理主义”的企业理论。他们都直接继承和发展了 Berle 和 Means 的主张，更为明确地提出，现代公司本质上是个等级制机构，最高级的经理确定公司的目标，监督较低级别的经理和员工达到这样的目标。如果经理是自利的人，如果他不是企业完全的所有者，他一定会最大化他自己的效用，而不是公司整体的效用。

经理的目标有财务上的，也有很多非财务目标，比如要加强他们的地位、特权和权利等等。经理的行动一定要受到上述动机的影响。经理总是在特定的环境下寻求股东利益和个人利益的权衡，他们不是完全不顾及股东的利益。相反，为了保住他们的职位，他们会努力保持一定数量的净利润和一定数量的分红，以获得股东对企业业绩的满意。这是因为，如果股东不满，无论是在股东大会上通过投票可以撤换现任的经理，还是出售股票时引来敌意接管，都会损害经理自己的利益。总之，在他们眼中，利润是经理要追求的一个需要达到的条件，但绝对不是企业的惟一目标。

经理主义企业理论都接受“经理只追求满意的利润水平”一说，但是，关于经理究竟会追求什么，大家众说纷纭。先后出现过的理论包括：销售额最大化理论，增长最大化理论，经理收益最大化理论等等。

Baumol 的经理主义模型是“销售额最大化”理论。这是由 Baumol 于 1961 年在《Economic Theory and Operation Analysis》一书中提出的。Baumol 的基本思想是可以把企业特征刻画为：经理在追求一定利润的前提下通常致力于企业销售收益的最大化。企业利润不能低于一定水平，这主要是为了保证股东满意，保证经理的工作安全。只要能达到一定的利润水平，经理就会把全部精力放在企业的销售额最大化方面。之所以会这样，是因为销售额增加，企业的规模就会增加，一方面改善企业的竞争地位，但另一方面更重要的是，企业规模扩大了，经理的报酬、地位、声誉都会扩大了。

那么，追求销售额最大化的企业和追求利润最大化的企业在过程和结果上有什么不同呢？Baumol 的理论可以通过图示 1－4 和图示 1－5 来说明。

图示 1－4 描述了一个在垄断竞争环境下运行的、追求销售收益最大化的企业。这意味着企业所面对的需求曲线是向右下方倾斜的。在图示中，*TR* 是总收益曲线，*TC* 是总成本曲线，π 为利润曲线。无疑，在 *TR* 和 *TC* 距离最远的地方，即产量 Q_p 的对应处，企业实现利润最大化。

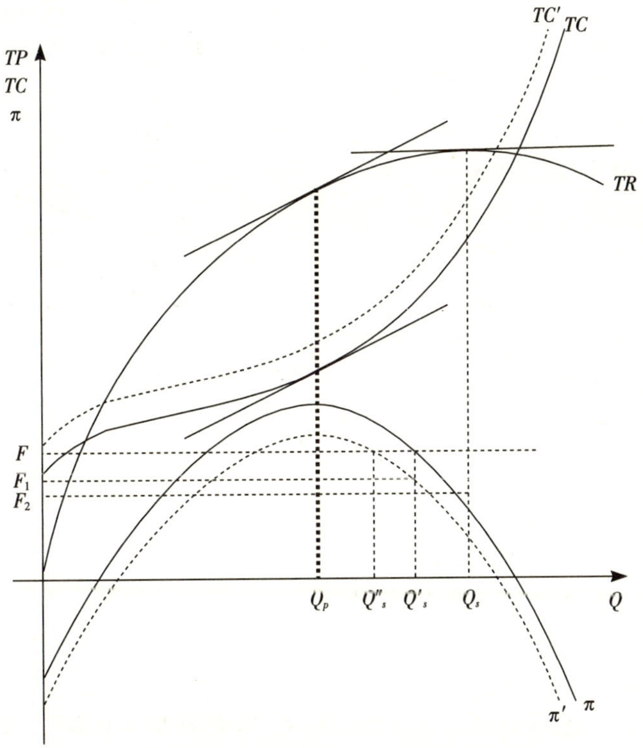

图示 1－4　追求销售额最大化的企业

而根据这个图形中关于企业的假定，Baumol 认为追求销售额最大化的企业会比追求利润最大化的企业产出更多、定价更低。正如图示 1 –4 中说明的，当边际收益和边际成本相等的时候，企业利润最大化，这时所对应的产出水平是 Q_p。相反，如果企业要追求销售额的最大化，它实际上是要找边际收益为零的产出水平，那实际上是在 Q_s 这一点上，也就是收益曲线的切线水平的那一点。不过，在这样一个产出水平上，虽然产出最大了，但对应的利润额却较低，更谈不上是利润最大化了。显然，这体现了经理与股东利益的根本差异。

不过，经理有时追求销售额最大化的目标不一定可以达到，如果销售额最大化对应的利润额低于能够使股东满意的利润水平时，企业就必须要减少产量提升利润。产量的减少伴随着价格的增加。如果根据资本市场的要求，经理预期最低的利润水平是 F，那么，实际上经理会把企业的产出水平确定在 Q'_s 的点上。并且，伴随着资本市场的不同利润要求，经理会调整他的销售额，加以适应。图示1 –4描述了销售额最大化企业的经理决策过程。它告诉我们，无论如何，经理追求销售额最大化，与股东的根本利益都是不一致的。

Baumol 也指出：追求销售额最大化的企业会比追求利润最大化的企业支付更多的金钱用于广告和其他促销行动。这个观点由图示 1 –5 来说明。

广告与其他促销行为由企业的经营目标决定。从经济学的理论上讲，广告在很多情况下是用来刺激消费者需求的，并且，一个广告成功了，企业所面对的需求曲线会发生右移。这就是说，广告成功了，企业可以以相对地高价去销售产品；或者说，在有广告的情况下，可以比与没有广告时相同的价格销售更多的产品。在一定条件下，广告支出越多，在同样价格下销售的产出就越多。这里的所谓一定条件，就是广告支出也存在收益递减

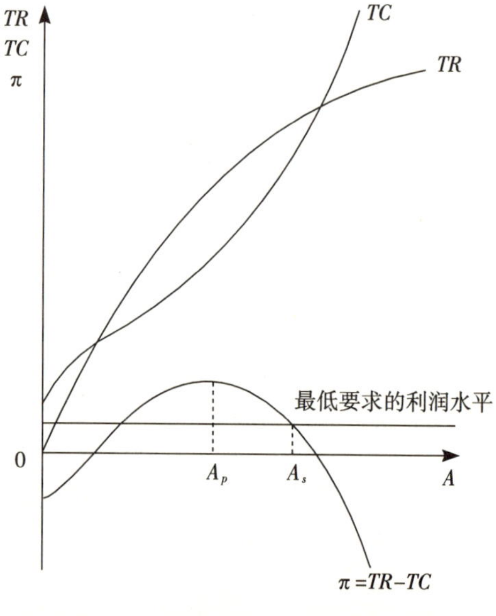

图示 1 –5 销售额最大化企业的广告行为

规律，当广告支出不断增加时，总收益虽然会增加，但边际收益是递减的。

图示1－5中的横轴描述广告支出的数量。当广告支出增加时，总收益是会增加的，但是，它的增加不是无限的。这是因为，广告支出要进入成本，由于边际收益递减的法则起作用，成本增加会导致利润下降。从图示1－5中可以看到，在A_p所代表的广告支出水平上，企业利润达到最大化，以后逐渐下降。但如果假定企业只追求一定水平的利润，其他的潜在利润都被用来做广告或进行其他形式的促销，以达到销售额最大化，企业的广告支出水平为A_s。这时，实际上经理是在用股东的利益拼命扩大企业的产出水平。这样做的直接结果是提升了经理自己的声誉。因为一个大企业的经理比一个小企业的经理更加容易被外界知名，经理的个人声誉也更容易得到巩固和提高。

显然，与Baumol的模型相比，Shleifer和Vishny的模型所揭示的内容要更加深刻。他们向我们展示的是：公司增长本身并不会为经理带来什么好处，但是，在那些与经理特定能力相关的领域进行的投资，实际上是可以增加经理收益的，而这也常常是经理们离心离德活动的重点。实证调查在一定程度上证实了Shleifer和Vishny的说法，企业往往在现任经理所不熟悉的领域进行的投资是不足的，而在经理比较擅长的领域常常有过度投资。

在前面的模型中，我们可以看到经理股权是惟一限制经理专用投资的力量。当然，模型里面也包括其他方面的约束力量，这就是有效的董事会运作。实际上，董事会可以通过以下方式制约经理：①董事会直接限制经理特定投资；②当公司价值下降太多时，即使投资是不可收回的，而且现任经理是管理这项投资的最佳人选，董事会仍可以解雇经理。

不过，虽然存在着限制在任经理的约束力量，Shleifer和Vishny的模型还是非常清楚地向我们展示了经理特定投资会对股东价值造成损害：首先，经理专用投资不一定是股东价值最大化的，经理在维护自己权力与地位的同时，会大大损害股东利益，浪费投资机会。其次，即使在经理专用投资与其他投资创造相同价值的情况下，董事会也会因经理专用投资而屈从于经理的报酬要求，因经理索取高报酬而遭到损失。

4 代理问题与公司价值的下降

1 Williamson 模型

关于经理利益与投资者利益不一致及其后果的理论刻画，Williamson 在 1960 年代的研究成果至今仍然是经典性的工作。在其研究中，Williamson 提出了不同以往的经理效用模型。他认为，经理在控制企业资源的过程中所追求的是自己利益的最大化，而不是股东利益的最大化，股东利益只有经理在考虑维持自己地位时才有意义。

也就是说，在保证股东利益方面，经理仅追求一个最低限度，即能够向股东交待过去的水平。经理的效用是货币报酬、权力、地位和声望等方面所能够给他带来的效用的总和。Williamson 把所有货币之外的因素能够带来的效用描述成一种“费用偏好”（expense preference）。“费用偏好”中的费用可以是在职消费的增加、可以是所管理员工数量的增加等等，这些都会增加经理的效用，所以，经理对它们有某种偏好，他们要在货币收益和费用偏好之间进行权衡。

Williamson 用如下模型来描述经理与股东的利益差异问题

$$\max U = f(S, M, I)$$
$$\text{st. } \Pi_r \geqslant \Pi_m + T \tag{1}$$

显然，这是一个规划问题。对这个问题求解，可以得到：

$$\Pi = R - C - S$$
$$\Pi_r = \rho\Pi = \rho(R - C - S)$$
$$M = (1 - \rho)\Pi = (1 - \rho)(R - C - S) \tag{2}$$

其中，U 为效用水平，S 为费用偏好水平，I 为经理决定的任意性投资，R 为公司收益，C 为公司成本。Π_r 为报告期利润水平，Π_m 为最低的利润要求水平，ρ 为报告期利润占可能的总利润中的比例，T 为税收，$T = t\Pi_r$。

$$I = \Pi_r - \Pi_m - T = \rho(R-C-S) - \Pi_m - t \cdot \rho(R-C-S)$$
$$= \rho(1-t)(R-C-S) - \Pi_m \quad (3)$$

从 I 的定义，知可以忽略各项约束。

将（1）和（2）式代入（3）式，有：

$$\max U = f[s, (1-\rho)(R-C-S), \rho(1-t)(R-C-S) - \Pi_m]$$

我们定义，$\frac{\partial u}{\partial s} = u_\alpha$，$\frac{\partial u}{\partial M} = u_b$，$\frac{\partial u}{\partial I} = u_c$，

于是，满足最大化的一阶条件为

$$\frac{\partial u}{\partial x} = u_b(1-\rho)\left(\frac{dR}{dx} - \frac{dc}{dx}\right) + u_c\rho(1-t)\left(\frac{dR}{dx} - \frac{dc}{dx}\right) = 0 \quad (4)$$

$$\frac{\partial u}{\partial s} = u_a + u_b(1-\rho)\left(\frac{dR}{ds} - 1\right) + u_c\rho(1-t)\left(\frac{dR}{ds} - 1\right) = 0 \quad (5)$$

$$\frac{\partial u}{\partial \rho} = u_b(-1)(R-C-S) + u_C(1-t)(R-C-S) = 0 \quad (6)$$

（4）式如果成立，有

$$\frac{dR}{dx} = \frac{dc}{dx}$$

从（5）式可推出，$\frac{dR}{ds} = 1 - \frac{u_a}{u_b\ (1-\rho)\ + u_c\rho\ (1-t)}$。

由于 u_a，u_b，u_c，$1-p$ 和 $1-t$ 都为正，所以 $\frac{dR}{ds} < 1$，即由于经理与股东利益不一致，经理根据个人目标所选择的费用偏好水平要高于利润最大化时对应的费用偏好水平。

Williamson 的模型如果用几何方式来表示，则有图示 1－6。

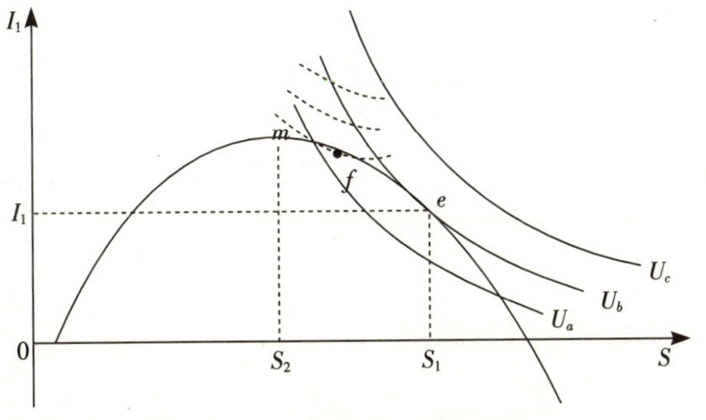

图示 1－6　经理与股东的利益差异

图示 1-6 表示了经理与股东的利益差异，经理效用最大化的费用偏好要大于对应于股东所期望的利润最大化水平的费用支出。那么，如何解决经理的代理问题呢？从图示上看，就是要设置一些机制使 e 和 m 尽可能地接近。其中一个重要的手段就是要想办法使经理的无差异曲线变得更平缓，有比较小的边际替代率，让经理更关心公司的净利润，这样，点 f 就比点 e 更接近点 m。

显然，只有在经理拥有股份的时候，他的利益的一个部分来自于公司净利润的时候，他的无差异曲线才会变得更平缓。这也就是为什么很多现代公司都对经营者提出所有权计划的原因。也就是说，股东已经预见到了经理没有股份的后果，于是，他们倾向于把公司托付给大股东管理，或者给职业经理以公司的股份，通过让经理成为公司的所有者，使经理的利益与股东的利益一致化起来。

但是，从事代理经营的经理无论如何是不能拥有公司 100% 股份的，他不可能是公司 100% 的股东。于是，只要经理不是公司 100% 的股东，他的利益与作为一个整体的股东利益（相当于公司被一个股东持有时的股东利益）就不会完全一致，就会有离心离德的问题。他的行为就是一致效应（alignment effect）和分离效应（entrenchment effect）共同作用的结果。所以，在这个意义上，公司治理的问题往往不仅仅是最优股权的设计问题，也不是简单的经理长期报酬激励问题。

管理腐败，以及经理作为部分股权的所有者所具有的分离倾向会对公司价值产生什么样的影响呢，一些研究表明，无论管理腐败是体现为侵占投资者的形式，还是体现为对公司财产不当分配的形式，都会使投资者愿意投入的资源比公司应该得到的资源为少，并且导致企业价值的下降。La Porta 等人近年来的研究发现，由于在很多证券市场上的上市公司都存在着作为内部人的大股东控制问题，而其后果是对小股东进行严重剥夺，而在这些市场上，对小股东的保护也相对不足。这就导致了由于对企业实际控制人的离心离德现象缺乏控制，公司的价值存在着普遍的低估。

2 Jensen 和 Meckling 模型

Jensen 和 Meckling 模型是在其发表于 1976 年的著名论文《企业理论：经理行为、代理成本和所有权结构》之中提出的。这个模型论证了外部股权的代理成本。

我们知道，如果一个企业由它的全资所有者经营时，该所有者将做出使其效用最大化的决策，这些决策涉及他的货币回报和占企业活动相关的各种非货币使用所带来的效用。其决策原则是增加1元钱开支在各种货币项目和非货币项目上得到的边际效用都相等，同时等于从增加1元钱税后购买力所获得的边际效用。

这个原则可以被写为：

$$\frac{MU_1}{MX_1}=\frac{MU_2}{MX_2}=\cdots=\frac{MU_{m-1}}{MX_{m-1}}=\frac{MU_m}{MM}$$

其中，1到m是各种货币项目和非货币项目的符号，MU_1、MU_2 MU_m代表这些项目为所有者带来的效用，而MX_1、$MX_2\cdots MX_m$代表它们的价格水平。

但是，当经理只拥有部分股权的情况下，就会出现代理成本的问题，经理会被激励以在职消费的形式占有公司资源，增加非货币项目的支出，同时，他进行创造性经营活动的激励就会不足。也就是说，对于只拥有α（$0<\alpha<100\%$）股权的经理，他花费1元的财富获得在职消费，他自己只支付α元的费用，其他的部分是公司买单。这样，对于只是部分所有权的经理来说，有私人利益的开支和完全为股东进行的开支，其价格就是不同的。上面的等式就不再成立了。

Jensen和Meckling用下述形式进一步描述这个关系。他们假设：$X=\{X_1, X_2, \cdots, X_m\}$是只拥有部分股权的经理的消费集，由此他获得非货币收益。其中，X_i至少为正。$C(X)$是企业为提供这些消费活动的总花费；$P(X)$为经理通过这些消费活动为企业带来的总货币价值；设$B(X)=P(X)-C(X)$，该表达式描述了经理各种支出活动为企业带来的净货币价值。

于是，最优的X^*就由表达式$\frac{\partial B(X^*)}{\partial X^*}=\frac{\partial P(X^*)}{\partial X^*}-\frac{\partial C(X^*)}{\partial X^*}=0$来决定。对于任意$X\geqslant X^*$，都有$F\equiv B(X^*)-B(X)>0$。这样，$F$就可以被定义为经理在非货币收益上的支出流的当期市场价值。

图示1-7的坐标系，是由企业价值与经理在非货币收益上支出流的市场价值来共同描述的空间，企业价值用纵轴衡量。于是，VF就是100%的股权所有者和经理的预算约束线，斜率为-1。这表明，经理花费的非货币收益的价值增量等于因消费支出而带来企业价值的减少量。

经理的无差异曲线与约束线 VF 的相切点为 D，这是经理效用最大化的点。D 点所对应的是最优的 V^* 和 F^*。

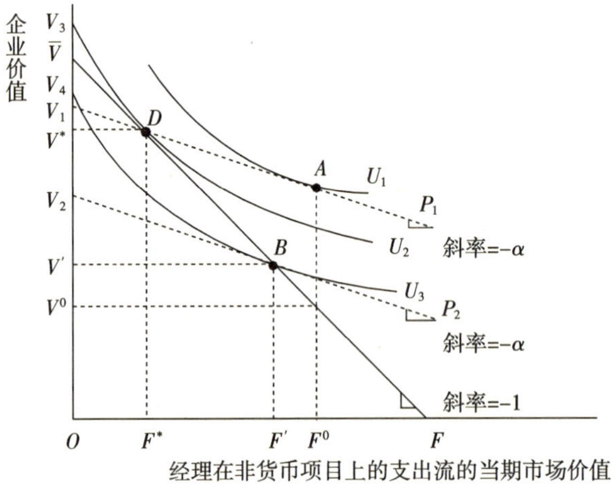

图示1－7　外部股权的代理成本

但是，当原来百分之百的所有者出售 $1-\alpha$ 的股权给其他投资者之后，他就成为一个新的持股不完全的经理，他的预算约束线也就变成为 V_1P_1，斜率为 $-\alpha$。这意味着持股不完全的经理不再承担他所消费的任何非货币收益的全部成本了。

由于购买转让股份的投资者也是理性预期的，他会预见到经理利益与自己利益的不一致。如果经理保证他的消费会和他作为惟一所有者时的非货币收益水平相同的话，其他投资者也许会愿意出（$1-\alpha$）V^* 的价钱去买这个股份。但是，由于购买者会预见到经理的身份变化，进而会导致他的行为变化的时候，他就不会出（$1-\alpha$）V^* 的价钱去购买公司 $1-\alpha$ 股份，而只愿意出（$1-\alpha$）乘以投资者对企业的预期。

如果投资者预期到企业价值将会下降到 V' 的水平（当然有 $V'<V^*$），经理的预算约束线就下降为 V_2P_2，可以证明 V_2P_2 必过图示中的 B 点。如果我们把所有者出售股权后总财富表示为：$W=S_o+S_i=S_o+\alpha V(F,\ \alpha)$，其中，$S_o$ 是出售股份获得的现金，S_i 是其股份的市场价值。那么，一定有 $S_o=$（$1-\alpha$）V'。

我们从 V'（F，α）的表达式中，可以看到投资者对企业价值的预期实际上取决于经理持股的比例 α。由于经理不再是全额的所有者，于是，企业的总价值下降 V^*-V'，而这将完全由所有者承担。这就是外部股权的代理成本。

Jensen 和 Meckling 也用更细致的方式进一步描述了代理成本，及其其中各细节之间的相互关系。他们认为，代理成本包括委托人的监督支出、代理人的保证支出和剩余损失三个部分。上述外部股权的代理成本所描述的，是没有监督和保证行为时的剩余损失。Jensen 和 Meckling 用图示 1－8 的 *BCE* 曲线进一步解析了监督和保证机制对于减少代理成本的意义。*BCE* 是考虑到监督可能性的、新的预算约束线。

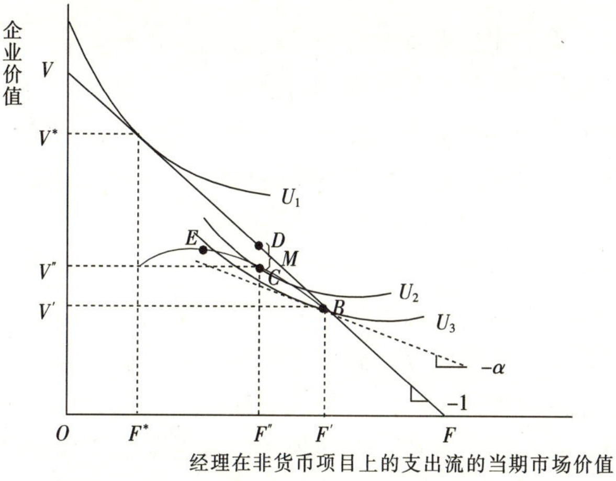

图示 1－8　存在监督和保证活动的企业价值下降

我们说，在存在监督和保证的行动下，新的预算约束线是 *BCE*，而不是 *VF* 线，是因为如果发生了监督成本 *M*。$\bar{V}F$ 到 *BCE* 之间的距离就是监督成本，由于这个成本，股东可以把经理的在职消费限制在 *F′*以下的水平。*BCE* 曲线的凸性是由于监督活动对企业价值降低的影响是递减的，即：

$$\frac{\partial F}{\partial M}<0,\ \frac{\partial^2 F}{\partial^2 M}>0$$

在存在监督活动的情况下，可以有效地减少经理对 *F* 的消费，这将使企业价值比没有监督机制时为高，但仍低于经理是百分之百所有者时的企业价值水平。

5 解决代理问题的治理机制

显然，如果上述经理腐败行为不能得到纠正和抑制，公司价值就会一落千丈。现代股份公司制度就不可能存在了。投资者们不是傻子，决不会白白拿出钱来，交给公司控制者任意挥霍侵吞，或是眼看着控制者低能或不尽力。投资者们就想出各种各样的控制办法来激励和约束职业经理，并衍生出很多约束公司控制者的机制。

需要指出，在古典类型的企业中，由于没有投资者和企业实际控制者之间的分别，企业所面对的根本问题是管理问题，不存在公司治理问题。但在现代公司不断发展、融资方式越来越多样、投资者与管理过程的分离越来越远的情况下，公司治理便成为了企业长期发展所面临的最关键的问题。可以说，公司治理的需要，就是来自于投资者和企业的实际控制者（可以是职业经理人）之间的利益差异。现代公司投资关系的演进以及职业经理制度的建立，使委托代理问题成为了制约股东价值创造的现实约束。公司治理机制的任务，就是要在各种复杂的情况下，挑选有能力的公司管理者，并督促管理者努力工作，实现“为股东创造价值”的公司目标。

公司治理，英文原文为 Corporate Governance。按照美国大经济学家威廉姆森用学术性的语言进行的权威定义，“公司治理就是限制针对事后产生的准租金分配的种种约束方式的总和，包括：所有权的配置，企业的资本结构，对管理者的激励机制，公司接管，董事会制度，来自机构投资者的压力，产品市场的竞争，劳动力市场的竞争，组织结构等等”。1997 年，哈佛大学的经济学家石雷佛（Shleifer）和魏施尼（Vishny）进一步把公司治理定义为“是要研究如何保证公司的出资人可以获得他们投资所带来的收益，研究出资人怎样可以使经理将资本收益的一部分作为红利返还给他们，研究怎样可以保证经理不吞掉他们所提供的资金、不将资金投资于坏项目。一句话，公司治理就是要解决出资者应该怎样控制经理，以使他们为自己的利益服务”。

学术界和公司治理的有关主管部门，是在管理活动的各种腐败行为被揭露，各种丑闻被曝光后才开始认识，并重视公司治理问题的。在不同的国家、不同的情况下，股东在对企业投资的时候，除了对公司的实际控制者提出“要创造股东价值”的要求外，还需要创造出一系列对公司管理者进行激励和约束的机制。公司治理运动的发展，就是不断对这些好的做法和经验进行总结并加以推广的过程。

从美国的经验看，经过了100多年的发展，现在已经发展成相当复杂的一套体系。根据防御经理损害股东利益这个最狭义，但也是最基本的动因，我把美式公司治理体系概括成“五道防线”。

美式公司治理体系的第一道防线是经理报酬。中国有句古话，叫“天下熙熙，皆为利来；天下攘攘，皆为利往”，说的是人们的一切经济活动本质上是为自己利益服务的道理。对这样简单的道理，美国人焉能不知。美国的股东们非常清楚经理的利益与自己的利益是不一致的，于是，他们想出的最简单的招法就是通过巧妙的经理报酬设计，把经理的个人利益与股东的利益（也就是公司价值）挂起钩来，让经理在追求他个人经济利益的同时，为公司和股东创造财富。开始的时候，股东主要给经理奖金。公司年度业绩越好，经理按一定规则得到的奖励就越多，股东的收益也就越大。但是，股东随后发现，在很多情况下，光是把报酬与短期的年度业绩挂钩还不行。经理们会通过短期行为在支配资源的过程中占尽好处，而使公司的长远发展受到损害。于是，股东们又创造了种种形式的长期激励性报酬，从而使经理报酬不仅与公司短期业绩相关，而且也要有与公司的长期业绩挂钩。现在被炒得沸沸扬扬的股票认购期权，就是经理长期激励性报酬的一种形式。可以说，经理报酬是公司治理的第一道防线，也是最具有积极意义的防线，是整个公司激励机制的核心。俗话说，强扭的瓜不甜。监督固然重要，但如果能通过适当的激励手段让经理自己就把屁股坐到股东一边来，那才是上策。

不过，激励和约束总是彼此相关的，光有激励，没有约束，是行不通的，激励的效果也要大打折扣。螳螂捕蝉，黄雀在后。在现代公司中，当经理为了业绩目标而努力的时候，在后面监督和约束着他的，就是公司的董事会。所以，董事会制度，我称之为美式公司治理体系的第二道防线。

美国公司的董事会是在股东大会上选出来的，其主要工作就是受股东之托，对公司大政方针进行决策，对公司的经营过程进行监督。董事会是股东的信任托管机构，因为股东不直接参加经营，所以，他们要选举自己信得过的人代表自己管理公司。最初，他们选举大股东来参加董事会。他们认为，大股东股份多，如果公司经营成功，他们得到的就多，所以，在绝大多数股东看来，大股东不会拿自己的利益开玩笑，所以，在同股同权的制度下，大股东是可以信赖的。但是后来股东们逐渐认识到，大股东在控制公司的过程中可能会损害小股东的利益，所以，建立一个独立、公正的董事会，成了董事会改革的方向。从 20 世纪 60 年代开始，越来越多的美国公司开始聘任外部董事。他们中绝大多数是与企业没有任何关系的独立董事。独立董事被认为是最中立的，他们在企业里面没有任何利益，他们已经具有了一定的社会身份和社会地位，因此被认为不会被经理班子收买，可以维护股东的合法权益。美国公司的董事会下设若干委员会，执行着不同的功能。比如，完全由独立董事组成的薪酬委员会，决定着经理报酬的水平和结构，力求最大限度地激发经理人的工作动机。

然而，董事会毕竟只是受托机构，而不是公司的所有者，他们可能会不尽职。在这种情况下，股东会怎么办呢？他们就会亲自出马，在股东大会上行使自己的表决权，提出更换或者投票改选董事会。这是美国公司治理体系的第三道防线。股东大会的斗争、股东之间对于表决权的争夺，在很大程度上会对董事会和经理形成压力，如果由于董事会的懈怠和经理人员的渎职而使公司业绩下降，有关当事人往往会被股东大会赶走，他们的声誉会一落千丈。在美国社会非常注重信誉、注重职业记录的环境下，被赶走是个人价值的最大贬值。在这个意义上，我们说，股东的压力是公司治理结构的原动力，企业价值、公司业绩和分红是股东衡量所有问题的基础，也是企业运作的最终动力。

那么，这样一条防线是否永远守得住呢？答案是否定的。如果公司里的小股东多了，股东大会表决的时候就会出现搭便车的现象，每个人都不愿意出头，都希望沾别人努力的光。当然，也可能出现公司里大股东一手遮天的情况，这都会导致正确的意见在企业内部不能被通过，经理人员败德行为不能及时得到纠正的情况。在这种情况下，股东只能“三十六计走为上”，在资本市场上出售股票走人。当股东大量出售股票的时候，公司的股价下跌，这就可能会引起资本市场上战略投资者的注意，引发一个购并过程。购并和接管活动，以及随之而来的董事会改组和经理班子变动，是美式公司治理机制的第四道防线。

在美国的资本市场上，存在着一批投资银行家和战略投资者，他们的一个重要工作就是纠正市场中各种无效率的情况，并从套利活动中获取利润。这批人每天都在寻找着价值被低估的东西。当一个企业因为经营过程效率低下，或者是经理人员败德行为过多时，股东一定会因为不满而“用脚投票”，这必然会导致企业价值的低估。于是，对于这批人来说，这就是获利机会。他们会着手收购公司，然后，通过改组董事会或经理班子对企业的经营方向和格局进行调整，使企业的低效率情况得到矫正。之后，公司的价值一定会出现增加，他们就在这个价值增加的过程中分一杯羹。无疑，对于不称职的董事会和经理来说，这就是可能会危及他们饭碗和声誉的“接管威胁”。对于股东来说，这是保证他们利益不受侵犯的有效机制。

除了上述四道防线之外，整个社会舆论的监督和证券监管机构的规制，也构成了保证股东利益的一条防线，我把它排在第五。美国证券市场有很多法律，美国证券监管委员会（SEC）也有很多规制上市公司的规则，这些内容都有效地约束了经理行为，保护了股东的利益。我们这里只通过一个例子，就可以看到美国公众巨大的社会约束力量，看出第五道防线的力量。按照美国证监会的要求，所有的上市公司都必须披露它在每个年度收入水平列前五名的经理人员的详细资料。披露出来的资料对于纠正公司治理上的问题是非常有意义的。依靠这些数据，经济学家或金融学家就可以比较出公司业绩和经理报酬之间的关系，揭示其中的问题和不合理之处。请读者阅读书后的案例 4。从这个案例中，我们可以看到经济学家的研究工作，会为董事会、股东，甚至是战略投资者的决策提供必要的依据。为前面四道防线的工作提供坚实的支持。总之，在美国，上面五道防线浑然一体，共同发挥着保证股东利益、激励和约束经理人员的作用。

第二章
剥夺型公司治理问题

上一章，我们讨论了代理型公司治理问题。本章，我们讨论剥夺型公司治理问题。代理型问题所涉及的是股东与经理之间的关系，而剥夺型问题所要处理的则是股东之间的关系。关于剥夺型公司治理问题，目前学术界研究得比较少，主要是在1997年亚洲金融危机之后，随着东亚国家很多公司的内部结构和运作过程被曝光，这个问题才引起较多研究者的注意，研究工作才逐渐走向深入。到目前为止，学者们已经发现了很多有规律的东西，并且发现：不仅仅是在亚洲，剥夺型公司治理问题在全世界很多国家和地区里都客观地存在着，比如在欧洲大陆地区的某些国家，问题同样严重。

1 企业系族与控制性股东

1 典型的企业系族

企业系族受到公司治理研究者的注意，主要是在亚洲金融危机之后。那次危机的主要原因被认为是公司治理出了问题。其中，关联企业之间的交易格外受人关注。对于关联交易的关注导出了企业系族的问题，因为很多关联交易是在系族企业之间进行的，这些系族企业虽然各自有着它们的股东和董事会，但是，它们都有着相同的实际控制人。

东亚国家的企业系族形式是存在某种鲜明特征的，经济学家将之称为“类型事实”（stylized facts）。在东亚国家里，许多存在控制性股东的企业系族在结构上通常具有如下特征。请参见图示2－1。

作为核心的环节，企业系族的最上面通常由一个家族控制或几个家族联合控制。通常，一个家族控制的情况比较多。保证家族实施控制的一个重要工具，是金融性质的机构。在80年代一定会有至少一家银行或保险公司作为核心企业；而到了90年代，里面通常会有一家证券公司（应该看到，中国的一些企业集团，尤其是民营企业集团已经朝这个方向

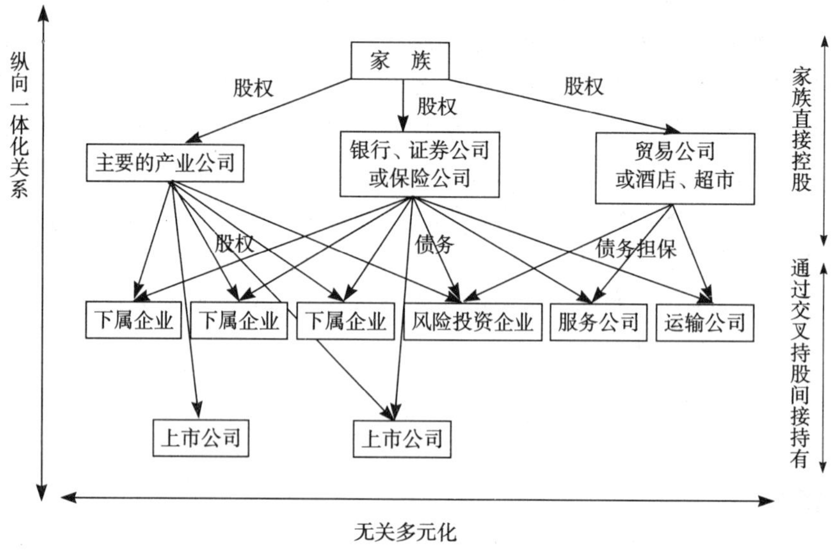

图示2－1　企业系列的基本结构

走了。它们也在想办法参股到银行当中。由于我们的金融管制比较严格，主要的银行进不去，所以，城市商业银行和股份制银行成为它们介入的重点）。

围绕着银行或证券公司，系族通常拥有多个核心企业，每个核心企业的周围一定还有多个相关的企业。但是，不同的核心企业之间往往经营的主要业务各不相同，可以跨很多的行业，产业上的距离比较远，彼此之间缺乏一种整体性和契合性，没有协同效应。这主要是由于每一个核心企业事实上都是因为在历史上抓到了某一个机会而形成的。另外，在很多企业系族里面，还通常都有房地产公司或者是酒店，甚至是一些商业流通方面的企业，这些企业通常有比较好的收益，现金流也比较稳定。

还有很重要的一点，就是在企业系族当中一定要有一部分公司要上市，但不能把所有的公司都变成上市公司，一定是少数企业上市，并且，企业系族要通过各种办法对上市公司施加控制。在上市公司与上市公司之间，在上市公司和非上市公司之间，往往会存在很多的关联交易。这些关联交易是由企业系族的控制人来调度的。

把所有这些要素放在一起，就是一个典型的东亚企业系族。请参见图示2－2，这是到1997年12月止韩国现代集团内部相互持股超过5%的股权关系图。图示2－3则反映了在这种相互持股的企业系族内部在1997年的关联交易状况。箭头前的数字反映了关联交易的收入，而圆圈内的百分号则描述了系内交易占总交易量的比例。

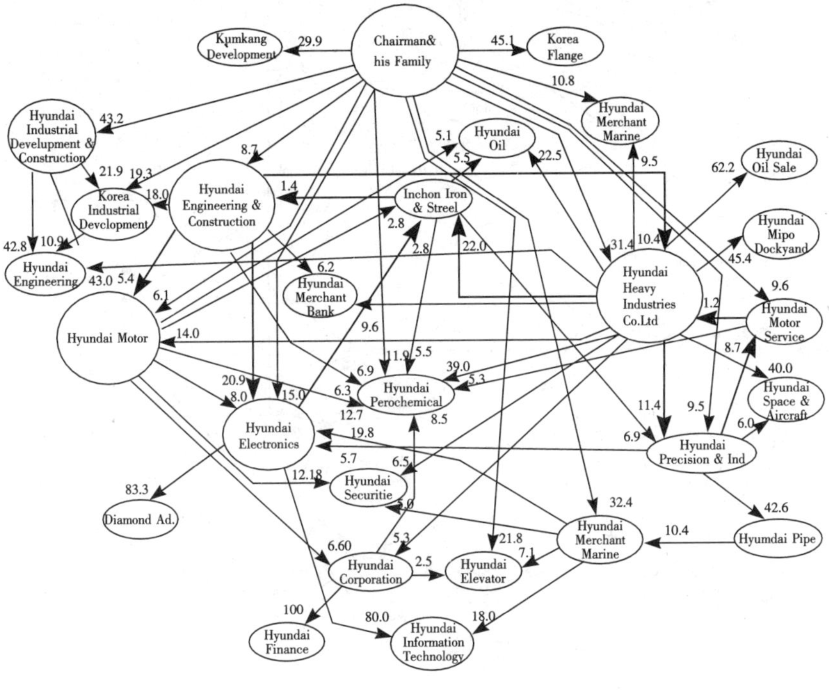

图示2－2　现代集团的股权关系与结构

在美国等资本市场比较发达的国家，企业系族以及系族内部复杂的关联交易并不是商业活动的主要内容。相反，个别企业的核心业务通常是突出的，企业的供应商和销售商也都是市场化的，而不是由关联企业来完成。但是，在这些国家之外的地方，企业系族却是非常多见的。这不仅是在亚洲，在欧洲大陆国家，比如德国、瑞典，在南美的巴西，以及南非，还有加拿大，都是如此。也就是说，只要资本市场不是那样发达和有效（关于“市场有效性”的概念，我们将在第七章讨论），往往都存在着复杂的企业系族结构。图示2－4是印度的塔塔集团，图示2－5是瑞典Nordstrom家族的集团结构。

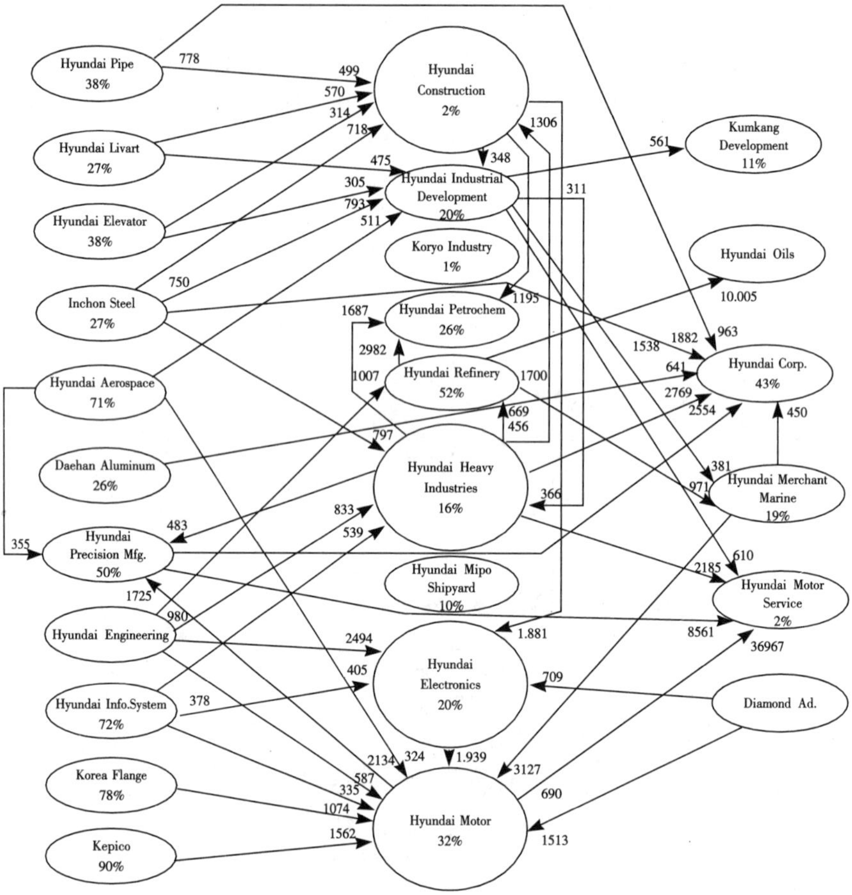

图示 2－3 现代集团的内部交易状况

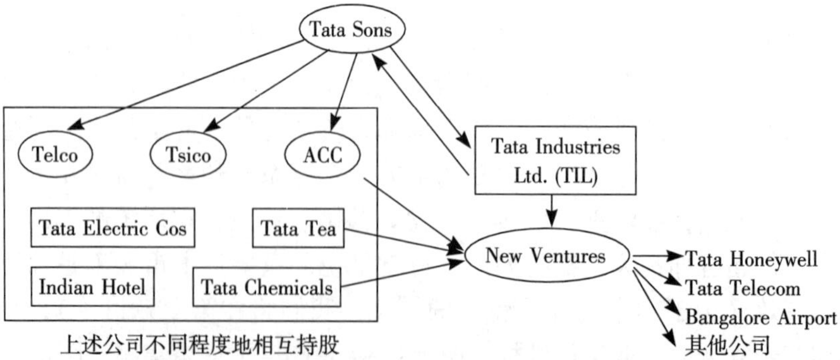

图示 2－4 印度的塔塔集团

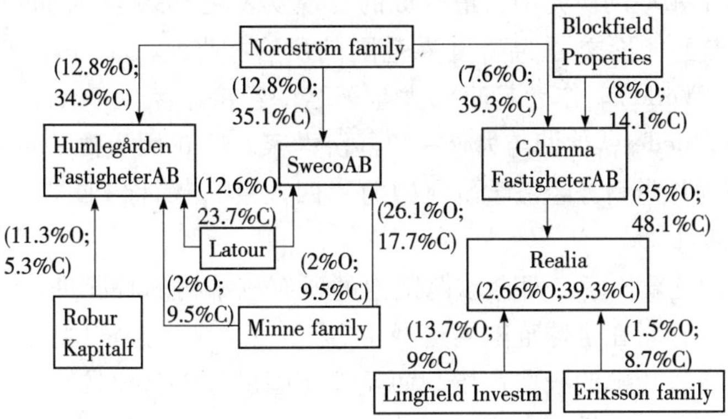

图示 2－5　瑞典 Nordstrom 集团

资料来源：Foccio 和郎咸平 2002 年发表的论文《西欧公司的终极所有权》。图示中的 O 代表所有权，C 代表所掌握的投票权或控制权。

关于剥夺型公司治理问题的研究，就是从解析企业系族的结构与性质开始的，虽然系族形式并不是剥夺型公司治理问题产生的充分条件。在两个人共同投资但只有一个投资人参与经营的公司里面，事实上已经存在了控制性股东对非控制性股东进行剥夺的可能。但是，只有到了系族企业阶段，剥夺才更加具有隐蔽性，才更加具有操作性。

今天，学者们正在努力解析的是：企业系族形态为什么会出现？其合理性在哪里？企业系族的内部结构和特征与剥夺究竟是什么关系？为什么某些家族靠着这样的系族形式可以迅速敛财？对于这些家族财富的成长以及剥夺现象，我们究竟是否需要进行控制？如果控制，应该采用什么样的手段？是否存在着这些手段？

2 控制性股东的存在

与有关企业系族的研究同步进行，甚至启动更早一点的研究，是关于上市公司是否存在控制性股东的问题。早在 1988 年，Holderness 和 Sheehan 就发现，即使在美国，也可以发现几百个上市公司存在着一个持股比例超过 51% 的超级大股东。之后，这种研究的视野开始迅速转向英美之外的国家，包括欧洲大陆国家的公司。而在 90 年代中期之后，更是扩大到对于发展中国家情况的研究。到 2000 年前后，这些研究一步步地揭示出上市公司，进而与之相关联的企业系族内部大股东控制的情况。

在这个领域的研究中，最权威的发现发表在1999年的Journal of Finance杂志上，论文题为“世界范围的所有权”（Corporate Ownership around the World）。作者是哈佛大学著名的经济学家LaPorta，Lopez-De-Silanes和Shleifer，他们与另外一位经济学家Vishny因为常常一道发表文章，被称为计量财务经济学研究中的“四人帮”，简称LLSV。在这篇文章中，只有LLS。

LLS的这篇文章，对全球范围内的所有权结构的状况进行了非常全面的描述。作者在全球范围内选择了27个发达市场经济国家，这27个国家都有着较成熟的股票市场，而且人均国民收入都比较高。在每个国家中，作者选择了排名在前20名的公司构成大型公司样本，并选择普通股股本至少等于50亿的、最小的10个企业，构成中型企业样本。为了使研究结果更具有说服力，LLS对这些企业进行了筛选，剔除掉不合适的企业。比如，这些样本不包括银行和公共部门中的纯国有公司，纯私有公司和外国企业。这样做的目的，据作者介绍，是为了使所选取的样本更符合Berle-Means命题的要求，便于比较。

在这篇文章的研究中，定义“所有权”是研究方法上的一个突破。作者认为，为了有效地观察到控制性股东的存在及其行为，就必须要用投票权（voting rights），而不是现金流权（cash flow rights）来定义所有权。具体来说，由于存在着有控制力的股东对公司的所有权中含有各种私人收益，包括通过隐蔽渠道、关联交易转移利润、转移资产，所以，所有权更多地应该指对于公司的控制，而不是公司的现金流权。公司的投票权，可以由最终控制性股东直接持有，也可以由他们通过各种间接渠道来持有。

找到并计算出最终控制人的投票权，并加以统计，进行观察，是这篇文章的主要学术贡献。LLS将公司的持股者分为如下5种类型进行统计：①个人或家族；②国家；③被广泛持有的金融机构，如银行或保险公司；④被广泛持有的公司；⑤其他投资者，包括合作社或没有单一具有控制力的投资者所构成的群体。然后，他们分别用20%和10%作为界限，当公司有超过这个界限的持股者的时候，LLS就认为这个公司具有一个终极所有者。由此，他们把所有样本公司分为两种类型：①被分散持有的公司，即真正意义上的公众公司；②有终极持有者的上市公司。

表2-1就是大型公司样本中，以20%为界限统计结果。在这些公司里，如果没有一个终极所有者能够持有超过20%的股份，我们就说这个

公司是分散持有的；如果这些公司里总可以找到持股超过20%的大股东，这个公司就存在着一个实际控制人。表2-2是大型公司样本中把控制权界限下调到10%的情况。表2-3是关于中型公司样本以20%为界限进行统计的结果。表2-4是在中型公司样本中把控制权界限下调到10%的情况。

表2-1　　大型公司样本以20%为界限的统计结果

国别（地区）	公众持有	家族	国家	公众持有的金融机构	公众公司	其他
阿根廷	0.00	0.65	0.15	0.05	0.15	0.00
澳大利亚	0.65	0.05	0.05	0.00	0.25	0.00
加拿大	0.60	0.25	0.00	0.00	0.15	0.00
中国香港	0.10	0.70	0.05	0.05	0.00	0.10
爱尔兰	0.65	0.10	0.00	0.00	0.10	0.15
日本	0.90	0.05	0.05	0.00	0.00	0.00
新西兰	0.30	0.25	0.25	0.00	0.20	0.00
挪威	0.25	0.25	0.35	0.05	0.00	0.10
新加坡	0.15	0.30	0.45	0.05	0.05	0.00
西班牙	0.35	0.15	0.30	0.10	0.10	0.00
英国	1.00	0.00	0.00	0.00	0.00	0.00
美国	0.80	0.20	0.00	0.00	0.00	0.00
高股东保护程度的平均值	0.4792	0.2458	0.1375	0.0250	0.0833	0.0292
奥地利	0.05	0.15	0.70	0.00	0.00	0.10
比利时	0.05	0.50	0.05	0.30	0.00	0.10
丹麦	0.40	0.35	0.15	0.00	0.00	0.10
芬兰	0.35	0.10	0.35	0.05	0.05	0.10
法国	0.60	0.20	0.15	0.05	0.00	0.00
德国	0.50	0.10	0.25	0.15	0.00	0.00
希腊	0.10	0.50	0.30	0.10	0.00	0.00
以色列	0.05	0.50	0.40	0.00	0.05	0.00
意大利	0.20	0.15	0.40	0.05	0.10	0.10
韩国	0.55	0.20	0.15	0.00	0.05	0.05
墨西哥	0.00	1.00	0.00	0.00	0.00	0.00
荷兰	0.30	0.20	0.05	0.00	0.10	0.35
葡萄牙	0.10	0.45	0.25	0.15	0.00	0.05
瑞典	0.25	0.45	0.10	0.15	0.00	0.05
瑞士	0.60	0.30	0.00	0.05	0.00	0.05
低股东保护程度的平均值	0.2733	0.3433	0.2200	0.0700	0.0233	0.0700
样本平均值	0.3648	0.3000	0.1833	0.0500	0.0500	0.0519
t检验						
低的与高的保护程度的比较	-1.95	1.09	1.20	1.70	-2.38	1.40

表 2－2 大型公司样本以 10％为界限的统计结果

国别（地区）	公众持有	家族	国家	公众持有的金融机构	公众公司	其他
阿根廷	0. 00	0. 65	0. 20	0. 10	0. 05	0. 00
澳大利亚	0. 55	0. 10	0. 05	0. 05	0. 25	0. 00
加拿大	0. 50	0. 30	0. 00	0. 00	0. 15	0. 05
中国香港	0. 10	0. 70	0. 05	0. 05	0. 00	0. 10
爱尔兰	0. 45	0. 15	0. 00	0. 05	0. 05	0. 30
日本	0. 50	0. 10	0. 05	0. 00	0. 00	0. 35
新西兰	0. 05	0. 45	0. 25	0. 05	0. 20	0. 00
挪威	0. 05	0. 25	0. 40	0. 10	0. 00	0. 20
新加坡	0. 05	0. 45	0. 45	0. 00	0. 00	0. 05
西班牙	0. 15	0. 25	0. 45	0. 15	0. 00	0. 00
英国	0. 90	0. 05	0. 00	0. 05	0. 00	0. 00
美国	0. 80	0. 20	0. 00	0. 00	0. 00	0. 00
高股东保护程度的平均值	0. 3417	0. 3042	0. 1583	0. 0500	0. 0583	0. 0875
奥地利	0. 05	0. 15	0. 70	0. 00	0. 00	0. 10
比利时	0. 00	0. 50	0. 05	0. 35	0. 00	0. 10
丹麦	0. 10	0. 35	0. 20	0. 05	0. 00	0. 30
芬兰	0. 15	0. 10	0. 35	0. 25	0. 00	0. 15
法国	0. 30	0. 20	0. 20	0. 20	0. 10	0. 00
德国	0. 35	0. 10	0. 30	0. 25	0. 00	0. 00
希腊	0. 05	0. 65	0. 30	0. 00	0. 00	0. 00
以色列	0. 05	0. 50	0. 40	0. 00	0. 05	0. 00
意大利	0. 15	0. 20	0. 50	0. 00	0. 00	0. 15
韩国	0. 40	0. 35	0. 15	0. 00	0. 05	0. 05
墨西哥	0. 00	1. 00	0. 00	0. 00	0. 00	0. 00
荷兰	0. 30	0. 20	0. 05	0. 00	0. 10	0. 35
葡萄牙	0. 00	0. 50	0. 25	0. 20	0. 00	0. 05
瑞典	0. 00	0. 55	0. 10	0. 30	0. 00	0. 05
瑞士	0. 50	0. 40	0. 00	0. 05	0. 00	0. 05
低股东保护程度的平均值	0. 1600	0. 3833	0. 2367	0. 1100	0. 0200	0. 0900
样本平均值	0. 2407	0. 3481	0. 2019	0. 0833	0. 0370	0. 0889
t 检验						
低的与高的保护程度的比较	－1. 92	0. 88	1. 05	1. 50	－1. 50	0. 06

表 2-3　　中型公司样本以 20% 为界限的统计结果

国别（地区）	公众持有	家族	国家	公众持有的金融机构	公众公司	其他
阿根廷	0.00	0.80	0.20	0.00	0.00	0.00
澳大利亚	0.30	0.50	0.00	0.00	0.20	0.00
加拿大	0.60	0.30	0.10	0.00	0.00	0.00
中国香港	0.00	0.90	0.00	0.00	0.00	0.10
爱尔兰	0.63	0.13	0.00	0.00	0.13	0.13
日本	0.30	0.10	0.00	0.00	0.00	0.60
新西兰	0.57	0.29	0.14	0.00	0.00	0.00
挪威	0.20	0.40	0.20	0.10	0.00	0.10
新加坡	0.40	0.40	0.20	0.00	0.00	0.00
西班牙	0.00	0.30	0.20	0.40	0.10	0.00
英国	0.60	0.40	0.00	0.00	0.00	0.00
美国	0.90	0.10	0.00	0.00	0.00	0.00
高股东保护程度的平均值	0.3750	0.3850	0.0867	0.0417	0.0358	0.0775
奥地利	0.00	0.17	0.83	0.00	0.00	0.00
比利时	0.20	0.40	0.30	0.10	0.00	0.00
丹麦	0.30	0.40	0.20	0.00	0.00	0.10
芬兰	0.20	0.20	0.20	0.10	0.10	0.20
法国	0.00	0.50	0.20	0.20	0.00	0.10
德国	0.10	0.40	0.20	0.20	0.10	0.00
希腊	0.00	1.00	0.00	0.00	0.00	0.00
以色列	0.10	0.60	0.30	0.00	0.00	0.00
意大利	0.00	0.60	0.00	0.00	0.10	0.30
韩国	0.30	0.50	0.00	0.00	0.20	0.00
墨西哥	0.00	1.00	0.00	0.00	0.00	0.00
荷兰	0.10	0.20	0.10	0.00	0.10	0.50
葡萄牙	0.00	0.50	0.50	0.00	0.00	0.00
瑞典	0.10	0.60	0.20	0.00	0.00	0.10
瑞士	0.50	0.50	0.00	0.00	0.00	0.00
低股东保护程度的平均值	0.1267	0.5047	0.2020	0.0400	0.0400	0.0867
样本平均值	0.2370	0.4515	0.1507	0.0407	0.0381	0.0826
t 检验						
低的与高的保护程度的比较	-2.86	1.24	1.64	-0.45	0.18	0.16

表 2-4　　中型公司样本以 10% 为界限的统计结果

国别（地区）	公众持有	家族	国家	公众持有的金融机构	公众公司	其他
阿根廷	0.00	0.80	0.20	0.00	0.00	0.00
澳大利亚	0.10	0.50	0.00	0.10	0.20	0.10
加拿大	0.40	0.50	0.10	0.00	0.00	0.00
中国香港	0.00	0.90	0.00	0.00	0.00	0.10
爱尔兰	0.50	0.25	0.00	0.00	0.00	0.25
日本	0.20	0.10	0.00	0.00	0.00	0.70
新西兰	0.00	0.86	0.14	0.00	0.00	0.00
挪威	0.10	0.40	0.20	0.10	0.00	0.20
新加坡	0.10	0.60	0.30	0.00	0.00	0.00
西班牙	0.00	0.30	0.30	0.40	0.00	0.00
英国	0.10	0.60	0.00	0.10	0.00	0.20
美国	0.50	0.30	0.00	0.00	0.00	0.20
高股东保护程度的平均值	0.1667	0.5092	0.1033	0.0583	0.0167	0.1458
奥地利	0.00	0.17	0.83	0.00	0.00	0.00
比利时	0.10	0.40	0.30	0.20	0.00	0.00
丹麦	0.00	0.40	0.20	0.00	0.00	0.40
芬兰	0.00	0.20	0.20	0.20	0.10	0.30
法国	0.00	0.50	0.20	0.20	0.00	0.10
德国	0.10	0.40	0.20	0.30	0.00	0.00
希腊	0.00	1.00	0.00	0.00	0.00	0.00
以色列	0.10	0.60	0.30	0.00	0.00	0.00
意大利	0.00	0.80	0.10	0.00	0.00	0.10
韩国	0.00	0.80	0.00	0.00	0.20	0.00
墨西哥	0.00	1.00	0.00	0.00	0.00	0.00
荷兰	0.10	0.20	0.10	0.00	0.10	0.50
葡萄牙	0.00	0.50	0.50	0.00	0.00	0.00
瑞典	0.10	0.60	0.20	0.10	0.00	0.00
瑞士	0.40	0.50	0.00	0.00	0.00	0.10
低股东保护程度的平均值	0.0600	0.5380	0.2087	0.0667	0.0267	0.1000
样本平均值	0.1074	0.5252	0.1619	0.0630	0.0222	0.1204
t 检验						
低的与高的保护程度的比较	-1.83	0.28	1.47	0.20	0.44	-0.65

第一个样本的数据分析表明：按照20%的标准，虽然美国、英国和日本都有至少80%的大型公司是被广泛持有的，但是从全世界的范围来看，只有大约1/3的公司是被广泛持有。而按照10%的标准时，大型公司被广泛持有的现象更少见，就连日本也只有50%是被广泛持有的了。从最终持有者的情况看，大多为家族或者国家。由国家持有大部分公司的原因很可能是由于其私有化并没有进行完全。而且，由于LLS在样本选择的时候刻意排除了纯国有公司，所以，由国家最终持有公司的实际情况应该更为普遍。

第二个样本比第一个样本更能证明公司被广泛持有的现象实在是少见，而被家族和国家最终持有的情况更加普遍。这表明公司规模越小，其更倾向于存在着终极所有者。按照10%的标准，英国只有10%的中型公司是被广泛持有，而按照20%的标准时，日本就已经只有30%的中型公司是被广泛持有的了，其60%是被混杂的投资者最终持有。在这里需要注意，由于混杂的投资者中有许许多多的小股东，他们分别占有极少的投票权，这也说明虽然该国大部分公司不是被广泛持有，它也应该有着较好的对小股东的保护政策。

从上面四个表中，我们可以看到，LLS的研究的另外一个收获是观察了一个国家的所有权分散程度与国家对于中小股东保护的程度。LLS将所选取的国家按其对小股东进行保护的程度强弱分为“高的”（high antidirector）和“低的”（low antidirector）两类。前者对小股东有较好的保护政策，后者的保护政策相对较差。这样，我们通过对两类国家的比较就可以看出：在对小股东保护政策比较完善的国家里，公司所有权倾向于分散；而在保护政策比较差的国家里，公司更倾向于有最终所有者。而且，最终持有者大多为家族，其次为国家。LLS也使用了t统计量检验了这种比较的显著性。

LLS的研究是开创性的。在他们之后，郎咸平和他的合作者分别发表了两个重要的大样本研究，进一步描述了东亚国家和西欧国家中公司所有权终极所有者的状况和结构。这些实证发现在公司理论的发展过程中具有里程碑意义。为我们进一步探索所有权的形成机理，以及研究在不同所有权结构下企业效率改善问题，提供了更为坚实的基础。

郎咸平，Claessens和Djankov关于“东亚公司所有权与控制分离”的研究论文发表在2000年的Journal of Financial Economics杂志上。他们在这篇论文中分析了9个东亚国家2980家公司在1996年的所有权数据，发现在东亚国家里，借助于金字塔结构和交叉持股，控制权与现金流权的分离更加彻底。在超过2/3的公司里面，都存在着一个超级控制者。在这些被大股东密切把持的公司里面，经理人常常是超级股东的亲戚。表2－5和表2－6都来自于这篇文章，从中我们可以看到非常显著的证据。

表2－5　　东亚国家上市公司控制权的分布

国别与地区	公司数	公众持有	家族	国家	公众持有的金融机构	公众公司
以10%为界限						
中国香港	330	0.6	64.7	3.7	7.1	23.9
印尼	178	0.6	68.6	10.2	3.8	16.8
日本	1240	42.0	13.1	1.1	38.5	5.3
韩国	345	14.3	67.9	5.1	3.5	9.2
马来西亚	238	1.0	57.5	18.2	12.1	11.2
菲律宾	120	1.7	42.1	3.6	16.8	35.9
新加坡	221	1.4	52.0	23.6	10.8	12.2
中国台湾	141	2.9	65.6	3.0	10.4	18.1
泰国	167	2.2	56.5	7.5	12.8	21.1
以20%为界限						
中国香港	330	7.0	66.7	1.4	5.2	19.8
印尼	178	5.1	71.5	8.2	2.0	13.2
日本	1240	79.8	9.7	0.8	6.5	3.2
韩国	345	43.2	48.4	1.6	0.7	6.1
马来西亚	238	10.3	67.2	13.4	2.3	6.7
菲律宾	120	19.2	44.6	2.1	7.5	26.7
新加坡	221	5.4	55.4	23.5	4.1	11.5
中国台湾	141	26.2	48.2	2.8	5.3	17.4
泰国	167	6.6	61.6	8.0	8.6	15.3

表 2－6　　东亚国家上市公司控制权分布与公司规模

国别与地区	规　模	公众持有	家族	国家	公众持有的金融机构	公众公司
中国香港	所有公司	7.0	66.7	1.4	5.2	19.8
	最大 20 家公司	5.0	72.5	7.5	10.0	5.0
	中间的 20 家公司	6.0	66.0	2.0	4.0	22.0
	最小 20 家公司	14.0	57.0	3.0	1.0	25.0
印尼	所有公司	5.1	71.5	8.2	2.0	13.2
	最大 20 家公司	15.0	60.0	20.0	0.0	5.0
	中间的 20 家公司	6.0	62.7	3.3	3.0	25.0
	最小 20 家公司	0.0	93.0	0.0	1.0	6.0
日本	所有公司	79.8	9.7	0.8	6.5	3.2
	最大 20 家公司	90.0	5.0	5.0	0.0	0.0
	中间的 20 家公司	96.0	2.0	0.0	0.0	2.0
	最小 20 家公司	0.0	57.0	0.0	30.0	13.0
韩国	所有公司	43.2	48.4	1.6	0.7	6.1
	最大 20 家公司	65.0	20.0	10.0	0.0	5.0
	中间的 20 家公司	66.0	11.0	5.0	0.0	18.0
	最小 20 家公司	0.0	97.0	0.0	1.0	2.0
马来西亚	所有公司	10.3	67.2	13.4	2.3	6.7
	最大 20 家公司	30.0	35.0	30.0	0.0	5.0
	中间的 20 家公司	12.0	69.0	10.0	4.0	5.0
	最小 20 家公司	0.0	84.0	5.0	2.0	9.0
菲律宾	所有公司	19.2	44.6	2.1	7.5	26.7
	最大 20 家公司	40.0	40.0	7.5	7.5	5.0
	中间的 20 家公司	16.0	42.0	0.0	9.0	33.0
	最小 20 家公司	16.0	45.0	2.0	6.0	31.0
新加坡	所有公司	5.4	55.4	23.5	4.1	11.5
	最大 20 家公司	20.0	32.5	42.5	0.0	5.0
	中间的 20 家公司	10.0	46.0	35.0	4.0	5.0
	最小 20 家公司	2.0	67.0	4.0	5.0	22.0
中国台湾	所有公司	26.2	48.2	2.8	5.3	17.4
	最大 20 家公司	45.0	15.0	15.0	5.0	20.0
	中间的 20 家公司	36.0	38.0	0.0	6.0	20.0
	最小 20 家公司	6.0	80.0	0.0	4.0	10.0
泰国	所有公司	6.6	61.6	8.0	8.6	15.3
	最大 20 家公司	10.0	57.5	20.0	7.5	5.0
	中间的 20 家公司	6.0	47.0	10.0	15.7	21.3
	最小 20 家公司	0.0	76.7	2.7	5.0	15.7

表2－7是学者们关于533家香港上市公司股权控制情况的调查。从中，我们可以看到存在一个大股东或家族集团持股过半的上市公司占53%之多，而如果将持有股权比例降到35%时（这是香港股票交易所规定敌意收购的最大值），企业数则上升到77%。显然，家族既想得到上市公司的好处，又不想失去控制。表2－8是亚洲开发银行关于上市公司所有权集中度的调查，从中我们也可以看到不同程度的家族控制。

表2－7　香港上市公司股权控制情况

由一个大股东或家族控股	公司	
	数目	%
少于10%	20	4
10%～25%	46	8
25%～35%	60	11
35%～50%	134	24
大于50%	293	53
总计	553	100

表2－8　东南亚上市公司所有权集中度

国家	集中比率（%）		统计时间	统计范围
	最大股东	前五位股东		
印度尼西亚	48.2	67.5	1997	所有上市公司
韩国	20.4	38.5	1998	81家非金融类上市公司
马来西亚	30.3	58.8	1998	所有上市公司
菲律宾	33.5	60.2	1997	所有非金融类上市公司
泰国	28.5	56.6	1997	所有上市公司

在2002年，郎咸平和Faccio再次在Journal of Financial Economics杂志上发表了他们关于西欧13个国家5232个上市公司的研究论文。他们所关注的问题同样是：西欧公司的最终所有权结构是什么样的，以及这些实际控制人是通过什么样的手段获得现金流权之外的控制权的。表2－9取自这篇论文，从中我们可以大致了解西欧国家的情况。

表 2－9　　西欧国家上市公司的控制权分布

国别	公司数	公众持有	家族	国家	公众公司	公众持有的金融机构	其他	交叉持股
奥地利	99	11. 11	52. 86	15. 32	0. 00	8. 59	11. 11	1. 01
比利时	130	20. 00	51. 54	2. 31	0. 77	12. 69	12. 69	0. 00
芬兰	129	28. 68	48. 84	15. 76	1. 55	0. 65	4. 52	0. 00
法国	607	14. 00	64. 82	5. 11	3. 49	11. 37	0. 91	0. 00
德国	704	10. 37	64. 62	6. 30	3. 65	9. 07	3. 37	2. 62
爱尔兰	69	62. 32	24. 63	1. 45	2. 17	4. 35	5. 07	0. 00
意大利	208	12. 98	59. 61	10. 34	2. 88	12. 26	1. 20	0. 72
挪威	155	36. 77	38. 55	13. 09	0. 32	4. 46	4. 54	2. 27
葡萄牙	87	21. 84	60. 34	5. 75	0. 57	4. 60	6. 90	0. 00
西班牙	632	26. 42	55. 79	4. 11	1. 64	11. 51	0. 47	0. 05
瑞典	245	39. 18	46. 94	4. 90	0. 00	2. 86	5. 71	0. 41
瑞士	214	27. 57	48. 13	7. 32	1. 09	9. 35	6. 31	0. 23
英国	1953	63. 08	23. 68	0. 08	0. 76	8. 94	3. 46	0. 00
共计	5232	36. 93	44. 29	4. 14	1. 68	9. 03	3. 43	0. 51

郎咸平和 Faccio 发现，在西欧公司中，分散持有（约占 36. 93%）和家族控制公司（约占 44. 29%）占统治地位。分散持有的公司在金融性的和大型公司中占主导，而家族持有在非金融公司和小型公司中更主要。分散持有的公司主要分布在英国和爱尔兰，而欧洲大陆上家族控制更多见。最终控制者在获取现金流权利之外的控制权的时候，在一些国家中，类别股权应用得比较多见，而金字塔和多控制链的应用相对次要。

3 控制性股东的“转移”行为

在资本市场比较发达的国家里，任何企业都要首先对它的股东负责。比如，上市公司是一个独立的法人机构，上市公司要保证它自己作为一个利益主体的收益最大化。上市公司的任何关系都要披露，披露的目的就是为了保证它的非控制性股东能够进行判断，看它的上市公司是否在追求收益的最大化。

而在有控制性股东的企业系列里，单个公司，无论它们是否上市，都不重要，因为它们不是一个独立的利益主体，而是系列这个大的利益主体的一部分。控制性股东的身份是双重的。一方面，他是一个股东，他的利益与其他股东的利益存在一致的地方；另一方面，他又是一个控制性的股东，他可以从控制公司的过程中获得其他非控制性股东无法得到的收益。于是，他所追求的目标就是企业系列利益最大化，追求自己所控制的所有资源的收益最大化，而不是单个企业的利益最大化。

实际控制人追求企业系列利益最大化的方式主要是通过“转移”行为（Tunnelling）。控制性股东（通常是一个家族）对系列内部的企业通常不拥有完全的现金流权，但是却拥有完全的控制权。而控制性股东在部分系列企业中拥有较高的现金流权，而在另一些企业中拥有较低的现金流权。这种差异导致了“转移”的激励，控制性股东倾向于将利润在系列企业中进行转移，从现金流权比较低的企业转移到比较高的企业。转移过程可以通过多种方式实现，比如故意压低或抬高企业间拆借的利息率，操纵关联交易的价格，以及将资产高于市场价格（或低于市场价格）在企业间进行买卖等等。

事实上，“转移”行为降低了经济体系的透明度，扭曲了会计报表的客观性，也使得对于企业的分析更加复杂化。许多学者指出，在 1997 年亚洲金融危机中，“转移”行为使得对公司偿债能力的评估困难重重，并在一定程度上加剧了危机的蔓延。

对于“转移”行为，人们在现实生活中凭直觉可以得到很多印象。比如，Kalyani Steel 是印度的一家从属于某企业集团的下属企业。Kalyani Steel 的 2/3 以上的净资产被用做投资，投向了同一集团下属的其他企业。但是，巨额投资每年所带给 Kalyani Steel 的回报率只有 1%，这不能不让人怀疑这种投资本身就是一种利润转移。

近几年来，学者们也在试图通过大样本的计量研究来证实控制性股东追求集团利益最大化的行为。比如，在 2000 年，发表在 Quarterly Journal of Economics 的一篇文章分析了印度集团企业与独立企业之间的差别。该研究选取了 1989 ~ 1999 年印度各主要公司的财务数据，样本中包括 18500 个财务年度的观测数据。样本内的公司被分为集团内企业和非集团内企业两部分，作者对它们进行了对比研究。

这个研究的目的就是为了发现“转移”行为。作者猜想，如果一个企业属于某个集团，而集团的实际控制人所追求的又是集团利益的最大化，则这个控制人就一定会在集团内不同企业之间进行统一的财务安排。控制人会将资源由拥有较低现金流支配权的企业转移到拥有较高现金流支配权的企业，以获得自己的私人收益。而这样做的结果，就一定会使集团内企业与非集团企业在财务特征上存在差别。

三位研究者将样本中的集团内企业分成两类：H 企业和 L 企业。H 企业是控制性股东拥有较高现金流权的企业；L 企业是控制性股东拥有较低现金流权的企业。作者假设当 L 企业所在的行业整体业绩不错，如果 L 的利润在原有的基础上得以增加 100 美元，且没有“转移”行为的话，将可以从公司的财务业绩上看到这 100 美元。但是，如果存在转移行为，则 L 的部分利润将会被转移到 H 企业，L 企业的实际利润增加值将小于 100 美元。三位研究者认为如果通过大样本统计以发现这种差异的话，则就是“转移”现象存在的证据。

经过细致的统计检验，作者最后发现如下结论。

第一，相比于非集团企业，集团企业的利润更多地被控制人操纵和转移。如果一个行业的情况好或者是坏，在独立的、不属于任何集团的企业中，业绩将完全充分地体现出这种来自于行业因素的业绩变化。而在集团内的企业中，财务数据却不会准确地反映出行业情况的变化，有 30% 的业绩以各种各样的形式在集团内部进行着再分配。当然，这种情况也受制于集团内企业的管理层持股状况。数据显示，当管理层拥有公司的股份越多，该公司对行业变化的反应越敏感。

第二，控制性股东确实在将收益从 L 企业向 H 企业转移。这在统计中表现为，控制性股东拥有现金流权越小的企业，其业绩对来自于行业的利好冲击越不敏感。这是因为，它的一部分好业绩被转移出去了，在财务报表中所显示得非常有限。但是，由于成本和其他影响因素的存在，控制性股东不会将 L 企业的所有利润增加额都转移出去，他只会将其中的一部分转移到 H 企业。那么，这里“部分”究竟由什么决定呢？统计表明，控制性股东在 L 企业所拥有的现金流权越少，L 的边际收益对他个人的意义就越小，而把现金转移出 L 企业的激励也就越大。

第二个结论也可以通过另外一个方向得到检验。当控制性股东在 L 企业拥有较低现金流权的时候，更多的资金就会被转移，相应地转移进 H 企业的资金就会越多。统计研究也发现，如果行业利好的情况影响到 L 企业，则集团内的 H 企业一般会对这个行业利好做出反应，在财务数据上有所反映，而集团内的其他低现金流权的企业对此冲击的反应却相对迟钝。

除了上述统计性的发现之外，近几年也有很多个案被逐渐暴露出来。以我们前面描述过其内部股权关系和交易关系的韩国现代企业集团为例，在2006年的上半年就被调查出很多剥夺的现象，并因此在韩国、乃至整个世界形成震动。

现代企业集团是全球第七大汽车生产商，市值总额大约为30亿美元。现代汽车在2005年第四季度的利润为66.78亿美元，比当年早期增加了71%。现代集团的目标是到2010年成为世界第五大汽车生产商。多年来，现代集团一直在郑梦九的严格管理下运行，有人说其管理如军事化一样严格。据说，郑每天6点半就到办公室，并要求其他管理人员要比他早到，一些高层管理者在周六也要工作。在2005年，现代汽车在美国市场上被评为非豪华车质量的第三名，这已经超过了本田、尼桑和福特。丰田高层管理者认为，现代是他们最可怕的竞争对手。

但是，郑梦九的独裁管制也有很大问题，公司内部根本没有控制他的相应治理机制。甚至，管理者在面对他的时候也常常没有信心。一位经销商评论说，“郑的话就是法律，如果他的话是错误的，公司也没有修正决策的机制”。由于韩国经济体制方面的原因，整个国家也缺乏对于现代这些企业集团必要的监督和制衡机制，这导致了非常严重的关联交易和一个人控制的黑幕。

2006年初，由于怀疑现代汽车集团挪用分公司资金建立秘密贿赂基金，并收买商业说客从政府获得支持，韩国检察厅下决心对现代集团进行调查。检察官搜查了现代及其分公司，对重要员工进行了传讯。2006年5月16日，韩国政府宣布起诉现代汽车企业集团总裁郑梦九，控告他挪用公司资金，在家族企业中进行秘密的商业行为，挪用848万美元供个人使用，导致集团分公司的亏损。除此之外，检察官还宣布调查郑梦九用不适当的方式将资产转移给儿子，检察院决定在继续调查之后，再起诉其儿子郑义宣（起亚汽车总经理）和其他现代集团的高层经理。在检察院调查的过程中，韩国现代起亚汽车集团在4月19日为公司卷入腐败丑闻向韩国民众道歉，并承诺向社会捐款1万亿韩元（约合10.6亿美元）。

2 企业集团化的理由

我们见到了太多的企业系列或企业集团，那么，为什么这些企业都要组建成企业集团呢？是由于企业发展的历史原因，企业运作的经济动因，还是从一开始就是控制性股东为了剥夺？关于这个集团化理由的问题，学术界实际上现在存有争议。一些学者认为集团形式自有它的道理，本身并不一定是为了剥夺。持这种观点的学者是学术界的少数派，代表人物是哈佛商学院的 Khanna 和 Pelapu。另外一些学者认为集团形式的搭建就是为了剥夺。多数学者的研究都是为了发现集团形式的低效率和剥夺的证据，如我们前面讲的关于印度的研究。

1 企业集团化的合理原因

关于企业集团化合理原因的认识，起始于哈佛商学院教授 Khanna 和 Pelapu 在 1997 年发表在《哈佛商业评论》上的“归核战略为什么在新兴市场上可能是错误的”一文。在这篇文章中，两位作者认为：在西方经济中，核心竞争力和归核战略对于公司战略的制订是众望所归。在西方世界，经理们已经拆散了很多在 60～70 年代建立起来的企业集团，但是，在新兴市场上，大型的、多元化经营的企业集团仍然是居于主导地位的企业形式。随着全球化进程的加快，新兴市场逐渐向世界开放，许多来自于西方的咨询专家或投资者都对这些企业集团施加压力，要求它们缩小经营活动的范围，遵从西方战略管理实践的归核化原则。但这是不妥的，是令人忧虑的。归核化战略在纽约或者伦敦是明智的，但是，将这一原则搬到新兴市场就会出现问题。

那么，为什么在新兴市场上，企业集团进行多元化经营是有道理的呢？Khanna 和 Pelapu，以及后来的一些学者经过研究后认为，主要是企业从事经营活动的外部制度环境与西方发达市场经济的情况差距太大，而多元化经营格局和组织的建立将有助于弥补市场的缺欠。

首先，在新兴市场上，产品市场是不完全的。新兴市场一般来说信息匮乏，因此建立品牌信誉是非常重要的，并且成本很高。但是，当一个品牌得以建立之后，它又会产生空前的影响。一个因产品质量高、服务水平好而闻名的企业集团可以利用其品牌优势进入相关业务领域，将这个优势扩展到相关领域，并且把成本分摊到其他业务领域。

第二，新兴市场的融资机制是不健全的，融资效率一般也比较低。在这种情况下，企业集团的形成，客观上可以在集团内部各企业之间形成一个内部融资市场。有过度现金流的企业可能会对那些有投资机会但没有机会获得外部融资的企业投资，这样，就可以在集团范围内配置资源，可以获得比较好的经济收益。

具体来说，如果一个企业是孤立的，在资本市场不完全的情况下，往往是在你最需要资金的时候拿不到钱，不可能从银行及时得到贷款，所以，在集团内部不同企业之间进行储备是非常必要的，各个企业之间实际上是形成了一个内部融资市场。

第三，当一个企业发生财务危机的时候，如果它处于一个集团之中，其他企业往往愿意扩展其交易信贷、扩展应收款的时间限制。如果集团企业内部有金融组织，融资和还款就会在危机期间进行讨价还价和重新定约。2003 年，台湾学者发现了有关的证据，在企业发生危机的时候，集团企业往往愿意扩展应收款的限制。这个研究也发现，台湾的一些集团里面如果有银行，这家金融控股集团往往会很在意自己的声誉，并不会特别优先地、无原则地资助集团内的关联企业。

第四，企业集团从事多元化经营，在很大程度上有助于分散经营活动的风险。如果企业过于依赖某一种产品，从经验上看，无论这种产品具有多么强的竞争力，总有一天它会从市场上消失。发展中国家市场是多变的，这个消失的时间也是不确定的，因此，企业常常是处于较高的经营风险当中。在这种情况下，涉足不同行业，就可以实现一定程度的风险互补。这就像是在资本市场上进行多元化投资组合一样，可以降低所承担的风险程度。

Khanna 和 Pelapu 在 1999 年进行的多项研究都发现：在智利和印度的公司里，多元化经营的公司，其风险程度确实比其他类型公司的风险程度为低。

第五，进行多元化经营，可以克服市场的不完全性，并将大量的交易和交易成本内部化，进而有效地节省交易费用。比如，在发展中国家，企业生产的最大风险之一来自于供应商，供应商所提供原材料的及时性和质量极大程度地影响到公司的正常运作，更何况供应商还常常具有买方垄断优势。同样的情况，有时也存在于分销商方面。因此，沿产业链的方向进行扩展，进行多元化经营，就可以有效地降低交易成本，取得竞争优势。

在很多情况下，配套企业如果由外人来做，虽然可以实现专业化分工，但在竞争不充分的情况下，很有可能保证不了配套企业的质量和供货时间，进而影响到自己的业务运作。所以在这种情况下，为了控制供应过程，配套工作很可能就由自己来做，这样，就形成了一个集团企业。显然，这样形成的集团企业把大量市场交易内部化，可以降低交易费用，减少机会主义行为。

2 控制者的私人收益

尽管存在着上述正面的理由，但是，一旦建立了集团形式，实际上就存在了可以进行剥夺的结构。关于剥夺结构的细节，我们将在下一节详细阐释。

剥夺的根本动因，是控制性股东存在私人收益。由于私人收益的存在，控制性股东就与其他股东之间出现利益的分化。控制性股东所追求的，将是个人利益的最大化。而控制性股东的个人利益，也来自于两个部分：控制性股东的私人收益和所有股东都能够得到的正常收益。我们下面通过三个例子来看这种利益分化所可能导致的控制性股东的行为变化。

①项目选择。

如果一个公司属于一个集团企业，公司由集团企业的实际控制人来操纵，那么，它在选择项目的时候，与一家独立的企业之间会有什么分别呢？

假设有两个备选项目，第一个项目我们叫 X 项目，第二个项目叫 Y 项目。假定 X 项目可以产生总价值为 V_x，其中包括 S_x 大小的现金流，这是对所有的投资者都有份的，同时，项目价值 V_x 中间还包含一个控制者私人收益的部分，大小为 B_x。类似地，Y 项目可以产生总价值为 V_y，其中包括 S_y 大小的现金流，这是对所有的投资者都有份的，同时，项目价

值 V_y 中间还包含一个控制者私人收益的部分，大小为 B_y。任何项目对于实际控制人来说都有私人收益，不过，不同项目的私人收益会有大有小，各不相同。在这个例子中，我们假定 $B_x > B_y$。设实际控制人对公司的现金流权为 α。

如果是独立的公司在进行选择，没有剥夺结构存在的话，它会依照这个项目的价值来选。而如果有剥夺结构，让集团的实际控制人来选择的话，控制人将综合考虑私人收益和股东的共同收益，追求两者之和的最大化。也就是说，实际控制人要权衡的是：他选择哪个项目可以使自己的收益总和最大化。

在这种情况下，他就是要对下面的两个部分进行比较，选择净值比较大的部分。这两个部分分别为：$\alpha(V_x - B_x) + B_x$ 和 $\alpha(V_y - B_y) + B_y$

而当下面这个式子成立的情况下，实际控制人将选择项目 X。

$$\alpha(V_x - B_x) + B_x > \alpha(V_y - B_y) + B_y$$

我们对这个式子略做变换，会得到如下的不等式。

$$V_y - V_x < \left(\frac{1-\alpha}{\alpha}\right)\Delta B$$

其中，$\Delta B = B_x - B_y > 0$。这个式子意味着尽管 Y 项目非常有价值，X 项目对于所有投资者来说价值不大，但是，就是由于 X 项目可以为实际控制人带来较大的私人收益，控制人也会选择 X 项目。

从数学上做些处理，我们还可以知道，当 α 越小的时候，进行无效率选择的损失会越大，将以 $-\left(\frac{1}{\alpha^2}\right)\Delta B$ 这样一个比率上升。这是一个指数形式，上升得会非常快。这意味着，即使私人收益占项目价值的比例不变，但一旦剥夺结构使得 α 降到非常小的程度，效率损失都是巨大的。

②扩张冲动。

我们常常会看到企业的实际控制人不愿意把自由现金流作为红利分配给股东，而是愿意用这些钱进行投资，想办法把自己的企业集团扩大。这背后的原因，就是实际控制人的私人收益在起作用。在实际控制人私人收益比较大的情况下，也就是 B 比较大的情况下，他往往会把钱保留在公司里面，想办法去扩张，把企业规模做大。这是因为，随着企业规模做大，控制人所获得的好处会呈现出一个上升的趋势。

我们还是通过数字来说明。假定企业有剩余的自由现金流，大小为 P。控制人可以将 P 分配给所有的股东，也可以选择进行再投资。再投资的项目可以产生出价值 V，其中包括所有股东都可以得到的现金流 S 和控制人的私人收益 B。假定控制人持有公司 α 大小的现金流权。

在这种情况下，他就是要对下面的两个部分进行比较，选择净值比较大的部分。

这两个部分依次为：αP 和 $\alpha(V-B)+B$

而当下面这个式子成立的情况下，实际控制人将选择进行投资，而不是分红。

$$\alpha(V-B)+B>\alpha P$$

我们对这个式子略做变换，会得到如下的不等式。

$$V>P-\left(\frac{1-\alpha}{\alpha}\right)B$$

这个式子就解释了为什么控制性股东不愿意分红的原因。显然，只要 P 在 $\left[V,\ V+\left(\frac{1-\alpha}{\alpha}\right)B\right]$ 的范围内，控制性股东都不会选择分红。而这个范围也是由控制人的持股比例和私人收益的大小共同决定的。当通过剥夺可以获得私人收益一定的情况下，控制人的持股比例越低，他越愿意保留企业盈利，不进行分红，企业也就呈现越多的扩张冲动。图示 2－6 所显示的就是控制人的投资范围。

在这个图示中，我们假定 $B=0.5V$，可以看到：α 越小，控制性股东进行扩张的冲动越大，出价越不计血本。

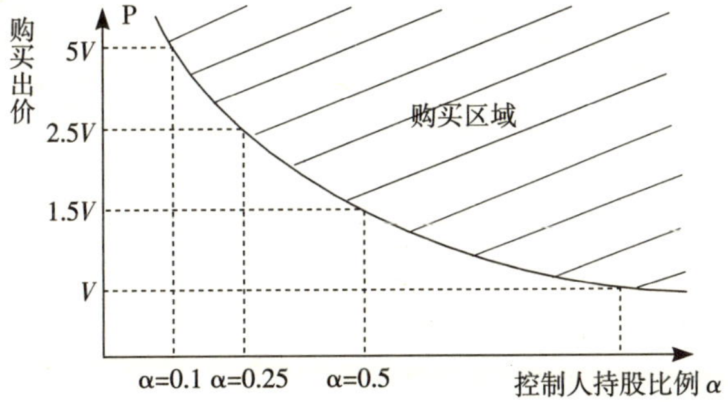

图示 2－6　存在控制人私人收益的投资范围

③控制权转移。

公司的控制权转移，是市场经济中的一个重要机制。这个机制本质上是要把资本转让到效率最高的控制人的手中。一个好的市场经济体系，一定要建立有效的控制权转让的机制，能够及时将资本转让到最有竞争价值的人手中。但是，在控制性股东有私人收益的情况下，控制权的转移就比较复杂了，常常会受到私人利益的限制，经济运行会处于低效状态。

假定有两个对企业的控制者，一个是现有的控制者 I，一个是潜在的控制者 N。在没有私人收益的情况下，如果 N 驾御这个企业的效率比 I 高，N 对于企业价值的估计就会比 I 的估计为大，则双方就会进行讨价还价，在两个人估价的中间寻求一个交易价格，将资产从效率水平低的人手里转移到效率水平高的手中。

然而，如果是存在着控制者的私人收益，则情况就不尽然了。同样的企业，比如它在控制者 I 手中，价值为 V_i，其中，股东都可以获得的现金流权为 S_i，私人收益为 B_i。而它对于新控制者 N 来说，公司价值为 V_n，股东都可以获得的现金流权为 S_n，私人收益是 B_n。在这种情况下，企业控制权是否会得到转让，就不仅仅取决于 V_i 和 V_n 的比较，而且还取决于私人收益的权衡。

控制权是否会发生转移，取决于下面两个部分的比较：

$$\alpha S_n + B_n \text{ 和 } \alpha S_i + B_i$$

而当下面这个式子成立的情况下，控制权将发生转移，反之就不会。

$$\alpha S_n + B_n > \alpha S_i + B_i$$

我们对这个式子略做变换，会得到如下的两个不等式。

$$B_n - B_i > \left(\frac{\alpha}{1-\alpha}\right)(V_i - V_n)$$

以及

$$B_i - B_n < \frac{1-\alpha}{\alpha}(V_n - V_i)$$

这意味着，即使是 $V_i > V_n$，只要前一个不等式成立，控制权也会发生转移；相反，即使 $V_i < V_n$，只要后一个不等式成立，控制权也不会转移到对公司估价比较高的人手里。

3 一个计量检验

关于实际控制人的剥夺现象，很多学者也进行了一些计量研究，试图证实剥夺的存在，并解析其内在过程与机理。其中，比较有代表性的工作包括郎咸平等人的论文“Corporate Diversification in East Asia：

The Role of Ultimate Ownership and Group Affiliation”（东亚公司的多元化经营）。

在这个研究中，郎咸平等人建立了一个包括集团公司终极控制人、下属企业状况，以及公司多样化经营情况的数据库。这个数据库囊括了从 1991 年至 1996 年东亚 9 个地区 2000 多家公司的数据，他们用这些数据检验了关于发展中国家多元化经营讨论最多的三个假设：①内部市场假设，即企业选择多元化经营是为了创造有效的内部市场，获得比外部市场更高的资源配置效率；②风险假设，即多元化经营的目的是为了降低企业专业化经营所带来的风险；③剥夺假设，即集团搭建多元化经营的框架主要是最终所有者剥夺小股东财富的一种手段。

郎咸平等人的研究发现：在发展中国家，附属于某个集团的企业有着更大的多元化经营程度。在发达国家里，一个企业如果走向多元化，它的市场价值会出现走低的趋势，而在发展中国家，多元化经营则会使企业获益。这是符合内部市场假设的。

但是，郎咸平等人接下来的研究并没有发现支持风险分散的证据，相反发现了比较支持存在剥夺的证据。他们在探讨“为什么某些公司的多样经营表现较差”的问题时，引入了现金流权和控制权分离程度的指标，发现控制权水平和多样化程度存在着碗状的关联，由此可以推断，随着集团对下属企业控制权的增长，终极控制人只承担部分成本却能享受全部收益时，就会助长终极控制人对其他股东财富的剥夺。

总之，郎咸平等人的研究证明了，在东亚国家里企业以集团的形式进行多元化经营，是创造内部市场以降低成本的手段，同时也可能是对小股东进行财富剥夺的方式。

3 剥夺的结构与隐蔽性

为什么集团形式可以导致控制性股东对其他股东的剥夺，核心在于：集团形式可以创造出公司的现金流权和控制权的分离。学术界认识到这一点，是花了不少时间的。最早，关于股份公司，人们有一个共识，叫做“同股同权”。也就是说，相同的股票实际上蕴涵着相同的权利。但这是一个理想，现实中常常不成立。1988 年，美国学者 Grossman 和 Hart 将“同股同权”进一步明确为 One Share One Vote，也就是“一股一票”法则。他们认为，“一股一票”是最有效率的，最反映资本民主原则。

那么，什么叫“一股一票”？股是什么？票又是什么呢？到了 90 年代后期，人们终于认识到了“股”的含义就是现金流权；而“票”的含义就是控制权。为什么叫现金流权？这是因为，企业的价值是由未来的现金流决定的。企业价值实际上是未来各个年度的现金流的折现。股东的所有权当然地体现为对未来现金流的要求权，所以叫现金流权。而股东是按照股份的数量进行投票的，投票的目的是影响公司的决策，是为了行使控制的权利。

“一股一票”原则就是现金流权和控制权的对应，只要两者之间是对应的，不违背“一股一票”原则，集团的结构就不是剥夺结构，就不会存在着财富剥夺的可能。然而，现实世界里却常常存在着现金流权的分配和控制权的分配不相匹配的情况，集团形式在绝大多数情况下就形成了两者之间的分离，两者的错位和不对称。只要不对称，就一定会有剥夺，这是近几年来越来越被学者们所认识到的。最可怕的就是控制性的小股东结构，在这种结构中，现金流权和控制权被大大地分离，剥夺的效率非常之高，后果也相当严重。

那么，怎样才能形成剥夺结构，实现现金流权和控制权的分离呢？一般来说有三种形式：①金字塔结构；②交叉持股结构；③类别股份结构。

1 金字塔结构

金字塔结构（Pyramid structure），是一种形象的说法，就是多层级、多链条的集团控制结构。在这个结构中，在每一个链条最后面的是实际控制人。集团公司内部的企业分为两种：中间公司和经营公司。控制者从塔尖开始，通过控制中间公司向下发散出一个可观的网络，控制处于链条末端的经营公司。

图示 2－7 就是一个通过三层控制关系实现控制的单链式金字塔结

构。A是实际控制人，他通过控制B公司51%的股份，然后再让B公司持有C公司51%、C公司持有D公司51%的股份，最终实现对D公司的控制。

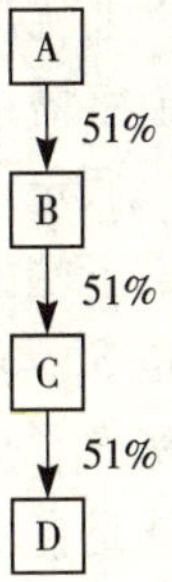

图示2-7 单链式金字塔结构

金字塔结构在不发达和发达国家都很兴旺，在亚洲非常普遍。统计显示，在印尼67%的上市公司、在新加坡55%的上市公司、在台湾地区49%的上市公司、在西欧国家20%的上市公司、在加拿大35%的上市公司都通过金字塔结构被实际控制人控制。处于金字塔结构最上层的通常是一个家族或多个家族。

金字塔结构通过多链条控制，可以达到融资与控制并举的效果。

首先是可以实现融资的放大。当一个实际控制人有非常多个链条来控制其他企业的时候，就可以通过最初的少量资金控制更多的财富。比如，国内现在有一家民营集团，最初的资金只有10个亿，但现在集团通过金字塔方式已经控制了300亿的资金。

其次，通过金字塔结构的控制关系，虽然实际控制人最终出资的数量是非常有限的，但是，通过在每一条链上都出现控制权和现金流权的分离，它却能够牢牢地控制着整个集团。在集团内部的每个决策点上都可以实现大股东控制。

通过金字塔方式，实际上就创造了小股东控制的结构（也简称为CMS结构），实现了现金流权和控制权的分离。具体来说，在图示2-7中，A在D公司的现金流权是多少？D公司如果能创造出1块钱的价值，分红也好，清算也好，实际控制人可以获得多少呢？是51%×51%×51%，即1元钱的12.5%。但他的控制权有多大呢？是51%。因为在整个控制链条上，A实际支配的表决权都不少于51%。这样，12.5%的现金流权和51%的控制权就出现了分离。这就导致了剥夺的可能。

为什么可以剥夺了呢？我们让A和D进行关联交易，比如高价采购原材料，转移10万元利益给A，D的收益自然会减少10万元。这会发生什么呢？A实际上是既损失又获利。所谓“损失”，是说在正常的分配渠道上，A可以获得10万元收益的1.25万元，转移导致了损失1.25万元的收益。但是，通过关联交易，A又获得实实在在的10万元。所以，关联交易的净收益，是10万元扣除1.25万元，净得8.75万元。这些钱是从哪里来的呢？无疑，是控制链条上各个参股的投资人应该获得的收益。以上就是最简单的通过金字塔结构进行剥夺的方式。

金字塔结构分离现金流权和控制权的能力，可以通过以下公式来计算。假定一个单链控制的金字塔结构，从塔尖开始向下发散共有 n 层。最下端的第 n 层是经营企业。在最上面一层，实际控制人的持股比例是 S_1，然后再往下依次的持股比例是 S_2，S_3，到了第 n 层，持股份额是 S_n。于是，对于最下层的经营公司，实际控制人所持有的现金流权就是：

$$\alpha = \prod_{i=1}^{n} S_i = S_1 \cdot S_2 \cdot S_3 \cdots S_n$$

而控制权则是 S_1，S_2 到 S_n 的整个链条之中，最小的那个。

这个表达式的含义就是，只要层级 n 足够多，总可以通过非常少的最初现金流权，控制非常可观的资产数额。当然，以上我们描述的还是单链条的简单金字塔结构，如果通过含有多链条控制以及交叉持股的复杂金字塔结构，资金放大的能力还会继续加大。

图示 2－8 和图示 2－9 是现实世界中的金字塔结构，图示 2－8 中的 O 代表现金流权，C 代表控制权。

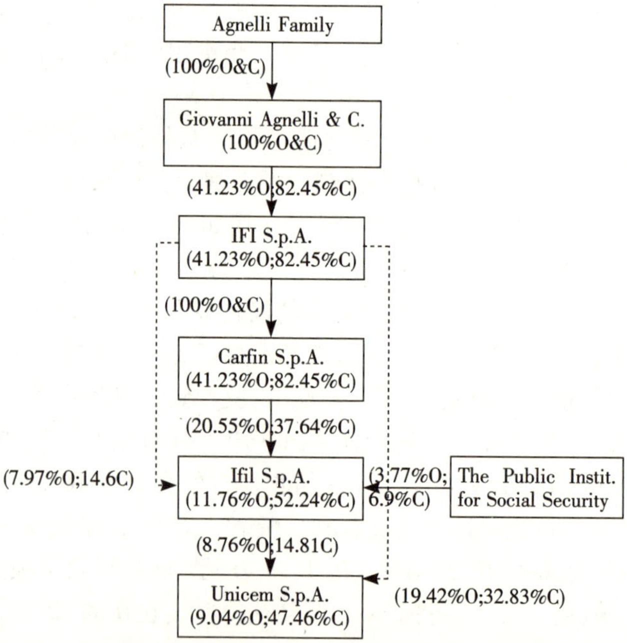

图示 2－8 意大利 Anelli 家族的集团结构图

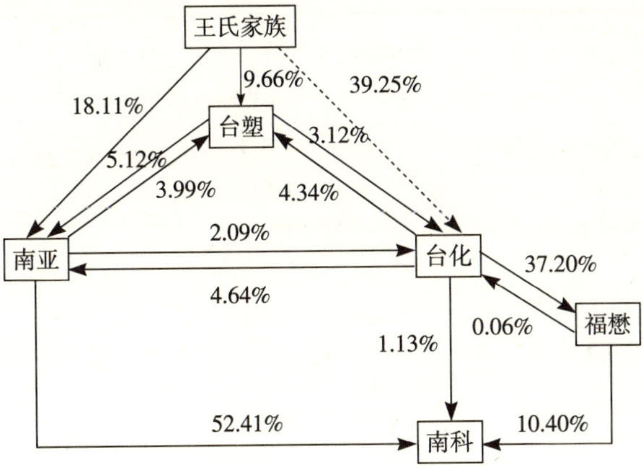

图示 2 -9　台塑集团上市公司投资关系图

表 2 -10 罗列了 2002 年末香港十大首富和他们在上市公司中所持有股份的数字，由此可以看到他们个人财产和他们因在公司中处于支配地位所控制的财产的数量。事实上，在当年的香港股票市场上，大约 28.9% 的资本被这十大家族控制着，但这些人的现金流权却只占总资本市场的 5.6%。这些巨头们控制企业的方式就是金字塔式的结构。表 2 -11 是亚洲开发银行对东南亚五个国家上市公司金字塔结构的统计。可以看到在这些国家中，金字塔控制的方式是相当流行的。其中，数量最多的是印度尼西亚，最少的是泰国。

表 2 -10　　香港十大首富和他们在上市公司中所控制的资产

单位：百万港元

家族和企业	市场资本	股权控制	现金流权占控制权的比例
李嘉诚			0.0993
长江实业（集团）有限公司	117545	通过长江实业 36.91% 的股权，其价值大约 43391	
和记黄埔有限公司	208052		
长江基建集团有限公司	30093		
香港电灯	62960		
TOM	6317		
长江生命科技有限公司	8969		
和记港路有限公司	3141		
所控资本	**437077**		
占股票市场总资本的百分比	**12.06%**		

续表

家族和企业	市场资本	股权控制	现金流权占控制权的比例
郭氏兄弟			0.389
新鸿基地产发展有限公司	110921	通过新鸿基地产46.79%的股权，其价值约51882	
九龙巴士有限公司	13885		
数码通电讯有限公司	5083		
New e Vision 公司	2147		
路讯通有限公司	1226		
所控资本	**133262**		
占股票市场总资本的百分比	**3.67%**		
李兆基			0.209
恒基兆业地产有限公司	40298	通过新恒基地产65.15%的股权，价值大约26254	
恒基兆业发展有限公司	20284		
恒基中国有限公司	1279		
香港油麻地有限公司	2030		
香港中华煤气有限公司	57477		
美丽华酒店	3347		
恒基数码有限公司	1175		
所控资本	**125890**		
占股票市场总资本的百分比	**3.47%**		
太古集团（施雅迪）			0.134
太古太平洋有限公司A股	27782	太古A股的4.29% 太古B股的65.83% 价值11027	
太古太平洋有限公司B股	14942		
国泰航空有限公司	35525		
香港飞机工程有限公司	3825		
所控资本	**82074**		
占股票市场总资本的百分比	**2.26%**		
嘉道理集团			0.298
中电控股有限公司	75618	中电控股的28.32% 上海酒店的59.41% 价值23704	
香港上海酒店	3856		
所控资本	**79474**		
占股票市场总资本的百分比	**2.19%**		
吴光正			0.101
隆丰国际投资有限公司	10768	隆丰国际的59.28% 价值大约6381	
九龙仓集团有限公司	35977		
海港企业有限公司	1669		
香港置业信托有限公司	5484		
联邦地产有限公司	3655		
香港有线宽带公司	5199		
JOYCE	140		
所控资本	**62892**		
占股票市场总资本的百分比	**1.73%**		

续表

家族和企业	市场资本	股权控制	现金流权占控制权的比例
陈启宗、陈乐宗兄弟			0.0966
恒隆集团有限责任公司	8474	恒隆集团的 35.95%	
恒隆发展有限公司	21814	价值大约 3046	
君悦酒店 A 股	1125		
君悦酒店 B 股	110		
所控资本	**31523**		
占股票市场总资本的百分比	**0.87%**		
荣智健			0.289
中信泰富有限公司	31513	中信泰富的 28.88%	
所控资本	**31513**	价值大约 9100	
占股票市场总资本的百分比	**0.87%**		
汪穗中			0.596
德昌电机控股有限公司	31410	德昌电机 59.62%	
所控资本	**31410**	价值大约 18724	
占股票市场总资本的百分比	**0.86%**		
李泽楷			0.314
电讯盈科有限公司	28620	电讯盈科 32.64%	
盈科保险集团有限公司	1175	价值大约 9344	
所控资本	**29795**		
占股票市场总资本的百分比	**0.82%**		

表 2-11　　东南亚五国上市公司中的金字塔结构

国　家	存在最终所有者的金字塔结构的发生率（在所有企业中的百分比）	交叉持股的发生率（在所有企业中的百分比）
印度尼西亚	66.9	1.3
韩国	42.6	9.4
马来西亚	39.3	14.9
菲律宾	40.2	7.1
泰国	12.7	0.8

2 交叉持股

交叉持股是第二种分离现金流权和控制权的结构。交叉持股这种形式，在日本比较多见，日本的很多企业集团都是通过交叉持股形成的。我们前面看到的金字塔结构，通常是纵向的、链式的结构；而交叉持股的结构，则是横向放大的结构。图示2－10就是典型的通过交叉持股形成的集团结构。而表2－12则描述了日本6大企业集团的交叉持股状况。

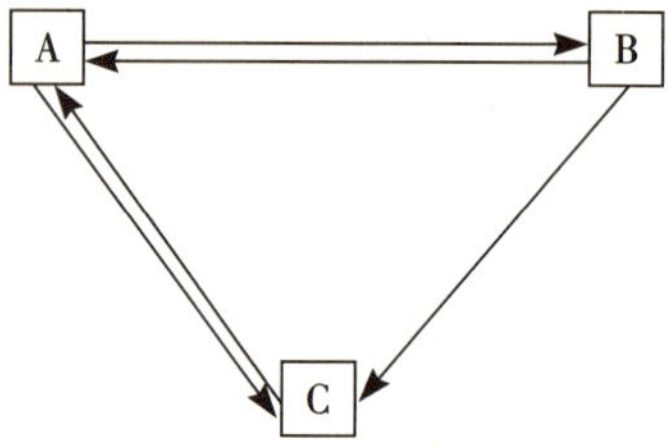

图示2－10 公司的交叉持股结构

交叉持股结构是你中有我、我中有你的控制结构。这种结构的重要特征，就是可以弱化所有者的权利，保证强化控制者的权利。也就是说，实际控制人通过交叉持股的股权持有关系，就可以削弱其他参股者的力量，进而对整个企业集团实现绝对控制。与金字塔结构相比，交叉持股关系通常比较隐秘，常常会是我今天注册这个企业，然后再注册另外一家企业，用相同的资金成立很多企业，再回头与其他参股者共同成立经营公司，形成少数股权控制结构。

表2－12　　日本公司交叉持股状况

年份	整个股票市场上交叉持股的比例（%）	六大企业集团下属成员企业交叉持股的比例（%）	六大企业集团内部成员企业之间的交叉持股比例（%）	非六大企业集团的公司之间交叉持股的比例（%）	六大企业集团的集团内部持股比例（%）
1987	18.3	28.0	(12.1)	12.5	22.7
1988	17.9	25.3	(11.0)	13.1	—
1989	16.9	25.1	(10.9)	12.6	21.6
1990	18.0	26.2	(11.1)	13.6	—
1991	17.8	26.1	(11.2)	13.4	—
1992	17.7	26.2	(11.1)	13.1	22.2
1993	17.5	26.3	(11.1)	12.7	—
1994	17.4	25.6	(10.8)	12.7	—
1995	16.9	24.6	(10.5)	12.5	—
1996	16.2	23.8	(10.2)	11.9	21.4
1997	15.0	23.4	(10.1)	10.7	—
1998	13.2	21.8	(9.9)	9.3	—
1999	10.5	20.3	(9.4)	6.8	—

下面这个例子，就是用2万元钱控制200万元钱市值的公司。很多人也许认为，用2万元控制200万元，怎么可以做到？但是，通过交叉

持股完全可以做到。比如，实际控制人口袋里只有 2 万块钱，但他希望控制 200 万元。怎么办？

他可以注册两家公司 A 和 B，并且在注册的过程中通过“过桥资金”实现 A 和 B 的相互持股，让它们各持有对方 50 万的股份。具体来说，在注册 A 公司的时候，实际控制人可以只出 1 万块钱，让 B 公司出资 50 万，让外部的出资人认购 49% 的股份，也就是 49 万。那么，对于公司 A，实际控制人可否保证绝对控制呢？一定能。因为对于公司 A 来说，实际控制人的直接持股是 1%，通过公司 B 间接持股是 50%，加在一起是 51%，绝对多数。

当实际控制人注册 B 公司时，他把同样的做法再复制一遍。让 A 公司持有 B 的 50% 股份，自己持有 1%，再在外部吸收 49% 的投资，这样，对于公司 B，实际控制人的直接持股加上通过 A 的间接持股，仍然是 51%，又是多数控制。

显然，通过交叉持股，实际控制人对 A 公司和 B 公司都实现了绝对控制。一方面，他用自己的 2 万元控制了外部资金 98 万元，并且形成了绝对支配和绝对控制。另外，他也实现了对 A 和 B 两个公司共计 200 万元市值的控制。请参见图示 2－11。

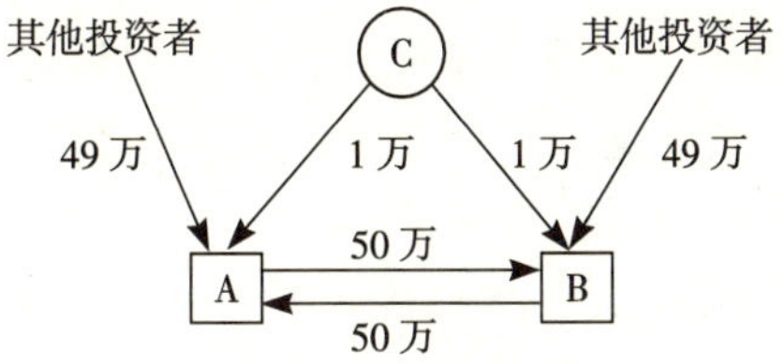

图示 2－11　通过交叉持股放大控制力量

还有一个更加极端的例子，讲的是奥地利的一家上市公司被一个实际控制人 Duck 先生用“四股”股票实现控制的例子。我自己将这个故事命名为“四股之控”。请参见图示 2－12。

Duck 先生的手段非常“高明”，说他“高明”，是因为他仅仅用了 4 股就实现了对上市公司的控制，不是 40%，也不是 4 手。他的做法本质上就是利用交叉持股。作为实际控制人，Duck 先生先注册了两家公司，一个是 C 公司，一个是 R 公司。这两家公司完全是用于控制性目的的公司。在注册的过程中，Duck 先生让这两家公司相互持股，各持 50% －1

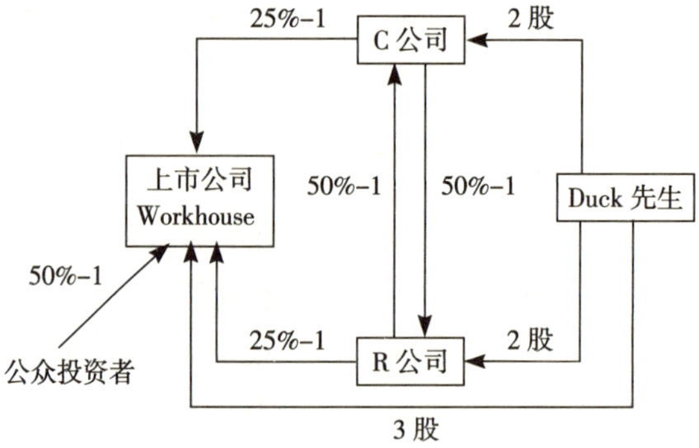

图示 2 - 12　Duck 先生和他的“四股之控”

股，而自己对这两家公司的直接控股都是每家 2 股，剩余股份用来吸收社会资金。由于在 C 公司里，Duck 先生可以代表 R 公司的持股和自己的持股，共计 50% -1，再加上自己的 2 股，刚好是 50% +1 股，是绝对多数控制。由此，他控制了 C 公司。如法炮制，他又控制了 R 公司。这样，他就成为了 C 公司的董事长和 R 公司的董事长。

当 Duck 先生牢牢地控制了 C 和 R 这两个中间公司之后，他最终就要控制一家大的上市公司了。上市公司的股权是这样的。公众持有 50% -1 股，C 公司持有 25% -1 股，R 公司持有 25% -1 股，而 Duck 先生本人在市场上购买了 3 股，于是，他又可以通过代表两个 25% -1 股加上自己的 3 股，刚好是 50% +1 股，从而实现了对上市公司的绝对控制。他也成为了上市公司的董事长。

Duck 先生的“高明”最后大白于天下，是由于他的贪婪。当他通过这样一个方式成为三家公司的董事长，实现了对财富的绝对控制之后，他给自己定了很高的报酬。结果，他不小心列在了奥地利上市公司 CEO 收入排行榜的第一位，于是引发关注，最后被大家发现他还有这么一个故事，成为了一个案例。

交叉持股分离现金流权和控制权，可以通过如下的公式来衡量。

$$S_i + \Sigma S_{ij} > 0.5$$

具体来说，假定集团内部的多个企业是相互持股的，我们可以用 S_{ij} 表示第 j 个公司持有第 i 个公司的股份比例，而控制者直接持有第 i 个公司的股份比例为 S_i。如果控制者要控制整个集团的话，只要对每个 i 公司都满足直接控股和间接控股之和大于 50% 即可。

需要强调的是，当交叉持股这种横向的剥夺结构和金字塔式的纵向剥夺结构结合在一起的时候，将形成更为隐蔽的小股东控制结构，其剥夺的力量将更强。

❸ 类别股份

类别股份就是通过公司章程等手段实现差别投票权（differential voting rights），进而实现现金流权和控制权相互分离的结构。例如，在某些国家中，会发行具有不同投票权比重的各种股票——优先股和普通股等，使股票类型多样化。在这样的结构下，剥夺也成为了可能。

类别股份在一些国家被法律禁止，但在另外一些国家却很盛行，如瑞典和南非。在某些国家的公司里，由于存在着类别股份，有些股东出50%的资金，但却只享有25%的投票权，而另外50%的出资人却享有75%的投票权，实现了绝对控制。显然，类别股份是直接分离现金流权和控制权的方式，不需要借助于持股链条和交叉持股等手段。同时，它也比较直接，不具有隐蔽性。

我们可以通过瑞典 Wallenberg 家族的例子来说明类别股份的情况，这是一个很典型的例子。在瑞典的股票交易所里，上市公司约40%的市值都是 Wallenberg 家族持有的，这个家族是瑞典非常大的家族。其家族对上市公司的控制，很多就是通过类别股份的方式。在控制结构的最上层，是整个家族的信托机构。

家族信托持有一个主要的控股公司，主要的控股公司再去持有下面的公司。比如，大家都知道的公司伊莱克斯和爱立信，都是这些持股公司控制的。从家族信托开始，这个集团就采用类别股份的设计，实行差别投票权制度。家族信托持有下面主要控股公司40%的投票权，但他们持有的现金流权却只有20%，显然，这是因为家族外的一些投资人放弃了一部分投票权。

控股公司向下持有很多经营公司，不少是股份公司或上市公司。在这个持股环节上，同样存在着类别股份的方式。比如，控股公司控制伊莱克斯，现金流权只有7%，但投票权是95%。而控制爱立信，现金流权只有4%，但却拥有40%的投票权。

不过，类别股份虽然具有分离现金流权和控制权的功能，但是，是否一定会导致剥夺，是值得讨论的。在家族和实际控制人非常清楚、信息比较流畅的情况下，家族往往不会以牺牲自己名誉的代价去进行剥夺。

相反，在金字塔结构和交叉持股结构下，由于具有非常大的隐蔽性，剥夺却常常会成为对实际控制人的诱惑。

4 剥夺的隐蔽性

在由一个实际控制人驾御的企业集团中，由于持股关系错综复杂，现金流权和控制权的分离程度，以及剥夺过程常常是看不清楚的。我在下面所举的例子发生在2003年，所有的交易都是实际披露的，但是，很多人并不知道这是一个集团内部的关联交易。

作为这个故事的主角，某上市公司在1个月内先后做了两个公告。第一个公告是该公司（我们称为A公司）将它所持有的B公司的40%的股权以2亿元的价格出让给C公司。第二个公告是A公司及其控股子公司D公司分别受让E公司60%的股权和10%的股权。这两个公告对于一般投资者来说，根本看不到任何内幕的东西，也不知道所有这一切都发生在家族控制的集团内部。

根据披露，投资者也许知道这样两笔交易关系，如图示2－13（a）所示。但是，如果了解这个集团的内部股权关系和控制关系，我们就会得到另外的一个图示2－13（b），图示2－13（a）实际上是坐落在图示2－13（b）中的部分关系。

这个交易背后的故事是什么？C公司是一个刚刚完成增发的上市公司，现金状况比较好。于是，A公司就将所持有的B公司的40%的股权做了一个高价，用2亿元的价格出让给C公司，套出了一大笔现金。在C公司中，集团的实际控制人是多链条实现的控制，还有交叉持股，因此，所持有的现金流权比例是非常低的，只有8%左右，所以，这个交易是非常划算的。

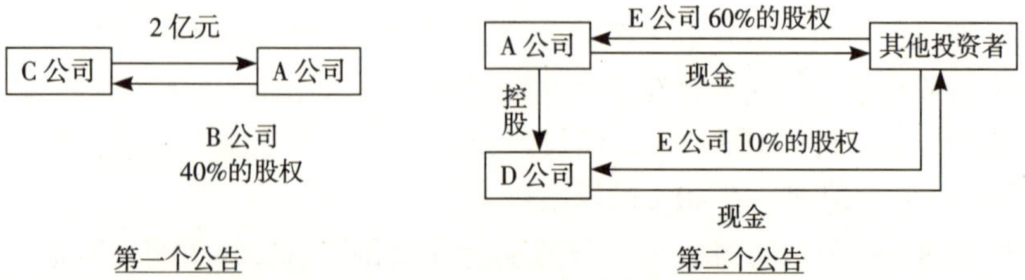

图示2－13（a） 公告的交易关系

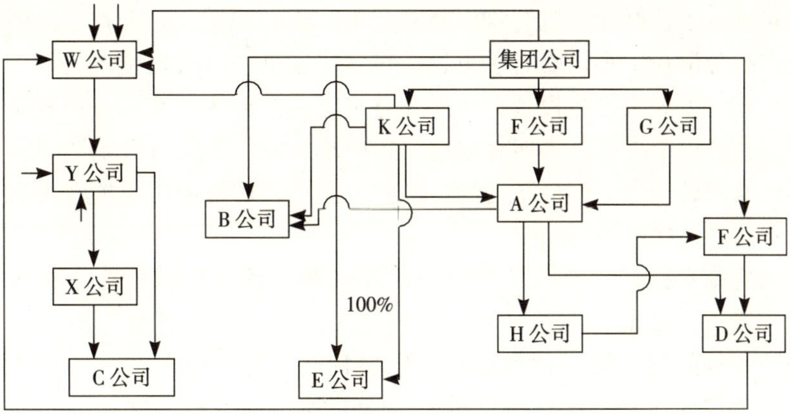

图示 2－13（b） 在复杂集团背景中的交易关系

那么，A 是一家上市公司，这种交易还要披露，为什么要让 A 来购买呢？原来，实际控制人让 A 来购买，只是为了做上一笔流水账。我们知道，按照中国证监会的要求，上市公司增发也好，配股也好，都需要满足一定的收益标准，必须要达到 6% 或 10% 的要求。如果达不到要求，上市公司的融资功能就要失去。而 A 公司当年的盈利情况达不到这样的标准，怎么办呢？惟一的办法就是获得其他收益，于是，实际控制人决定出让股权，保证上市公司的盈利，整个交易获利 4000 万，达到了证监会的标准。

但是，一方面，这样一个 4000 万的盈利是不能与其他股东分享的，于是，实际控制人又通过董事会决议进行长期投资，同直接控股的公司一起购买 E 公司的股权。E 公司是实际控制人全资拥有的企业，在另外的一个控制链条上。通过这样一个交易，2 亿元现金中的 1.6 亿元，就全部转移到实际控制人的个人支配范围之中了。

4 解决剥夺问题的困境

尽管学者们承认集团形式的合理性和价值，但是，在小股东保护比较差的地区客观存在的对广大投资者的剥夺也是不容置疑的，这种侵害直接导致了良好投资机制难以建立起来。我们知道，一个社会的财富比较多地分散在中小投资者手里，在很多国家里，中小投资者还不太习惯由机构代表大家进行投资，往往还是自己直接介入股市、进行投资。所以，在这种情况下，不能有效地保护中小股东，不能有效地防范来自控制性股东的剥夺，就会制约社会经济的发展，妨碍中小投资者很有信心地参与到直接投资活动中。

应该看到，对于剥夺性公司治理问题，目前我们还缺乏有效的解决手段。实际上，人类社会发展到今天，共有三种主要的股权结构和公司治理问题。第一种是股权分散结构，在这种股权结构中，核心问题是经理的代理问题。第二种是大股东控制的结构。这种结构下的问题，是如何防止大股东剥夺。第三种结构是小股东控制的结构。如本书案例 2 所描述的那样，控制性股东持股不到 30%，但对整个公司具有牢牢的支配权。对于小股东控制的结构，问题是如何防范小股东剥夺。

对于分散的所有权结构，公司治理的问题主要是解决代理问题。解决的方式主要是我们在上一节已经概括的公司治理机制，包括经理报酬的设计、董事会制度、股东权利保护的一整套制度，以及资本市场和公司控制市场的作用。关于这些机制，它们彼此之间是相互联系、共同作用的。后面几章，我们还要详细讨论。总之，我们有相应的解决办法。

对于大股东控制的所有权结构，解决剥夺问题的难度也不大，存在着一个天然的保护和防范机制。这是因为，大股东对所控股的公司进行剥夺，实际上是在毁灭自身的价值，当所控制的公司垮掉了，控制性股东将受到实质性的损失作为代价。大股东持股数量越多，它越要对剥夺行动的后果承担责任。比如说，一个控制性股东持有一家价值 5 个亿的上市公司，如果控制性股东持有 70% 的股份，这就是大股东控制。那么，如果公司被大股东通过剥夺手段搞垮了，大股东固然可以得到一定的私人收益，但它自己还是要以 70% 的股权承担责任。因为这是用 70% 来剥夺 30%。

中国上市公司有很多大股东控制和剥夺的问题，大股东会把上市公司往死里搞，然后，大股东用较大的股权比例来承担责任。这种做法非常愚蠢。为什么会这样？为什么大股东为了一点点眼前利益会不计工本？关键在于大股东是国有资产的代理机构，大股东的管理者任期是有限的，财产不是自己的。它在剥夺上市公司的时候，根本不考虑长远收益和综合收益，不考虑未来的声誉。而民营大股东不会这样做，民营大股东会非常在意声誉，不会以毁灭公司价值的方式、以母公司的实质性损失作为代价进行剥夺。凡是以民营资本为核心建立的公司存在着剥夺的情况，一定是小股东控制。

小股东控制就是上面讲的第三种结构，这是最可怕，也是最麻烦的结构。持股比较少的小股东会通过金字塔结构、通过交叉持股结构，联合搭建起一个复杂的企业集团，然后通过非常隐蔽的手段进行剥夺，令人难以防范。比如，在集团里面有一个上市公司，这个上市公司的控制权完全可以被把持在一个持股量非常少的控制人手里，这个控制人的现金流权非常少，可以低于10%。而且，这个实际控制人会非常隐蔽，从外界很难看到这个控制人是谁。在这种情况下，上市公司被搞垮了，而实际控制人通过剥夺能够得到的比承担的损失要多得多。而且，从外界来看大家根本不知道上市公司是被谁搞垮的，个人声誉不会受到影响。

小股东控制非常可怕，它利用了公司制度中的“有限责任”这个要素。有限责任制度会激励控制性股东的机会主义倾向，因为一旦有损失，由于存在有限责任原则，控制性股东的损失可以被限定在最初的投资额度内。

研究表明，有限责任原则已经诱导出控制性股东人为设计公司的组织形式，诱导了有意识的、股权控制方面的设计，诱导了人为制造企业集团的行为。通过有限责任制度，控制性股东为自己创造一个保护外壳，把自己保护起来，使控制性股东的利益对各种负面事件的敏感性最小，对各种正面事件的敏感性最大。

控制性股东通过关联交易使自己获得最大的利益，同时，在公司遭遇风险的时候，他又只承担有限的责任。控制性股东会利用市场上的信息不对称和合同不完全，采取机会主义行为，产生很多相应于权利的、在责任、义务上与权力不对称的违约行为。

可以说，小股东控制兼具股权分散结构和大股东控制结构的缺点，它既与大股东控制结构一样，避免了公司控制市场的约束，同时，又具有分散股权情况下的内部人控制企业的特征，使一般的治理手段失效，较难以防范。

那么，该如何防止小股东控制呢？除了建立更加独立的董事会制度，更加有效地保护股东权利，甚至在“揭开面纱制度”方面积极立法和执法之外，以下三个方面的制度建设是必要的。

1 增加信息的透明度

如果广大投资者知道在公司背后谁是真正的控制人，则实际控制人从自己的长期利益出发，将会有所克制，减少对所控制的公司的剥夺。只有信息透明，才有利于媒体、中介机构、学者对公司和实际控制人进行持续、深入的评估，有利于建立起一个社会所必需的声誉记录和评价体系，有利于对控制性股东进行约束。

研究发现，俄罗斯一家大公司曾因剥夺下属公司被起诉，后来当它收购另外一家公司的时候，股价立刻明显下降。为什么？因为那家公司要被收购，公司的股东预期它肯定会剥夺自己持股的，于是想办法赶快把股票先抛掉。股东们认为，你是剥夺起家，我惹不起，赶紧走。

2 建立声誉机制

在信息透明的情况下，还应该调动社会多方面的力量建立一个比较有效的声誉机制，让声誉在个人和公司追求盈利的过程中发挥作用。一个社会有一个良好的声誉系统非常重要。在社会上，任何事情都是可以做的，无论是好事还是坏事，关键是要有人承担责任。如果做事情的人要对他所做的事情承担百分之百的责任的时候，他就会仔细地衡量收益得失，将坏事的比例控制在非常低的范围内。

一个非常好的例子是美国的社会信用评价体系。在北美地区，有三个大的社会信用局，记录着几亿人的信用资料，这是美国商业史，也是世界商业史上的一个奇迹，完全是凭借集体的力量一点点地进化到今天。借助这个系统，社会成员的信用行为得到了很大限度的约束。一个社会成员可以闯红灯，可以超速驾驶，但社会信用系统一定会对此进行记录。这又会影响此人的声誉。比如，这个人第二年买保险的价格就会上升，因为保险公司会认为他的闯红灯和超速行为事实上已经增加了自己的风险。他在保险公司的风险指数比先前提高，要保相同的数额，必须要比过去付更多的保险金才可以。也就是说，这个人将用他未来的支付水平来为他先前的行为买单。应该看到，由于存在这样的声誉约束机制，人们的很多对社会有负面影响的机制会被抑制。

抑制剥夺行为的道理是一样的。当一个人过去有剥夺小股东的历史，并且这个历史被记录，并形成一个不良声誉的情况下，他在遇到一个新的投资机会，向社会融资的时候，其他股东就会权衡新投资机会的可能收益，以及这个人对自己进行剥夺的可能性，而出一个相对比较低的出资水平和出资价格。

公司财务结构的本质实际上是信用和收益性的一个权衡。比如说，一个好的项目，收益性还可以，发起股东可以出 10%，其他人出 90%；也可以是发起股东出 90%，其他人出 10%。这两种情况的差别是什么？本质上是信用的差别，前者是发起人出 10% 作为抵押，融来 90% 的资金，而后者则是发起人出 90% 才能融来 10%。所以，公司财务结构或资本结构的关系，本质上就是一个信用关系。

公司财务的本质是信用。当一个发起人（他很容易就是后来的控制性股东）信用好的时候，他今后的融资条件会很廉价，而如果信誉不好，他就是出再多的钱，别人也不一定愿意跟着投资。所以，出于对自己未来融资成本的考虑，控制性股东会非常在意自己的声誉，从而对剥夺行为有一个自我抑制。南非的研究表明，如果一个控制性股东声誉好的话，他可以把公司的现金流权降得很低。

3 增加对小股东的法律保护

对于小股东的法律保护，是限制剥夺的有效手段。前面 LLV 的研究已经表明：在小股东保护比较弱的国家里面，金字塔结构的公司比较多，少数股权控制会成为一个流行的做法。相反，小股东保护的机制越到位，越是少见以剥夺为目标的股权结构。值得注意的是，在亚洲金融危机和安然事件之后，世界各国都开始格外注意增加证券市场上信息披露的真实性和及时性，从而加大对小股东的保护力度。表 2 - 13 是东南亚各个国家在公司治理改善方面所提出的主要措施。

表 2-13　　东南亚各国的公司治理改善措施

	股东控制和保护	透明度和信息披露
印度尼西亚		1. 增强独立董事和董事会委员会的审计职能 2. 要求上市公司任命专门负责信息披露的秘书
韩国	1. 要求上市公司任命外部董事 2. 在董事会中成立下属委员会 3. 降低公司在备案额外诉讼、检查财务数据、更换董事所需要的最小所有权要求 4. 引入集体诉讼制度 5. 控制性股东担任董事时要登记 6. 引进集中（intensive）投票制度，使少数股东也能任命董事会成员 7. 股东持有总含权股票超过 1% 时就可以行使提案权 8. 取消对于机构投资者的影子投票的管制 9. 承认代理投票的合法性并允许累积投票制度的使用 10. 引进董事信托责任制	1. 将法定审计体系替换为独立审计委员会体系 2. 按照国际标准实施会计行为 3. 引入一种依从官员制度（compliance officer system） 4. 集团公司要编写一致的财务报告 5. 修订金融机构和财阀集团的会计标准 6. 投资信托公司要向其投资人提供投资和信托资产的报告 7. 加强控制性股东内部交易的报告要求
马来西亚	1. 提出马来西亚公司治理法案 2. 提议建立机构股东监督委员会来监管公司内部人违背少数股东意愿的滥用 3. 限制董事所能接受的董事会职位的数量 4. 修正公司法的一些条款，特别是有关与董事有关的财产接管，以及对内部交易的惩罚方面 5. 吉隆坡交易所严格了交易中止规则	1. 在董事会中建立审计委员会，主要成员应为非执行董事 2. 修改证券法，要求证券账户只能以受益所有者或授权人的名义开设 3. 颁布上市公司的操作要求来改善信息披露的内容、频率、一致性 4. 按照证券委员会的并购法来修改上市要求 5. 以季度为单位公开财务报告 6. 修改公司法，要求持有大量股票的股东公开其持股数 7. 按国际标准引进新的会计和审计规则
菲律宾		从银行的角度来扩展披露要求，使规章制度产生效力
泰国	1. 取消小股东要求董事会召集特别股东大会的最低持股要求 2. 董事会必须有 1/4 的独立董事 3. 要求所有上市公司采用累积投票制 4. 修正 1992 年上市公司法中关于董事关联交易的条文 5. 规定了上市公司董事的注意义务、忠诚、信托责任 6. 如果发现董事或高管存在不适当的行为就要责令其离开与上市公司相关的董事或其他管理岗位	1. 在所有的上市公司的董事会中建立审计委员会 2. 使当地的会计实践与国际标准相一致 3. 上市公司的季报同年报具备可比性

5 揭开公司面纱制度

解决剥夺问题最根本的办法，是在立法中建立所谓的“揭开公司面纱”制度。我国在2006年开始执行的新《公司法》第二十条就体现了有关的精神。这一条立法规定共包括三段话，依次是：“公司股东应当遵守法律、行政法规和公司章程，依法行使股东权利，不得滥用股东权利损害公司或者其他股东的利益；不得滥用公司法人独立地位和股东有限责任损害公司债权人的利益”；“公司股东滥用股东权利给公司或者其他股东造成损失的，应当依法承担赔偿责任”；“公司股东滥用公司法人独立地位和股东有限责任，逃避债务，严重损害公司债权人利益的，应当对公司债务承担连带责任”。无疑，这些文字为在我国防范股东剥夺、实施“揭开公司面纱”操作提供了依据。

“揭开公司面纱”操作的基础，就是要让公众知道谁是上市公司背后的“实际控制人”。具体来说，当公司的实际控制人企图通过关联交易，利用公司的“有限责任”外壳，为自己谋取私人利益的时候，法官可以根据具体的案例情况，不承认公司的法人身份，而把躲在幕后的实际控制人拉到前台来，让这个实际控制人承担连带责任。

“揭开面纱制度”始于美国。1809年，美国最高法院为了维护联邦法院的司法审判权而采用揭开“公司面纱”的办法来确定公司背后的股东的个人身份。这是“揭开面纱制度”的萌芽。我们可以用如下图示进一步说明“揭开公司面纱”的含义。

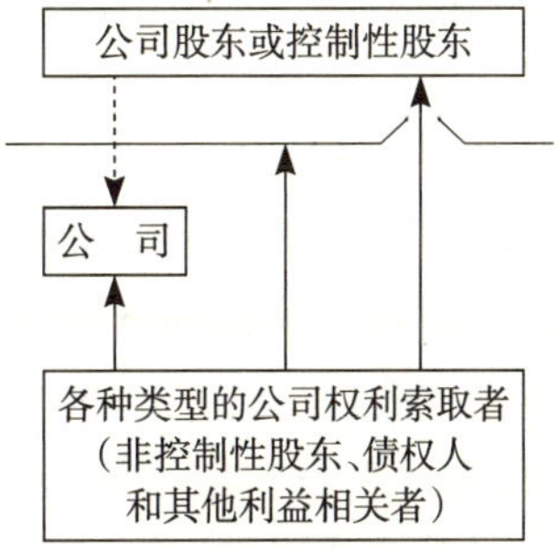

图示2－14 揭开公司面纱示意图

在图示2－14中，虚线代表股东对于公司的投资关系。之所以是虚线，是因为公司的一个基本特征为有限责任，股东仅仅以投资为限对公司的债务承担有限责任，他的个人财产与公司财产和债务原则上是分离的，这就是在股东和公司之间画了一条横线的缘由。①在正常的情况下，公司仅以法人财产对公司与外界所签订的各类合同和债务负责。这是左边第一条垂直线的意思。②如果公司的财产不足以满足权利索取者的要求，而他们希望公司股东或控制性股东以个人其他财产来承担责任的时候，有限责任原则将形成屏蔽，使股东仅以投资为限对各项索赔负责。这是中间垂直线的含义。③但在存在“揭开公司面纱”制度的情况下，公司的各种类型权利索取者可以通过新的诉讼申请法官判定“揭开公司面纱”，以便找到公司背后的股东或控制性股东，使股东或控制性股东对权利索取者的要求承担无限连带责任。

下面再通过一个具体的判例来说明“揭开公司面纱”的实际应用。A 公司是一家从事压力容器生产和销售的公司，由公司创始人 B 家族拥有，家族成员多人拥有公司的全部股权，B 对公司进行控制。该公司在创立的时候投入了比较充足的资本金，盈利状况也一直不错。但是，B 一直通过各种关联交易的方式转移公司财富，另外也用非常高的比例把钱款以薪金的方式支付给家族成员，这样将公司的净收入减少到一文不剩来逃避纳税。对于磨损和折旧完毕的设备他也不进行替换，而是由家族其他公司购买，然后出租给 A 公司使用。

在公司运行多年之后，它的产品突然发生爆炸，结果导致多名工人严重受伤。在工人治疗期间，B 组织紧急的家族会议，宣布对 A 公司所拥有的财产和现金进行分红和其他处理，使 A 公司没有留存任何能够用来赔偿的资产。后来，虽然工人对 A 公司进行了起诉，并打赢了官司，但 A 公司已经没有充足的资产可用来赔偿。在这种情况下，如果过分强调公司的独立法人地位和有限责任，即使公司破产，工人也无法得到应有的赔偿。于是，工人们又去起诉要“揭开公司面纱”，主张用 B 家族的其他资产和现金来获得赔偿。在这个过程中，A 公司的一些债权人也加入了起诉的队伍，比如通过赊账方式向 A 公司提供原料的供应商。最后，法官判定“揭开公司面纱”的起诉成立，工人和供应商都因此获得了赔偿，收回了 A 公司未支付的款项。

从前面《公司法》的立法条文中我们不难看到，“揭开公司面纱”本质上是对公司承担“有限责任”这个命题进行突破。具体来说，凡是涉及到对“有限责任”的滥用，就有必要讨论揭开“公司面纱”。那么，什么是“有限责任”？为什么传统上只让公司承担“有限责任”，好处何在？什么是“正常使用”和“滥用”的界限呢？

公司作为独立的法人实体来承担责任和义务并行使权利，作为投资者的股东的个人财产与公司法人的财产严格区分，这就是公司的“有限责任”，也是现代公司的基本特征之一。“有限责任”原则将股东的个人财产和公司的法人财产区分开来，进而起到保护投资者个人财产在公司发生问题之后不被追索的作用。

公司的“有限责任”性质一般涉及到两个层面的内容。首先，投资者或股东仅以他们的投资为限对公司承担有限责任，即除了他们投入到公司的资产之外，他们的其他个人财产并不会被要求用来清偿公司的债务和损失。其次，公司作为一个独立的法人实体，它对于债权人或其他利益相关者所承担的责任也仅以公司的资产为限。当公司的资产不足以偿还所有利益要求者的权利要求时，公司可以按照要求进入破产程序，在这个时候，公司仅以破产时的资产价值来清偿所欠各类利益要求者的债务。当然，清偿程序是由具体国家的《破产法》来规定的。

那么，为什么要确立公司的“有限责任”原则呢？这个方面的理论不少。按照美国哈佛大学法学院前院长 Clark 教授的经典说法，确立这个原则至少有如下好处。首先，它可以降低可能交易费用，比如信贷的评估费用和实施费用；其次，可以更好地在股东之间实现风险分担。限于篇幅，这里我们不展开讨论，总之是对于整个社会确有好处。

然而，当“有限责任”原则给现代公司发展和社会经济发展带来很多好处的同时，也引发了很多“滥用”公司有限责任的情况。也正是防范这种滥用，才在一定前提下出现了“揭开公司面纱”的判例。

1905 年，著名的“密尔沃基冷藏运输公司”（V. S. V. Milwaukee Refrigerator Transit Co.）一案的判决书成为了确立“揭开公司面纱”的标志性判例。美国法官桑伯恩在这个判决中明确表示：“以目前的权力状态下，如果可以建立一个一般规则的话，那么，这个规则就是：一般而言，除非有足够的相反理由出现，公司应该被看做法人而具有独立人格。但是，公司为法人的特性如被作为损害公共利益、使非法行为合法化、保护欺诈或犯罪抗辩的工具，那么，在法律上就应将公司视为无权利能力的数人的组合体。”也就是说，当股东出现了以不合适的目的来支配公司财产的行为时，其本质就是在滥用“有限责任”原则。在这种情况下，“有限责任”原则就要被放弃，“公司面纱”就应该被揭开。

我们还可以看如下的两个经典判例。虽然这两个判例发生的时间相距几十年，发生的地点也相距万里，但它们有着一个共同的特征，就是：控制性股东或母公司对关联子公司中的某一个部分进行了不恰当的控制，并由此带来了其他利益相关者的损失。而当这些利益相关者对损失进行追索时，“有限责任”原则阻挡了他们的维权之路。但在司法实践中，原告都成功地证明了控制性的母公司已经对子公司或分公司进行了欺诈性的或错误的操作，正是这些操作导致了原告的损失。这是关于“揭开公司面纱”的诉讼，而法官在证据面前也支持了这样的诉讼。

第一个案例发生在铁路公司多如牛毛的美国经济发展早期。被告是宾夕法尼亚铁路公司，它控制着一个大的铁路系统，是母公司。系统中的一部分铁路分别由西泽西铁路公司和海岸铁路公司控制并经营。在西泽西公司的时间表上面，则赫然印着宾夕法尼亚公司的商标。这是它们之间的关系。后来，子公司的火车撞了一辆汽车，造成了严重的损失。由于子公司仅仅是母公司经营铁路系统的一个媒介，因此，法官认为母公司要对事故的伤者负责。

第二个案例发生在 1985 年，事件的主角是美国 Carbide 公司，它在印度的 Bhopal 开办了一家子公司经营化工产品，进行有关的生产和销售活动。由于经营不当，发生了有上千人丧生的毒气泄漏事件。在悲剧发生之后，赔偿的主体问题成为了焦点。虽然并没有证据表明是美国 Carbide 公司的错误才导致了这个事件，但可以保护这个母公司利益的“有限责任”原则依然被突破，美国 Carbide 公司被判定需要建立专门的信托基金来补偿受害人。

上述判例有助于我们理解为什么要突破“有限责任”原则。但了解这些故事也不禁让我们开始担忧由此带来的“法官滥用”的问题。可以说，如果这种突破过于随意的话，则确立“有限责任”的初衷和好处将荡然无存。这便成为了一个矛盾。

我们举一个例子。当你准备用 100 万元来投资餐馆的时候，你不是只注册一个公司、设立 10 个门市，而是以独立法人的名义分别注册了 10 个小饭馆。这些饭馆身份不同，但背后的投资人都是你，由你来统一经营。你对这些企业统一进货、一视同仁，在你的心中，他们都是你的整体的十分之一。之所以要分别注册，是为了防止经营风险，防止一个地方的损失会导致全盘皆输的结局。当公司没有事情的时候，所有人都知道你是在利用“有限责任”原则在保护自己。但如果在一个饭馆里面吃死了人，而这个饭馆的资产又不够偿还赔偿责任的时候，其他 9 个饭馆是否应该被“揭开公司面纱”，承担连带责任呢？

显然，准确而恰当地判定“正常使用”和“滥用”有限责任原则，是《公司法》被修改之后对于法官们最大的考验之一。那么，法官应该凭借什么来做出决定呢？在我看来，法官判定是否要对某一个公司“揭开面纱”，一个最基本的判断基准是“资本金不足”。也就是说，公司法人的财产不足以支付它所被要求的债务或其他要求权。但这只是表面的、数字上的要件，还不足以成为法官做出这样判断的必要条件。法官还必须要判断出在资本金不足背后的深刻原因，而这些原因才成为“揭开公司面纱”的既充分又必要的理由。寻找这些充分必要条件的方向，依然是原告和被告两个方面。从原告方面，是要考察他是否遵循了“注意原则”，而从被告方面，则要看他是否符合“真实原则”。

首先，是原告是否充分地遵循了“注意”的原则。我们知道，在经济社会中，充满了被欺诈的可能性。因此，一个人在与其他人打交道的时候，必须要时刻保持一种“防范的意识”。中国古语叫“害人之心不可有，防人之心不可无”。这个注意原则应该是司法实践中必须要强调的。如果原告在经济活动中没有任何保护自我财产的意识，应该说他是有一定责任的，除非这种注意在现实操作中完全不可能，或是成本巨大。

其次，是被告方面有没有“虚假陈述”或“故意欺诈”，是否符合“真实原则”。比如，某股份公司的实际控制人从公司上市路演到上市后的信息披露一直在指使下属编造故事，然后在母公司、关联公司和上市公司之间大肆进行“转投资”和“关联交易”，蓄意掏空上市公司，这就违背了“真实原则”。再比如，当公司由少数股东控制，或是公司资产和股东个人资产相互混合、控制人对公司规定没有足够的遵守，公司不能将账簿和档案同股东个人或子公司、分公司的档案分开，或是债权人可能被误导，因而相信整个集团的资源都可以被作为偿还任何债务人债务的资源，这些都是违背“真实原则”的例子。

我们前面小饭馆的案例在美国曾经发生，具体情形虽有不同，但本质一样。这个案例的原告是一个交通事故的受害者，他在一个拥有两辆出租车的公司工作，该公司为这两辆车投保了汽车责任保险的最低数额。公司的拥有者为D，他还拥有其他几个类似的小公司，每个公司都拥有两辆出租车和最低额的责任保险。D所拥有的出租车都进出同一个车库，可见，他设立许多单独的公司是为了隔绝民事侵害行为的赔偿要求，以免一家公司出事，另外的经营财产受到影响。原告在法庭上要求对D本人和其他有关的公司追加责任，依据是D已经有步骤地抽出各个公司的赢利，以便为了更进一步地缩减可能会暴露给民事侵害行为赔偿要求的经营财产。纽约上诉法院基于欺诈的原则判定被告胜诉，尽管他并没有为此提供充分的证据。

不过，上述两个原则说起来比较容易，但在实际操作过程中把握起来却非常不容易。我们可以看一个发生在美国的判例。美国曾经有一家运输公司，被告E建立这个公司是为了给社区内的孩子们提供上下学的接送服务。公司的惟一顾客是当地一所公立学校，公司用微型篷车来为孩子们提供服务。E作为公司惟一的股东，其投资只够使公司支付第一笔预付款，数量非常之少，公司的财务非常紧张。另外，公司只对其所雇用的司机支付低廉的薪金，而E从来没有从公司获得任何报酬。

有一天，由于司机的疏忽，汽车撞到了原告F，并使其身受重伤。F起诉了公司要求赔偿。但是，由于公司没有足够的资金，F所得到的只是其所要求的一小部分。同时起诉E的还有一家汽车修理公司，老板是G。这家公司生意兴隆，成立已久，专门为运输公司做修理工作。这家公司同样起诉了E，要求追回运输公司欠它的一笔数额巨大的修理款项。最后，依据很多证据细节，两个原告赢得了官司。理由是运输公司资金薄弱，并且没有坚实的财务保障，但公司对外却隐瞒了做交易的必要信息。但是，这个判例在美国曾经引起了巨大的争议，至今仍然是司法上的一个值得讨论的判例。

这里，我并不想就事论事，也没有说出该案究竟如何判决的本事。我所要表明的是：法官决定在什么情况下“揭开公司面纱”实际并不容易。他有相当的自由裁量的权力。而这个权力是需要约束的，尤其在中国。“揭开面纱制度”的宗旨是在“公司形式的防御性使用”和“滥用公司形式”之间找到道德上的平衡。而对这个平衡是否恰当之间进行判断的是一个有血有肉、有私人利益的人，尽管他的名字叫做“法官”。因此，我们有必要对法官关于导致资本金不足的原因进行判断做出一些指示性或程序性的规定，并且，在法理上进行更加充分细致的研究。

比如，我们可以在某些情况下强调“资本金充足度”的概念。资本金充足，则意味着公司在设立的时候股东必须投入足够的资本金，这可以保证未来债务的偿还。公司只要在设立之时融得足够的本金，以后就不会面临资本金不充足而造成的损失。而股东在所有故事展开之初不这样做，就意味着一定的欺诈行为的可能，或有控制权的个人存在着实施欺骗的倾向，而关于公司净值或资本总额的虚假陈述就是有关的证据。如果在这种情况下，进一步的融资协议被签订，就是一种不平等交易或一种“资本不实”的欺诈。这就是法官要“揭开公司面纱”的依据。

还有，我们也有必要强调“弱势债权人”的概念。比如，有的债权人能够在借款之前调查对方的财务状况并采取预防措施，而另外一类债权人却往往没有条件对交易对象的信用进行准确而周密的调查，结果使债权落空，导致损失。应该说，对这两类债权人实施保护，在司法实践上应该有所甄别，对于后一类债权人，揭开面纱似乎是更重要的保护手段。

总之，“揭开面纱制度”是一把双刃剑，而我们今天就是要讨论如何使用好这个双刃剑。大概没有人会否定这样的看法：我们所处的世界就是个矛盾的复合体。任何事情，它只要有好的一面，就必然有坏的一面。有利的东西，一定伴随着种种不利。而对于人类的最大考验，其实就是他的平衡能力和调控能力，看他是否在多数的时间里面趋利避害，或最大限度地利用事物的积极方面。

第三章

经理的激励性报酬

1　经理激励性报酬的发展

2　激励性报酬的设计

3　长期激励性报酬

经理人员的激励性报酬，是公司治理机制中最重要的环节和内容。在西方世界，特别是在美国，大型公司首席执行官（CEO）的报酬水平远远高过公司的一般员工，其平均报酬水平是一般员工的300倍。为什么要有这样大的报酬差距？其中的内在机制如何？又应该怎样结合企业的实际对公司高级管理人员进行报酬设计呢？这是从1980年代开始，经济学界、企业界和公众们关注的焦点问题。

1 经理激励性报酬的发展

20世纪初，最早建立现代高管人员报酬制度的是美国的一些大型工业企业。这些企业开始用奖金制度为它的最高管理者计算激励性报酬。在企业经营形势和客观环境较好的时候，高管人员报酬的数目相当可观。比如，1928年，当时钢铁业巨头之一伯利恒钢铁厂的首席执行官就获得了190多万美元的奖金，如果不算税收并折合到90年代初的价值水平，约合2500万美元之巨。在汽车行业，高管人员报酬制度的演化主要与企业之间的激烈竞争有关。比如，为了应付来自于福特汽车公司的竞争挑战，通用汽车公司建立了以部门为利润中心的管理格局，同时也采用了按年度业绩来计算和分配的奖金制度。对于中高管人员来说，这些奖金可以达到工资的2~3倍。

奖金制度，作为高管人员报酬制度创新的最初尝试，成功地抓住了管理人员的心，通用公司的运行效率因此得到了极大的提高。美国著名的管理大师斯隆对此评论说：奖金制度的作用之大，一点都不比我们在分散化的市场之间进行卓有成效的协调工作的效果差。通用汽车公司的激励性奖金制度后来被各个公司所效仿。在第二次世界大战之后，这一套做法在西方发达国家的企业中开始迅速普及。到了60年代，以年度分配为基础来确定的短期激励性报酬制度已经很普遍了。

70年代之后，高管人员报酬制度再次发生重大突破。这就是长期激励性报酬的出现和制度确立，以及后来的形式多样化。具体来说，从这个时期开始，高管人员的报酬结构有了极大的变化，以长期激励性报酬为主体的报酬制度取代了以基本工资和年度奖金为主体的传统报酬制度。并且，过去是单纯的以股票形式发放的长期激励性报酬，后来发展到长期激励性报酬也可以用现金来支付。最初，报酬是用累积的每股收益作为业绩测评指标（每股收益，英文缩写为 EPS，是指每张普通股票所分得的公司利润额，是估价股票前景的重要依据），现在已经进化到了采用各种指标综合而准确地反映企业真实的价值增长。

由于现代的金融和财务手段不断改善，现代高管人员报酬制度的建立过程是很快的。到 80 年代中期，美国最大的 200 家公司中大约有 60%以上都建立了不同形式的长期激励性报酬制度。而在 1996 年《财富》杂志评出的全球前 500 家大型工业企业中，有 89% 的公司已向其高管人员发放了以股票认购期权为主要形式的长期激励性报酬。

1 发放巨额经理报酬的原因

许多大型公司都已经认识到，高管人员报酬制度是公司总体竞争策略中不可分割的一个部分，必须要给有能力的管理者巨额的报酬。采用巨额报酬的关键原因，是要“吸引、保留并激励”有才能的高管人员为公司服务，为股东利益的最大增加服务。

首先，是要吸引有才能的高管人员。用中国人的古话来讲，就是要达到“重赏之下必有勇夫”的目的。心理学、社会学的研究都表明，尽管取得成就、取得别人的认同甚至工作本身的意义对于人们选择工作行为的影响很大，尽管人们也常常否认金钱对于工作选择和努力程度的影响，但是，人们在选择工作岗位时考虑最多的，还是报酬水平的高低。高管人员往往比任何人都更清楚企业的经营业绩究竟多大，是什么原因取得了这些业绩。当他发现企业的业绩水平和自己的努力水平之间不成比例的时候，他就会选择“跳槽”，或是“身在曹营心在汉”。

在美国，经理人员跳槽是一个很常见的情况。经验研究表明，大多数经理人员跳槽的主要原因是报酬上的差异。或是因为报酬水平有较大的提高，或是在奖金、股权计划以及福利安排上有更好的待遇。正是看到了这一点，现在西方各个公司无不对他们希望挖到的人才许以重金，力求把这些管理人员吸引到自己的旗下，为公司的发展服务。

其次，是保留高管人员，不让别人挖走他们的需要。举一个例子。

当 Robert Goizueta 做了可口可乐公司的首席执行官之后，他最担心的就是那些有潜质、有才能的经理人员跳槽或被别的公司挖走。于是，他重新设计了高管人员的报酬方案，在其管理团队的重要成员的报酬中发放一定数量的公司股票。不过，这些股票是有条件的，也叫限制性股票。这些限制性条件其实也简单，就是如果这些管理人员跳槽，公司将收回这些股票。

那么，这些股票在管理人员的收入中占有一个什么样的比重呢？以最高管理层为例，这些有限制条件的股票可能的收入竟是这些经理人员年薪的 15 倍。而这种限制性股票的执行期长达 10 年，也就是在 10 年内这些限制条件都有效。这样，长达 10 年的限制性股票就像一条无形的绳索捆牢了这些管理人员。为了自己的利益能够尽可能大的实现，这些管理人员无不全身心地投入到管理工作之中，以不断增加公司股票的市场价格。

可见，高管人员报酬的适当设计是具有保留优秀管理人员的功能。由于只有到了年末才能支付奖金，或是必须完成合约才能实施养老金计划，以及必须工作一定期限才能落实长期的激励性报酬，所以，高管人员有时即使在头脑中计划跳槽，在实施时也会权衡再三。这就起到了保留人才的作用。

第三，高管人员报酬制度的重要性还体现在激励管理人员的工作努力方面。由于高管人员的利益与企业股东的利益天然不一致，所以，高管人员并不一定会真正像他们口头上说的那样为企业的利益服务。于是，高管人员报酬中的长期激励性报酬，就要发挥通过巧妙设计把高管人员的利益和企业利益最大程度、最小成本地联系在一起的功能。

经济学家通过大量实证研究已经发现：高管人员报酬在水平和结构上的适当安排，与企业经营业绩之间确实存在着非常强的以及非常明显的关联。这个发现刺激了企业通过适当的高管人员报酬安排来激励高管人员为企业目标而奋斗的积极性。可以说，高管人员报酬制度近 20 年来的发展，实际上已经体现了高管人员报酬制度在公司治理机制中的作用，以及人们对这种作用的认同。

2 经理报酬变化的特征

近 20 年来，高管人员报酬形式上的变化可以说有三个突出的特征。

第一，是报酬形式更加偏向长期激励性报酬；第二，是根据企业的特点和战略目标的实现，长期激励性报酬形式的选择更有针对性、更加细化，品种越来越多。第三，是为了兼顾股东和高管人员双方的利益，衍生出了许多诸如递延报酬等多样化的创新形式。

首先，高管人员报酬在形式选择上更加偏向长期激励性报酬。

在传统的报酬体系下，工资和年度奖金是高管人员报酬的主要组成成分。工资是一个事先预定好、在一年中完成支付的部分。工资通常根据在职时间、竞争条件、消费水平、业绩等因素定期调整。年度奖金的数额不定，一般由公司的董事会决定，采用一次性支付。年度奖金所体现的是对高管人员本会计年度或上一会计年度对公司所作贡献的回报，评定时依据有关会计年度的公司业绩。年度奖金可以明确地按照某些公式来计算，也可以仅根据当年业绩进行估算。

无论哪一种情况下，其依据都来自于三个方面的考虑：一是公司经营业绩，如在此会计年度中某一财务指标的增长性、财务指标与公司预定目标的差距、市场占有份额、本公司业绩与同行业竞争性公司业绩的差异等；二是高管人员的贡献，包括他对公司在此会计年度中所取得的业绩的贡献和对公司在长期战略发展过程中取得业绩的贡献；三是经理市场报酬的一般水平，以及高管人员以前的工作经验及报酬状况等。

很显然，工资和年度奖金都属于短期的激励性报酬，它们都只和公司现期或上期的业绩挂钩，与公司的未来发展缺乏直接的联系。正是由于这个原因，以美国大型公司为首引进了长期激励性报酬的形式，即股票报酬的形式。高管人员取得了股票形式的报酬，他就可以根据一定的条件而成为企业的股东，这样，他就可以享受公司股票增值所带来的利益增长，并相应承担了一定的风险。

高管人员的这种长期激励性报酬制度的确定，重要的不是为了给高管人员什么长期的收益，而是在于让他们在享受股票报酬长期收益的同时，实现高管人员行为和利益的长期化，从而更好地为公司服务。

在70年代，美国大型公司高管人员报酬主要是工资，在大约六成的公司里有按年度提成的奖金。诸如像限制性股票等形式的长期性激励只占到高管人员报酬的15%。到了80年代，情况有所变化。1988年，美国公司首席执行官的总报酬中有60%是长期性报酬。在一些特殊的例子里，像李·艾科卡这样的极其成功者的收入中，长期性报酬的部分可以超过80%。然而，到了90年代，李·艾科卡那样的情况已经不是凤毛麟角。长期性报酬越来越普遍，它们所扮演的角色也越来越重要。在1997年美国收入最高的10名首席执行官收入构成中，长期激励性报酬占总收入的比重基本上都在96%以上。表3－1和表3－2是1997年和2001年美国公司收入最高的CEO的排名情况。

表3－1　　1997年美国排名前10名的CEO及其收入

首席执行长官	公司名称	工资＋奖金	长期服务补偿	总　计	长期服务补偿占总比例(％)
圣福德·威尔	旅行者集团	745.3	22327.2	23072.5	96.8
罗伯特·戈祖塔	可口可乐公司	405.2	10778.1	11183.2	96.4
理查德·斯格拉西	南方保健公司	1339.9	9339.1	10679.0	87.5
雷·伊兰尼	西方石油公司	384.9	9765.7	10150.5	96.2
尤金·艾森伯格	纳伯斯工业公司	167.5	8287.2	8454.7	98.0
约瑟夫·科斯伯特	卡特斯设计系统公司	58.4	6625.8	6684.2	99.1
安德鲁·格罗夫	英特尔公司	325.5	4895.8	5221.4	93.8
查尔斯·麦考尔	HBO公司	172.5	4968.4	5140.9	96.6
菲利普·波塞尔	摩根史坦利添惠公司	1127.4	3953.3	5080.7	77.8
罗伯特·沙皮罗	蒙桑托公司	183.4	4749.1	4932.6	96.3

表3－2　　2001年美国排名前10位CEO及其报酬

年薪排名	行　业	公　司	执行长	年薪	股票涨跌幅(％)
1	通讯设备	思科系统	钱伯斯	1.543	－21
2	传播媒体	AOL时代华纳	李文	1.476	－49
3	金融	第一资本银行	费尔班文	0.997	3
4	通讯	SDC通讯	惠特艾克	0.889	－18
5	通讯	史普林特	艾斯瑞	0.824	－41
6	电子零件－金融	泰科国际	柯兹路斯基	0.803	－77
7	食品	可口可乐	达夫特	0.742	16
8	金融	MBNA	雷纳	0.603	－8
9	资讯服务	电子资料系统	布朗	0.595	－30
10	石油	菲利浦石油	穆尔瓦	0.518	－8

其次，根据企业的特点和战略目标的实现，长期激励性报酬形式的选择更有针对性、更加细化，品种也越来越多。

具体来说，从总的趋势看，高管人员报酬制度中长期激励性报酬的形式开始占有重要位置。但这只是一个大的趋势。仔细解剖不同行业、不同发展阶段的公司的高管人员报酬设定，又会进一步发现，在这个大趋势下，高管人员长期报酬的形式又各有不同。

比如，有些公司是授予高管人员股票认购期权，即高管人员根据合同可以在一定时期内按事先指定的行权价格购买公司一定数量的股票。高管人员通常在行权价格等于或低于股票市场价格的时候进行购买，购买时他会得到市场价格与行权价格之间的差额。另外一些公司授予高管人员的却是限制性的股票，即奖励高管人员一定数量本公司的股票或让他们以特别优惠的价格购买公司的股票。不过，高管人员只有在一些条件（比如说退休或者是利润目标已经达到）被满足之后，才能随意出售他所拥有的股票。还有的公司使用一种影子股票。所谓影子股票，是一种类似于普通股票的东西，但没有所有权。经理人员凭借这种虚拟的股票可以获得与实际股票相等的红利和升值。

以上所叙述的只是三种比较基本的长期激励性报酬形式。在 90 年代，高管人员报酬形式空前复杂。加上各种变体，形式不下十种。而且，在同一家公司的高管人员报酬中，就可能采纳两到三种。

此外，高管人员报酬中现在还较多地采用了福利计划和给高管人员某种形式的津贴。在发达市场经济国家，由于社会保障体系比较发达，因此，高管人员在一般性的收入之外，还会关心公司为他们所提供的福利和津贴的水平和种类，比如养老金、伤残保险、医疗保险等。也就是说，这些福利以及津贴已经成为了高管人员报酬中不可或缺的形式。

西方公司用福利和津贴来为高管人员发放报酬，很重要的原因还在于经营活动的难度和风险较大，所以，从理论上说，只要向高管人员提供条件非常好的福利项目和津贴，高管人员就会有一种安全感和满意感。另外，高管人员每天都专注于企业的经营，他会认为这些福利计划扫除了他们的后顾之忧，防止了那些没有预料到的开支。于是，高管人员在衡量报酬水平的时候会包括这些福利和津贴一起考虑，作为进行横向比较的依据。

第三，为了兼顾股东和高管人员双方的利益，衍生出现了许多诸如递延报酬等多样化的创新报酬形式。报酬形式的不断衍生，主要是因为根据税收、会计准则，以及根据法律上的一些规定，高管人员有时会减少实际的净收入。于是，根据政府对高管人员收入水平的上限控制和上面提到的税收等方面的要求，公司会聘请有关的咨询专家或专业人士进行巧妙设计，以通过新的报酬形式或递延报酬的方式把一部分收入转移到未来实施，从而达到替公司和高管人员减少支出和增加收入的目的。

3 经理报酬的现状

在高管人员报酬制度演进的过程中，大型公司CEO的报酬变化是最为显著的现象。下面，我们从数字上来略窥一斑。

首先，我们先横向地看企业内部CEO报酬和一般员工的差距。在一项由《福布斯》杂志所做的调查中，美国800家上市公司的CEO在1990年的平均收入是163万美元。其中，43%来自于股票认购期权这一类长期激励性收入，其余的是工资和奖金收入。每年，著名的管理杂志《商业周刊》都要对美国最大的365家股份公司进行问卷调查，然后公布调查结果，并将每一家公司中两名最高管人员的报酬情况公布于众。根据1991年的调查结果（显示的是1990年的收入），这些大型公司的CEO们的收入水平在80年代的10年中增加了212%，是普通工人收入增长率的4倍，是普通工程师的3倍。2002年的一项统计甚至表明，美国公司CEO与工人平均报酬差距在20年中从42倍升至400倍。

其次，我们再看CEO报酬自身变化的速度。这可以通过比较1985年和1997的数据来完成。CEO收入中长期激励性报酬的水平从1985年的中位数只有约5000美元，增加到1997年的88万美元，增加了170多倍。同期，工资和奖金的总水平也从77万美元增加到122万美元。表3－3和图示3－1描述了在2000年美国大型公司CEO的薪酬状况。表3－3是分别取自道琼斯指数公司或标准普尔指数公司样本进行个案比较

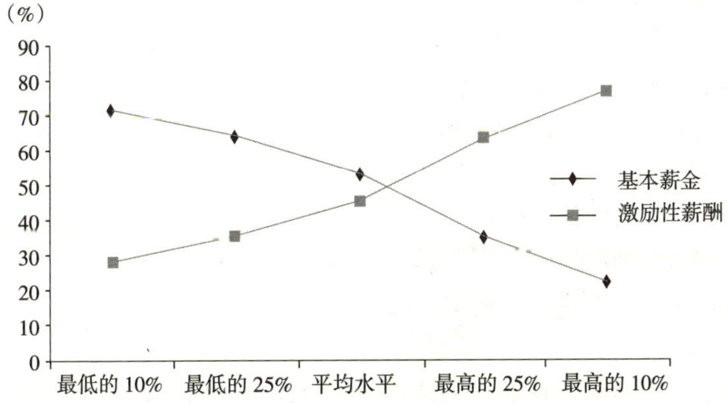

图示3－1　2000年美国公司CEO的薪酬结构

的结果。其中，现金薪酬是指该年的基本薪金加上所有的年度奖金，而长期薪酬的部分则包括长期奖金以及股票认购期权与限制性股票的价值上升所产生的收入。图示3－1则反映了在CEO报酬排名中，列在不同位置的CEO的薪酬结构的差别。从中，我们可以看到排名靠前的CEO，其报酬中的长期激励部分相对较大。表3－3或图示3－1均来自于John Colley等人在2003年出版的新著“Corporate Governance”。在援引的过程中略作变动。

表3－3　　2000年美国公司CEO薪酬总体情况

（a）关于30家道琼斯样本公司的统计

	现金薪酬（美元）	长期薪酬（美元）	该年薪酬总额（美元）
最高	19941000	108131000	127443000
平均	6788000	20363000	27151000
最低	634000	0	634000

（b）关于标准普尔500样本公司的统计

	现金薪酬（美元）	长期薪酬（美元）	该年薪酬总额（美元）
最高	10399000	67888000	69254000
平均	2671000	7680000	10351000
最低	12000	0	1005000

以上这些数据反映的是总体上的概念。如果就一些个别的数据而言，情况是令人震惊的。比如，根据福布斯的调查，美国联合航空公司的母公司UAL公司的CEO沃尔福1990年的收入为1830万美元。其中，112万美元是工资和当年的奖金，而其余巨大的部分则都是长期激励性的收入。时代华纳公司的董事会主席和联合CEO罗斯，在同一年赚到了7800万美元，其中的绝大部分约7500万美元是与时代公司和华纳公司兼并活动有关的奖金。有人曾经在1995到2001年度之间选择了五名美国收入最高的CEO，他们分别是迪斯尼公司的艾斯纳，Cedant公司的Henry Silverman，戴尔公司的戴尔，组合国际电脑公司的王嘉廉，以及苹果电脑公司的贾伯斯。这些人的薪酬总和是14亿美元，人均2.74亿美元。这无疑是天价。

那么，当这些CEO获得天价薪酬的时候，他们所在的企业业绩如何呢？在这五位CEO获得高报酬的时候，除了戴尔电脑公司以外，其他4家公司的业绩都比较差。其实，在表3－3中，我们也可以看到类似的情形。在2002年，有研究机构甚至在研究美国公司治理危机中会计丑闻缠身的公司之后还发现，就是在这些丑闻公司中，在1999到2001年间，23家公司的CEO平均薪酬水平竟高达6200万美元，比全美公司CEO的平均水平高出70%。而同时，他们的公司市值在两年间下降了73%，并有16万多名员工失业。显然，这种情况不能不引发公众的关注。人们开始争论，我们是否给经理人的好处太多了？

当然，我们也应该注意到，CEO的巨额收入一方面是期权行使的结果，另一方面也是多年努力的结果。但是，人们往往只会注意到增加的时刻。比如，有的CEO努力工作了好几年，但这期间他没有任何长期激励性收入入账。后来，由于企业的业绩凸现，他可能一下子拿到了很大一笔长期激励性报酬。这一点，是我们对CEO报酬的水平进行评价时，也应考虑到的。

表3－4分别描述了业绩比同行好的公司和比同行差的公司的CEO的报酬情况。

表3－4　　CEO报酬水平与公司业绩情况

（a）业绩好于同行公司的组别

公　司	2000年的薪酬（千美元）	与1999年相比	当年的股东收益	与同行企业相比的股东收益水平
Lubrizol	1227.0	－19.8	－12.9	1.0
PPG Ind.	1690.0	－0.6	－22.7	5.5
International Paper	2064.4	8.1	－25.2	10.8
Lockheed Martin	3792.6	201.5	58.3	12.0
Boeing	4672.5	9.7	61.3	50.0
Tecumseh Products	524.8	－25.0	－4.9	69.9
Commercial Metals	1080.0	18.7	－7.2	76.0
Applera	2177.5	－9.2	176.4	81.2
Toro	1211.1	－4.6	－1.0	84.5
Westavo	1375.0	57.1	－1.2	93.2
Worthington Ind.	964.0	4.0	－1.2	95.3
Willamette Industries	1033.3	19.2	3.5	119.2
Eastman Chemical	2131.0	41.4	6.4	138.5
Crane	1566.4	23.0	45.2	140.3
Corning	2448.3	7.8	23.4	141.6
Ball	1709.4	－2.2	19.7	155.7
Olin	1172.8	40.0	16.9	163.0

续表

公　　司	2000 年的薪酬（千美元）	与 1999 年相比	当年的股东收益	与同行企业相比的股东收益水平
Stanley Works	2800.0	20.4	7.3	181.4
Air Products	$2184.5	58.8	25.6	201.3
Cabot	1425.0	26.7	35.8	266.0
Paccar	1070.0	-39.4	16.1	276.9
Automatic Data Processing	1247.5	9.1	22.6	298.4
ITT	2575.0	1.6	18.5	379.2
United Technologies	3600.0	5.9	22.5	581.9
Minn. Mining & Mfg.	3244.0	17.1	26.1	654.4
Donnelley	1747.3	4.3	13.2	816.3
FMC	2367.2	88.6	25.1	1301.4
Union Pacific	3362.5	16.5	18.5	1463.6
Number positive		21	20	28
Number negative		7	8	0

（b）业绩差于同行公司的组别

公　　司	2000 年的薪酬（千美元）	与 1999 年相比	当年的股东收益	与同行企业相比的股东收益水平
Litton	1421.0	38.5	-28.1	-5686.6
CSX	1100.0	0.0	-13.0	-3372.8
UPS	1532.4	2.4	-13.8	-3183.2
Avery Dennison	1808.4	7.6	-23.3	-2105.8
Norfolk Southern	1360.4	43.2	-31.6	-488.8
Airborne	650.0	7.6	-54.7	-386.7
Ikon	1537.8	2.5	-63.6	-375.3
Pittson	961.5	-16.4	-9.2	-352.3
DuPont	$2740.0	-2.1%	-24.4%	-314.4
Textron	2937.5	22.4	-37.8	-305.1
Pentair	1089.9	22.1	-35.9	-305.0
Fluor	1050.0	-44.7	-9.6	-229.4
Roadway Express	825.8	5.9	-1.5	-201.5
Dover	2170.0	11.3	-9.6	-160.8
Illinois Tool Works	2209.5	8.0	-10.7	-156.0
Rockwell International	2200.0	-12.9	-17.5	-144.0
Parker-Hannifin	1889.2	11.9	-24.1	-142.3
National Service	850.0	-52.4	-34.1	-138.3

续表

公　　司	2000 年的薪酬（千美元）	与 1999 年相比	当年的股东收益	与同行企业相比的股东收益水平
Freeport-Mason	4125.0	10.0	−58.1	−122.7
Freeport-McMoRan	4125.0	10.0	−58.1	−122.7
Texas Industries	1186.2	37.8	−20.5	−122.7
Owens-Illinois	1200.8	6.7	−77.3	−112.4
Georgia-Pacific	3000.0	−4.8	−37.8	−107.7
Mead	1350.8	2.9	−26.0	−107.6
Tyco International	4150.0	−8.8	0.6	−97.5
Briggs & Stratton	1388.1	14.8	−39.1	−84.7
Crown Cork and Seal	981.6	−35.6	−62.7	−77.0
U. S. Ind.	750.0	−46.7	−35.8	−54.8
Avnet	1265.0	35.7	27.3	−51.7
Emerson Electric	7400.0	76.2	8.3	−51.6
Timken	1128.8	32.8	−22.7	−50.8
Weyerhaeuser	2900.0	16.6	−26.9	−48.8
First Data	1786.0	13.4	7.0	−43.6
Cooper Ind.	1842.5	16.5	18.7	−39.5
FedEx	2141.8	0.9	−32.2	−39.0
Goodrich（B. F.）	2275.9	23.2	36.5	−36.7
General Electric	16700.0	25.3	−6.1	−33.9
Louisiana-Pacific	750.0	−45.3	−23.8	−31.2
Electronic Data Systems	4912.8	−4.3	−13.2	−30.5
General Dynamics	2700.0	13.1	50.4	−12.5
Jacobs Engineering	1063.1	−14.1	−29.1	−12.3
Navistar	975.0	−6.5	−21.3	−10.8
CNF	991.4	−35.9	−0.4	−5.9
Boise Cascade	995.4	−35.0	−15.3	15.6
Grainger（W. W.）	1203.3	31.6	−22.4	31.4
Number positive		30	7	2
Number negative		15	38	43

资料来源："经理报酬"刊载于《华尔街日报》2001 年 4 月 12 日。

4 国际差异

在全球的报道几乎都集中在美国大型公司 CEO 收入水平的时候，我们也要看到：在大型美国公司中，一般高管人员的工资与 CEO 的收入有着比较大的差距，但美国之外的大型公司和美国本土的中小型公司的情况是绝不同于这些大型公司的。

首先，美国之外的大型公司的 CEO 报酬水平与上述美国大型公司高管人员报酬水平的差距是很大的。在这一方面，国内的认识是不太符合实际情况的。我们现在谈高管人员报酬，往往言必称美国，讲的也主要是美国大型公司 CEO 报酬的情况。可以说，这样的认识本身是相当片面的。实际上，美国之外的大型公司 CEO 们的报酬水平与美国同类公司的 CEO 们相比，差别十分显著。据 90 年代末期的统计，比如，在日本，具有可比性的大公司的 CEO 的平均收入是其工人平均收入的 17 倍；而在法国和德国的同类公司中，这一指标是 24。但在美国，仅 90 年代初期，差距就达到了 109 倍。

从 80 年代开始，与股票价格相联系的长期激励性报酬在美国大型公司中风行，但在中小型公司和美国之外的大型公司中，类似的发展却远远没有美国大型公司那样激烈。在欧洲大陆和日本的公司中，较少有美国大公司那种给高层管理人员支付长期激励性报酬的措施，而支付给管理人员的奖金在计算上也与给公司其他雇员的奖金在计算上如出一辙。在法国，由于许多大型公司是国有的，所以，高层管理人员的收入制定就更为谨慎，数量也较为有限。

其次，即使是在美国本土的中小型公司，它的高管人员报酬在水平和结构上也与大型公司有所不同。美国中小型公司管理者的收入主要内容是工资，有的公司会支付高管人员奖金，但奖金的计算主要参照当年的利润或收益率等会计指标。用同一时期和同样规模的资料做比较，美国中小型公司高管人员的收入依然高于他们的日本同行和欧洲同行。不过，由于中小型企业高管人员的绝对收入水平有限，差距并不十分显著。美国 Tower，Perrin，Forster and Crosby 公司的一份调查报告显示，1990 年具有 2.5 亿美元销售额的美国公司的高管人员平均收入是每年 60 万美元。而德国和日本同类公司中最高高管人员的收入只有这个数额的一半或 2/3。

另外，在美国的高管人员报酬制度中，尽管高管人员也都有着与 CEO 相同的各种短期和长期的激励性报酬形式，但在数量上是有比较大差异的。

2 激励性报酬的设计

高管人员长期激励性报酬设计的核心思想，是希望通过让高管人员以一定形式的股票持有或是将收入与股票价值变化挂钩，使高管人员在经营过程中可以把自己的利益尽可能地与股东的利益相一致。由于不同行业和不同发展时期或不同性质企业的股票价值可能差异极大，并且，在不同情况下，股票价值和市场价格所反映的内容也完全不一样。所以，不可能存在一种“放之四海而皆准”的高管人员报酬模式，当然也就不可能有统一形式的长期激励性报酬方式了。

1 基本模型

激励性报酬设计主要是为了解决代理问题。所谓激励性报酬，是与业绩相关的报酬。如果无论业绩如何，报酬对于经理都是自然而然可以获得的，那就不是激励性报酬了。激励性报酬一定不是轻而易举就可以获得的，一定要与委托人所期望的业绩目标相联系。有了激励性报酬，经理就会格外关心怎样实现预先设定好的业绩目标。这样，企业只要设定恰当的业绩目标，就可以调动经理的积极性，使其行为尽可能地接近设计者预期的目标。下面，我们用数学描述的方法来解析激励性报酬的基本原理。

在我们的模型中，假定有一个股东和一个经理，两个人之间满足如下三个条件。①利益不一致。股东希望经理认真工作，努力完成自己交办的工作任务，但经理则有可能偷懒，追求自己个人效用目标的最大化。②信息不对称。由于经理在一线工作，因此掌握很多股东不了解的专有信息，但他不会将信息暴露给股东，不会让股东轻而易举就能够判断自己的努力情况，因为那样会对自己不利。③监督困难。由于股东和经理可能在不同的地方工作，因此，股东无法时时刻刻地观察到经理的工作过程并进行监督。

由于上述三个方面的问题，股东与经理之间就形成了一个委托代理关系。股东是工作任务的委托人，经理是工作任务的代理人或执行者。那么，该如何防范经理以损害股东利益为前提来追求自己的个人目标呢?无疑，可以采用激励性报酬的设计，调动经理的工作的积极性，使经理在追求自己利益的同时，能够最大程度地实现股东期望的目标。

我们假定经理的努力程度为 e，它与工作任务的产出 Q 之间存在如下关系。

$$Q = \alpha e + \mu$$

其中，μ 为随机因素的影响（期望为0，方差为 σ^2），代表着超出经理个人控制范围之外的种种影响产出的因素。σ^2 越大，意味着产出受随机因素的影响越大。α 为经理工作的边际生产率，即多投入一单位的努力可以多生产出来产品的数量。

股东对经理有几种不同的付酬方式，可以是固定报酬，也可以是分成报酬。固定报酬与工作业绩的状况无关，显然不是激励性报酬，也不是我们要重点研究的内容。另外，如果是固定报酬，就相当于股东承担了所有的产出风险，因此可能存在着严重的代理问题。具体来说，由于股东不能观察到经理的努力水平和随机影响因素 μ，经理就可能会偷懒，并宣称产出下降是由于其他因素的影响，是他个人所无法控制的。所以，为了减少经理偷懒的程度，加强激励，应采用激励性报酬的形式。

分成报酬是激励性报酬，是将经理的报酬与所实现的产出水平相联系的办法。我们按照分成报酬的原则把激励性报酬写成如下形式：

$$\text{激励性报酬} = W_0 + \beta Q = W_0 + \beta\alpha e + \beta\mu \qquad (0 \leqslant \beta \leqslant 1)$$

其中，经理的固定工资为 W_0，浮动工资为产出 Q 的 β 倍。μ 虽然影响总收益，但对经理因付出努力而带来的收益没有影响，因此可以忽略不计。在激励性报酬方式下，经理会更加努力地工作，因为他的收入多少实际上是与工作的产出高度相关的。不过，经理努力工作是有成本的，我们将之写作 $C(e)$。经理在考虑自己如何工作、如何投入自己的精力的时候，实际上是根据下式进行决策的。下面的表达式也就是经理的收入函数，经理要追求

$$\text{Max}(W_0 + \beta\alpha e + \beta\mu) - C(e)$$

我们进一步假定，经理如果不接受这个工作任务，他在其他岗位上工作的最高收入能够给他带来大小为 $\bar{U}$ 的效用。总之，只有满足下面这

个式子，经理才会认真工作：

$$(W_0+\beta\alpha e+\beta\mu)-C(e)\geqslant\bar{u}$$

这个方程，我们称之为“参与约束”。“参与约束”是股东在为经理设置报酬水平和结构的时候，必须要认真考虑的。只有经理从工作中得到的净收益大于不工作所能够达到的效用水平，他才愿意尽力工作。

在进行激励性报酬设计时，除了要考虑满足“参与约束”，股东还需要考虑满足另外一个标准。这个标准叫“激励相容约束”，其含义是要让经理的利益最大化与股东的利益最大化一致起来，而不是相互矛盾。用一句流行的话说，这叫“双赢”。那么，什么样的经理努力水平是使股东和经理同时实现效用最大化的努力水平呢？

我们可以把股东的目标函数表示如下：

$$P=(\alpha e+\mu)-W$$

其中，$W=W_0+\beta\alpha e+\beta\mu$，$P$ 就是经理的工作产出减去付给经理的报酬。股东追求的目标是

$$\max[(\alpha e+\mu)-W]$$

于是，所谓的“激励相容”，就是要找到这个方程和反映经理效用函数的方程之间的联立解。只有找到这个解 e^*，双方才会同时达到满意的结果。这是好的激励性报酬设计的另外一个标准。由此，可以说激励性报酬设计的本质，就是要找到一个好的报酬形式，使这个解能够存在。

从上述模型中，我们可以推演出几个与激励性报酬设计相关的结论。

①产出对经理努力水平的敏感程度 α 越大，经理越容易增加努力程度，力求为公司创造更多的产出，激励性的合约也就因此更有效。

②经理可控制范围之外的影响因素越少，也就是 σ^2 的水平越低，公司的产出越取决于经理的努力程度，激励性合约就越容易产生效力。如果随机项对公司产出的影响非常大，激励合约往往容易失效。

③经理增加努力程度时的成本函数形式会影响经理对激励性合约的敏感程度。如果经理增加努力会带来成本更大程度的增长，那么，同等程度的激励变化（比如同等程度的 β 变化）会导致更低程度的努力增加。在这种情况下，报酬的激励性强度加大，在增加经理承担风险的同时并不会促使经理按照期望的比例增加其努力程度。

另外，在前面的讨论中，我们一直没有涉及风险的问题，但风险因素却是任何激励性报酬设计的过程中不能回避的内容。

首先，我们必须要考虑所激励对象承担风险的能力。一般来说，由

于经理的报酬占他们所有收入的绝大部分甚至是全部，因此，他们承担风险的能力是比较低的。于是，我们需要在经理的报酬结构上体现这一点。也就是说，要选择固定工资和以业绩为基础的可变报酬的恰当比例。

其次，由于不同的人对于风险的态度不同，他们各自有不同的倾向：有人是风险中性的，但更多的人是风险厌恶型的。这也是在进行激励性报酬设计的时候必须要考虑的。如果经理对风险的厌恶程度比较大，那么，他们对承担额外风险所需要的补偿也就相对较大，激励性报酬也就越难以发挥作用。在以上模型中，我们把经理报酬描述为 $W_0+\beta(\alpha e+\mu)$，其中，$\beta(\alpha e+\mu)$ 是激励性的部分。这就是说，经理报酬不仅有总量的问题，还有结构的问题。事实上，设计经理报酬，除了总量要给够，报酬结构设计也要合理。在美国这个经理报酬形式最丰富的图示 3－2 里，报酬结构通常包括基本薪金、奖金和长期激励性报酬三个部分。这三个部分各有各的功能，其中，奖金与短期业绩挂钩，长期激励性报酬与长期业绩挂钩。如果它们之间的比例不合理，则不能有效地防范经理的短期行为问题。

2 总量与结构

关于激励性报酬部分设计过程中所应该考虑的主要因素，都可以体现在如 3－2 这样的一个图示中。

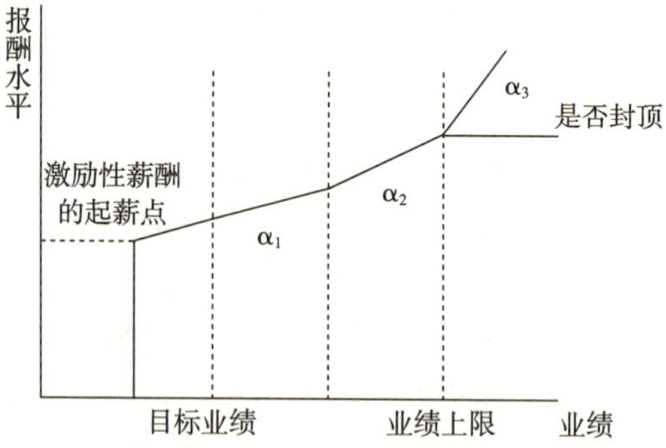

图示 3－2　激励性报酬

首先，需要确定目标业绩。特别值得管理者重视的原则是：有效激励的前提，是要明确企业发展的目标并对这一目标进行分解，由此确定所激励对象的目标业绩。也就是说，激励经理的主要目的，不是简单地为经理涨工资或发奖金，而是为了让经理更有效地完成管理者所交待的工作目标或任务。所以，在确定激励性报酬之前，比报酬本身更重要的是要首先确定究竟要让经理完成什么样的任务，用何种目标业绩来要求经理。可以直截了当地讲，如果管理者没有把目标业绩想清楚，激励性报酬无论如何都不可能达到目的。很可能是“赔了夫人又折兵”。

在这个图示中，业绩只是横轴描述的一个指标，在现实生活中，它应该体现为一个指标组合。正常地，最好包含 4 到 5 个可测度的业绩指标。董事会在确定经理薪酬前应结合公司的战略，找到最有效考核经理的这些指标。

第二，是要确定报酬的下限。激励性报酬的下限，是经理获得激励性报酬的起点，也就是在什么样的目标被达到之后，经理就可以获得相应的报酬了。比如，一个报酬计划可以用目标业绩的 85% 或 90% 作为报酬的下限。一旦经理完成任务超过目标业绩的 85% 或 90%，他就可以获得基本的奖励。

第三，是要确定激励性报酬的强度。在超过与报酬下限相对应的业绩水平之后，经理就开始获得激励性报酬了。但是，报酬的激励强度究竟应该多大，是不是要分段进行计量，这是需要考虑的另外一个问题。最简单的办法是采用等比例增加的方法，也就是确定一个固定的报酬系数，将之与业绩增加的幅度相乘以确定报酬增加的幅度。当然，也可以采用变动系数的方法，将业绩变化再进一步分成几个区间，在不同的区间里采用不同的激励系数。根据需要，或者采用累进的系数，或者采用累退的系数。

第四，是要确定是否应该对激励性报酬进行封顶。报酬封顶，是为了防止业绩突如其来的变化，保证激励机制的有效性。我们在前面曾经提到，经理只能控制决定其工作业绩的一部分影响因素，但还有另外一部分影响因素是他个人无法控制的。我们进行激励性报酬的设计，所重点考虑的是他能够控制的那些影响因素。但是，实际的工作业绩常常会因经理无法控制的那部分因素，即经理个人努力之外的种种因素的变化，出现奇高无比的情况。显然，在这种情况下，只有通过对报酬进行封顶设计的办法，才能最大限度地防止其各种负面因素发生作用。比如，可以防止报酬总额超过预算，或是维持报酬在不同年度之间保持一定的连续性和平衡性。

3 递延性与长期激励

长期激励性报酬的本质是它的递延性。具体来说，如果经理在刚刚进入企业时报酬水平低于其创造的生产率，但随着时间的推移，当经理的努力体现为业绩之后，报酬水平超过了他的生产率，这时，经理的报酬就呈现出一种“递延性”。

报酬的递延性可以通过报酬/资历图来表示，请参见图示3－3（a）和（b）。

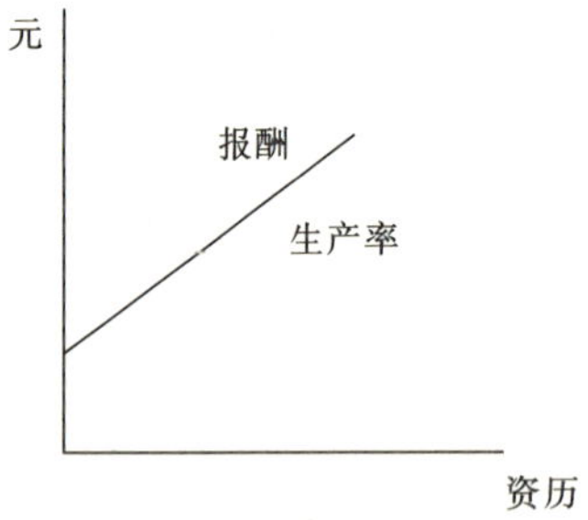

(a) 无递延性的报酬

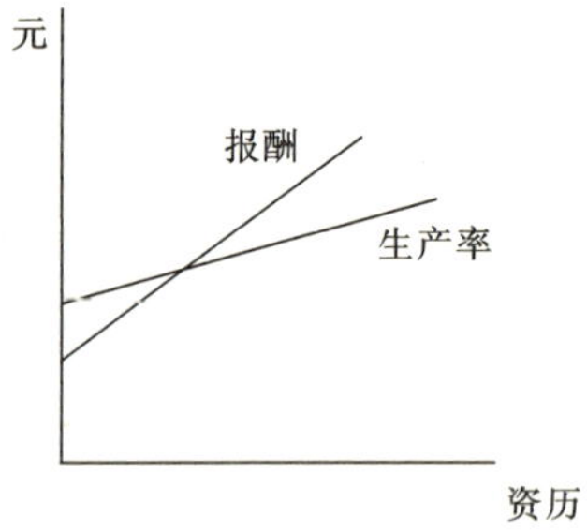

(b) 递延报酬

图示3－3　报酬的递延性

从图示3－3（a）中可以看到，当报酬随着工作资历的增加而升高，但却与生产率曲线相重合时，就不存在报酬的递延性。而图示3－3（b），在开始阶段，经理的报酬水平低于生产率水平，但经理报酬的增加幅度却快于生产率的增加幅度，当超过了两条曲线的交点之后，经理的报酬水平却高于生产率水平。也就是说，在存在着报酬递延的体制中，经理在刚任职的时候所得到的报酬小于他对企业的贡献，但随着任职期限的延长，报酬会超过他对企业的贡献。

那么，企业为什么要选择不同形式的递延报酬呢？一些经济学家认为，这是因为在通常的情况下，企业不可能对经理实施有效的激励和惩罚。但使用递延报酬的形式，企业的解雇威胁就变得非常可信。被递延支付的报酬就是一种履行业绩目标的保证金，为了获得这些保证金，经理们不仅尽力避免被解雇，相反还会努力工作，防止偷懒行为的发生。

采用“递延报酬”方式最极端的例子，是日本的“年功序列制”。日本企业很少采取美国式的期权制度，没有如美国人那么显著的激励性报酬制度，日本人采取了独特的晋升和报酬制度。这是以一生为递延时限的激励性报酬制度。

长期以来，日本厂商的经理，无论是蓝领还是白领，只要是正式的从业人员，都是每月领取一次薪金，每半年领取一次奖金。经理的薪金支付是根据他的资历和考核，并定期根据人事部门的评价办法进行考核和晋升。不过，在日本公司经理就业的早期，他们的收入一般远远低于经理的生产率。而企业没有支付给经理的部分，就是递延报酬。这些报酬长期留存于企业内部，往往是在经理年资增高之后再行支付。在日本公司经理年老退休的时候，他们还可以得到一大笔离职费。

总之，这种晋升和报酬制度，有助于激励经理即使不是终身也是长期地与厂商结合在一起，与企业一起发展。而中途离职则意味着将遭受经济上的损失。所以，即使日本企业经理想跳槽，也往往难以付诸行动。这是因为，日本企业的经理清楚，如果中途离职，就意味着前边的工作全都白干了，所以，只要不是万不得已，经理就不会选择跳槽。相反，他们还会认真工作，因为那样可以得到晋升，并在更加重要的岗位上任职。

3 长期激励性报酬

从历史上看，高管人员长期激励性报酬的主要形式至少有10种，每一种都是在特定条件下产生和被加以使用的。离开了这些条件，这些报酬形式往往会适得其反，不能发挥应有作用。所以，了解高管人员长期激励性报酬的形式，同样重要的就是要了解这些报酬形式发挥作用的条件。在本节，我们讨论的重点是股票认购期权。有效地理解了股票认购期权的设计原则，其他的长期激励性报酬形式就可以无师自通。

1 股票认购期权

股票认购期权（Stock Option），是最常见的高管人员长期激励性报酬形式。股票认购期权，就是在高管人员的报酬合同中，给予高管人员在某一期限以一个事先约定的固定价格来购买公司股票的权利，如果高管人员在这个期限之中达到了事先规定的某些条件，比如在若干个连续交易日中使股票价格达到了既定的水平，则他就可以按事先规定的条件行使购买股票的权利。这时，购买股票的价格与市场价格之间的差额，就是高管人员的收入。

认购期权本质上是一种选择权（option），持有本公司股票的高管人员在指定的期限内可以购买，也可以放弃公司在他的报酬合同中安排的股票购买权利。这主要取决于公司股票市场价格的变动。如果股价高于事先约定的价格水平，则购买股票有利可图，购买股票的价格与市场价格之间的差额，就是高管人员的收入。相反，如果股票价格的水平并不如意，高管人员就应该放弃行使这种权利。

具体来说，当一个高管人员加入一家公司之后，他的报酬中有一个很大的部分，可能就是以股票认购期权为形式的长期激励性报酬。在他行使这个合同规定的认购期权之前，除了工资和奖金，他没有任何的现金收入。当他达到了合同规定的条件后，他可以在一定期限内决定行使他的认购权利。理论上，他在行权之后，得到了行权当日行权价与行权当日市场价之间的差额，这是他的收入。之后，他可以根据合约的规定，决定是否出售他所持有的股票。他出售他所持有的公司股票与行权价之间的差额，就是他的现金收入。这个收入，就不再是理论上的收入，而是实际的收入。

显然，高管人员工作得越好，公司股票的市场价格就可能会越高，高管人员从行使股票认购期权中获得的利益就越大。相反，如果高管人员工作得不好，或者是总也达不到事先规定的行使股票认购期权的条件，或者是公司股票的市场价格始终低于在事先规定的认购期限中的价格，无论是哪一种情况发生，高管人员行使认购期权都无利可图，他就只能放弃使用认购期权。由此，一方面，高管人员和股东的利益在一定程度上取得了一致；在另一方面，高管人员又承担了一定的经营风险。

我们也可以用简单的算数来更为形象地描述一下上述内容。

假如甲先生受聘为某上市公司的高管人员。那么，在他就职的1998年6月1日，公司授予他在从2004年后的3年中，以1998年6月1日公司股票价格6.5元购买该公司10万股普通股的权利。这样，在2004年后，甲先生就要根据当时的市场价格情况决定是否行使这个权利。

如果到了2004年后，连续三年中，该公司的市场价格都低于

6.5元，则甲先生不会行使他的股票认购期权，他为该公司服务这几年在期权方面的收益就是零。同时，他个人的声誉也会受到非常大的影响。相反，如果在2004年7月8日，该公司股票的市场价达到了16.5元，甲先生决定行使他的认购期权计划。我们最简单地假定他可以全部行使，再假定他没有任何的交易费用，他在每一股股票上收获10元，在10万股股票上他得到了100万元的收入。不过，这100万元的收入只是账面上的收益，并不是现金上的收益。我们再假如时间又过了一年，他所持有公司的股票全部可以出售了。如果在2005年9月18日，公司股票的市场价达到了21.5元，甲先生出售了他所持有的该公司全部股票，每一股他赚到了15元钱，总共得到了150万元。如果甲先生与他所在的公司没有签订其他长期激励性报酬方面的合约，那么，这150万元就是他为该上市公司服务这些年来在长期激励性报酬方面所得到的全部收入。

总之，股票认购期权是事先说好的，原则上无论股票市场发生什么变动，高管人员都可以用一个固定的价格、在一定的时限内去购买一定数量股票的权利。事先规定的、高管人员购买股票的价格，叫做行权价格。当行权价格低于市场价格的时候，高管人员有收益。高管人员工作得越好，市场价格越高，他从行使股票认购期权中获得的利益就越大。相反，若是行权价格在事先规定的认购期限中始终高于股票市场上的价格，则高管人员行使认购期权就无利可图，他就只能放弃使用认购期权。这样，一方面，高管人员和股东的利益在一定程度上取得了一致；在另一方面，高管人员又承担了一定的经营风险。

进一步了解股票认购期权，以下三个方面的内容是尤为重要的。在高管人员的长期激励性报酬的合同中，必须要写明有关股票认购期权的方方面面的细节。这些合同文件，应该与公司整个的期权授予计划相一致，服从于激励和保护公司及高管人员的目标。首先，是期权的授予安排；其次，是对行权要做什么样的限制；第三，是在特殊情况发生后如何处理期权计划。

公司的期权授予计划因其要涉及公司股权方面的变化，所以是公司的重要文件，它的制定与实施要经过公司股东大会的批准。一般来说，授予计划的结束是自动的，但新授予计划的执行则必须要股东大会讨论通过才能实行。在股东大会讨论高管人员认购期权的时候，参与这一计划的有关人员通常不能在股东大会上投票。公司的期权授予计划一般包括：股票认购期权的授予与行使；股票认购期权的授予条件、时机与数目；股票认购期权的权利变更与丧失；股票认购期权的价格确定和执行办法；股票认购期权行权时所需要股票的来源渠道；认购期权变更及丧失的条件；对期权计划的管理程序和人员等等。在公司期权授予计划的制定方面，公司董事会具有较大的权力。很多细节，实际上都是由董事会决定并向股东大会提议的。

关于股票认购期权计划的细节，如下概念是关键的。

①行权时机与数量上的安排。公司的股票期权计划必须要列明经理人获得股票认购期权的时间表。公司高管人员对于已获赠的股票需要按照授予时间表进行行权。在通常的情况下，股票期权不可在赠与后立即执行，公司将股票期权赠与获受人时，并没有授予他们行权的权利，所以，股票认购期权在授予后并不能立即执行，而要等待一定时间。获受人只有在股票期权的授予期（Vesting Period）结束后，才能获取行权权。另外，大部分公司也规定期权持有者并不能一次执行完所有的期权，而应分年度地进行，每年只能执行一定的比例。行权权的授予时间表可以是匀速的，也可以是加速的，这要看企业的具体情况决定。对于高管人员行权后不能出售阶段的股票，公司有权以行权价进行回购。在执行时间上的上述安排主要是为了使股票认购期权能在较长时间里发挥作用，防止或减少短期行为。

②期权的行权价格。期权的行使价格可以分为三种：一种叫现值有利法，即行使价低于当前股价；第二种是等现值法，即行使价等于当前市价；第三种是现值不利法，即行使价高于当前股价。通常，以激励经理人为目的的激励型期权的行权价格不能低于股票期权授予日的公平市场价格。不同的公司对公平市场价格的规定不同，有的规定是授予日最高市场价格与最低市场价格的平均价，有的规定是授予日前一个交易日的收盘价。

③行使股票认购期权的方法。一般有三种方法：现金行权、无现金行权和无现金行权并出售。现金行权个人支付行权费用以及相应的税金、费用，以行权价格执行期权、购入股票。无现金行权是个人没有那么多资金用于行使期权，于是个人不需以现金来支付行权费用，而是采用以出售部分股票获得的收益来支付行权费用，并获得部分股票的方法。无现金行权并出售，即个人决定对部分或全部可行权的股票期权行权并立

刻出售，以获取行权价与市场价的差价带来的利润。最后一种方法常常是公司所不允许的。

2 股票认购期权的价值

经理股票认购期权是一种“看涨期权”（call option），这种看涨期权持有人具有以特定价格认购某一公司股票的权利，而非必须购买的义务。在大多数情形中，期权是以“含值”的形式授予经理人的，这意味着行权价格在授予时是与股票价格相匹配的；在少数情形中，期权则是“无值”的，其行权价格高于股票价格，这种期权也被称为贴水期权。在极少数的情形下，期权的行权价格低于股票价格，这种期权被称为折价期权。

股票认购期权，作为一种金融资产肯定有其自身价值，为了避免对于高级管理人员过度激励或激励不足，对认购期权进行估价就十分必要。期权的估价可以用“期权定价模型”（B1ack-Scholes 模型）来更精确地反映认购期权的价值。比如，在美国克莱斯勒公司的股票认购期权授予计划中，每个经理人员的认购期权数量是这样决定的：由专家根据期权定价模型预测出的认购期权的价值，把这个价值与经理所被授予的“业绩股权”的价值相加，然后根据所得到的值来确定公司经理长期激励性报酬的数量。

B1ack-Scholes 模型非常复杂，我们在这里不做过多的讲解。这个模型考虑了很多影响期权价值的因素，包括股票价格、行权价格、到期日、市场利率、公司股票的波动性和公司红利比率等等。波动性和红利率是两个重要的影响因素，相同的期权计划，在不同的股票价格波动幅度和红利支付率下面，价值会很不相同。

一般来说，公司股票价格的波动性越大，其股票期权的价值就越大。原因是，期权持有人能够得到价格上涨带来的价值，而同时股票价格下跌的损失受到了限制——股票价格跌至行权价格时，期权价格为零，但是如果股票继续下跌，股票期权价格仍然为零。当然，价格波动性越高，经理人所承受的风险也越高。

另外，公司的红利比率越高，股票期权的价值就越低。公司对于股东的回报有两种：提升股票价格和支付红利。然而，大多数期权持有人并无分红权，他们只能够通过价格上升分享利益，在其他情况相同时，如果一个公司支付较高的红利，则用于回购股份或用于盈利项目再投资的现金就会减少，这就不利于股票价格上涨。因此，分红降低了期权持有人的回报。

表3-5描述了公司股票价格的波动性和红利支付率对股票认购期权价值的影响。我们假定认购期权是十年期的"含值"股票期权，价格波动率是公司股票价格回报率年均标准方差。市场无风险利率为6%。从表中我们可以看到，当公司股票的价格波动率是30%、红利支付率为2%的时候，其股票期权的价值大约是股票价值的40%。而当波动率升至70%，期权的价值将升至股票价值的64%。当红利率降至0，则期权价值将为股票价值的56%。两种情况同时发生，股票期权的价值将上升至股票价值的81%。

表3-5　　　　波动性和红利率对于期权价值的影响

红利率	波动率							
	10%	20%	30%	40%	50%	60%	70%	80%
0%	0.45	0.49	0.56	0.63	0.69	0.75	0.81	0.85
2%	0.28	0.34	0.40	0.47	0.54	0.59	0.64	0.68
4%	0.15	0.22	0.29	0.35	0.41	0.46	0.51	0.55
6%	0.07	0.14	0.20	0.26	0.31	0.36	0.40	0.44
8%	0.02	0.08	0.14	0.19	0.24	0.28	0.32	0.35

B1ack-Scholes模型是最常用的股票认购期权的估价模型。如果经理人出售期权，B1ack-Scholes模型可以提供比较好的期权定价估计。由于经理人的期权不能够出售，它对于经理人的价值也就低于用B1ack-Scholes模型估计的价格。了解股票认购期权的价值并恰当授予，对于激励经理人来说至关重要。一个好的薪酬方案能够防止经理人员的短视行为，激励他们将眼光放在企业的长远利益上。这是因为只有核算恰当，才能真正将经理人报酬与公司未来的业绩挂钩起来，防止短期行为。

3 期权计划的主要形式

按照哈佛商学院Brian Hall教授的研究，经理股票认购期权计划从本质上说可以被分为三种类型，依次是固定价值期权计划、固定数量期权计划和巨额奖励期权计划。这三种计划提供不同类型的激励，并隐含了不同程度的风险。

固定价值计划。这是三种计划中激励作用最小的计划。在固定价值期权计划下，经理人在计划实施期间每年获得预先确定价值的股票期权。例如，董事会可以预先设定经理在未来三年内每年获得100美元的期权奖励，或者可以将期权价值与经理人一定比例的现金报酬相联系，使赠与期权随经理人的工资或工资附加的增加而增加。期权的价值一般通过B1ack-Scholes模型或类似估值模型进行估算。

固定价值计划可以使公司能够仔细地控制经理报酬的数量以及来自期权计划的报酬占总报酬的百分比。许多公司依据薪酬顾问们关于经理人报酬水平和报酬方式的比较来制定经理人的报酬计划。通过每年调节经理人报酬结构中的一部分使其与经理人的其他报酬相协调。

固定价值期权计划的一个主要缺点是：由于在事前固定了未来的期权价值，所以，业绩和报酬之间的联系弱化。经理人可能会在未来业绩优良时获得较少的股票赠予，但也可能因为较低的业绩而获得较多的认购期权。比如，某经理薪酬计划的一部分是每年100万美元的“含值”期权，第一年，公司股票价格是100美元，他获得约28000股股票期权。第二年，该经理虽然成功地使公司股票价格升到了150元，但他这次的价值100万美元的股票期权仅为18752股。第三年，公司股票价格又上升了50美元，他的期权数量再次下降，为14000股。股票价格上升了1倍，而这位经理人得到的股票期权在数量上减少了一半。相反，如果公司业绩不佳。第一年，股票价格由100美元降低到65美元，这位经理的100万美元期权为43000股，相比原来的28000股增加很多。如果第二年股票价格继续下跌至30美元，他的股票期权将为94000股。也就是说，当经理持有大量的公司股票期权的同时，公司的经营业绩每况愈下。

固定数量计划。固定数量期权计划设计在计划执行期间每年授予经理人固定数量，而不是固定价值的股票期权。比如，按照某固定数量期权计划，不论股票价格如何变化，一个经理可以在三年中每年获得28000股“含值”股票期权。由于“含值”股票期权的价值是随股票价格的变化而变化的，所以，股票价格的上升就会增加未来期权奖励的价值。同样，股票价格的下跌也会使未来股票期权价值的下降。对于这位经理人来说，两年内股票价格上升100%将会使其每年的股票期权奖励从第一年的100万美元升至第三年的200万美元。相反，如果股票价格下跌70%，则他的股票期权仅值30万美元。显然，这样就使报酬与业绩之间的联系非常强。由于固定数量期权计划没有隔离股价变化和未来报酬的关系，比固定价值期权计划具有更强的激励作用，所以，越来越多的美国公司在使用这种认购期权计划形式。

巨额奖励计划。这是一次性授予的、产出最高的模式。所谓“巨额奖励”，是指与多年期的期权计划不同，每年奖励一大笔股票期权，在期权授予时设定行权价格和行权数量的计划。巨额奖励计划是最具杠杆作用的奖励计划，因为该计划不仅固定未来股票期权的数量而且还固定执行价格。比如，某经理在第一年得到一次性巨额奖励，约为80000股股票期权，它用B1ack-Scholes模型估值为280万美元。如果股票价格翻番，则他的期权价值将跃升为810万美元，如果价格下跌70%，则期权价值将仅为21.1万美元，低于初始价值大约8%左右，可见其激励强度。巨额奖励计划在私人公司和IPO后的高技术公司广泛采用，特别是美国硅谷的公司。

表3－6是按照B1ack-Scholes模型进行计算的期权计划及其价值。其中，假定公司股票价格的标准差为32%，无风险回报率为6%，红利率为3%，股票认购期权的期限为10年。表3－7对不同类型期权计划的特点进行了比较，有助于读者在选择时充分注意这三种计划形式的特点。这两个表格均引自Brian Hall教授的论文，略作变动。

表3－6　　不同期权计划的激励差异

			股票价格上升		股票价格下降	
		第一年	第二年	第三年	第二年	第三年
	股票价格	100美元	150美元	200美元	65美元	30美元
固定价值计划	奖励期权	28128	18752	14064	43273	93759
	期权价值	100万美元	100万美元	100万美元	100万美元	100万美元
	累计价值		540万美元			130万美元
固定数量计划	奖励期权	28128	28128	28128	28128	28128
	期权价值	100万美元	150万美元	200万美元	65万美元	30万美元
	累计价值			720万美元		51万美元
巨额奖励计划	奖励期权	79697	0	0	0	0
	期权价值	280万美元	0	0	0	0
	累计价值			810万美元		21.1万美元

表 3－7　　不同期权计划的特点比较

期权计划	定　　义	举例（四年期）	优　　点	缺　　点	适用性说明
固定价值计划	一系列金额固定、或按工资或全部现金报酬一定比例授予的奖励期权	一个经理在四年内每年获得价值100万美元的股票期权，或在四年内每年给予相当于每年工资1.2倍的股票期权	保持人才的风险最小，即使股票价格显著下降，经理人在来年也可以获得新的期权，保证了经理人一直持有相当数量的权益	对于价值创造的激励作用最低	不适用于大型、增长停滞的缺乏企业家精神的公司
固定数量计划	一系列固定数量的期权奖励	四年内每年25000股"含值"股票认购期权	比固定价值期权计划的激励作用大，每年新的"含值"期权降低了人才保持的风险	较巨额期权奖励计划的激励作用低	与巨额期权计划一起，可能是希望促使经理人关注股东价值创造的公司的理想选择
巨额奖励计划	每年奖励一大笔股票期权，在期权授予时设定行权价格和行权固定数量	一个经理当年获得100000股"含值"期权，以后三年没有	对于价值创造具有最强的激励作用	人员保持的风险最大，如果股票价格显著下降，激励作用大幅降低，除非对期权重新定价，人员可能离开	比较适合于大型、稳定的公司，需要激励企业家精神的公司，尤其是那些在股票价格下跌也不太可能面临人员流失风险的公司。不适用于上市后的高科技创业公司，他们的公司股票价格波动较大又需要留住关键经理人员

4 限制性股票

限制性股票，是真实股票的授予，但是股票权利的行使要服从于一定的条件。所以，这种股票报酬的最大风险是当限制性条件不满足之后，高管人员可能会失去这些股票。通常，最简单的限制是时间上的限制和在公司继续就业的要求。限制性股票的创新主要是在限制条件中加入了业绩指标。据 1999 年的统计，财富 500 家使用限制性股票的 367 家中有 42%（150 家）是把业绩指标作为向高管人员实施限制的条件。

以业绩为基础的限制性股票有三种典型形式：一是按业绩发放的限制性股票。指一旦某个事先规定的业绩目标被达到了，股票才能被授予，同时还要服从于一定的时间限制。二是按业绩来决定转移利益的限制性股票。在这种情况下，股票已经被授予了，但是，只有当某个业绩目标达到之后，各种利益才能够实施；如果这些条件不被满足，权利将会作废。三是按业绩加速的限制性股票。股票的实施有时间限制，一般在 7 年以内，但是，获得利益的时间根据一定的业绩目标的实现可以加速。在限制性条件被完全满足之后，高管人员就完全得到了股票，这时，高管人员就可以出售、转移或是抵押这些股票。

与股票认购期权不同，限制性股票被看做是“全值”的股票，它是真实的股票，在授予时意味着高管人员可以享受股票的全部价值。当股票的市场价格发生变化时，限制性股票的价值会发生变化，高管人员不需要花钱去购买。股票认购期权在授予时没有内在价值，因为它是去购买股票的一种权利，并不是股票的授予。这样，股票认购期权的价值只是由股票市场价格的高低决定。股票认购期权不算收益，而当授予的时候，限制性股票的市场价值在限制期结束的时候，被认为是收益。

限制性股票通常遭受批评，是因为限制性的条件只是一个就业的要求，并不能和业绩联合起来。机构投资者往往并不喜欢限制性股票，不仅是因为它收益上的支出，而且在于当限制条件到期之后，即使股东在受损的情况下，高管人员也能够收到经济上的益处。实际上，很多股票价格下降的情况下，限制性股票也使高管人员有了很多实际收益。

尽管很多人反对限制性股票的使用，但是，在高管人员报酬中，限制性股票的使用还是较多的。在 1999 年，财富 500 家企业中 73%（367

家）的公司向它们最高级的管理人员授予限制性股票。其他的调查也发现限制性股票是一种流行的方式。在美国国家股票计划专业人员协会所做的“股票计划设计与管理调查”中发现，回答问卷的43%（395份答卷中的170家）向他们企业的高管人员发放限制性股票。在美国另外一个著名的调查“1998年最高250家企业中高管人员和董事所接受的长期和以股份为基础的报酬”中发现，250家中的53%使用限制性的股票作为报酬形式，其前提只是要求高管人员继续在本公司工作。这个数字比1997年上升了26%。这个调查始于1973年，那时限制性股票的比例只有4%。

5 其他长期报酬形式

①股票升值权（Stock Appreciation Rights）。

股票升值权，缩写为SARs，通常与无附带要求的股票认购期权同时使用。它的设计原理与股票认购期权近似，但差别在于：在行权时，高管人员并不像认购期权形式下要购入股票，而是针对股票的升值部分要求兑现。国内现在有些人谈到的股票认购期权，实际上说的就是股票升值权。按照合同的具体规定，股票升值权的实现可以是全额兑现，也可以是部分兑现。

股票升值权的实施可以是用现金实施，也可以折合成股票来加以实施，还可以是现金和股票形式的组合。在美国，按照1934年通过的《证券交易法》第16条规定，股票升值权必须要有6个月的持有期，所以，它只能给公司内部的高管人员。股票升值权因为通常以现金的形式实施，有时也叫现金升值权（Cash Appreciation rights）。在这种情况下，它不是以增加股票发行为前提的，因而不会对公司的所有权产生稀释的效应，也不会产生无投票权的新的股票持有者。

股票升值权可以伴随着公司的认购期权，也可以与认购期权前后相伴来发放。股票升值权被授予后通常有5年或10年的授予期，但是一旦高管人员离职，升值权就会被剥夺。这就是利益移转的条件，一旦提前终止就业关系，部分或全部未实施的升值权就会被剥夺。按照合同所写条款的不同，高管人员有可能控制实施时间；或者并没有选择实施时间的权利。

②影子股票（Phantom Stock）

影子股票是西方国家很多公司向高管人员提供长期激励性报酬的一

种形式。影子股票并非是真正的股票，而是借助于股票来衡量业绩股以发放的长期激励性报酬。其特点是：高管人员在被决定给予股票报酬时，报酬合同中会规定，如果在一定的时间内公司的股票升值了，则高管人员就会得到与股票市场价格相关的一笔收入。这笔收入的数量是依照合同中事先规定的股票数量来计算的，而这笔股票的数量一般与高管人员的工资收入成比例。也就是说，通过影子股票的形式向高管人员发放报酬，要借助于股票，但又不实际发放股票。因此，用于作为参照物的股票才被称为影子股票。用影子股票来提供长期激励性报酬时，计算报酬大小的原理基本相同，但是，影子股票是不需要高管人员花钱去购入的。

影子股票和股票升值权有一个共同之处，就是只有在一定的时间内，公司的股票升值了，高管人员才会得到与股票市场价格相关的一笔收入。另外，从原则上讲，影子股票也要借助于股票，但又不实际发放股票，不会对股东的权益产生稀释效应。

影子股票同股票升值权一样，也是没有保证的长期激励性报酬。影子股票的价值取决于将来某一天公平市场价格，或是以公司资本为基础去估价公司股票的价值，比如用账面价值；或是用根据收益去资本化价值的公式去计算价值；或是把各种方法综合起来。影子股票可以授予高管人员，也可以由高管人员去“购买”，比如说减少高管人员的工资发放一些影子股票；还可以把升值收益递延到以后的某一天，然后高管人员将影子股票兑换成现金或转换成真正的股票。在影子股票持有的过程中，股票拆细、分红和其他公司普通股的变化，应在影子股票方面也做相应调整。

③账面价值股票（Book-value Shares）。

账面价值股票作为高管人员长期激励性报酬的形式，其最大特点是用股票的账面价值来衡量其价值，这就避免了证券市场的反复无常、股票的市场价格常常由不可控因素决定不断波动的缺点。显然，对于非上市公司，账面价值股票作为高管人员长期激励性报酬是可以操作的。不过，西方一些大公司也有采用账面价值来向高管人员发放报酬的。比如，刚刚被 Compaq 公司兼并的 DEC 公司、美国的花旗银行（Citibank）都提供账面价值股票给高管人员作为报酬。在具体操作中，使用账面价值股票的方式可以和股票认购期权的做法结合起来。当高管人员得到公司股票时，其购买价格可以由股票当时的账面价值来决定，而不是根据市场价格。以后，当公司回购此种股票时，也是以当时的账面价值作为股票的回购价格。这样，当公司回购账面价值股票时，无论是支付现金还是其他有价证券，高管人员都可以得到两个账面价值之差作为收益。

④业绩股份（Performance Shares）。

业绩股份，是公司用普通股作为长期激励性报酬支付给高管人员，但是，具体的股份实施或者说股权的转移，要由高管人员是否完成了公司事先规定的业绩指标来决定。比如，很多公司以EPS（每股盈余）的增长水平作为标准来决定公司支付高管人员股票报酬的数量。在这种情况下，事先就要在合同中规定好，公司支付高管人员的股份数量，以EPS的增长率为基础。只有达到某一个水准，比如EPS的增长率达到了3%，公司才实施事先承诺数量的股权转移，高管人员得到股份；并且，在3%的基础上，每增加1%，公司再采用比例或累进的形式增加支付高管人员多少股份。

⑤股票无条件授予（Stock Grants/Purchases）。

股票无条件授予是以前一些公司常常采用的激励高管人员的报酬形式，现在在通常情况下已经很少采用。股票授予安排，一般并不包含什么特殊限制或其他先决条件，往往支付给公司的关键高管人员作为报酬。目前，只有在公司受重大事件影响、处于关键性的转型时期，或是在刚刚成立、正处在艰难的创业时期的情况下，才会以股票的无条件授予作为长期激励性报酬的形式提供给关键的高管人员。通常在这些情况下，相对于同行业来说，公司的股票价值并不很值钱，公司的地位也相对较低。所以，这时用无条件的股票授予作为报酬。

对于公司来说，无条件授予股票是一种不需要有较大现金支出，同时还可以尽可能吸引和保留关键高管人员的形式。而对于高管人员来说，股票无条件授予也可以是有吸引力的报酬形式。这是因为，一方面，高管人员凭借这些股票可以在公司未来的发展中得到更直接、更大的收益；另一方面，这些股票也可以为高管人员在适当的时机增强自己在公司的影响力提供一个必要的操作平台，甚至会为高管人员提供一次杠杆收购公司的时机。

6 业绩目标的设定与评估

前面一直在讨论激励性报酬设计的问题，其实，与激励性报酬设计同样重要的是业绩目标的设定与评估问题。能否准确地设定业绩目标，是建立激励机制并使之发挥作用的前提。也就是说，要保证企业的激励和约束机制有针对性，就必须首先要明确经理的工作目标。

明确工作目标之后，要使激励的效果最大化，还必须要让经理认识到他们的努力能够导致良好的业绩评估成绩，而这种成绩会给他们带来报酬上的增加。如果经理对业绩目标不明确，或者不能确信自己的努力能够导致令人满意的业绩评价结果，或者认为即使他们达到了业绩目标也不可能从企业获得他们所期望的报酬，他们就不可能充分地发挥个人的潜能和作用。总之，选择恰当的业绩指标是至关重要的，需要非常认真地加以对待。

图示 3 –4 表示了某公司的历史业绩情况。这是一个业绩考核指标选择不恰当的例子。当画出这个图示之后，所有人都会很快地理解到为什么在这个公司所选择的经理报酬方案并不能有效地发挥作用，激励经理，达到预期目标。问题实际上是出在业绩指标的选择上。从这个图示中，我们可以很容易地判断出：当目标业绩的上限和下限只能覆盖住历史业绩的 30% 的时候，用这个业绩指标来考核经理，并与经理报酬进行联系就是很大问题。即使一定要用这个指标来加以考核，上下限的幅度也需要进一步扩展。

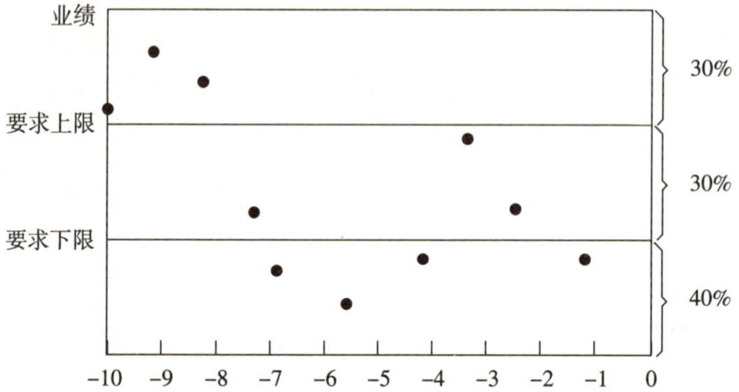

图示 3 –4　某企业考核经理的业绩指标选择

用什么样的指标来设定“业绩”，在很多方面是值得斟酌的。在很多企业里，董事会常常会选择过去的业绩指标来作为新年度业绩目标的主要参考值，比如在原有水平上乘一个系数。这时，应该充分估计到“棘轮效应”的破坏作用。

所谓“棘轮效应”，就是将今年的实际业绩乘一个系数作为来年的业绩标准，业绩标准就只有一个向上的调整方向。而这往往会引致“鞭打快牛”现象的出现。员工为了防止“棘轮效应”的不利影响，他们会对工作过程进行负向的控制，以免未来业绩的标准会水涨船高，被提高得太多。

7 同行比较与相对业绩

如何评价经营者的业绩，是公司治理的重要问题，也是决定是否要更换一个不称职的CEO，以及决定CEO报酬的关键环节。按照90年代以来现代公司董事会在决定怎样判定一个经营者是否合格，以及设定经营者报酬的基本程序，通常是根据企业的战略和经营规划，确定企业在一定时期的经营目标，这些目标实际上就成为了考察经营者业绩的基本指标。这个程序在道理上是不错的，但是，在现实的操作中，选择什么样的指标，是会计指标还是市场指标，或是两类指标的组合，各个指标在配合上应该是什么权重，每个指标的赋值究竟是多少才合理，这些都是棘手的问题。正是在这样的情况下，相对业绩评价方法现在越来越多地引起人们关注并被采用。

所谓“相对业绩”的评价方法，是与“绝对业绩”评价方法比照而言的，就是不看特定企业经营业绩的绝对的量，而是把特定企业经营业绩同一组参照企业的经营业绩做比较，从中判断特定企业经营者能力和努力的方法。可以说，它是仅以“座次”论英雄的方法。

我们可以通过一个例子来说明这两种方法的差异。在中小学里评选优秀学生，可以采用两种方法：一种是选择几个主要的指标，对其规定各自的标准，如果学生都达到了这些标准，我们就说这个学生是个好学生；另外一种则是不管学生的绝对成绩是多少，而是根据学生的学习成绩大排队，只按学生在队里排的名次来确定他是不是个优秀学生，比如我们规定只有排到前五名的学生才是优秀学生。前面一种方法是绝对业绩评价方法，而后面的就是相对业绩的评价方法。

绝对业绩评价方法有它的优点：使用起来比较简便、直观。比如，关于利润指标可以事先设定一个具体的数额，并按照这个具体的数额在事后进行考核。由于有一个刚性的框框，达到还是没有达到都一目了然，因而不存在太多争议。但是，要有效地使用好绝对业绩评价方法，对信息的要求特别高。我们知道，决定经营业绩的因素很多，除了经营者的能力和努力之外，还有很多随机的影响因素，也就是经济学家所说的随机冲击。这些随机冲击的存在，就可能导致经营者即使很有能力，也很努力，但仍然达不到他们希望达到的结果。或者有相反的情况，经营者虽然很不称职，但是，整个行业一段时间的形势特别好，即使最差的经营者都可以达到事先确定的绝对指标。这意味着，设定指标的人并没有掌握好影响企业业绩的所有信息，指标定低了。

显然，如果选择绝对业绩评价方法，并要保证它十分有效的话，就一定要能够在信息上具有充分性，能够区分经营者能力和努力以及其他随机冲击对经营结果的各自影响。然而，这在现实中常常是做不到的。于是，在很多场合下，绝对业绩评价方法就不是惟一好的方法，它要与相对业绩评价方法相互配合。甚至，在一些情况下，相对业绩评价方法还会取代绝对业绩评价方法成为主角。

相对业绩评价的原则与企业竞争法则是一致的。由于同一行业的经营者在相同的市场环境中竞争，他们所面对的原材料价格是相同的，他们也遇到几乎一样的市场变动，所以，在这种情况下，考察大家表现上的差异，就可以推测经营者能力和努力的综合效果。企业经营，本质上是一种选拔优胜者的过程，所以，采用相对业绩的评价方法可能会更有效地激励经营者带领自己的企业参与竞争。这也是很多企业希望采取“相对业绩”评价方法的道理所在。

学者们关于“相对业绩”方法的探索是个有趣的发现过程。最早的研究是纯理论的，经济学家通过理论模型强有力地说明，使用相对业绩指标会更加有利于对经营者进行业绩评价。这一领域最早的开创者是著名经济学家霍姆斯特罗姆（Bengt Holmstrom）。霍氏的两篇重要文献都发表在美国著名的经济学刊物《贝尔经济学杂志》（Bell Journal of Economics）上。1979 年的一篇题为“道德风险与可观测性”（Moral Hazard and Observability）；1982 年的一篇叫“团队中的道德风险”（Moral Hazard in Teams）。

关于上述理论工作，最初的实证研究不能提供足够的证据支持它是一个好的方法。但是，后来随着研究越来越引人关注，有了一系列重要的研究。

Gibbons 和 Murphy 在 1990 年“Industrial and Labor Relations Review”杂志上发表的“Relative Performance Evaluation for Chief Executive Officers”一文是个关键性的工作，在整个研究领域里具有承上启下的作用。作者

经过大样本研究发现，经营者的报酬和被替换的可能性在很大程度上是依赖于相对业绩指标的。他们研究了美国 1295 家大型公众公司 2214 位 CEO 在 1974～1986 年间的资料，发现：CEO 们的报酬与他们自己股票收益方面的业绩是正相关的，与市场上或整个行业内的股票收益是负相关的。也就是说，当经营者自己企业的股票收益高、同行企业或整个市场的股票收益低的时候，他们的报酬是比较高的，并且，在这种情况下，经营者被替换的可能性就较小。当整个行业情况不佳时，即使其他情况都不变，CEO 也会被保留。

1999 年在“Journal of Accounting and Economics”杂志上由 Defond 和 Park 共同撰写的论文“竞争对 CEO 更换的影响”（The effect of competition on CEO turnover）是值得关注的近期成果。作者在这篇文章中把行业的竞争性特征引入到研究之中。他们发现，如果不考虑行业竞争性特征，RPE 方法的使用确实有可能导致似是而非的效果。但是，如果把行业的竞争性因素作为一个影响因素被加以妥善处理之后，应用 RPE 方法来判断经营者努力和能力的可信性大大增强了。

在那些竞争性行业里，RPE 方法更加有用。这是由于，在这样的行业里，CEO 们所面临的经营不确定性是类似的，市场可以被看成是一个公平的竞争场所，同时，竞争性行业中的企业数目较多，任何特定企业的行动不会对其他特定企业的经营形成影响。目前，这一领域仍然是经济学、会计学研究的一个前沿，学者们希望通过不断的发现使相对业绩评价方法更加实用，成为发现和淘汰业绩不佳的经营者的有利工具。

第四章
内部人持股

股东来自于股权收益的压力，所形成的监督公司经营过程的冲动和努力，是一切公司治理机制的基础。没有股东的关键性努力，任何治理机制的有效作用都是不可想象的。所以，内部人持股，是为了构建产权层面的动力。内部人持股，包括让经营者持股和让员工来共同持股。

1 国外经营者持股的实践

经营者持股在70年代之后几乎在全球的市场经济国家都大为流行。不仅是中小企业加大了经营者持股的比重，就是在大型公司里，经营者持股也居于了十分重要的位置。许多公司都认为，经营者持股是公司总体竞争策略中不可分割的一个部分。

按照西方发达国家的做法，经营者持股主要是通过三种方式完成的：一种是在经营者报酬中间安排大量的股票类报酬；二是推行目标所有权计划；三是推行“MBO”方案。

不少西方公司近些年来都开始进行所谓的“经理股权计划”，又称“目标所有权计划”（Target ownership plans），要求管理者拥有的股票不能低于一个最低数量。以Campbell Soup公司的目标所有权计划为例，1994年末，所有的高级管理人员（共29人），还有大约40个其他经理，被要求直接拥有Campbell股票。根据他们的职位，这些被要求持有的公司股票价值在他们的薪水的1/3到3倍之间。计划对经理股权的最低量有明确的要求，而且这些持股必须是直接持有普通股，不包括股票期权，此外，计划也规定了达到所有权目标所允许的最长时间。

采用类似计划的公司目前越来越多，这些公司认为，让经理人持有最低数量的股票，是为了保证经理们能有足够的动机使公司投资者的权益价值增长。有一家公司对股东的告示中说，我们认为，目标所有权计划可以使公司经理层和公司投资者在利益一致上发挥关键作用，公司鼓励所有员工在公司股票上都做个人投资。公司的目标是到2000年，公司

10%的股票由公司的员工所持有，并且在公司工作两年以上的80%的员工将持有公司的股票。

在有目标所有权计划的公司里，如果高管人员不能在指定的时间里满足所有权目标的规定，他们将遭到某些惩罚措施。这些措施包括：①他们每年应该得到的以现金支付的报酬，将有一部分用限制性股票来支付；②高管人员未来报酬方案中的期权、限制性股票的比例将增加，而现金支付将被削减或取消；③高管人员限制性股票或期权的行权期将被推迟。总之，按照目标所有权计划的通常做法，如果一家公司的经理人所持股权比例太低或股票业绩太差，董事会就可以由此推断经理人的持股水平不足以形成有效激励，于是一个自然的推论就是加大目标所有权计划的力度，使经理人至少拥有最低数量的股票。目标所有权计划将高管人员未来报酬和所有权目标挂起钩来，激励经理人增加他们的股权收益，并追求这些收益的增长。

国外对“目标所有权计划”效果的简单研究发现，就所研究的样本看，在计划实施前，这些公司的股票回报率和所有权水平都很低。但在实行计划两年以后，管理者拥有的股票大幅增长，同时公司的资产回报率也显著提高了，公司的股价在计划实施的前六个月中也上升了。

除了目标所有权计划之外，通过管理层收购公司的一部分股份（简称MBO），也可以达到让经营者持股，获得对公司控制权的方式。在英国，80年代是MBO大行其道的时候。MBO是公营部门私有化的最常见方式。仅1987年，英国MBO交易数量就达300多起，交易额近400亿美元。在1987年11月的股票市场崩溃之后，很多英国上市公司通过MBO转为非上市公司。在美国，MBO和杠杆收购也在1988年达到了顶峰。1987年，美国全年MBO交易总值为380亿美元，而在1988年的前9个月内，美国MBO和杠杆收购的交易总值就达到了390亿美元。90年代初期，随着垃圾债券市场的萎缩，MBO的步伐有所放慢。到了90年代末期，MBO在美国再次抬头。

根据经济学家对美国MBO的实证研究，80年代实行MBO的企业一般多为中小企业，而且大多发生在成熟行业，如零售、纺织、食品加工、服饰以及瓶装及罐装软饮料等。而90年代末期的MBO则主要在新经济领域的企业中实施。MBO使管理人员的持股比例大大增加，增强了他们提高经营业绩的激励和动力。实证分析表明，股东财富的变化与经营者持股比例呈正相关。

❶ 经营者的自我约束

在本书的第一章，我们曾经讨论过“管理腐败”。这包含两层含义：一个是管理者不能以股东利益为第一诉求，处处决策以股东利益为第一优先考虑的因素；第二个层次，是管理者利用手中的权力为自己谋福利的过程。经营者为自己谋福利，绝大多数的情况下必然会侵犯股东的利益。由于股东不能准确察觉经营者的行动，存在着监督的困难。

管理腐败的问题就是代理问题。按照经济学的基本理论，当授权关系所涉及的双方利益不一致、信息不对称，监督也存在困难的时候，就会出现因授权而产生的代理人不尽力的情况。也就是说，拥有决策权的一方可能不一定按照能够使授权方利益最大化的方式行事。很多人在谈及管理腐败问题的时候，都强调加强监督。但实际上，在现代公司非常复杂的经营过程中，由于存在着极其严重的信息不对称，靠外部的监督，作用是有限的。

我们可以进一步分析各个层次的不对称信息。企业内部的信息，按范围大小分可以包括如下层面。

①完全的信息。这是最广大的范围，是与企业实际运行相关的所有信息，没有人能够占有这个规模的信息。

②当事人在进行现场决策时所能够获得的信息。这是一个有能力的、尽职的经理人员在进行现场决策时，通过审慎的调查和判断，应该掌握的信息。这个信息集是完全信息的一个子集。尽管不同的经理人员在进行相同决策时，他们所把握的这个信息集会有所不同，但是，它应该包含决策最必要的相关信息。凭借这样一些信息，经理人员可以做出正确的决策。但是，这样一个信息集的特点是：非当事人不能掌握，并且，当事人通常能够在现场判断：自己应该做什么（为了简化分析，我们假定经理人员具有正确的判断力）；并且，当事人也知道，如果自己不按照应该做的去做事，哪些信息是事后可以掩盖的，哪些是无法掩盖的。

③通过观察决策后的行动过程可以获得、或者能够推测到的信息。这是上面信息集的子集。前已提及，当事人在决策前所能够获得的信息，相当大的一个部分，只有当事人本人知道，非当事人往往不能观察到。其他人所能看到的，是当事人经过判断、决策之后所采取的行动，即其

他人只能获得关于行动过程及其结果的信息。这个范围的信息已经比第二个范围的信息大大减少。非当事人可以根据这个范围的信息来推测当事人在决策时的信息占有情况以及当事人在决策时对于投资者的忠诚度。但是，相当数量的推测都没有办法得到证据。比如，当行动的结果不尽如人意的时候，我们面对与修理汽车时的同样困境：我们无法区分问题是出在当事人没有把握足够的信息（即使你知道他占有的信息少，你也不能谴责他不尽职，因为没有人可以占有完全的信息）；还是出于他对信息判断的失误；或者是他既尽职又有能力，实在是运气太差。

④事后可以调查并能取证的信息。这是最小的信息范围，就是我们在事后能够得到，并作为决策后评估的那部分信息。在很多情况下，我们需要在事后对决策过程进行调查，试图对经理的能力、尽职程度进行判断。但是，我们常常不能得到足以恢复事物本来面目的信息，能够作为证据来重建“事实过程”的信息寥寥无几。很多事后调查工作，实际上希望得到第二个层面的信息，但往往能够得到的就是这个范围的信息，顶多可以占有第三个范围信息的一个部分。与第一个范围的完全信息集比起来，事后能够了解到的关于决策过程的信息，好比是冰山的一角。有时，我们做了非常细致的调查，自以为把握了事件的真相，实际上，我们不过是看到了冰山浮出水面的部分。

根据对这样四个层面信息集的描述，我们不难想见：局外的投资者与企业内部的职业经理在信息上是非常不对称的。这包括时间和空间两个方面的不对称。所以，为了防范管理腐败，我们必须要强调事前和事中的激励与约束，而不能仅仅注重事后的监督。这一点，对于理解公司治理的原则是非常关键的。

我们过去在理解公司治理问题上，常常强调外部的事后的检查、监督。但根据前面的分析，我们不难想见，如果不能在决策过程中建立对职业经理比较好的激励与约束机制，仅仅靠事后的调查，我们最多恐怕只能知道整个行动过程的真相（这一点，也是常常值得怀疑的）。也就是说，我们充其量只能知道企业实际发生了什么，但永远也不会知道经理在决策过程中所面对的种种细节，不知道企业内部在整个经营的过程中应该发生什么，经理应该做什么。

这个问题从另外一个角度看，就是投资者常常会面临一个困境：对于一个盈利公司的经理，究竟是该给他鼓掌，还是羡慕他运气好；也就是说，他的好业绩的取得，究竟是由于他非凡的能力，还是由于他工作敬业，或者就是运气比较好。他是否应该创造出更高的业绩呢？而对于一个亏损企业的经理，亏损的原因究竟是经理不够敬业，还是能力有问题，或是纯粹由于外部原因呢？

监督困难是代理经营会导致管理腐败的重要原因。在现代公司中，正是由于投资者不能亲自进行经营，才委托职业经理人员代为管理企业，这就意味着投资者不可能对职业经理进行过程监督。不仅投资者不能对经营活动进行过程监督，作为投资者信任托管的机构，董事会也无法进行过程监督。

如果董事会全部由公司内部人组成，这种监督是自己监督自己，是没有意义的；如果董事会成员大部分是外部人，董事会面临与投资者一样的远离经营过程的问题。职业经理当然清楚这一点，于是，他们可以利用这种条件为自己牟利，使用投资者委托经营的资源来实现自己的目标。

所以，在理解对职业经理监督困难这一问题的时候，一个必然的推论是强调财务监督的有限性。财务监督的意义在于了解决策与经营过程是否合乎公司的章程，是否违反国家的法律。通过财务监督，投资者最多能够知道企业实际已经发生了什么，有多少是合法的，有多少是违法的。但投资者无论如何也不能还原出整个决策与行动的全过程，并且伴随着进行评价所必要的信息。

那么，怎么办？西方公司想到的就是让经理人持股，让经理人因为收益的需要自己监督自己。用某些经济学家的话说，就是给企业家一个金手铐。给企业家一个股权，把企业家和企业捆绑在一起，使经理人减少管理腐败。实际上，公司治理的意义，就是通过各种激励和约束职业经理的机制，使所有企业应该发生的事情都能够发生，使经理的自利动机得到必要的抑制，保证公司价值最大化的目标实现。

总之，公司治理在注重事后监督和查处的同时，更要注意对职业经理的利益诱导。防范固然是一个不可或缺的内容，但治理腐败，同样重要的是搭建一个好的制度平台，为经理安排一个好的出路，按照这样的出路，经理的个人价值实现与企业利益最大化可以相一致起来。这样，可以让经理在进行决策的时候，能够自发地进行判断：怎样做才能够既符合投资者的意愿，同时又有利于个人价值的创造。应该通过制度设定让经理明明白白地认识到，只有追求投资者的利益最大化，才是使自己福利不断改善的最佳途径。

2 中级管理人员持股

在很多西方公司里，不仅最高级的管理人员会持有自己公司的股票，中级管理人员也可能获得股票激励。比如，通用电气公司就是通过给予中高级管理人员股票报酬、扩大股票认购期权实施范围的办法来调动中高级管理人员积极性的，而著名的微软公司有大约1/3的员工都拥有公司的股份。

中级管理人员持股也能够得到股票报酬，其原因是多方面的，这有一个制度演进的过程。其中，最重要的就是公司重整方面的进展。在整个80年代，美国大型公司的工资增长普遍滞后于当时严重的通货膨胀。于是，很多公司就开始为中层管理人员发放奖金，以弥补通货膨胀带来的生活费用的增加。后来渐渐地，中层管理人员的奖金就开始与自己所负责部门的业绩挂起钩来。

90年代以来，美国大型公司普遍进行了重整。伴随着组织设置上变化的，就是许多公司在管理层次上的削减和中层管理人员的精简。开始，在这样的大环境下，鉴于评判业绩的困难，中层管理者相当比例的收入是与他的责任范围和职位在整个机构的重要性相联系的，而这最直接的可以从他所管理的人数上得以体现。然后，在中层管理人员报酬方面的一个变化，就是重新制定和确定了管理人员的工资标准。

但是，这导致了一种负效应，即：作为一个中层经理，只有大幅度地提高自己在公司中的职责范围，才能获得更多的收入。而达到这个目标的一个简单办法，就是通过提升或是扩编的办法以增加自己的手下，尤其是增加层次较高的那一类人的数量。这导致了员工膨胀的趋势，并势必导致了效率的下降，亏损的增加。由于最高层高管人员要对公司整体的盈亏负责，对公司的业绩负责，所以，他们不能允许这种趋势蔓延，于是开始想办法阻止这种趋势。

但是，在很多的情况下，最高层的管理人员又面临着信息上的问题，他们往往难以区分组织的扩张和雇员的增加是否值得，是否必要。特别是在工作业绩难以衡量、每个人看上去都在努力工作的时候，就更是这样。因此，这种逆向的激励过程不断产生不良反应：每增加一个雇员就创造了增加新人手的必要性。具体来说，一个员工忙于写报告、答复提议。在他应付不过来时，他可能获准招聘人手。而新来的人又会写出更多的报告和提议。接着，其他相关的机构也会对应地增加工作量，工作量会渐渐地多得难以承受，于是又要增加雇员数量。工作越来越多，人也越来越多，而且在人员数量越来越庞大的同时，每个人也越来越忙。

为了抑制这种机构的扩张趋势，许多美国公司开始试图把中层管理人员基本的报酬水平与其管理的人员数量分割开来，并试图采用一些激励性报酬的方法。例如，实行目标管理，并把控制人事费用支出与报酬挂钩等。

另外，在公司重整之前，对于大多数中层管理人员来说，提升是他们工作的主要动力。在公司重整之后，公司减少了管理层级，这减少了提升的频率和位置数量。这样，一方面位于较低位置的人员数量增加了；另一方面，在每一个层级上的人员的提升机会也减少了。这两方面的因素都影响到中层管理人员的积极性。

在这种情况下，公司结合重整之后可以对相当数量的岗位进行业绩评核的现实情况，适度地使公司中层管理人员的业绩与他们的报酬挂起钩来，不仅是在短期，而且在长期也形成了相应的激励。这样，当这些管理人员的待遇增加，并且评价方向也改变了之后，在一定程度上抵消了因提升机会减少而对中级管理人员造成的负面影响。

也就是说，对公司中层管理人员的激励是来自于两个方面的。一方面，最高层管理者的收入水平不断增加，这会大大激发中层管理人员的提升热情。不过，当因继续往上的位置缺乏而没有了提升的希望的时候，直接的业绩报酬制度又从另外一个方面提供了激励。

一些关于美国大型公司中层管理人员报酬制度的经验研究发现，虽然中层管理人员受业绩报酬激励的效果不如最高层管理人员那样突出，但是，中层管理人员业绩报酬对改善整个公司业绩在很多情况下还是相当有效的。

2 员工持股

在很多西方国家里，都存在着员工持股的情况。美国是员工持股计划开展得比较好的国家之一，一些公司利用员工持股来保留和激励公司员工。我国也有很多公司通过让员工持股来改造企业所有权的情况。

1 员工持股的理论

“让职工持股，有助于调动职工的积极性，有助于改善企业的效率”这种看法，是关于职工持股的早期理论，也是比较简单的认识。在 90 年代之后，随着经济学家关于职工持股问题研究的加深，今天的经济理论在职工持股问题上不再是简单地下一个“好”或者“不好”的结论，而是要探究在不同情况下，职工持股与企业业绩之间的复杂关系。

职工持股，作为一个受到经济学家关注的现象，是 70 年代之后的事情。相应地，有关职工持股的经济理论，也在那个时期逐渐得到建立。经济学家最初认为，通过让职工在其公司业绩中拥有部分权益，利润分享，在某些情况下可能会产生积极效果，并最终会提高劳动生产率。经济学家是通过单个生产者模型得到这个结论的，模型的基本观念是“在利润分享的安排下，高劳动生产率得到更多的报酬，因此，会出现迫使经济个体选择增加产出的行为模式”。不过，当模型由单个生产者变成多个具有不同效用函数的生产者时，就不再能够得到这样的结论。这导致了研究的深化。

首先，经济学家们意识到，职工持股实际上是面对着很大的集体行动挑战的。由于在大型企业里持股职工的数量一般比较多，个人的贡献很难被监督，所以，决策中不可避免有“搭便车”的问题。于是，按照静态纳什均衡的逻辑，利润分享对一个大型组织可能没有多大的影响。不过，经济学家也发现，如果用重复博弈的理论去讨论职工持股的问题，利润分享有可能会提高劳动生产率。关键看企业有没有可能让职工相信所有人都“齐心协力”会比“自顾自”要好得多。

其次，职工持股与主要投资人的产权协调问题，也对经济学家的智力发出了挑战。其实，从西方国家的职工持股情况看，分为两种不同的类型：一种是职工完全拥有企业的所有权；另外一种是职工只部分地拥有企业的所有权。职工完全拥有企业所有权的情况，比较多地集中于会计师事务所这样具有一定知识含量的服务业行业中，在其他生产型企业中极其少见。但是，由职工拥有一部分所有权的情况，在各个行业里都有。比如，很多美国企业都开始采用各种形式的雇员持股计划，企业将其股票派发给公司的全体或部分职工作为他们报酬的一部分，公司职工也把他们所持有的企业股票委托专门的信托基金来管理，作为他们退休金的储备金。在最初的理论中，经济学家并没有区分上述两种不同的情形。这可能是由于当时关注的重点是持股对于职工的激励作用，在以单个职工的行为来说明问题的模型中，企业的所有权结构是无关的。但职工持股的实践却表明，完全职工持股和不完全职工持股在企业决策和激励机制上是相当不同的，需要甄别对待。

职工是否完全持股的问题，本质上是企业股权的激励结构问题。职工持股所分享的利润越多，就意味着企业的主要投资人（也就是资本家）能够得到的回报就要相应减少，这样，稀释资本家的激励是否会削弱或打击他们的动机、权力和权威？在一些经济学家看来，按照古典企业剩余索取权和剩余控制权对应的关系来进行比较，在职工持股的情况下，实际上是把阿尔齐安所谓"中心签约人"的权利分散在很多人的手中，但持股的职工们由于集体行动的问题会导致决策效率的降低。因此，在持股导致职工一定程度上个人激励有所改善的同时，职工持股也带来决策效率和监督效率的降低。大概是由于这样一个原因，在美国大多数职工持股的企业里，职工只能参与利润的分享，但无权参加企业的控制与管理。另外，在职工持股的数量上一般也会有一个限制。通常在公开上市的公司中，职工持股的数量不会超过公司总发行股份的20%。

在这一领域出现的第三个理论进展，是经济学家发现：职工持股的目的会直接影响到企业的经营结果。美国学者 Mauldin 在对美国有职工持股的上市公司进行研究之后指出：向职工发行职工股份的原因是不一样的，比如，可以是为企业的进一步发展筹措资金；可以是通过向内部职工发售股票抵御公司被接管；也可以是作为职工福利项目和退休基金的一个部分；还可以是为了激励职工，增强职工的责任感。但并不是所有的职工持股都能产生促进企业生产率提高的目的，出于不同目的的职工持股在激励作用上是不同的。在多数情况下，职工持股都具有比较强的福利含义。

必须认识到，上述这些研究结论对于我们思考中国大型国有企业是否要推行职工持股制度，不仅非常有帮助，而且也很有必要。新的理论框架非常有助于我们去判断一个企业，在它特定的行业结构、经营状况和公司文化的情况下，通过职工持股是否可以有效地形成对生产率提高的促进，而不是像过去那样仅仅凭借着对职工持股制度的良好愿望去操作改革。

2 员工持股的国际经验

在企业进行员工持股安排的时候，一个非常具体的问题就是怎样恰当地设计职工持股的实施计划，以及怎样对所出售的股份定价。1997年，法国电信公司在其私有化的过程中，建立了职工持股制度。由于法国电信的企业规模和国有性质，其做法对我国很多大型国有企业可能更有借鉴意义。

操作中所遇到的首要问题，是职工应该持有多大比例的企业股份；第二，是哪些职工应该参与持股计划，这些职工会不会参与，如何调动这些职工进行参与；第三，职工持股的期限应该多长，怎样保证职工持股期能够达到这个目标；第四，应该在什么价格水平上向职工出售股份，如何在定价上平衡职工和企业股东的利益。

解决这些问题，需要对职工是如何看待持股这件事的心态进行分析。1997 年整个法国直接持有股票的个人投资者只占总人口的 8%，个人投资者直接持股的经验有限，因此，法国电信所处的环境不是一个容易出售股份的环境。另外，很多在法国电信里工作的职工，多年的公务员身份已经使他们的风险规避意识非常强。他们不太愿意承担风险，因此，除非在出售股份的价格上有大的折扣，在一般情况下，职工都不太情愿购买公司的股票。但是，法国私有化的法律规定：股票价格折扣的上限是 20%。因此，简单地降低价格，用较大的折扣来吸引员工的做法行不通，出售给员工的股票价格最低也只能是对外发售的价格减掉 20% 的折扣。因此，要达到向公司职工出售股份的目标，管理者们必须要设计出既不违反这个规定，又能给员工带来更大利益的持股计划。

经过反复研究，法国电信确定了职工持股的总比例是 10%，并且，要力争让持股的职工能够长期持有，从而发挥福利和激励的双重作用。为此，法国电信对这次职工持股的改造过程制定了五条原则："①让大部分利益集中在员工最初投入的几千法郎投资中；②通过制定优惠的支付条款以及提供贷款计划的方式帮助员工筹集资金来购买股票；③提供多种选择，并且提供同时选择一个以上计划的可能性；④提供长期持股的激励来促进产生稳定的股东基础；⑤尊重每个员工选择的自由，并且保证对交易保密"。基于这些原则，法国电信公司为员工制定了四个购买股票的方案。其中有三个实质上就是在不违反法律规定的前提下给员工较大的折扣，并且出于鼓励长期持有的目的，对更长的持有期给予了更大的折扣。第四个方案则类似股票期权，提供了保底的收益，并且有着相当大的潜在升值利益。我们把这四个方案简单描述如下。

第一个方案（名为 Abondix）规定，职工在购买股份的时候，除了可以获得 20% 的折扣之外，对投资的前 3000 法郎，公司赠送同等数额的股份；对于接下来的 6000 法郎投资，再赠送相应股份数的一半；如果职工的投资额足够大，那么对于再接下来的 66000 法郎投资，再赠送这部分投资股份数的 1/4，但职工的持股期必须要满 5 年。在员工持股满 5 年之后，员工可以获得免费的股份（Free Shares），免费股份的获得也与投资额挂钩：前 3000 法郎的投资可以得到同等数额的免费股份，接下来的 3860 法郎投资可以再得到相当于这部分股份数的 1/4 的免费股份。参与这个方案的员工可以选择现金支付、分期付款以及从养老金计划扣除等方式来支付投资款。在这个方案下，员工投资 9000 法郎，实际得到的股票价值将达到 26250 法郎，实际上的折扣额达到 66%。

第二个方案（名为 Simplix）规定，职工在最初购买股票的时候得到 20% 的折扣，但职工须持股两年。之后若再持股三年，则可以得到免费股份，免费股份的配送方式与方案一相同。这一方案规定的支付方式稍稍有别于方案一，取消了从养老金计划扣除这一方法，只允许现金支付或分期支付。这个方案的折扣额为 52%。

第三个方案（名为 Disponix）规定，职工在最初购买股票的时候没有折扣，并且只能用现金支付，也没有持股时间的要求。但如果职工想得到免费股份，就要持股满一年，届时投资额满 6860 法郎的员工可以按照这 6860 法郎购买的股份数每三股获得一股免费股份。这个方案的折扣额为 25%。

第四个方案（名为 Multiplix）中的职工持股像是股票认购期权。职工在购买股票的时候获得 20% 的折扣，可以选择现金支付或是分期付款。他们需要持股满 5 年，这 5 年会保证获得一个 25% 的收益。此外，投资的前 2000 法郎可以按 50% 的比例获得相应的赠股（Matching Bonus）。然后，员工会以贷款的方式得到另外的一笔股份，数额为购买量及赠股数之和的 9 倍。贷款的偿还会以五年后的股价为基础，保证员工可以获得股票升值的利益。也就是说，员工购买一股股票，5 年内会有 25% 的保底收益，还可以期待得到 10 股股票的升值收益。

法国电信也给这几个方案定了一些限制条件，例如，职工在第一和第四这两个方案中的总投资额不能超过他工资的1/4，员工购买的股份和 Matching Bonus 增股的价值总和不能超过823200法郎，员工在投资第四方案之前必须要在其他的某个方案当中有投资，等等。法国电信的员工可以在这些限制条件的范围内，根据自己的财力、希望的持有期、喜欢的支付方式等等因素来选择这几个方案的组合进行投资。

应该承认，上述方案非常有弹性，给了公司职工很大的实际利益。当股份出售完毕，对全面情况的进一步分析显示：①方案 Abondix 显然最受欢迎，45.2%的在职员工只选择了这个方案。其次是 Abondix 和 Multiplix 的方案组合，32.3%的在职员工选择了这个组合。所有参与员工的投资组合的平均持有期间为4.6年，表明员工们愿以持股较长的时间来换取更大的折扣好处，这也达到了最初制定的鼓励职工长期持有公司股份的目的。②参与持股计划的职工占总人数的62.8%。其中，那些工资收入越高、个人财富越多的员工越愿意参与这一持股计划，同时投资额也会越高。③方案 Simplix 受到了非在职员工的广泛欢迎，分别有66.9%的退休人员和77.6%的非退休离职人员选择投资这个方案。方案 Simplix 和 Disponix 的组合也分别吸引了9.3%的退休人员和16.8%的非退休离职人员向其投资。显然，这些信息对于我国国有企业是有较大借鉴意义的。

3 我国的职工持股实践

我国职工持股制度的实践始于20世纪80年代中期，主要是在一些集体企业和中小型国有企业中，通过职工持股会来代表职工拥有公司的股份。但在80年代末到90年代末大约10年的时间里，曾伴随证券市场的迅速发展，出现过以上市为目的的职工持股热潮。

这个热潮是紧紧伴随着证券市场的发展的。深圳市是最早在国有企业中进行这方面探索的城市，80年代末就明确规定"允许企业将一部分国有股权出售给个人"，建立职工持股制度。之后，上海等城市的企业也开始进行类似的探索。为了规范全国性的改革实践，国家体改委和国务院证券委先后在几个文件中做出规定：对于采取定向募集方式设立的公司，经批准可以向内部员工发行不超过总股本20%的股份，后来这个比例下调到2.5%，并规定这部分持股从配售之日起满三年后才能上市转让；对于采取社会募集方式设立的公司，职工认购的股份不得超过向社会公开募集股份总数的10%，并明确这部分股份在本次发行股票上市后六个月内可上市转让。

由于有了上市转让的可能性以及由此而带来的巨大的获利机会，各地以定向募集方式设立的股份公司数量在1992年之后急剧增加，其中绝大多数都设有内部职工股。据不完全统计，当时发行内部职工股的各类公司达上万家。职工持股的主要动机是为了有朝一日能够上市，而上市则意味着股票能够获得几倍甚至几十倍的收益。所以，在这个时期，内部职工持股的发行实际上是一种集资和市场套利的冲动的结合，公司领导向职工发行内部职工股集资，同时也向职工许诺一旦上市成功，则有巨大的回报。

由于内部职工股发售过程中的套利倾向，以及在内部职工股发行过程中的种种不规范做法，国家体改委于1994年底下达了《关于立即停止审批定向募集股份有限公司并重申停止审批发行内部职工股的通知》，至此内部职工股的发行基本被卡死。不过，在一些已经被获准上市的企业里，仍有一部分股份是定向发售给公司职工的。

1996年12月26日，中国证监会对这一部分股份做出规定，“从新股发行之日起，期满三年方可上市流通”。1998年11月25日中国证监会发布《关于停止发行公司职工股的通知》，这标志着在这个时刻以后任何形式的内部职工股都不再新发行，除了以前经批准已经发行了的职工持股，职工靠持有自己公司的股票获得利益的门路已被彻底关闭。

中国上市公司中的职工持股行为在很大程度上是为了交易获得溢价收益。但即使如此，由于中国证监会对职工持股期的硬性要求，所以我们是可以来考察在持股期间内持股是否对公司的业绩有激励效果。我过去进行的一项研究采用数量方法对上市公司自设立以后第二年、第三年和第五年的内部职工持股数量和公司财务业绩、市场业绩之间的影响关系进行分析，发现了存在内部职工股的公司在财务业绩上显著优于不存在内部职工股的公司，而且内部职工股的比例与公司的财务业绩呈显著正相关关系的现象。这个发现在一定程度上说明“职工持股对公司业绩还是存在一定的激励作用的”。

然而，这个研究也发现在内部职工股上市流通以后，曾经发行过职工股的公司在财务业绩和市场业绩上均显著低于从未发行过内部职工股的公司。这从另外一个角度呼应了Mauldin在1999年有关“职工持股的目的决定激励效果”的发现。我国上市公司发行内部职工股，在很大程度上就是为了让职工通过上市交易套现获利，因此，职工持股对企业长期业绩的持续改善是激励不足的。

我曾经对上市公司之外的内部职工持股企业进行过典型调查，结果发现，对于其他一些国有企业，实行职工持股制度还存在如下几个方面的难点问题。

第一，是职工出资的能力和企业实际资产规模之间往往存在着巨大的差异。常常是如果让职工真正出资，他们出资的能力甚至不足以购买公司资产净值的一个百分点。而如果希望达到职工持股哪怕10%这样的目标，职工的出资额常常会达到一个天文数字，职工根本出不起。而我们现有的国有资产管理体系又不允许过多的资产折价出售，这就导致很多企业想建立职工持股制度，但根本行不通。我们曾经提出“用股份买断工龄，减少企业冗员”的方法，但都由于涉及到国有资产处理上会违规，而不能实行。

第二，风险问题仍然是很多企业实行职工持股制度的最大障碍。由于我国目前正处于社会经济变动比较剧烈的时期，企业经营状况的波动是非常剧烈的。在这种情况下，如果让职工把多年积攒的储蓄拿出来购买企业的股份，一旦企业经营状况不佳就会导致职工巨大的财富损失。

第三，在已经建立了职工持股制度的企业里，客观上还存在着职工与管理者在决策过程中的矛盾，这也直接威胁到职工持股制度的长期有效性。比如，有一个国有企业通过改制已经建立了职工持股制度，职工持股总量超过了50%。当时选择这样一个比例就是为了把企业从完全国有企业的状况中“解放”出来。但是，管理者现在所要做的事情就是要想办法把职工持股的比例再减少到50%以下。为什么？因为在这个企业里面，所有管理者想做的事情都做不成，职工希望企业能够少投资、多分红。凡是有一定风险的事，到了股东大会上一定通过不了。

总之，关于职工持股制度的理论、国际经验和我国有关实践的问题，都客观地向我们昭示：职工持股是一柄“双刃剑”，只有结合企业的实际情况，才可能取得预想的效果。这一点，是企业和负责国有资产管理的部门都要格外注意的。

3 内部人持股与公司业绩的关系

内部人持股与公司业绩的关系，是近20年来国际经济学界关于企业理论和公司治理问题研究的一个热点领域。本节，我们对到目前为止的研究工作进行综述。

1 内部人持股“无关论”

首先将内部人持股与业绩关系问题引入研究者视野的是美国经济学家 Demsetz 和 Lehn，他们1985年在《政治经济学杂志》上共同发表了一篇题为“所有权结构：原因与结果”的文章，明确地界定了问题，开创了一个新的研究领域。在这篇文章中，两位学者的矛头直指著名的 Berle 和 Means 命题，并通过经验研究发现了不能支持这一命题的证据。

我们知道，Berle 和 Means 在1932年出版了著名的《现代公司与私有产权》（The Modern Corporation and Private Property）一书，在这本书中，他们列示了关于美国大型上市公司“股权分散化”的观察和关于“所有权与控制分离”的论断。Berle 和 Means 认为，由于所有权分散在众多股东手中，股东无法有效地监督经理，而经理的利益与股东的利益又是不相一致的，于是，在缺乏监督的情况下，掌握公司控制权的经理就可以把公司的资源花费在满足他们利益的方面，而不是用在使股东价值最大化的方面，结果自然是公司价值的下降。显然，Berle 和 Means 的论述暗示着股权结构与公司价值之间的负向关系：股权结构越分散，股东对经理的监督程度越低，公司的价值越低。Berle 和 Means 因此认为，股权的分散化会严重损害私有财产的社会功能，会破坏利润最大化指导下的资源有效配置法则的正常运作。

在 Berle 和 Means 命题被提出之后，它在很长一段时间里都是令几乎所有在现代公司内部委托代理关系和经理激励问题上进行研究的人自发接受的一个逻辑起点，没有人曾经对此质疑。而 Demsetz 和 Lehn 正是从质疑这个基本命题开始，在他们看来，也许现代公司的股权真的被分散化了，但为什么会出现所有权的分散化，其原因并不是非常清楚的。由于不能说清楚股权分散化的原因，也就不能简单地说，分散股权结构一定和职业经理的低效率行为相联系。Demsetz 和 Lehn 所隐含的一个问题是：难道股东都是傻瓜，会甘愿保持一个分散的股权结构，而忍受职业经理的剥夺？

其实，在 1983 年的另外一篇文章中，Demsetz 曾经提出，企业的所有权结构可能是企业最大化其收益的内生结果。他认为，所有权结构是竞争选择的内生结果，在这一选择中，各种成本优势和劣势相互平衡产生了均衡企业组织。而在 Demsetz 和 Lehn 于 1985 年发表的论文中，则用经验分析的手段进一步讨论了所有权结构的各种因素。

Demsetz 和 Lehn 所讨论的可能影响公司所有权结构因素有四个方面：①公司的资产规模；②对公司实施控制的潜在收益（control potential）；③行业的可竞争程度（是否处于管制行业和金融行业）；④控制公司是否会给控制者带来其他好处（比如是否处于媒体和体育运动产业中的公司，控制者在个人声誉等方面会有很多非货币的收益）。Demsetz 和 Lehn 用 511 家美国大型上市公司的数据检验了上述影响因素，发现了统计上显著的支持性证据。这说明所有权的分散程度背后是有决定因素的，不是随随便便就“股权分散化”了，股东就放弃对公司的控制了。

在对所有权决定因素进行了初步研究之后，Demsetz 和 Lehn 开始对 Berle 和 Means 命题进行统计检验，他们回归了股权集中程度与公司会计业绩之间的关系。他们发现，在控制了各种可能的影响因素之后，公司的会计业绩与股权的集中程度之间没有什么直接的关系，统计上难以找到显著的支持 Berle 和 Means 命题的证据。

具体来说，如果 Berle 和 Means 命题是正确的，那就意味着股权分散程度越大的公司里面，职业经理对公司的控制程度越大，越不受股东的约束，越可能会出现与股东的“离心离德行为”（entrenchment effects），公司的业绩因此也会比较差。但是，Demsetz 和 Lehn 发现股权集中程度与公司会计业绩之间统计上无关。如果加上他们前面关于所有权决定因素的计量研究所得出的有力结论，这就意味着我们并不能简单地由 511 家美国大型公司的“股权分散”证据直接推导出“所有权与控制分离后，职业经理低效率行为增多”的结论。

Demsetz 和 Lehn 的研究工作是开创性的，在他们文章出版之后的近 20 年时间里，很多学者都使用他们的方法对各国、各种类型的公司在股权与业绩之间的关系进行了统计检验，为理论的不断创新提供了更多的证据。Demsetz 和 Lehn 在这个研究中关于业绩与股权之间没有直接关系的发现，也被认为是一种“无关论”的代表证据。

2 两种不同形式的“有关论”

与 Demsetz 和 Lehn 的发现相对，在 80 年代后期的另外一个重要发现是“有关论”。代表性工作有两个：一个是 Morck，Shleifer 和 Vishny 在 1988 年的论文，他们发现公司所有权结构（主要衡量内部人持股的比例）与业绩之间存在着很显著的统计关系，呈现出一种分段的线形函数；另外一个是 McConnell 和 Servaes 在 1990 年的论文，他们也发现了公司股权结构与业绩之间具有统计关系，但这种关系是二次函数关系。

在 Morck 等人在 1988 年的研究中，研究样本由 1980 年《财富》500 强中的 371 家公司构成。他们用董事会成员的总持股比例来描述内部人的所有权（反映股权结构的特征），用托宾 Q 来描述企业的业绩，从而考察股权和业绩之间的关系。根据数据的基本状况特征，Morck 等人以董事会的持股比例 5% 和 25% 为分界点，采用分段估计的方式进行计量研究。回归结果显示，董事会持股在 0 ~ 5% 之间时，公司业绩与内部人持股正相关；但是当持股在 5% ~ 25% 之间时，公司业绩将随着董事会成员持股的增长而下降；而当董事会成员持股大于 25% 时，公司业绩与董事会成员持股再次呈现出正相关关系。

Morck 等人根据上述计量研究结果做出如下推论。他们认为，公司内部人（董事会成员）持股与公司业绩是有关系的，持股会产生出两种效果，共同影响公司业绩。首先，是一致效应（alignment effect）。即持股会给董事们带来激励，使得他们的利益与股东相一致，这有助于降低代理成本，给公司业绩带来好的影响。董事们持股越多，激励就越大，业绩越好。其次，也存在着分离效应，或离心离德效应。具体来说，当董事会成员持股处于一定范围时，他们对公司有了更多的控制，就有可能更加无所顾忌地把公司的资源用在对他们自身有利但却会损害股东利益的方面。有关分离效应的描述，他们实际上是继承了 Jensen 和 Meckling 在 1976 年论文的思想。

Morck 等人认为，内部人持股对公司业绩的影响正是这两种效应共同作用的结果。当一致效应占据主导时，公司业绩会随着董事会成员持股的增加而变好。反过来，当离心离德效应占据主导地位时，董事会成员持股越多，公司业绩就越会受到损害。根据计量检验的结果，Morck 等归结出：在 0 ~ 5% 之间，董事会成员的持股会带来一致效应，持股会使内部人有动力去最大化公司的价值；当持股超过 5%，离心离德效应开始占主导地位，董事们的持股会使得他们在公司内的地位进一步巩固，可以更加容易地按照他们自己的意志来支配公司资源；而当董事会成员持股超过 25% 之后，持股比例的增大会使一致效应重新占据主导地位，公司业绩于是会再次随着董事会成员持股的增长而增长。

Morck 等人在 1988 年的论文中还使用相同的研究数据按照 Demsetz 和 Lehn 在 1985 年论文中使用的方法进行了线性回归，结果发现了与后者相同的结论。因此，Morck 等人怀疑 Demsetz 和 Lehn 的“无关论”是由于他们使用了错误的估计方法。上述这些研究确立了 Morck 等人的研究工作在学术发展中的重要地位，被认为是“有关论”的代表性工作。

“有关论”的另外一个代表性工作，是 McConnell & Servaes 在 1990 年发表的研究成果。在这篇论文中，两位作者认为在研究股权结构和公司业绩之间关系的时候，不能把所有的股东看做是无差别的，应该区分不同类型的股东群体。他们主张股东应该被分成四类：持股的内部人、分散的小股东、大股东和机构投资者。而他们的研究工作，则主要讨论了内部人、大股东和机构投资者这三类股东持股比例和公司业绩之间的关系。

McConnell 等的研究选择了两个样本，一个由 1976 年的 1173 家公司构成，另一个由 1986 年的 1093 家公司构成。他们的样本比上述几个研究所选择的样本都大。McConnell 等对两个样本进行了同样的回归分析，得到了相当一致的统计结果。他们发现：①内部人持股与公司业绩（同样用托宾 Q 来表示）存在显著的非线性关系。具体来说，公司业绩先是随内部人持股的上升而增长，过了某个点之后，又会随着内部人持股比例的上升而下降。对于 1976 年的样本，公司业绩在内部人持股接近 50% 的地方达到最大值，然后转为下降；对于 1986 年的样本，公司价值在内部人持股达到 37. 6% 的时候到达最大值，并在之后转为下降。②大股东持股与公司业绩之间没有显著的关系，与公司是否存在大股东也没有显著关系。这个结果与 Demsetz 和 Lehn 在 1985 所取得的成果有点接近。

③机构投资者持股与公司业绩呈现显著的正相关关系。

特别值得一提的是，McConnell 等还在研究中把大股东持股和内部人持股联合起来进行了与公司业绩之间关系的统计分析，得到了显著的非线性关系，其结果与只考虑内部人持股时的结果相似。由此，McConnell 等进一步猜测：这很有可能说明大股东会与内部人一起来联合控制公司。

显然，尽管在所有权结构和公司业绩之间具体的关系形式上有分歧，但 McConnell 等的研究显著地支持了 Morck 等的研究，都认为公司的所有权结构与业绩之间是“有关的”，而不是像 Demsetz 所说的那样是“无关的”。这也证实了 Berle 和 Means 命题的正确性，以及要对公司内部人进行激励机制设计的必要性。

当然，为了更进一步支持自己发现的重要性和惟一正确性，McConnell 等也试图用 Morck 等的研究方法对自己的样本进行统计分析。他们发现，内部人持股在 0～5% 的区间内，与公司业绩有显著的正相关关系，这与 Morck 的结论一致；但在 5%～25% 的区间内，同样是正相关关系，这与 Morck 的结论相反；而在大于 25% 的区间内，该系数接近于零。此后，McConnell 也只使用大公司样本再次进行回归，仍然不能得到 Morck 等人的结论。

Morck 等人和 McConnell 等人的研究于是在学术探索的道路上留下了一个历史公案。在此后几乎 10 年的时间里，很多学者都尝试用不同的样本进行类似的统计检验，试图对这个问题提供更加有力的证据和结论。比如，Holderness，Kroszner 和 Sheehan 在 1999 年所发表的论文就是一个典型的例子。在这个研究中，他们共采集了两个样本。其中，1935 年的样本包括了 1236 家上市公司，1995 年的样本包括 3759 家上市公司。用相同的分析方法，对 1935 年样本的回归结果得出较为接近 Morck 结果的结论。而对 1995 年样本的回归，则得到与 1935 年样本差别较大的结果，虽然各个区间回归系数在方向上与 Morck 结果一致，但统计上却只有一个系数通过了显著性检验。

3 “内生论”与研究的新阶段

正在学者们就所有权结构与业绩“有关”或“无关”，以及关联的具体形式之间莫衷一是的时候，在 1999 年和 2001 年，这个领域的另外几篇文章将整个研究又推向了一个新的阶段。

1999年，Himmelberg，Hubbard和Palia首先从理论和实证两个方面对所有权结构与业绩的关系问题提出了新的见解。他们认为，内部人持股和公司业绩之间的关系受到公司合同环境特征（包括可观测的和不可观测的各种特征）的影响，因此，内部人持股比例具有内生性质。而在内部人持股具有内生性的前提下，单纯使用截面数据来估计管理层持股与公司业绩之间的关系，就有可能会得到有偏误的结果。他们认为，前人的研究（包括Morck等人的研究）之所以会产生统计上的分歧，很大程度上就是由于这样的原因。

为了支持他们的观点，Himmelberg等人选择了600家公司从1982年到1992年的数据来构成样本。他们首先分析了为什么不能用截面数据来估计内部人持股与公司业绩之间关系的原因。他们认为，由于内部人持股和公司业绩都受到不可观测之公司特征的影响，这就使得在公司业绩的回归模型中作为解释变量的内部人持股与残差项（含有不可观测的公司特征项）相关，从而使截面数据的回归得出错误的结果。Himmelberg等人补充了可观测的和不可观测的公司特征作为解释变量，扩展Demsetz关于股权结构决定因素的研究，结果证实了内部人持股确实受到了这些公司特征的影响。

Himmelberg也检验了内部人持股与公司业绩（用托宾Q来表示）之间的关系。他们分别用二次曲线模型和分段回归模型进行统计估计，结果发现：在采用截面数据估计方法的情况下，上述两类模型方法都能得到显著的相关证据。但在采用面板数据的估计方法时，消除了可观测的以及不可观测的公司特征的影响之后，回归结果显示内部人持股与公司业绩之间没有显著关系。这种"新内生论"既是对Demsetz"无关论"的一个回归，也进一步证实了所有权结构，特别是内部人持股比例内生性决定的观点。

也许是受到Himmelberg等人研究结果的鼓舞，Demsetz和Villalonga在2001年对1985年的研究工作又再一次进行分析。他们选择了1985年样本中511家公司中223家企业数据作为新研究的样本，使用新的计量方法进行统计分析，并对所有权结构与公司业绩之间关系的统计差异，提出了三方面的解释。在他们看来，用什么变量来描述公司业绩、用什么变量来描述所有权结构以及是否考虑到所有权结构的内生性，是以往所有研究在统计结论上莫衷一是的根本原因。

首先，托宾 Q 和会计利润率作为两个衡量业绩的指标，它们之间有着重要差别。会计利润率主要是反映已有的经营成果，而托宾 Q 主要是反映市场对未来的预期，在用于衡量所有权结构对业绩的影响时，描述已有成果的利润率指标也许更佳。而托宾 Q 作为市场对未来的预期，更多地受到市场上投资者心理因素的影响。此外，托宾 Q 比利润率更容易受到会计估计中人为因素的影响。因此，单单依赖托宾 Q 来衡量公司业绩是不恰当的。

在 1985 年的文章中，Demsetz 使用 ROE 作为业绩指标，而在新研究中，他使用托宾 Q 作为业绩指标的代表，但也用 ROE 作为业绩指标进行了检验，发现后者的结果比使用托宾 Q 时的结果更弱，从而证明了使用托宾 Q 比会计利润率更容易受到人为因素的影响。而 Morck 的文章也表明，在业绩指标为会计利润率的情况下，所有权结构与业绩的关系要弱得多，接近于两者无关的结果。

其次，使用内部人持股来衡量公司的所有权结构，在一定程度上会掩盖内部人当中的身份差别。同样是公司的内部人，有些是纯粹的外部投资者，而另外一些则可能是纯粹的职业经理人。因此，在研究所有权结构对业绩的影响时，前几大股东的持股以及管理层的持股应同时加以考虑。

第三，应该充分重视所有权结构的内生性质。公司的所有权结构实际上是多种因素共同作用的结果，其中，很重要的一个因素是公司的业绩。当公司的业绩还不错的时候，所有权结构可能会相对分散，其他的因素也许能够抵消分散股权结构所带来的经理缺乏监督的后果。由于 Demsetz 学术宗师的地位，因此，他在 2001 年的文章中所特别强调的所有权结构的内生性问题就成为当今很多学者研究的重点。

需要指出的是，通过近年来的深入研究，学者们现在也认识到，估计方法对于统计结果的影响也是值得重视的。另外，关于所有权结构内生性的考虑往往要通过估计方法来反映。在所有“无关论”和“新内生论”的研究中，学者们都使用恰当的估计方法来控制所有权结构的内生性，得到了一致的结果。比如，Himmelberg 用固定效应模型来控制既影响所有权结构又影响公司业绩的公司特征。而在 2001 年的文章中，Demsetz 则是使用两阶段最小二乘法估计来控制内生性的影响。Demsetz 曾分别用最小二乘法和两阶段最小二乘法来做回归，结果发现：在使用最小二乘法时能够得到的相关结论，在使用两阶段最小二乘法进行回归时则不存在。

Corporate Governance: Theory and Cases

公司治理理论

第五章
董事会制度

1 董事会制度的性质
2 董事会的组织
3 董事会的具体任务
4 董事会委员会的职能
5 董事会制度研究前沿
6 基于管理的董事会运作

现代大型股份公司的一个重要特征就是构成企业的财产所有权与企业的实际控制权的分离。公司的巨型化导致股权高度的分散，数量众多的股东无法对公司的经营进行统一有效的控制，而且不少股东缺乏公司经营所必需的知识和经验，加上他们持股数量有限，参与公司经营活动也很难有效地对公司决策施加影响，所以，公司的有效经营要依赖于具有专业知识的经理来进行。但是，股东并不是直接把公司控制的权力交给了职业经理。公司的权力首先由股东转向了董事会。

1 董事会制度的性质

1 为什么需要董事会制度

在美英等市场经济国家，大多数的经济组织都是由董事会组织来驾御的，在现代公司制度中，建立董事会也是这些制度的一个基本要求。那么，为什么一定要一个董事会呢？董事会应该做什么？现在的多数国家的董事会制度是不是有效的？董事会的效率能否得到改善呢？这些问题一直是公司治理研究的核心。但关于这个基本问题，目前人们的认识还不甚了了。

有人认为，董事会制度是基于公司法和上市公司监管条例的要求。比如，在公司注册的时候，就应该设置一个符合某些要求的董事会，董事会成员的资格和数量要满足要求，董事会要与经营班子有相对的独立性，董事会要设置一些委员会，董事会以及下属委员会要经常见面。所以可以说，是制度要求导致了公司董事会的设置。或者说，在经济发达国家，董事会的存在和权力是由法律规定的。

但是，有大量的证据都说明这个认识是片面的。

首先，是董事会产生的时间要远远早于法律要求和上市公司规制环境形成之前。其次，不仅仅是上市公司，很多机构甚至是非盈利机构都设置了董事会，并在组织机构的章程中规定了董事会的责任和工作原则。

第三，如果董事会制度只是为了满足监管机构的要求的话，那么，我们就可以观察到董事会的某些特征，比如独立董事的人数、董事会的规模就往往会保持在一个最低的水平上。就好比今天中国上市公司的独立董事人数一样，由于大家都不愿意设置，但按照要求又不能不设，所以，数量都只是在最低的要求水平上。但是，在经济发达国家，董事会的人数常常会超出要求水平很多。第四，在市场经济国家中，如果董事会的设置只是为了满足规制的要求，它就是只增加企业成本的制度，会浪费股东的财富，于是，就会有减少或取消这个制度的游说活动（lobbying）。但是，迄今为止，没有这个方面的经验证据。

于是，目前关于董事会理论研究的一个重要问题就是寻找关于董事会存在的经济方面的理由。在这个领域，关于所有权和控制权分离的成本与收益方面的研究进展也许会有帮助。董事会被认为是为解决代理问题，而在大型组织内部演进出来的、一种符合市场经济原则的内生组织或制度。也就是说，由于代理问题的存在，为了利用所有权与控制权分离的收益，减少分离的成本，大型公司逐渐演进出了董事会等制度规范。

不过，关于董事会性质的研究，是经济理论的一个盲区。除了 Fama 和 Jensen 在 80 年代初期的几篇重要文章，这个领域的理论研究进展是有限的，少有较具说服力的研究结论。但是，这个问题的研究又是十分重要的。“为什么要设置一个董事会制度”的问题实际上是回答“董事会究竟应该具有什么样的职能”，以及“董事会的运作效率能不能得到改善”这些问题的前提和基础。但是，直到现在，在这个最基本的问题上，经济理论还不能提出令人信服和满意的回答。

美国著名经济学家 Fama 在 1980 年的文章“Agency Problem and the Theory of the Firm”，以及他和另外一位哈佛经济学家 Jensen 在 1983 年的文章“Separation of Ownership and Control”中对为什么要有董事会的问题进行了比较清晰的阐释。他们认为，虽然公司控制市场是对经理败德行为最有力的约束，但是，董事会是监督经理的一个成本最低的内部资源。也正是基于此，在美国，董事会的责任和义务在一些州的公司法中有比较清晰的规定，被认为是代理契约的标准形式。

具体来说，董事会被看做为是由市场诱导并演进出来的经济组织，它的中心任务是要协调各种利益矛盾，并最有效率地对代理关系进行控制。因此，董事会被要求监督公司在经理班子手中的重要决策过程。一般来说，经营决策过程包括对主要经营活动方案的提出、方案的评价与选择、方案执行过程的监督和评估以及对经营责任者的奖惩等。也可以把这些过程分成两个大的阶段：决策管理与决策控制。很显然，决策管理的任务交给了高级管理人员，而决策控制工作则是董事会的责任。

2 董事会制度的发展阶段

从美国的情况看，董事会制度的发展经历了三个时期，目前应该正处于第三个发展阶段的初期，并没有完成。

董事会发展的第一个阶段，是内部人控制阶段。

在这个发展时期里，董事会成员要么是大股东或其代表，要么就是公司的职业经理。这些人自编自唱，还自己为自己打分，基本上不受约束。前面所说的决策管理与决策控制的职能在这个阶段，都集于内部人一身。从美国的情况看，这种状况的改变与1940年出台的《投资基金法》以及以后的一系列法律有关。当然，这个改变是一个缓慢进化的过程。

董事会制度发展的第二个阶段，是外部董事（独立董事）为主的阶段。

从1970年代开始，美国公司董事会构成上的显著变化，就是用外部董事来替换内部董事。现代公司越来越多地引入外部人进入公司的董事会，这是近30年来的一个趋势。并且，在20世纪最后的20年里，这个趋势变成了“独立董事开始成为美国大型公司董事会结构中的主体”。

在70年代之前，公司董事会的主体是由公司的高管人员组成的，独立董事只占2~3席。后来，公司董事会开始引进外部人；再后来，就是审查这个外部人与公司经理层的关系是否清白。清白的、没有任何关系的才是独立董事，是上市公司股东最欢迎的外部人。到20世纪快要结束的时候，大多数上市公司的大多数董事都是独立董事。这些独立董事既不代表公司管理层，也不仅仅代表出资人（股东），而是力求体现出纽约证交所和纳斯达克市场所规定的“独立性”。

从历史过程看，美国大型公司由独立董事在人数上取得支配地位，是因为在70到80年代出现了很多对公司董事会或经营管理层不信任的法律诉讼案。80年代，国际上几家引人注目的大公司因为公司治理问题解决得不好相继倒闭，并曝出很多令投资者震惊的事情。1992年的《卡特伯里报告》就指出：“董事会中应该有足够多的、有能力的非执行董事，以保证他们的意见能够在董事会的决策中受到充分的重视”。在这样的一个历史背景下，建立独立董事制度以强化董事会职能，确保董事会的独立性、保证董事会运作的公正透明性，成为英美国家的证监会孜孜以求并大力推行的目标。美国国家董事协会甚至主张：像一些企业那样仅仅允许 CEO 作为内部董事而存在、其他任何内部人都不进入董事会，这种做法是非常值得肯定的。

但是，独立董事数量的大量增加是否一定会增加董事会的独立性呢？答案并不肯定。因为这受制于美国公司的权力结构。美国公司的历史传统是董事会主席是内部人，平时要在公司上班。而公司的经营活动的执行又有以总裁为首的经营团队。也正是由于董事会主席和总裁平时都在公司，为了使公司内外部人士能够知道谁是公司的“一把手”，美国才发展出一个叫做“首席执行官”（Chief Executive Officer，简称 CEO）这样一个称谓。

董事会主席兼任 CEO，实际的含义其实是“公司的经营大事最后由董事会主席拍板”。既然是主席拍板，董事会集体会议的时候讨论的东西就是主席拍板的东西，董事会就要在主席面前评论其功过。这很困难。也正是由于这个原因，现代公司的董事会制度有了进一步发展演化的必要。

董事会制度发展的第三个阶段，是委员会制度。

我认为，建立所谓“委员会”制度的真实目的，使为了将公司的内部人从董事会比较敏感的活动圈子剔除出去。比如，董事会有审计和制订经理薪酬的任务，但是，如果召开董事会的全体会议，所有的内部董事就会出现在讨论现场，外部董事在这些涉及内部董事利益的问题上就不好发言。而董事会下设几个专门的委员会，并且规定一些敏感的委员会只能由外部董事担任成员，就可以解决这个矛盾。

当委员会制度建立起来之后，董事会全体会议就不再以审计、薪酬等方面的细节作为主要议题了。董事会的任务首先由各个委员会在比较独立的情况下分别完成讨论和决议，之后再在董事会全体会议上进行审议，决定通过还是进一步讨论。所以，我们应该认识到，委员会制度实际上是独立董事与公司内部人争夺控制权，独立董事争取自己真正独立、并且提高决策效率的一个手段。

了解了董事会制度发展的阶段，就有助于我们深入思考如下两个问题。第一，为什么董事会的发展要趋向于独立化，什么是董事会中心的治理模式被建立起来的前提？第二，光是要求上市公司设立独立董事制度够不够？

首先，我们需要认识到，董事会作为一个公司的权力机构，它不是无来由产生和发展的，而是有着深刻的逻辑动因的。独立董事会的产生，本质上是由于股权的高度分散，在股东层面上很难形成利益均衡的机制，于是，股东们需要建立一个不偏不倚地代表大家利益的机构，这就是具有“独立性”的董事会。只有建立了具有独立性的董事会，董事会中心的治理模式才算建立起来。相反，如果公司的股权高度集中，怎么可能建立董事会中心的治理模式呢，情况一定是大股东中心的治理模式。如果监管机构一定要我建立董事会制度，我就建一个给你看，反正我知道，它是专门对付你，摆设给小股东看的。这实际上就是我们中国的情况。在上市公司普遍“一股独大”的基本情况下，怎么可以指望我们能够建立一个有效的、真正独立的董事会制度呢?

其次，光是请外部人来做独立董事，看来非常不够，还必须要建立保证独立董事能够发挥作用的配套体系。比如要建立委员会制度，并要对委员会制度的细节做出基本规定和约束。在中国的一些上市公司里面，也建立了薪酬和审计委员会，但委员会的主席一个是公司的董事长，一个是公司的财务总监。这就很难不使委员会制度流于形式。

3 董事会是信任托管机构

董事会是在股东大会上由全体股东选出的董事组成的。理论上讲，它代表了全体股东利益，是负责执行公司业务的常设机构，也是公司大政方针的决策与执行机构。董事会作为股东选出来的信任托管机构，它的目标就是要在长期内使股东财富的价值最大化。董事会的职责包括：负责召集股东大会，并向股东大会报告工作；执行股东大会的决议；聘任或者解聘公司经理；讨论决定公司的重大经营计划和投资方案；制定公司的基本管理制度等。董事会在公司的组织结构中处于中心地位，起着关键的作用。

公司的经营管理权是授予董事会而非某个董事成员的，董事会行使权力的方式是召集各董事开会决议，所以，董事会性质上是一个集体行动的执行机构。美国《标准公司法》第35条规定：除本法令或公司章程另有规定外，公司的一切权力都应由董事会行使或由董事会授权行使，公司的一切业务活动和事务都应在董事会的指示下进行。这突出地显示了董事会的整体地位。

上面两段话是关于董事会基本性质的描述，很多人在评判一个董事会是不是尽职、一个国家的董事会制度是不是有效时，所依据的标准实际上就是这样一个尺度。

关于董事会是股东信任托管机构的另外一层含义，涉及到了董事会内部的控制机制。在西方的公司制度中，董事会一般要有一个牵头人或组织者，也就是董事会主席。虽然董事会主席在董事会的活动中是一定权力的拥有者，但是从理论上讲，作为个人，他并不是股东财产的受托人。也就是说，只有董事会，才是股东大会选举出来并在法律上承担责任的受托机构。公司的董事会主席只是董事会决策过程的一个召集人。作为董事会成员，他可以在董事会上投出自己的一票，但他并不是股东财产的受托人，他不能左右整个董事会的工作。

理解现代西方发达国家的董事会制度，一是要充分体会西方国家的民主传统；二是要摒弃我国现存的“法人代表”的概念。在西方的公司法律制度中，是没有“法人代表”这个概念的。比如在英美国家，承担法律责任的受托主体是董事会这个集体，而不是某个个人。这在法理上不同于我国的情况。我国的公司法强调由一个自然人承担法人行为的责任，叫法人代表，一般由公司的董事长担任。在这种情况下，董事长比其他的董事会成员承担了更主要和更多的法律责任，他也就拥有了更多支配董事会行动的权力。

我国总是强调董事会的集体决策，强调董事会集体来制约董事长，但是，往往又是董事长作法人代表，承担财产托管的主要责任。这在基本逻辑上或者说在法理上是自相矛盾的。可以说，我国现阶段存在着的很多内部人控制的情况，同“法人代表”的概念，以及董事长作为大股东的代表负责董事会的组成和召集的现实情况，是有很大关系的。

讨论董事会的性质，一定要把作为股东利益代表的董事会和只是作为参谋机构的董事会区分开来。只是作为参谋机构的董事会，不是现代企业制度层面的董事会，不是我们的研究对象。在客观经济生活中，很多公司都设置了“董事会”。无论公司是大还是小，无论它是不是上市公司，可能它都愿意请一些专家或是名人，设置一个董事会。然而，在这些公司中，董事会在性质上可能是完全不同的。有的董事会是广大股东托管财产的机构，这些董事会承担着监督经理班子的责任；有的董事会是大股东一手操办起来的，它的存在是为了像所有股东证明：公司的运作是在一个公正机构的监督下进行的；还有的董事会是完全独资企业的老板聘请的专家构成的，这种公司没有任何的外部股份，所以，它更像是一个高级参谋队伍，并不承担任何财产托管的责任。

上述各种情况下的董事会，在相同的名称下，有着根本不同的本质。

只有财产托管责任的董事会才是现代公司意义上的董事会。我这样讲，不是说参谋的作用不是董事会的功能，而是说，董事会有两大职能：一是财产托管以及由此而来的监管职能；二是参谋职能，仅仅具有参谋价值的董事会，不是现代公司意义上的董事会。

关于董事会的责任以及该对谁负责的问题，是目前争议比较大的问题。在本书第八章，我们将讨论利益相关者在公司治理中的角色问题，也将讨论状态依存所有权的概念，这是讨论董事会对谁负责问题的基础。我认为，董事会从根本上说还是要对股东负责的。

在绝大多数公司法中，董事具有两项责任：忠诚的责任和管理的责任。忠诚的责任是指董事必须表现出对股东的绝对忠诚，不懈地维护股东的利益。比如说，一个董事同时在两家公司的董事会中任职，这两家公司有利益上的冲突，那么，他就必须从其中的一家董事会完全退出。这是因为，他不能同时对两家公司的股东表示出必要的忠诚。管理的责任是指一个董事在做决策时必须要勤奋认真，要发掘关于该问题的尽可能多的信息，并且尽可能考虑所有合理的选择。当一个董事能够证明他是以绝对的忠诚来履行他的管理职能的时候，法庭就会服从他的商业判断。相反，如果董事的决策很明显地是为了自己的利益服务，或是随意的，无论从后来的结果看当时的决策是否是个好的决策，法庭都会对董事是否尽到了自己的责任提出质疑。

不过，也有人认为，上述董事的责任，是针对公司的剩余索取权的拥有者的。但是公司的剩余索取权的拥有者，是状态依存的。在公司不同的财务状态下，公司的剩余索取权的拥有者，可以是不同的所有者。这在观察公司的破产程序上，是看得非常清楚的。公司净资产数量的不同，可能公司清算时的剩余索取权拥有者的范围也不同。所以，这就引出了公司“出资者”的概念。“出资者”包括传统意义的所有权拥有者，也就是股东；以及其他的资源提供者，也就是“利益相关者”。这就是现在为什么有学者用“出资与管理的分离”的概念来替代“所有与控制的分离”的概念的原因。

那么，董事会究竟是对谁负责的呢？究竟是股东这个最后的剩余索取权的拥有者，还是所有的利益相关者？这是现代董事会理论讨论的一个焦点。不同的利益主体对董事会的期望是不同的，基于这些不同的期望，判断一个董事会是不是好的董事会，标准也不同。

从股东的方面看，他们希望董事会能够完全满足他们的利益，而且能够最大限度地满足他们的利益，能够给他们提供尽可能高的回报，至少这些回报比他们竞争对手的回报要大。股东有的时候会对董事会施加一些短期压力，要求公司能够让股价经常上升，红利能够经常有所增加。

但是，从其他利益相关者的角度看，董事会却应该关注除了股权收益之外的事情。比如，从雇员的角度来讲，他们通常希望公司能够保障他们一生的工作机会，在今天的知识经济以及产业变动剧烈的情况下更是这样。即使有些雇员并不是不切实际地希望公司能够维持他们一生的就业，但他们也会期望公司能够经常地给他们改善劳动报酬，改善工作条件，等等。公司的顾客、供应商和市场上的其他关系单位也会对董事会有所期望。这些利益上各自不同的主体往往会希望和公司维持一个比较好的合作关系，顾客希望公司能够为自己的产品不断提供售后的持续服务，这也会对公司董事会产生一种期望。其他主体会期望董事会能够监督公司经营班子按时去实施双方已经达成的协议。

甚至，在公司剩余索取权拥有者之外，其他主体也开始对公司董事会产生期望。在西方发达国家，政府部门开始希望把一些社会福利事务转移到私人部门。80 年代以后，这种趋势非常明显。政府部门总是希望公司能够尽可能多地为社会提供服务，至少能够履行一些社会义务，尤其是希望公司董事会能够从政府部门考虑问题的角度出发去完成一些社会工作。政府之外的利益主体还有公司所在的社区。社区在某些情况下会希望区内公司能够为社区内部的居民创造更多的就业机会，能够为社区成员提供更多的服务，能够为当地的政府和当地的公共事务作更多的贡献。围绕这些问题，西方甚至产生了“董事会与公司的社会责任”的研究话题。

2 董事会的组织

1 董事会的权力定位

在现代的股份制企业中，公司决策与管理的结构通常为：股东—董事会—经理班子。股东通过股权代表机构——股东大会，选举董事组成董事会，以对重大决策进行表决的方式，反映自己的意志，制约董事的行为。董事，是股东的代表，代表全体股东的利益，负责制定或审定公司的战略性决策，并检查其执行情况。

董事会的主要职权是：组织召开股东大会，执行股东大会的决议；制定公司的经营目标、重大方针和管理原则；挑选、聘任和监督经理人员，并决定经理人员的报酬方案与奖惩；协调公司与股东、管理部门与股东之间的关系；提出盈利分配方案供股东大会审议。如果董事本身也是股东，他的利益自然与股东一致，尽管只接受固定的与工作成绩无关的报酬，他们也会出于对自身利益的关心而尽职尽责地对管理层的工作严加监督。

董事会的一项重要职责，就是聘任或者解聘公司的高级经理人员。但是，在现实生活中，整个公司的日常经营管理工作均由经理负责，因此经理享有很大的权力。特别是在股权广泛分散的情况下，高级经理人员往往借机控制公司大权。尤其在美国80%的大型公司中董事会主席又是公司的内部董事，要在公司上班、在公司支薪的情况下，这个问题更加突出。关于董事会与经理班子的关系问题，需要明确如下几点。

①经理对董事会负责，董事会和经理之间的关系是决策和执行的关系，是领导和被领导的关系。

②董事会主席是董事会的牵头人，在法律上，他实际具有双重身份。作为董事会的成员，他要参加董事会的工作，服从董事会的运行规则，按规定发表意见，进行投票；如果他兼任公司的CEO，那么作为公司的高级经理人员，他需要服从董事会的决议，执行董事会交待的工作任务。

③董事会的负责人是主席，公司经营班子的负责人是总裁（President）。前面提及在美国，由于双方在执行对股东委托尽职的过程中，可能会出现认识上和执行中的矛盾，为避免“一山不容二虎”的情况，就设置了一个职位叫CEO，国内翻译叫“首席执行官”。它准确的意思是“一把手”，对公司的经营事务最后负责。董事会主席和总裁，谁兼任CEO，就意味着谁对公司的日常经营活动最后拍板负责。

公司的一把手只能由董事会主席或总裁两个人的之一担任，要么是董事会主席，要么是公司的总裁。一般情况下，如果是公司的董事会主席担任 CEO，总裁就是公司的 COO。COO 的英文全称是 Chief Operating Officer，翻译过来叫“首席运营官”，是公司日常运营事务的主要执行者，但不是公司重大行政问题的最后拍板人，也不是最后的责任人。不过，也有一些公司是总裁任公司的 CEO，那时，董事会主席相对就比较超脱。需要指出，在某些公司里，有董事会主席、总裁、CEO 三任集于一身的情况，但是，在欧美国家几乎没有见过一个公司里由非董事会主席或总裁的人来任 CEO 的情况。

2 董事会主席

公司是股东拥有的，股东不直接参与经营，所以，选举了一个董事会对公司的经营大计进行谋划、对公司的运营进行监管。董事会的召集人就是董事会主席，英文叫 Chairman，我们国内把它叫做“董事长”。董事会主席负责统领董事会，可以说是对股东承担最多责任的人。当然，现在国外很多大的公司，董事会主席又兼任着公司经营班子的首脑。于是，人们提出了怎么区分责任的问题。在这种情况下，在英美国家有些公司里，开始出现这样的设置，即董事长兼任首席执行官，同时又选举另外一个人做“首席董事”，英文叫“Leading Director”。这个“首席董事”可以负责一个方面的专项工作，也可以负责全盘工作。这样做的目的，是希望董事会能够相对独立。

董事会主席在治理结构上是联结董事会和股东的一个中介。在一年一度的股东大会，或者有特殊事情比如像有接管发生而必须召开的特殊会议上，董事会主席都要进行报告。此外，关于公司业绩情况对有关经济分析师和组织所做的报告，董事会主席也必须要出席，并且必须要做好有关协调工作。

在董事会的管理工作中，董事会主席负有最重要的责任。有人认为，董事会主席的工作最终决定了董事会的效率。也就是说，董事会工作中间可能存在着不同的领导风格，但是，只有在董事会主席设定了比较高的标准，并按照这个标准积极行事，董事会的工作才能保持比较高的效率。除了主持董事会工作这样的董事会主席的内部角色外，董事会主席还有他的外部角色。所谓外部角色，是指董事会主席代表整个公司、以公司首脑的形象与公众和外界进行联络的职能。

董事会主席在管理董事会事务方面的任务包括：①设定董事会日程

表；②组织选举董事会各委员会的成员和负责人；③对董事会的信息沟通负责。董事会主席通常被看成是一个责任人。当公司的事情发生变故的时候，董事会主席有责任向公众做出解释。

我国公司法所规定的董事长角色与国际规范有着一定的差距。我国《公司法》中的董事长制度，其突出特点是公司代表的“法定单一制”，如果董事长被“法律直接规定”为是公司“惟一”的对外代表人，就在极大的可能性上导致董事长包揽一切、董事会形同虚设的情况。

从国际规范看，公司中股东权利的托管对象是董事会而非某个董事成员，董事长作为董事会的成员之一，他的权利是与其他董事平行的。董事会是受托机构，而不是董事长是惟一的受托人，或第一受托人。所以，董事长行使权力的方式是召集各董事开会决议，董事会性质上是一个集体行动的执行机构。比如，美国的《标准公司法》第35条就明文规定，除本法令或公司章程另有规定外，公司的一切权力都应由董事会行使或由董事会授权行使，公司的一切业务活动和事务都应在董事会的指示下进行。

❸ 董事

公司董事会由董事构成。董事又分为内部董事和外部董事。在外部董事中，又可以细分为两个小类：其一是外部无关联的董事，也就是独立董事；还有一种是外部有关联董事，比如是公司的关联机构的雇员，或是公司的咨询顾问等。

据统计，在20世纪末，美国大型公司的董事会成员平均是13个人左右，其中，内部董事平均不超过3个人，其他的都是外部董事或独立董事。通用汽车公司（GM）的董事会章程中这样写道：在董事会中包含一定数量的独立的外部董事是很必要的。尽管董事会愿意接受除CEO之外的高级管理人员作为公司董事，但是管理人员应该认识到，成为一名董事会成员并不是他们向更高职位晋升的必要或前提条件。即使不是公司董事，董事长、副董事长和CEO之外的管理人员也应该经常性地参加董事会议。但GM规定最终作出公司监控方面决策的人是独立的外部董事。

从宏观一点的统计看，在1973年，内部董事在美国大型公司的董事会中占38%，到1992年这个比例已下降到25%。1996年，著名的调查机构 SpencerStuart 对美国最大的 100 家上市公司进行了调查，发现接受调查的 100 家最大型上市公司中，有一半以上的公司只有一位或两位内部董事，其余均是来自企业外部的独立董事。

在美国，独立董事一般是其他上市公司的总裁、退休的公司总裁、大学校长、教授、退休的政府高级公务员、律师等。其中，前两类人士是最受欢迎的独立董事人选，这两类人士对管理大公司具有一定经验，建议往往中肯实用。而教授和律师受到欢迎，是因为他们是职业人士，公众形象好，又可以为企业提供具有洞察力的分析意见。

为什么会这样呢？理由有三个。第一，外部人被认为与企业的管理层关联比较少，又不在企业内部工作，拿工资，因此理论上可以公正地发表意见，监督公司的现任管理者。第二，根据 Brickly 和 James 的研究，外部董事可以运用他们的丰富经验、在技术和市场方面的知识帮助企业解决经营上的难题。第三，按照 Anup 和 knoeber 在 1998 年的研究发现，当政治因素对企业的影响较大时，比如当企业需要向政府争取有利的经营政策、企业的出口贸易受到政府贸易政策的影响时，具备政府背景的外部董事就可以帮助企业进行游说，取得政府支持。

从代理埋论文献上看，外部董事被认为是可以在监督管理层方面发挥比内部董事更大作用的人士。董事会可以通过引入外部董事来使自己成为一种市场诱生的、低成本的内部控制机制。外部董事为了顾及自身的声望和名誉，一般不会与管理层勾结，他们要通过占有公司董事职位这一身份向市场传递关于自身价值的信号，表明他们是决策控制专家。所以，外部董事敢于在公司业绩不良时提议或投票撤换公司 CEO，以维护股东利益。

不过，在董事会中来自企业外部的独立董事逐渐在人数上占有支配地位的今天，学者们一直在试图研究出：在独立董事占多数的公司和非独立董事占多数的公司中，哪一类公司的业绩更好。但是，到目前为止，实证研究上还没有取得令人信服的结论。当前美国学者试图填补的一个研究空白点是，有较大数量比例独立董事的公司和有超大规模比例独立董事的公司，哪一类的公司业绩会比较好？这个问题的研究其实也有助于了解内部董事的价值。

在对独立董事的作用没有取得足够有说服力的数量证据的同时，经济学家看到了令他们非常迷惑的现象：在一些大型公司里，正是由于独立董事的作用，公司的业绩一直处于不错的状态；但在另外一些公司里，独立董事的数量虽多，但董事会仍然不能发挥非常有效的作用。只是在股东的力量介入之后，独立董事才发挥了一定的作用，比如美国运通公司只是在股东群起而攻之的局面下才解雇了CEO。这又让人们不能不意识到“独立董事数量增加”与“增强董事会的独立性”是完全不同的两回事。

在1996年，美国的Corlumbia Law Review杂志上发表了一篇质疑著名的商业公司K-Mart公司董事会的文章。研究者发现，虽然K-Mart公司董事会主要由独立董事构成，但是这些董事并不积极。Kmart的董事会在公司决策方面几乎不起作用。公司的CEO对K-Mart公司的管理很少受到董事会的监管，直到关于报酬计划引起广泛争议之后，董事会才开始介入。此外，K-Mart公司的董事会似乎在其行为上受到限制。董事会很大，由13位董事组成，有10位独立董事，其中只有一位有零售业经营的经验。所有的独立董事只是名义上拥有K-Mart公司的股份，而且他们很少见面。虽然K-Mart公司的提名委员会由6位独立董事组成，但这并不能说明提名委员会对增强董事会的独立性有什么作用。

由于近年来逐渐发现独立董事的表现不尽如人意，所以，关于独立董事的研究的一个重点是独立董事的激励问题。众所周知，独立董事在董事会中最重要的角色就是监督，但是，他们为什么要进行监督，监督的激励从哪里而来？这是问题的关键。在1980年，Fama的文章以及1983年Fama和Jensen的文章中，他们认为外部董事的激励来自于他们要建立专业监督者（expert monitors）这样一个声誉。这也许在逻辑上没有问题。这是因为，董事会成员在名义上是代表股东的，所以，对于他们来说，获得有效监督的声誉是重要的，这可以证明他们是尽职的。

我们也可以想见，当多数公司都是完全由最高行政人员控制的，而选拔董事会成员的工作也常常由最高行政人员支配，那么，获得一个从来不给管理者找麻烦的声誉，不是更有用吗？1999年，美国著名学者Holmstrom的一篇题为“Managerial Incentive Problems：A Dynamic Perspective”的文章表达了如下的观念：“想被看到自己正在做正确的事情”和“实际在做正确的事情”是完全不同的两件事。这个观念在很多时候可以被用来描述独立董事的行为。英美国家公司董事虽然理论上说由股东选举产生，但公司的高层管理人员和内部董事对独立董事的提名产生着重要的影响，这就使得以高层管理人员为核心的利益集团可以长期掌握董事会控制权。在这样的董事会制度中，由于在公司机关设置上没有独立的监督机构，独立董事实际上要发挥的就是防止公司被内部人完全控制，防止大股东及董事们滥权的行为，可是，要真正达到这样的目标，并不容易。

“独立董事”今天常常会遭到公众和媒体的责难，独立董事可能并不善于使用他们的权力，“独立”也可以意味着“不关心”。这可能是因为公司利益与独立董事的利益并不一致。在多数美国公司的董事会中，独立董事的收入一般是固定的，年津贴在30000美元左右，另有每次会议的车马费约3000美元。在这样的收入状态和水平下，独立董事很可能会真的就“独立”了，对公司的事情摆摆样子，漠不关心了。

当然，也存在另外的情况，就是独立董事虽然身在外部，但与公司的实际控制者存在着千丝万缕的联系。在这种情况下，公司的利益就更无法保证了。请参见表5－1，由此我们可以知道为什么近年来迪斯尼公司频频出现失误，业绩一落千丈了。

表5－1　迪斯尼的6位独立董事

董　　事	持股	专　　职	缺乏独立性的原因
一、Revete Bowers	6472	洛杉矶某中小学的校长	1. 儿子2001年在迪斯尼集团任职，年薪81863美元 2. 艾斯纳的小孩们在她学校上过学
二、Robert A. M. Stern	6644	Robert A. M. Stern Association 高级合伙人	1. 替迪斯尼设计旅馆和办公室，2001财年获利76513美元 2. 替艾斯纳设计度假屋
三、John Bryson	3662	Edison 国际公司董事长兼执行长	1. 他所在的公司由迪斯尼持股50% 2. 太太在迪斯尼担任副总裁，2001财年薪金135万美元
四、George J. Mitchell	12502	Vermer Liipfert 董事长，曾任美国参议员，缅因州选出来的，而且素以贪钱闻名	1. 2001年前，担任迪斯尼的法律顾问，一年5万美元 2. 他的律师事务所2001年财年从迪斯尼收取128万美元顾问费 3. 担任7家公司董事难以投入足够精力
五、Stanley Gold	20141	Shamroch Holdings 公司董事长	女儿珍妮佛在迪斯尼商店上班，2001财年年薪85111美元。
六、Raymond Watson	47601	Irvine 公司副总裁	儿子 David 在迪斯尼频道公司上班，2001年财年薪金152608美元

3 董事会的具体任务

经济学家对于董事会责任的描述更多地是按照企业理论的说法强调剩余控制权和剩余索取权的配置。Fama 和 Jensen 在 1983 年的文章中将董事会的职能描述为：在股份公开发行的公众公司里，剩余索取权的拥有者一般保留对诸如董事会成员、审计机构的选择、公司兼并和新股发行方面的最终决策权。其他的管理和控制权力都由拥有剩余索取权的股东委托给了公司的董事会。然后，董事会将多数决策和经营控制的权力授予公司的内部代理人（经理），不过，董事会保留了对内部代理人的最终控制。这些控制包括：对内部代理人提出的经营策略进行审查、提出意见并进行监督；选择、聘用内部代理人，解除不合格的代理人，并对他们的报酬进行决策。

当然，管理学家对于董事会的作用也有其他的说法。比如，“资源依赖性”观点主要强调了董事会处理与外部关系事务中的作用。另外，按照 Tricker 在 1984 年论文中的观点，外部董事将提供专家意见来补充现有的管理，如在融资、投资和股利政策方面，董事们可以提供决策支持，董事会也会在公司长期战略规划方面提供科学的决策依据。

从董事会实际运行层面看，董事会的工作应该包括如下六个方面的任务：领导公司战略的制定和实施；对公司内部控制体系进行审查；选择任命公司的高级管理人员，确定合理的报酬政策，适时解聘不合格的公司高级管理人员；影响并监督公司股利政策的形成，维护股东的长远利益；确定公司信息披露的基本策略，监督公司信息披露的过程；监督公司的重组活动，确保公司的战略性发展过程符合股东的长远利益。图示 5－1 是 1993 年一项调查所揭示的董事会花在不同问题的时间比例。该统计基于对 495 家公司的调查。

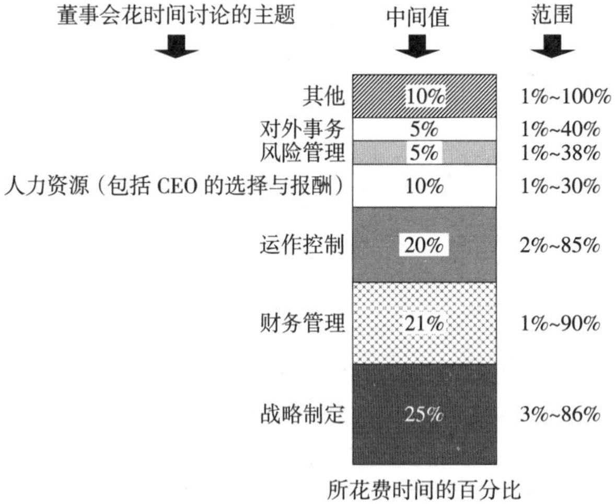

图示 5－1　董事会会议中的时间分布

1 董事会要关注战略管理

从历史经验上看，公司失败主要是由于以下原因：对公司的运作缺乏制度上的监督和检查，不受约束的权力可以长期得不到必要的控制；财务控制不恰当，从最高管理层面就缺乏对财务问题的监管；管理者可以采用机会主义行为，而这种行为不能够从战略的高度被及时发现等等。这些问题表面上看是公司运营中的一些具体问题，但实际上，它们都是公司战略安排出了问题的表现。所以，在战略领域中董事会必须要有更多的考虑，应随时意识到他们的责任和能力，去审查公司的战略过程，并在此基础上保证管理的适度发展和后续计划的顺利执行。现代市场经济的一个特征就是经营环境的快速变化，所以，必须要对影响公司发展的重要因素进行风险分析和长期可能变化的预测研究，并根据长期战略制定管理框架。

慎重考虑公司的经营战略是董事会应尽的职责。一个由董事会充分讨论过的公司战略计划，不仅可以很好地勾画出公司的前景，而且可以增加公司的价值。当董事会把战略评价过程或制定战略的过程看得非常重要时，董事会成员就会为制定好战略而努力。董事们需要找到合适的方式去获得足够的背景信息，然后作出正确的判断。这要求时间上的投资，包括到一些相关的重要部门去搜集信息，和主要的有关人员及主要管理者进行座谈。因为这些管理者并不出现在董事会的会议上，所以，和他们进行讨论、倾听他们的意见就变得非常重要。也正是基于董事的工作如果比较到位的话需要时间，所以，很多学者反对非执行董事的任期时间过短。比如，对于一个有相当规模的公司来说，非执行董事的任期三年就不能算长。时间过短，一方面会使董事的积极性受到影响；另一方面，客观地讲，非执行董事也不可能在这么短的时间内建立足够的知识储备。

一些经验研究发现，董事会尤其是董事长经常不能把他的注意力放在战略上。有些调查甚至发现，董事长常常会把注意力放在战略问题之外，战略问题在各种议事日程上通常排在比较靠后的位置上。董事长往往要花很多时间准备日常的工作、代表公司出去开一些重要的会议、代表公司去签署一些文件、代表公司和外面的关系打交道。而至关重要的战略问题就自然没有时间顾及，被放在一边。

在1995年7－8月号的《哈佛商业评论》上发表了Donaldson的一篇文章，这篇文章题为《董事会的新工具：战略审查》。在这篇文章中，作者提出，典型的董事会会议对于讨论有关公司战略方向这种重要问题来说，是非常不够的。在现在的董事会会议上，讨论只是提供了一个场所和形式。所有参加董事会会议的人都知道，参加董事会会议就好比是例行公事，至少在很多公司中是这样，好像高峰时间在高速公路上开车一样，要花一半时间加速、花一半时间想办法把自己加进越来越拥挤的车流，然后找出口，这种过程周而复始。比如，按月召开的董事会一个月要搞一次，对于很多人来说，就变得不太有实效，忙忙碌碌开始，又草草结束。于是，按照Donaldson的建议，应该像建立一个薪酬委员会和审计委员会一样，建立一个专门审议战略问题的董事会下属委员会，去进行类似的工作，仅仅是在定期的董事会会议上去考虑战略问题并不是足够的。作为董事会的下属委员会，战略审查委员会特别注意有关战略的问题，这样就可以使得董事会可以就战略问题与公司的管理人员进行不断的对话。当然，这个委员会也应该吸收一些非执行董事，他们在有关的问题上，彼此交换意见，确立战略审查的方向，以保证董事会能够更加有效地去了解公司的战略评价。

2 董事会要选择和激励经理

现代公司治理需要解决的两个基本问题，一是经理选择，二是经理激励，其中前者是在给定企业家能力不可观察的情况下，什么样的机制能确保最有企业家能力的人当经理。后者是指如何建立一种机制确保经过选择而聘用的优秀经理能尽力尽责地为股东利益工作。现代公司理论认为，可以通过建立有效的剩余索取权和控制权的配置机制来实现这一目标，而在这其中发挥关键作用的，是公司的董事会。

董事会在经理选择和评估方面的职责包括：①尽可能地聘用一位最优秀的CEO；②帮助CEO确定公司的经营目标和公司长期发展过程中各种目标的优先等级；③根据公司的经营目标来监督和评估CEO的表现和所获得的成绩；④CEO报酬形式的选择、报酬结构和报酬总量的确定，都是由董事会的薪酬委员会来决定的；⑤如果有必要，及时更换公司的CEO。

Eugene Fama是第一个提出经理市场具有公司治理意义的学者。他认为，经理市场的存在对于现任经理会形成约束，用以替代不够尽职或低能的经理。公司内部的经理市场是由可能成为新经理的管理者构成的；而公司外的经理市场则由公司外部有经验或有业绩的经营者构成。关于经理市场有两种具有代表性的观点。第一种观点认为经理市场是内部激励机制以及公司内部治理体系的补充；另一种观点则认为它是股东内部控制的一个替代品。

经理市场的经济学含义是一个重复博弈的过程，经理以往的业绩可以用来作为经理人能力信息的指标。如果过去的业绩广为人知，它就可以被用于与新的委托人签约。在这一过程中，如果经理失败了，他的工资将下降。而如果成功了，其工资会上升。Fama认为经理市场将导致“事后清算”，即将通过与业绩相关的利润的减少等额地从经理的未来收入中扣除以惩罚偷懒。经理们因此有动机维持他们在经理市场上的价值而不偷懒。为了满足“事后清算”条件，可以假设经理们每隔一段时期将重新签约，而且他们总是在经理市场上提供服务。

如果高层经理们受到了外部力量的限制，他们知道公司外部有人时刻关注他们的经营缺点，于是他们就会对此采取行动、克服自己的不尽职行为。经理市场的存在也使经理报酬变成有约束力量的机制，其原理等同于“效率工资”的道理。也就是说，通过经理们之间进行竞争的关系，提供了减少管理腐败的激励。

董事会在CEO的选聘和评估，以及对CEO继任的安排过程中，通常要发挥至关重要的作用。

在选择公司CEO的时候，董事会通常要权衡候选者的经历、能力和人品。在美国的一项调查中，接受调查的董事们90%以上都认为如下内容是CEO的必备素质：商业感觉（96%的受访者选择了此条目，以下数字的含义相同）；决断力（95%）；有效地激励他人（94%）；包容性（93%）；具有远见（90%）；懂得授权（90%）。

董事会对公司CEO进行评估，是其工作的重要部分。在多数公司的评估过程中，董事会要求CEO的参与。CEO有效地参与评估过程，对于评估计划的完成和引导公司成功很重要。在所有正式的评估程序中，董事会在评价CEO业绩时应兼顾“定性”和“定量”的指标。表5－2和表5－3是两家美国大型公司CEO的评估表，从中我们大致可以看出他们的董事会对CEO是如何评估的。

表5－2　　Dow化学公司——CEO业绩评价过程

1. 指导发展和沟通，形成公司远见、任务及理念方面

评估结果：________________________________评分__________

2. 组织和审批战略计划的开发与实施方面

评估结果：________________________________评分__________

3. 指导全面质量管理实践及持续改善公司内部环境方面

评估结果：________________________________评分__________

4. 为持续改善公司安全提供指导方面

评估结果：________________________________评分__________

5. 确立财务目标并组织公司实现目标方面

评估结果：________________________________评分__________

6. 运作公司资产、进行投资安排以获得盈利方面

评估结果：________________________________评分__________

7. 建立一支高效的高级管理队伍，对之负责，并保证管理连续性方面

评估结果：________________________________评分__________

8. 指导公司执行恰当的行业政策和社区政策方面

评估结果：________________________________评分__________

9. 保持公司内部存在多样性方面

评估结果：________________________________评分__________

10. 识别和管理公司在如下的关键方面上保持创新和变化：竞争力、贸易、环境、教育、技术和公司可靠性

评估结果：________________________________评分__________

请对CEO业绩的其他方面做出评论：________________________________

请提出你希望CEO在他的目标中应包括进去的公司面临的三、四个关键问题：__________

____

评分尺度：超过期望标准　8～10

达到期望标准　5～7

低于期望标准　0～4

表5－3　　　　　美国 Prudential 保险公司 CEO 评价表

Prudential 的 CEO 对企业的财务成就和长期生存能力向董事会负责。这些责任反映在以下五个表现方面。请针对这些方面对 CEO 在 1993 年的表现进行评价。

1. 战略领导能力——在发展正确的企业战略、获得管理层和董事会对企业战略的支持、承诺、保障和分配战略所需的财务、技术及人力资源方面

_________低于期望　　　_________达到期望　　　_________超过期望

评价：____

2. 财务业绩——领导制定和执行年度及长期经营计划，达到与同业公司相比最好的，同时也是与 Prudential 的业务潜力相比最好的财务业绩

_________低于期望　　　_________达到期望　　　_________超过期望

评价：____

3. 组织结构——建立、维持最能支持企业战略和经营计划、最有利于管理连续性、积极行动和加强业绩的合理组织结构及管理发展模式

_________低于期望　　　_________达到期望　　　_________超过期望

评价：____

4. 守护企业——在企业声誉、道德、合法性、客户关系以及确保业务单位在结果（吸引住客户、在竞争中取胜）与做事方式（值得信任、尊重他人）之间实现平衡等方面建立高标准

_________低于期望　　　_________达到期望　　　_________超过期望

评价：____

5. 与董事会的关系——与董事会成员和委员合作，及时、坦率地沟通负面及敏感信息，确保有关企业治理的事项得到充分赞同

_________低于期望　　　_________达到期望　　　_________超过期望

评价：____

总体评价——请对 CEO 总体表现做出评论，包括你认为他在 1993 年干得特别好的方面、你期望更多的方面，以及令你失望的方面

____

在对 CEO 进行目标设定和业绩评估的程序上，各个公司的差别较大。这些差别的存在主要取决于董事会组织构成、所有权及控制权的分享方式、股东保护自己合法权益的方式上的差别。在美国和加拿大的多数公司里，主要靠委员会来促进 CEO 业绩评审程序。比如在加拿大，1991 年的调查显示：上市公司有 79% 的董事是外部董事。加上加拿大公司 CEO 兼董事长的比例比美国（43%）低，比英国（20%）高。所以，相当数量的公司由薪酬委员会负责评估 CEO（参加 1991 年调查的公司 66% 有这种委员会）。在美国，由于更多的公司是 CEO 兼任主席，比如在 1993 年的调查中，546 家美国公司有 76% 是 CEO 兼任主席。所以，美国公司也是倚重委员会来做评估的工作。薪酬委员会是美国 CEO 评价系

统的关键，也有薪酬委员会与所有外部董事共同工作的，也有外部董事集体负责评价的。表5－4是通用汽车公司治理规则的一个部分，从中我们可以看到他们是如何进行评估的。

表5－4　　　　通用汽车公司治理指南（部分）

第25条　CEO的正式评价

- 全体董事会（外部董事）应每年评议一次，并由（非CEO）董事长或首席董事与CEO沟通。
- 评议应基于目标标准，包括业务业绩、长期战略目标的进展、管理层的发展等。
- 评议用于激励与薪酬委员会考虑CEO报酬时的依据。

第26条　继任计划

- CEO应每年向董事会提交继任计划，推荐在他意外不能履行职责时的继任者。

第27条　管理层的发展

- CEO应每年向董事会提交公司管理层发展计划。与继任计划同时提交。

除了经理的选任和评估方面，董事会在经理报酬方面也必须要发挥作用。经济学家通过大量实证研究已经发现：高级管理人员报酬在水平和结构上的适当安排，与企业经营业绩之间确实存在着非常强、非常明显的关联。这个发现刺激了企业通过适当的高级管理人员报酬安排来激励高级管理人员为企业目标而奋斗的积极性。可以说，高级管理人员报酬制度近20年来的发展，实际上已经体现了高级管理人员报酬制度在公司治理机制中的作用，以及人们对这种作用的认同。

3 董事会要保证信息披露的真实准确

现代经济的发展越来越倚重于资本市场，正是资本市场将资金的供应方和需求方连接起来，进而对生产活动进行着所谓的资源配置。资本市场的有效性很大程度上决定着经济生活中资源配置的优劣。信息披露就是在资本市场中减少信息不对称问题的最重要的机制之一。所有的利益相关者都要了解企业的情况，要知晓管理者的业绩，这就要求有严格的信息披露制度，其中财务信息的披露又最为重要。每个季度、年度都需公布财务报表，披露有关信息给所有投资者。

通常，法规对上市公司信息披露的时间、内容、格式、程序以及违规责任都作了较详细的规定，但公司在信息披露方面仍然存在着大量的违规事件。上市公司信息披露的不规范主要体现在四个方面：披露的信息不真实；披露的信息不充分；披露的信息不及时；信息披露的程序不妥当。上市公司在信息披露方面的违规现象背后存在着主观违规和非主观违规两类行为。主观违规反映了上市公司的道德问题，而非主观违规更侧重于关注上市公司在信息管理方面的制度问题。同时，由于法规对定期公告的格式和内容都有着非常明确的规定，因此公司在定期公告上基本不存在非主观违规的现象，而集中表现在对临时公告应该披露的信息披露的不充分、不及时和程序的不妥当上。解决上市公司出现的非主观违规现象，提高上市公司信息披露的质量，无疑具有极其重大的意义，董事会在这个方面要承担重要的责任。

4 董事会要制定恰当的红利政策

公司的股利政策确定是一个博弈过程，这个博弈过程实际涉及了股东、债权人和经理人三个利益主体。三方的利益是不一样的：股东最关心的是股权价值的最大化；债权人最关心的是公司定期支付的利息和期末返还的本金；经理最关心的是报酬最大化以及自身人力资源价值的提高。不同的股利政策对上述三方的影响是不同的；在博弈过程中，不同的利益主体表达自己意愿的方式和能力也是不同的，参见图示5－2。

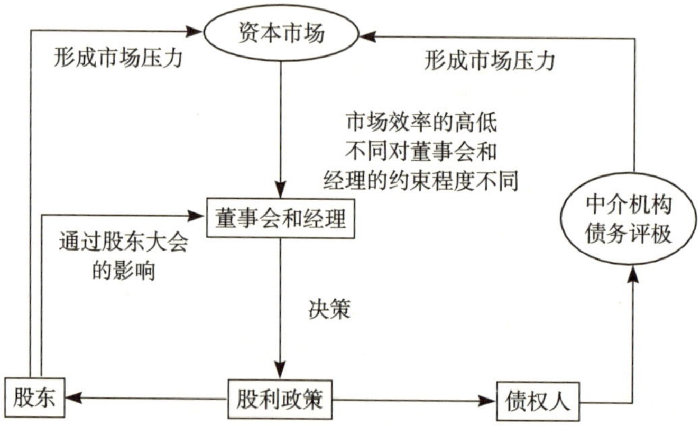

图示5－2　股利决策过程的一般框架

我们可以对图示5－2中的关系做如下解释。董事会和经理在制定股利政策过程中居于主导地位，而股东和债权人则处于被动的地位。

为了实现自身利益的最大化，经理有可能根据自身更了解企业运行状况的优势制定对股东和债权人不利的股利政策。为了限制经理的这种行为，股东有两种选择：①通过在资本市场上买卖股票影响股票价格，对经理形成市场压力。②通过股东大会行使自己的投票权，对公司的股利政策进行表决。不过，如果上市公司内部存在大股东控制的问题，股利政策将会受到大股东利益的影响。对于债权人来说，如果经理制定了损害债权人利益的股利政策时，债权人可以对公司的管理层进行起诉，这将降低公司的债券评级、引起中介机构（如外部审计）的介入以及机构投资者的关注，增加公司的资本成本。因此，经理在制定股利政策时，除了要满足自己的利益最大化之外，还要兼顾资本市场的要求。

在这样的环境下，上市公司有可能通过支付现金股利转移公司价值，将股利作为剥夺债权人的一种工具。这就对公司的董事会提出要求：应该充分发挥出监管企业的作用，在一定程度内抑制经理的败德行为以及大股东对小股东和债权人的剥夺。

5 董事会要关心公司的控制体系

现代大型公司大都采用分权式的结构，这也被认为是增加企业内部积极性和创新动力的关键。但是，对大型公司的调查表明：与创新程度低的公司相比，越是创新程度高的企业，它在利润计划方面的工作越细致，它的控制体系越健全，已经发展了一系列与竞争战略相适应的控制体系和手段。

公司控制是企业内部的一个例行工作，也是一个企业内部的运营程序，它要建立在对于公司组织活动充分的信息收集和反馈的基础上。组织行为的种种动向应该在这个体系中得到快速的反馈。公司控制实际上涉及了三个层面的内容：①部分的活动边界；②结果控制；③过程控制。公司控制，就是要深入理解这三个层面的内容，设计并不断调整出最适合特定环境的控制体系来。

不过，随着公司业务的增长，公司整体战略目标及其衡量指标在组织内部的上下贯通就会越来越重要，并且难度也会越来越大。因此，对于管理人员来讲，通过高效地运用业绩指标和内部控制系统实现战略问题的交流并使公司得到健康的成长就变得尤其重要。可以这样说，企业经营的成功取决于领导者能否向全体员工有效地传达公司战略，并控制战略的实施。为了更好地进行围绕战略而实施的监控，董事会必须要对经营控制的基本框架做出评价，并给出经常的关注。

6 董事会与公司重组决策

在现代公司的扩张过程中，重组是一个经常使用的手段。但重组过程中常常会伴随着比较复杂的代理问题，尤其是在公司遭受恶意收购的时候，公司是否应该接受收购要约就是非常关键的问题。这里面可能会存在经理人、大股东、小股东利益不一致的情况，并且，小股东可能由于集体行动问题不能清楚地表达自己的意见，那么，董事会这时就应该发挥重要作用，维护所有股东的利益。

4 董事会委员会的职能

在不同的公司中，董事会设置下属委员会的情况是不同的。有的公司多一点，有的公司少一点。不过，在现代大型公司的董事会中，以英国和美国的情况最为典型，一般都设置审计委员会、提名委员会、薪酬委员会这三个委员会。这些委员会由独立董事组成，分别召开会议，承担不同的责任。

在安然事件之后，美国很多公司在提名委员会的基础上增加了公司治理的职能，或者干脆就叫“公司治理委员会”。表 5－5 和表 5－6 来自于美国著名的电信企业维真（Verizon）公司和通用电器公司。其中，表 5－5 是公司的董事会成员名单。董事会共有 13 人，其中独立董事有 12 人。惟一的内部董事就是它的 CEO，他也同时担任公司的董事会主席。但是，主席归主席，他不能参加任何的董事会委员会，所有的四个委员会的成员，都是公司聘请的独立董事。

表 5－5　　维真公司董事会组成

独立董事	审计与财务委员会	人力资源委员会	薪酬委员会	公共政策委员会
James R. Barker	委员			委员
Richard L. Carrión		委员		主席
Robert W. Lane	委员	委员		
Sandra O. Moose	委员		主席	委员
Joseph Neubauer				
Donald T. Nicolaisen	委员		委员	委员
Thomas H. O'Brien	主席			
Clarence Otis, Jr.				
Hugh B. Price			委员	
Walter V. Shipley		主席	委员	
John R. Stafford	委员	委员		委员
Robert D. Storey				
内部董事				
Ivan G. Seidenberg	公司惟一内部董事，担任董事会主席，但不参加任何委员会			

表 5－6　　通用电器公司董事会的构成

	审计委员会	提名与公司治理委员会	管理发展与薪酬委员会	公共责任委员会
外部董事 独立董事				
James I. Cash, Jr.	×			×
Ann M. Fudge				×
Claudio X. Gonzalez	×	Chair	×	
Andrea Jung		×	×	
A. G. Lafley		×		
Ralph S. Larsen		×	Chair	
Rochelle B. Lazarus		×		×
Sam Nunn			×	Chair
Robert J. Swieringa	×			
Douglas A. Warner Ⅲ	Chair	×	×	
非独立董事（与 GE 存在供应关系）				
Roger－S.－penske				×
内部董事 管理董事				
Jeffrey R. Immelt				×
Sir William Castell				×
Dennis D. Dammerman				×
Bob Wright				×

在2005年，Verizon公司的董事会共召开了7次全体性的常规会议，算上特殊会议总共召开了14次会议。在2004年，这些会议分别为8次和4次。从表5－7中，我们可以看到，相对于这些全体会议，董事会的委员会会议数量更多。表5－8是通用电器公司的董事会及其委员会会议在10年来的次数统计。

表5－7　维真公司董事会委员会会议情况

年度	董事会	审计与会计委员会	人力资源委员会	公司治理委员会	公共政策委员会
2005年	14	9	5	4	2
2004年	12	9	5	2	2

表5－8　通用电器公司董事会委员会会议情况

年度	董事会	审计委员会	管理发展与薪酬委员会	提名与公司治理委员会	公共责任委员会
2005年	12	10	8	2	3
2004年	10	10	9	4	3
2003年	13	11	9	4	3
2002年	13	7	9	3	1
2001年	10	4	8	3	N. A.
2000年	10	5	11	3	3
1999年	8	4	8	3	2
1998年	8	4	10	3	2
1997年	11	4	9	3	2
1996年	9	4	9	3	2
1995年	8	4	9	3	2
1994年	9	4	9	3	2

现在的一个倾向是董事会全体会议开会的次数越来越少，但是各个委员会的会议越开越多，角色越来越鲜明突出。

1 审计委员会

所有的上市公司都有审计委员会。纽约股票交易所、美国股票交易所及NASDAQ都要求它们的成员公司具有由外部董事占多数组成的审计委员会。审计委员会的职责在不同的公司略有不同。除了标准的审计复查的职责外，审计委员会还经常负责评价公司信息系统的有效性、审查公司的法律事务、环境事务、养老基金的表现等。

前已提及，在90年代初，英国的Cadbury委员会曾经写了关于公司治理财务方面的报告。该报告提出了董事会为了保证决策正确和公司运作有效而必须把握的清单。借助这个清单，可以使董事会能够保证公司的发展方向，并把公司控制牢牢地掌握在手中。在Cadbury委员会的报告里面，对董事会下属审计委员会的重要性给予了特别的强调。这包括审计委员会应该如何构成，审计委员会的工作日程应该如何进行安排等。按照这份报告，审计委员会是董事会中一个非常重要的委员会，这个委员会应该有正式的成员，最少由三个非执行董事构成，并且与公司是独立的。这些成员应该比较有规则地碰面、讨论重要的财务问题并给予董事会会议咨询和问题处理的意见。这个委员会见面的频度一年至少应该两次以上。审计委员会的成员包括一些负责财务的董事和一些主要执行人员。当审计委员会定期和审计师进行讨论时，不需要公司执行委员会的成员在场。

审计委员会的一个常规工作就是在每年的会计年度之间和结束时对公司中期报告和年终报告进行审查，同时，对于重要项目的审计人报告进行详细的检查，写出对项目审计报告的意见，并把这些评价报告和意见提交给董事会进行讨论，以保证董事会能够完全了解财务报告的质量和审计师有争议的地方。另外，审计委员会还应该在必要的时候成为一个介于管理层和外部审计师之间的中间角色，去解决争议。

需要注意，在安然事件之后，审计委员会的职责变得空前重要。我们也可以从表5－7和表5－8的统计中看到，审计委员会会议的次数远远高于其他委员会，也高于2002年之前的情况。

2 薪酬委员会

薪酬委员会的任务是负责批准公司所有的薪酬发放办法，包括工资、奖金、股票选择权、养老金、储蓄计划和任何其他薪酬支付形式。薪酬委员会通常把其工作的重点放在高级管理人员的薪酬方面，特别是负责制定审批首席执行官及其他高级管理人员的薪酬发放办法。委员会需要对其审批的所有薪酬计划作出详细的解释。薪酬委员会有时也负责评审公司的组织变化和管理发展项目，在讨论高级管理人员的继任问题时它也会起到主要的作用。

薪酬委员会通常由独立董事组成，成员主要选择那些具有实际运作经验的董事。美国证券交易委员会（SEC）规定不允许互锁董事（本公司的董事同时又是其他公司的首席执行官）在薪酬委员会中任职。对于薪酬委员会的作用或功能，不同的人有不同的期望。一般认为，薪酬委员会的主要工作应该是限制公司执行人员的报酬水平。但对此有不同的理解。一种理解认为，应对公司高层管理者采用一个固定的最高限制水平，以控制公司最高执行人员报酬的无节制增长。在做法上可以采用把最高管理者报酬与一般员工报酬的平均水平挂起钩来的办法，限制最高管理人员收入的增加。可以说，有了薪酬委员会的工作，就可以增加公司内部治理工作的透明性，使公司内部各个部门的人员都可以看到在最高层管理者中间发生了什么，然后能够吸引他们去关注公司政策和公司管理。

薪酬委员会的工作是要制定合理的薪酬政策，使这个政策能够符合股东的利益。这就是为什么很多人会拥护公司董事会下面要设置薪酬委员会的原因。薪酬委员会要设定激励性报酬去激励高级雇员，应该把这些高级雇员的收入同股东的利益挂起钩来，应该根据事先已确定了的业绩标准来确定高层雇员的报酬。如果很难去确定报酬的话，就应该与整个股东收益进行比较来确定。也就是一定要想方设法针对绩效来确定高层执行人员的报酬。一些研究资料表明，几乎所有的公司董事都同意上面这个计算公司经理报酬的原则，并且认为公司的薪酬政策应该在一个比较宽泛的环境下去制定，即从经理的总体收入方面入手去限制不公正的、高度的报酬增长。

薪酬委员会的工作需要一定的透明性。可以说，必须要通过必要的信息披露达到一定程度的透明性，从而为良好的治理打下基础。透明性是薪酬委员会有效运作的前提。薪酬委员会的工作要具有透明性，就必须要对这个委员会的工作给予一定程度的披露，比如建立有效的披露制度。自从 Cadbury 报告以后，很多公司已经在其年报发布制度和发布内容方面做了很多有益的工作去改善信息来源，特别是在那些比较重视公司治理工作的西方公司里面都可以看到这样的工作。不过，提供更高质量的信息，并将其成功地运用到治理中去仍然是对薪酬委员会具有挑战性的工作，其中最有挑战性的领域莫过于公司执行董事的业绩报酬问题，也就是执行董事的报酬设定和计算问题。这些报酬即可以按年度来支付，也可以按更长时间，比如三到五年的报酬计划来支付。之所以说它具有挑战性，是在于精确描述报酬方案的设置以及准确说明报酬方案在多大程度上是符合股东的利益方面，是有相当难度的。与执行董事的报酬相比，非执行董事通常是有固定薪酬的。从总体上说，这个报酬的量应该能够体现董事的责任大小和投入时间的多少。主持审计委员会和薪酬委员会的董事应该有较高一点的报酬，居于这些委员会之中的董事要比作为一般董事，但并非这些委员会成员的董事收入要相对高一点。由于依据这些原则，情况一般不会太离谱，而执行董事的报酬却相对难于确定，也正是因为这一点，我们才说这是个有挑战性的工作。

关于执行董事要按业绩确定报酬的原则是较少争议的，但是，什么是业绩评价的基础，人们却莫衷一是。1995 年 6 月，安永会计师事务所出版了一本题为《公司治理：关于报酬的曝光》的书，在上述各种方法的比较之后，他们得出了结论：应该把业绩目标放在股东收益类指标上，而不应该放在每股收益等指标方面。之所以要这样，是因为会计指标更易于判断，而且比市场指标更不具有短期波动性。但也有些人质疑这样的说法，会计指标可能是被操作过的，它们不具有依赖性和可信性。于是，对于薪酬委员会来说，选择一些恰当的指标来衡量公司业绩，并以此作为确定管理者报酬的依据就是一件非常重要和棘手的工作。

3 提名委员会

在美国大型上市公司中，董事会都下设一个提名委员会，其任务是负责推荐和批准董事候选人，并提交给股东大会选举通过。在一些公司里，提名委员会由外部董事和首席执行官组成，但是，今天越来越多的公司开始建立全部由独立董事参加的提名委员会。

在实际运作的过程中，提名委员会要制定对新董事专长的要求及其他要求，并在现任董事和高级管理人员中征求提名，与候选人面谈。委员会一般与首席执行官一道批准候选人提交股东大会通过。但是，现实中的提名委员会常常是遭受争议的。在 95% 的美国大公司中，董事候选人是通过提名委员会推荐给董事会的。董事候选人在接受全体董事的面试并同意后，被提交股东大会投票批准。

理论上，提名委员会的设置可以使得董事会能够独立地评价被提名者，避免经理层将他们的“自己人”塞入董事会。但是 Korn/Ferry 的调查发现，在 1991 年，82%的董事会空缺是由董事会主席推荐填补的，考虑到几乎 80%的董事长同时也是首席执行官，事实很清楚，在现实中，首席执行官在董事候选人的选择上起着决定性的作用。当我们谈到董事名义上由股东“选举”并“代表”股东，而实际上股东们甚至无权提名董事候选人时，我们实际上触及了一个美国公司治理结构的严重缺陷。在英国，1992 年 PRO-Ned 的调查发现，86%的董事对公司采取外行的手段任命非执行董事感到不满。

5 董事会制度研究前沿

有关董事会制度的实证研究，是现代经济学和公司财务理论研究的前沿之一。这一领域最主要的研究工作，大都是在近 15 年内完成的。尽管研究工作相对比较分散，但基本上围绕着这样一个问题：即什么样的董事会是最有效率的。

1 董事会特征与公司业绩

如果用数学方程来描述西方董事会制度实证研究的主要问题，可以把大量的研究概括为如下三个方程。许多研究实际上都是对这三个方程中的一个或几个关系进行检验。这三个方程依次是：

$$a_{t+s} = \phi c_t + \varepsilon_t \quad (1)$$

$$p_{t+s} = \beta a_t + \eta_t \quad (2)$$

$$c_{t+s} = \mu p_t + \xi_t \quad (3)$$

其中，c 表示董事会的特征（如董事会的构成、规模或领导权结构）；a 表示董事会的行动（如同意接管活动或解雇现任 *CEO* 等）；p 表示公司业绩（如利润）；t 表示时间（$s \geq 0$）；ϕ、β 和 μ 是待估计的参数；ε、η 和 ξ 表示其他影响因素的作用（加上残差）。

如果把前两个方程进行联立处理，可以得到：董事会特征和公司业绩的关系如下：

$$p_{t+s}=\beta(\phi c_t+\varepsilon_t)+\eta_t \tag{4}$$

以上四个方程的关系，可以用图示 5－3 来加以表示。图中逻辑关系的含义在于：具有不同特征的董事会，其行为是不同的，因此，公司的业绩也就会不同；反过来，公司业绩又会影响公司董事会特征的进化。于是，研究的任务就是在这样一个相互影响的关系中发现有效率董事会的特征，进而有意识地对董事会进行改革。那么，关于董事会特征的研究，该从哪些方面进行呢？

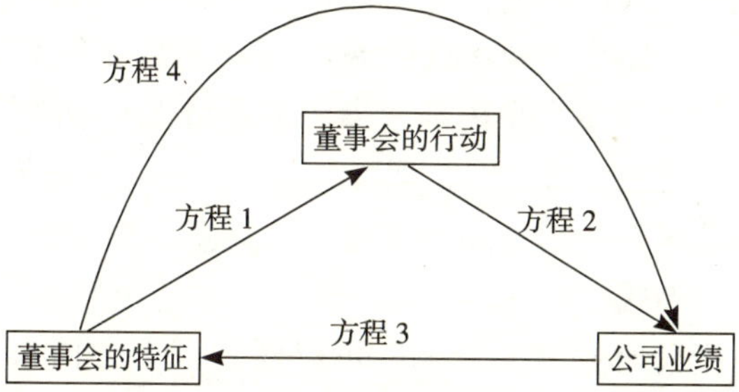

图示 5－3　董事会制度研究工作的逻辑

到目前为止，研究主要在三个方面展开。第一，是董事会的构成状况，即内部董事和外部董事的比率，或外部董事（独立董事）占整个董事会成员数量的比例。第二，是董事会的规模，也就是董事会成员的数量。第三，是公司的领导权结构，也就是看公司的董事会主席与 CEO 是否为一个人兼任。以下，我们就分三节综述有关研究。

2 董事会的构成与公司业绩

目前，关于董事会成员的流行分类方法来自于 Baysinger 和 Butler 以及 Byrd 和 Hickman 的定义。他们认为，董事可以细分为内部董事、有关联的外部董事（Affiliated Outside Director）和无关联的外部董事，后者也可以称为独立董事（Independent Director）。所谓有关联的外部董事，是指那些虽然不是公司的全日制雇员，但他们往往通过某种方式与公司存在着千丝万缕的关系。比如这些董事可能是与公司有业务关系的商业银行、投资银行、律师、咨询顾问以及客户，甚至是公司主要利益相关者的亲戚、同学；或者是公司原来的雇员。而所谓无关联的外部董事，即独立董事，是除了董事职位之外，与公司再无任何关联关系的董事，这些董事通常可能是个人投资者、知名人士和学者等。

董事会中内部董事，是可以在董事会讨论公司战略与重大决策方面发挥作用的人。这是因为，内部董事具有信息上的优势，他们比较了解企业的专有性信息。正如 Fama 和 Jensen 在 1983 年的论文中提出，内部董事参与公司董事会工作的好处是可以使董事会的决策过程更加有效率。内部董事参加董事会工作的另外一个作用是他们加入公司董事会工作，有助于外部董事了解和考察 CEO 的候选人。一般来说，当公司面临 CEO 退休或更换其他领导人的时刻，可以把几个候选人都放进董事会，从而使外部董事有机会近距离地观察这些潜在 CEO 的品质和风格，挑选出合适的新 CEO。但是，董事会中内部董事的数量增多，会降低董事会的独立性，不能公正客观地评价公司管理层的业绩。这也就是为什么在 70 年代之后，大多数公司都开始增加董事会中独立董事的数量，用独立董事来替换内部董事的原因。

独立董事对于公司业绩的影响，可以通过三个方面来理解。第一，独立董事被认为与企业的管理层关联比较少，可以公正地发表意见，监督公司的现任管理者。独立董事为了顾及自身的声望和名誉，一般不会与管理层勾结，他们要通过占有公司董事职位这一身份向市场传递关于自身价值的信号。所以，独立董事敢于在公司业绩不良时提议或投票撤换公司 CEO，以维护股东利益。第二，独立董事可以运用他们的丰富经验、在技术和市场方面的知识帮助企业解决经营上的难题。第三，当政治因素对企业的影响较大时，具备政府背景的独立董事就可以帮助企业进行游说、取得政府支持。

在逻辑上推测出不同身份董事的作用之后，测算董事会构成与公司业绩的关系，是实证研究的一个重点。学者们试图发现：是否存在着一个最优的董事会构成比例。对这一领域的研究，依照研究的角度不同，可以做如下分类。

第一，是选择公司的财务数据来作为公司的业绩指标，用董事会中外部董事的比例来描述董事会结构特征的研究工作（Hermalin 等，1991 年；Bhagat 等，2000 年）。几乎所有研究都发现，在外部董事比例和用财务指标衡量的公司业绩之间，不存在什么显著的相关关系。

在直接用财务数据进行分析不能如愿的情况下，学者们也选用了托宾Q作为衡量业绩的指标，进行了回归分析，依然没有发现什么特别明显的关系。

Bhagat和Black在2000年的研究论文中，更进一步讨论了董事会的构成与公司长期股票市场的情况和财务业绩之间的关系，同样没能发现什么有价值的关系。在Hermalin和Weisbach于1998年发表的文章中，他们对出现这种情况的分析是：往往公司的业绩比较差会刺激公司改造它的董事会，增加外部董事的数量和在董事会成员中的比例，所以，其结果导致了有较多外部董事的企业，其业绩会比较差。这在计量研究中属于共生性（endogeneity）问题。Bhagat和Black使用联立方程、滞后变量的方法来克服技术上的矛盾，但经验研究的结果仍没有突破。对上述问题的另外一种解释是归因于较低的信噪比（signal-to-noise ratio）。这是因为，在董事会构成甚至是公司治理机制之外，有太多的因素会影响公司业绩，所以，一定把公司业绩归结为是董事会构成的必然结果，并在经验研究中要发现显著的证据，是勉为其难的。

第二种研究方法是避免做变量关系之间的直接回归，转而研究当董事会的构成发生变化之后，企业价值所发生的变化。研究中所使用的方法主要是事件分析法（Rosenstein等，1990年；1997年）。在1990年的文章中，Rosenstein等人研究了当公司董事会增加外部董事时，公告日的股价反应。他们发现，当外部董事被任命时，都会出现超额收益，并在统计上有一定的置信度。

在1997年的文章中，Rosenstein等重点检验了三个问题。第一，当公司向市场发布任命内部董事的公告时，市场反应如何；第二，在不同的内部人持股情况下，上述市场反应是否会有差异；第三，在公司董事会的构成不同时，上述反应又受到何种影响。

Rosenstein等人的分析基于Morck等在1988年研究内部人持股效果时的分类方法，发现持股比例在5%～25%的样本中，市场反应与外部董事占董事会成员的比例之间呈正向关系；而在另外的低于5%和超过25%的样本中，市场反应与外部董事占董事会成员的比例无关。他们对于上述实证研究发现的解释是：①当公司内部人持股比较少（低于5%）的时候，增加内部董事有可能被市场认为会进一步加剧经理人的分离效应（entrenchment effect）。②在内部人持股在适度水平上（5%～25%），内部人利益与管理者利益的一致效应（alignment effect）会超过分离效应，由内部人加入董事会、让他们贡献出对企业的特定信息和分析，其优势可能会被市场认为超过增加内部人的分离效应。在这样的情况下，越是外部人占优势的董事会，增加内部人越会被认为是扬长避短的，所以，市场的反应会越好。③在内部人持股数量过多的情况下（超过25%），其本身的分离效应就使董事会制度的运行成本已经较高了，在这种情况下，增加内部董事当然会被市场认为会进一步加大分离效应。

在2001年，Hermalin等Rosenstein等对在1990年发表的那篇论文提出了质疑。他们认为，假如公司改变它的董事会构成是为了改变公司的运作效率，并且如果这件事做成了，企业的价值就会增加。当股东能够预见到这个逻辑的时候，公告应该带来股价的上升。所以，Hermalin等认为Rosenstein等在1990年发现的外部董事任命的公告效应与“董事会构成和公司业绩的关系问题”是无关的。另外，他们也引用Rosenstein等在1997年文章中关于“某些情况下内部董事的增加也会带来市场积极反应”的发现来进一步说明Rosenstein等在1990年的论文并没有什么实质性的发现。

在上述两类研究效果并未取得令人信服的预想结果的同时，其他一些关于董事会结构和公司特定行为之间关系的研究却有了令人鼓舞的发现。Weisbach在1988年发现，在外部董事占支配地位（外部董事占董事总数至少60%）的公司中，CEO被替换的频率相对于内部董事占支配地位（外部董事少于40%）的公司要更加快一些。Brickley and James在1987年发现，经理的在职消费量与外部董事的比例呈现负相关的关系。Mayers，Shivdasani和Smith在1993年用美国互助人寿保险公司行业的样本进行研究发现，公司成本与外部董事在董事会中的比例呈现反方向变动。另外，Brickley，Coles和Terry在1994年在对发生接管的公司样本进行研究后，发现股票价格对采用“毒丸”策略的反应与公司董事会中外部董事的比例成正相关关系。这也就是说，股东一般相信外部董事在公司遭遇接管问题时会按照股东的利益行事。

3 董事会规模与公司业绩

关于董事会规模的最初认识，来自于两个重要的理论工作：Lipton和Lorsch在1992年的论文和Jensen在1993年的论文。他们都认为，董事会的人员规模小，会比规模大更有效一些；董事会的规模增大，董事会成员之间诸如搭便车等代理问题就会严重起来，董事会也更具有象征性，而不是作为管理过程的一个部分而存在。这些理论认识，与现实情况是相当吻合的。

Lipton 和 Lorsch 根据对公司董事会的案例研究指出：由于现实中公司董事很少对现任最高管理者制定的政策提出质疑和批评，他们关于公司业绩也往往并不提出坦率的意见和评论，因此，人们通常对董事会所固有的那些看法都是不对的，那些人们想像中的董事会行为规范，在实际生活中经常会被违背。而且，董事会的人员规模越大，这些问题越严重，所以，减少董事会规模可以提高董事会的效率。为此，他们建议：公司董事会的人员数量应该被限制在 10 人之内，最好是 8 个人或 9 个人。Jensen 完全接受 Lipton 和 Lorsch 的说法，他认为“在现代公司的董事会里，礼貌和儒雅代替了求真和坦诚”，并且主张“当董事会的成员数量超过 7 个或 8 个人的时候，董事会就不太可能有效地发挥作用，而且很容易被 CEO 控制”。

上述认识成为人们后来力求通过限制公司董事会规模来改善公司业绩和决策有效性的理论基础，也成为了计量研究所要验证的对象。一些经验研究发现了董事会规模和公司规模之间有显著正相关关系的证据。比如，Denis 和 Sarin 的研究表明，在美国董事会大小和公司大小的相关系数为 0. 37，Stapledon 和 Lawrence 发现在澳大利亚这一系数为 0. 58。

1996 年，纽约大学教授 Yermack 发表了这个领域最重要的工作成果。Yermack 搜集了 452 家美国大型公众公司从 1984 到 1991 年的数据，所有的公司都选自 Forbes 根据销售额、总资产等排列的全美 500 家最大公司的排行榜，入选的标准是在 1984 到 1991 年 8 年之间至少 4 次登上排行榜的公司。Yermack 用托宾 Q 作为公司价值的代表变量，然后研究董事会规模和公司价值之间的关系，他证实了在美国大型公司中确实存在着负相关的关系，不仅用截面数据来分析存在这样的关系，而且用相同企业的时间序列数据来进行分析时，同样存在这样的关系。Yermack 发现，当公司的董事会成员数量在 4 ~ 8 人的时候，托宾 Q 为 1. 5 到 2；而当董事会成员数高于 20 人，托宾 Q 会下降到在 1 以下。他由此做出了这样的假设：董事会的规模会影响董事会监督经理人员的激励和能力，因此会影响企业的盈利能力；由于公司的盈利能力决定公司的市场价值，所以，从逻辑上说，董事会规模与公司价值之间存在反向变动的关系。

Yermack 在这个研究中所做的技术工作是非常精致的。他在模型、变量和估计方法选择上都非常讲究。在经过一系列复杂技术处理之后，他得到如下结论：董事会规模小的公司，其公司的市场价值较大；并且，董事会规模和公司价值之间的负向关系随董事会规模扩大呈现边际递减的趋势。也就是说，当董事会的规模从小到大递增的时候，公司价值的损失会从大逐渐变小。据他估计，当公司董事会成员从 6 人增加到 12 人的时候，公司价值的损失与董事会成员从 12 人增加到 24 人时发生的价值损失一样大。如果用反映公司营运效率和盈利能力的财务指标来衡量，董事会的规模与这些财务指标之间都呈现负相关关系。

1996 年，Bhagat 等也使用了与 Yermack 相同的业绩指标对董事会规模和公司业绩之间的关系进行了检验，证实了 Yermack 已经发现的负相关关系。不过，当这两位作者改换其他衡量公司业绩的指标后，却不能得出相同的结果。这种情况，与在研究董事会构成与业绩之间关系时所遇到的情况相似。

在 1997 年之前，几乎所有关于董事会规模和公司业绩之间关系的经验研究都取材于美国的大型公众公司，没有来自于其他类型企业的证据。那么，被 Yermack 证实的在大型公司中成立的结论在小型企业中是否成立呢？Eisenberg 等人在 1997 年发表的论文很好地填补了这个空白。

Eisenberg 的研究对象是芬兰大约 900 家中小型公司在 1992 到 1994 年间的数据所组成的样本，研究的意义在于考察在董事会人数小于 6 个人的公司中，Yermack 的发现是否成立。显然，在学术价值上，Eisenberg 等人的研究与 Yermack 的研究有相互衔接的作用。Eisenberg 等人选择芬兰小企业的样本，并用这样的样本来检验 Jensen 和 Yermack 的结论，是匠心独到的。芬兰企业的法律环境和公司治理机制与美国有相似的地方。在两国《公司法》的有关规定中，关于董事会规模和董事会的职责在机制上有较大的相似之处。在芬兰和美国，董事会的职能都是负责战略等大的事情；董事会要承担聘任经理人员的责任。另外，芬兰的法律规定：如果公司的股权资本小于 100 万芬兰马克，则公司董事会最低只要有一正一副两个董事就可以了；如果公司的股权资本在这个水平以上，则公司董事会至少要有三个成员。

Eisenberg 等的样本企业都是未上市的中小型公司，所以，他们选择财务指标作为公司业绩的衡量指标。经过计量研究，他们发现：董事会规模和公司资产回报率的行业调整值呈现明显的负相关关系；在本质上与大型公司的情况相似。

4 公司的领导结构与公司业绩

公司的领导结构，是董事会特征的第三个方面。所谓“领导结构”，是指公司的董事会主席与公司经营“一把手”（CEO）是不是由一个人兼任。如果两个职位由一个人兼任，公司领导权被称为“一元结构”；如果两个职位由不同的人担任，公司领导权结构被称为“二元结构”。从法理上说，董事会主席领导整个董事会对股东负责，而公司的经营班子对董事会负责，董事会和经营班子之间的关系是决策和执行、监督与被监督的关系。当经营班子的工作不能令董事会满意的时候，董事会就要解除 CEO 的职务。反过来，CEO 也特别希望能够“俘获”董事会，以稳定自己的工作。所以，为了防止 CEO 控制整个董事会，不应该由公司的董事会主席担任 CEO，或者说，公司的 CEO 不能做董事会主席。公司应该采取二元领导结构。

但是，现实调查的发现却与上述推理很不一致。在 1992 年对英国公司董事的一次调查中，发现 60% 的人认为两个角色的分不分离无所谓。而 1995 年的一次统计调查进一步发现，在 1000 多家美国公司当中，只有 23% 的公司将公司董事会主席和 CEO 的职位相分离，10% 的公司有分离的打算，但剩下的 67% 的公司都不打算将董事会主席和 CEO 相分离。那么，该如何解释这个现象呢？围绕这个问题，90 年代之后，经济学家进行了很多计量研究，来验证不同领导权结构的公司治理意义。

Rechener 和 Dalton 在 1991 年研究了 141 家企业，这些企业在 1978 到 1983 年之间的领导权结构没有发生什么变化。在这些企业中，21.3% 的企业是二元结构的领导权，而另外的 78.7% 是一元结构的领导权。Rechener 等的研究找到了支持上述逻辑推理的证据。他们用财务指标来衡量公司的业绩，通过回归分析发现，有二元结构的公司在业绩上超过一元结构的企业。不过，这篇文章后来在研究方法上引来了很多争议，一些学者认为这篇文章在技术方法和变量选择上并不是非常讲究，研究中的一些变量与公司业绩和领导权结构同时相关，这些相关的因素在计量研究的过程中并没有得到控制。

Pi 和 Timme 在 1993 年用银行业的样本进行了类似的工作，但他们的研究控制了企业规模等变量的影响。在他们的样本中，一元结构占 75%，二元结构占 25%。他们的研究发现，有二元领导权结构的公司，成本相对更低，资产收益率更高。这也是证实逻辑推理的研究结论。

Baliga 等在 1996 年的研究也可以被看成是与前两个研究在结论上比较相似的工作。他们选择了 181 家工业公司组成样本进行分析。样本企业的构成是 12 个企业有二元领导权结构，111 家是一元领导权结构，其余的 58 家在这个时间段发生了领导权结构的变化。经过上述三个子样本的分别研究与结论比较，Baliga 等发现：那些有二元领导权结构的企业，在长期业绩上比一元结构的企业更好；但是，在他们的研究中，不能发现把一元结构变成二元结构就可以改善企业业绩的证据。

1997 年，Brickley、Coles 和 Jarrel 的研究是与众不同的。当大家都在根据逻辑推理和前面的一些经验研究来批判一元领导权结构的劣势时，Brickley 等发现了采用一元结构的公司无论财务业绩，还是市场业绩都并不更差的证据。这与现实情况相一致，第一次为逻辑与现实不相一致的情况提出了解释；同时，也促使人们进一步思考：既然大家都认为一元领导权结构不好，那么，为什么在现实经济中，那么多的公司都采用一元的领导权结构呢。Brickley 等的研究样本由美国 661 家上市公司构成。其中，略多于 80% 的公司是一元的领导权结构，大约 14% 的企业采用二元领导权结构，另外一些公司不设置董事会主席职位。

Brickley 等也对美国近 80% 的公司采用一元领导权结构进行了解释。他们吸收了 Vancil（1987 年）的说法，认为采用二元领导权结构的公司大多正处于 CEO 的权力交接过程中。他们也发现，在美国公司采用二元领导权结构的时候，董事会主席通常对公司的情况非常了解，并且拥有很高比例的公司股权。这意味着分散领导权具有很高的代理成本和信息成本，只有当这些成本能够以某种形式被消除或较大程度降低的时候，二元领导权结构才成立。由此，Brickley 等认为，一元领导权结构可能是美国企业权力结构中的一个传统，如果强迫企业接受二元领导权结构，则意味着要求企业和管理者放弃这样一个传统，或改变公司治理中的一个激励机制，可能是非常具有误导性的。

基于管理的董事会运作

本节主要针对董事会缺乏资本市场足够支持的情况。具体来说，在美国，有着一个非常有效的资本市场，当公司的管理活动出现问题的时候，资本市场会有非常快速的反映，股价会明显下降。有关这一点，我们在第七章会详细说明。但是，在很多新兴市场国家，包括中国，董事会则没有这样好的条件。即使是在美国上市的公司，由于股权没有被高度分散化，股价的反应也会很有限。于是，在这些公司里面，董事会就必须要把工作深入到管理层面，建立起基于管理的公司治理体系。

其实，中国很多企业都存在这样的问题。这些企业到目前为止都完成了公司制改造，建立了包括股东大会、董事会、监事会在内的法人治理结构，然而，这些治理结构在建立之后，从运作角度看还有很多不完善、不明确的地方，尤其是在运行程序、实施方式方面，普遍缺乏可依据的规范内容和比较明确的方法论指导。也就是说，就是在建立了公司治理“硬件”体系之后，目前缺乏明确、有效的“软件”系统对这些硬件进行连接，并驱动这些硬件有效运转。

比较常见的情况是，当企业完成了公司化改造之后，虽然都依法建立了董事会和监事会等法人治理机构，但要么是这些机构都由内部人充任，形同虚设，要么是这些机构都缺乏有效运行的程序性内容，公司治理与管理彼此割裂，想尽职责的董事不知道该如何行使自己的职责。比如，如何建立董事会的工作程序，特别是委员会的工作程序，从而提高董事会的运作效率，让董事会所讨论的内容落地，让那些外部的董事能够更有效地发挥作用，已经成为当务之急。

而在大家都关注的上市公司里面，进一步增强董事会和监事会的独立性和工作针对性，其关键的工作也将是程序方面的内容。尤其是在董事会中独立董事已经形成制衡力量的公司里面，更有这样的需求。根据我对一部分上市公司的调查，为了解决内部人控制的问题，一些独立董事已经能够有意识地、比较深入地参与到实际的公司运行中来。虽然这些人的数量不多，但他们的精神非常宝贵，值得珍视。这些人目前所遇到的最大问题是没有办法把他们想的和讨论的东西与公司的管理过程相互衔接。具体来说，由于董事会的运作与管理层中职能部门的运作相互脱节，加上董事会又缺乏有效的运行机制和运行程序，所以，以独立董事为中心提出或启动的一些问题、研究思路和初步决策，常常不能在管理工作中得到及时而准确的贯彻落实及认真的对待和处理。在很多公司里，实现董事会和经营层的无缝衔接，是下一步急需解决的问题。

那么，该如何建立上面所说的无缝连接呢？这里仅以董事会如何发挥其战略职能为例来加以说明。

战略管理作为企业参与市场竞争、形成长期竞争优势的关键因素，其体系的完善与否，将关系到企业的生死存亡。但是，作为公司的最高战略决策机关，在资本市场比较发达的市场经济体系中，董事会往往可以依据市场信号进行决策的审批。可以说，传统的董事会战略评价是财务指标的结果性评价，是事后的评价。但在中国这样市场信号不充分的环境里，董事会的工作必须要深入到公司战略管理的高、中层，必须要从战略管理的全过程建立起评价和监控体系，以保障治理影响管理渠道的通畅，使治理层面的作用能够真正有效地传导到最高管理层、职能部门和员工的战略性工作中。

我们知道，公司的战略过程由下述三个基本内容组成。参见图示5－4。

首先是战略判断。这是决策者基于环境信息、企业愿景和企业基本条件所形成的大致想法。它的内容可以是基于对行业或自身趋势的猜想或者是根据企业的愿景或条件做出下一步的打算，作为战略体系中最为关键的环节，其正确与否将直接影响企业生存。在进行战略判断时，战略信息的传递是保障科学的战略决策的重要条件。在整个战略过程中，一线部门成为主要的感知层，不断反馈相关信息。职能部门主要起传递、筛选、汇总信息的功能，同时也起到决策、协调的作用。它们会对下面反馈上来的所有信息，先进行一定的判断、取舍、整理，再汇报给高级管理层。所以，战略信息的传导能否通畅是保证形成正确战略判断的关键条件之一。在获取战略信息后，决策者自身的知识水平能否有效地感知信息、决策主体的决策方式是否科学同样是保证正确战略判断的关键条件。

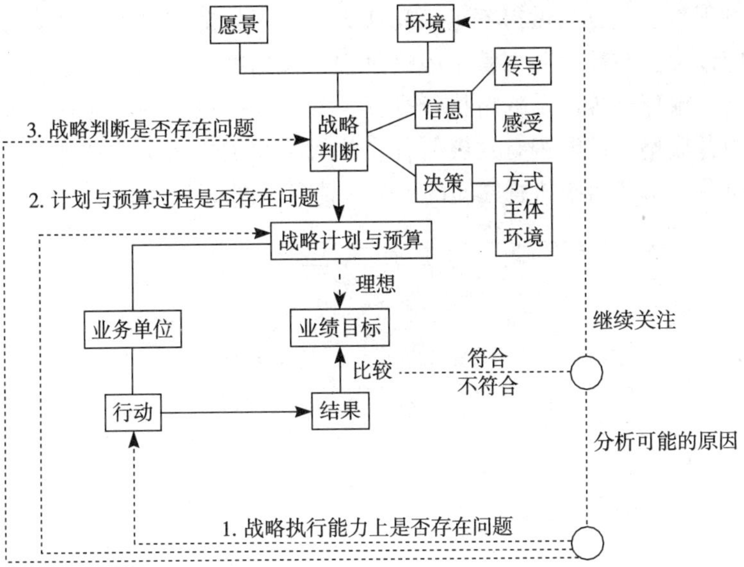

图示5－4　公司战略管理的全过程

其次是战略计划与预算环节。当战略判断形成后，需要根据企业自身的条件进一步制定相应的战略计划。战略计划与任务需要进一步分解至每个部门，确立为实现战略，各个部门乃至员工的具体的战略任务，使战略目标在整个企业中变得清晰、可执行。为了使各层次、各部门的计划得到有效实施，通常会制定相应的业绩目标和预算体系，作为考核的标准。

第三是交互性战略控制。战略体系的一个重要特征是交互性，它不仅仅是一个从上到下的计划执行过程，还需要针对执行的过程以及过程中各方面的反馈不断进行调整。如果战略所达到的目标不符合预期目标，就需要从战略判断、计划与预算、战略执行三个方面分析存在的问题；即使实现了预期的目标，也需要进一步检讨整个战略过程，以便更好地完善公司战略流程。

董事会作为公司的最高战略决策机关，对公司战略过程的参与必须覆盖了从战略制定、战略实施到战略评价与控制的全过程。为了保证战略过程的有效执行，最终实现战略的成功，董事会不仅审核、批准高管层制定的战略，而且应该监督和评价公司与战略活动有关的各职能部门等主体执行战略的全过程。传统的董事会职能往往更多地集中于战略决策，例如确定公司的经营目标和使命，选择、制定公司战略，但在公司战略过程与控制方面做得不足。我认为，为了保障战略过程的有效，董事会应该关注和评价公司整个战略过程，包括战略计划与判断过程、战略计划与预算过程以及战略执行过程。董事会应该定期地对在企业战略活动中各战略主体能否有效履行各自的战略职责进行关注和评价。董事会与企业内部各组织机构之间的关系，请参见图示5－5。

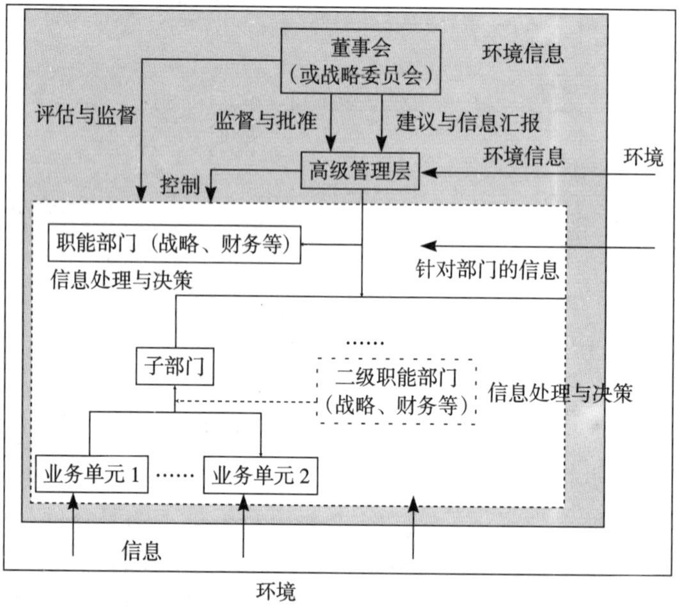

图示5－5　董事会在战略过程中的角色

我们提出一个帮助董事会检验公司战略状况的评价体系，包括对战略判断、计划与预算，以及战略执行三个方面的内容。

（1）战略判断的评价。战略判断包括战略信息采集和基于信息的战略决策。战略信息采集是否科学取决于两个方面，一是战略判断所需信息的传导，即战略判断信息在自下而上传导的过程中是否充分、及时、准确。因为有效的战略信息是保障科学战略决策的重要条件。二是决策者在判断时对信息的感受，由于信息最终是汇总到高级管理层和董事会，所以，决策者自身的能力和知识水平是能否准确地理解信息、保证正确战略判断的关键因素。在战略决策的过程中，决策主体之间能否平等地交流、激励机制健全与否，同样是保证形成科学战略决策的关键因素。参见表5－8。

表 5－8　　战略判断评价指标

战略信息的采集	战略判断所需信息的采集与传导	1. 建立一套从上到下的战略宣贯机制，使公司成员理解并参与战略过程 2. 一线员工对战略决策信息的敏感度 3. 战略决策所需信息的及时、充分和准确性（上下级部门之间） 4. 战略信息提供过程中的协同程度（同级部门之间）
	战略判断信息的利用	1. 决策者熟悉国内外经济发展形势的程度 2. 决策者熟悉国家和行业政策发展方向的程度 3. 决策者具备所处行业的知识的程度 4. 决策者熟悉企业的业务的程度
基于信息的战略决策	决策主体	由多方共同参与制定，或最高领导决策
	决策方式	1. 战略决策的时间充足程度 2. 决策者之间平等交流的程度 3. 决策者激励机制与战略匹配程度
	决策流程制度化	建立制度化的战略流程
	决策环境	根据环境变化及时修正战略

（2）计划与预算过程的评价。在公司总体战略制定后，为了保证战略的实施，需要资源的保障。例如，要为公司总体战略制定财务预算和人力资源规划，这样，可以把战略任务分解到部门和员工，从而保障战略得到有效执行。请参见表 5－9。

表 5－9　　计划与预算评价指标

战略规划年限	战略规划年限	战略规划年限与战略重要性程度相匹配
	战略规划进程	科学的战略规划进程
战略预算	战略财务预算	为实施战略而制定的财务预算
	战略人力资源规划	为实施战略而制定的人力资源规划
战略计划任务细分	最高管理层	1. 确立企业使命 2. 确立长期战略目标 3. 确立短期战术目标
	经营单位或事业部层	围绕总体战略确定经营单位或事业部的目标
	职能部门层	1. 确立为实现战略，财务部门应达到的目标 2. 确立为实现战略，运营部门应达到的目标 3. 确立为实现战略，人力资源部门应达到的目标
	次级单位层	战略目标进一步分解到次级单位
	员工层	战略目标进一步细化到员工个人

（3）战略执行的评价。战略执行评价主要包括战略共识、战略执行中的协同、战略控制、战略执行效果四个方面，它们共同决定着战略执行力的强弱，最终影响战略执行的结果。战略共识是指管理层是否认同公司战略，这是战略能否得到有效执行的前提条件。战略执行协同是指在战略执行的过程中，部门之间能否紧密配合、密切协作，同时企业的运营部门、人力资源规划与信息系统能否与战略相匹配。战略控制是指是否建立了与战略执行相匹配的激励约束机制，并在战略执行的过程中及时纠正出现的偏差。请参见表 5－10。

表 5－10　　战略执行的评价

战略共识	战略任务明确	1. 明确区分战略任务与日常业务 2. 建立保证日常压力不影响战略的机制
	管理者共识	管理者认同企业战略
	员工共识	员工认同企业战略
战略执行中的协同	组织协同	1. 部门功能的完备状况 2. 部门之间的协同程度
	运营协同	1. 运营流程与战略匹配 2. 运营重心与战略匹配
	人力资源规划协同	人力资源规划与战略规划匹配
	信息系统支持	信息系统能有效支持战略执行
战略执行中的控制	激励约束机制	1. 业绩评价与战略执行匹配 2. 激励机制与战略执行匹配
	执行效果控制	1. 有效跟踪和监督执行的效果 2. 及时纠正执行中出现的偏差

Corporate Governance: Theory and Cases

公司治理理论

第六章 股东权利及其保护

1 股东和股东权利
2 股东大会与投票制度
3 股利及其决定过程
4 股东的诉讼权
5 机构投资者

对于管理腐败的约束力量不论是出于什么方面，都要通过董事会来实施，这是我们前面已经充分讨论过的。但是，董事会毕竟只是受托机构而不是公司的所有者，他们也可能会不尽职。也就是说，独立董事多了，一方面意味着董事会可能更独立了，另一方面可能也意味着董事们与公司的收益情况更加没有关联了。在这种情况下，股东该怎么办呢?股东们的最后一招就是亲自出马，在股东大会上行使自己的权利，更换董事会。但如果这一招不见效，股东就会变“用手投票”为“用脚投票”，在证券市场上出售股票走人。

股东权利的保护，是公司治理机制中一道非常重要的防线。股东大会的斗争、股东之间对于表决权的争夺在很大程度上会对董事会和经理形成压力，如果由于董事会的懈怠和经理人员的渎职而使公司业绩下降，有关当事人往往会被股东大会赶走，他们的声誉会一落千丈。在一个注重信誉、注重职业记录的环境下，经理人或董事被赶走，是个人价值的最大贬值，所以经理人和董事都有尽职的压力。由此可以说，股东的压力是公司治理的重要动力。

1 股东和股东权利

1 股东及其类型

股东，是对公司进行投资，从而拥有公司股权的利益主体。股东可以是自然人，也可以是各种类型的法人实体。应该认识到，股东的类型不同，其行为和所追求的内容是不同的。表6－1是世界上主要发达国家的股东结构。

表6－1　　世界上主要发达国家的股东结构

类　型	持股百分比（%）				
	美国	日本	德国	法国	英国
家庭	47.9	22.2	14.6	19.4	29.6
公司	1.1	31.2	42.1	58.0	4.1

续表

类　型	持股百分比（%）				
	美国	日本	德国	法国	英国
政府或公共部门	0.3	0.5	4.3	3.4	0.2
银行	2.6	13.3	10.3	4.0	2.3
保险公司及养老金	29.8	10.8	12.4	1.9	39.7
共同基金及其他金融机构	12.1	11.7	7.6	2.0	10.4
外国人	6.2	10.3	8.7	11.2	13.7
总计	100.0	100.0	100.0	100.0	100.0

公司股东从以自然人为主体到自然人与机构投资者并存，经历了一个发展过程。以美国的情况为例，在20世纪前期，股东主要以自然人为主；但在20世纪30年代，在一些大型公司里，公司的股东人数越来越多，股权变得越来越分散。公司的运作实际上掌握在那些具有专业知识的职业管理者手中，股东在公司中的地位和行为也因此越来越被动。在这种情况下，股东关注的重点就从关注企业内部运作转移到关注股票价格的市场表现。但是，由于个人持股数量比较少，大多数股东对证券市场不甚了解，所以，他们往往开始购买共同基金作为投资对象，而这些基金再由专业的投资者进行直接投资，持有公司的股票。同时，各种保险基金、养老基金也开始进入股市，逐渐形成新的持股力量。表6-2是美国证券市场的股东结构。

表6-2　　美国证券市场的股东结构（%）

年　份	1990	1995	1998	1999	2000	1990~2000年间的变动
家庭	50.7	47.9	43.2	44.7	38.3	-12.4
地方政府	0.1	0.3	0.7	0.6	0.7	0.6
外国	6.9	6.2	7.6	7.8	10.0	3.1
银行信托	5.4	2.6	2.1	1.9	1.8	-3.6
人寿保险公司	2.3	3.7	4.8	4.9	5.5	3.2
其他保险公司	2.3	1.6	1.3	1.1	1.0	-1.3
私人养老基金	17.1	15.2	12.3	11.0	11.6	-5.5
政府退休基金	7.6	9.3	10.9	9.8	11.3	3.7
共同基金	6.6	12.1	16.3	17.4	18.8	12.2
其他	1.0	1.1	0.8	0.8	1.0	0.0
总计	100.0	100.0	100.0	100.0	100.0	
金额（10亿美元）	3543	8496	15428	19576	17169	

虽然公司法赋予股东的定义是相同的，但是，由于股东的投资目的不同，他们对公司控制所采取的态度和行为也相当不同，甚至可以说是差距很大。有学者曾经把股东像“光谱”一样排列起来，在“光谱”的一端是投资者（investor），他们投资的目的是为了获得投资的长期收益，因此，这些投资者会关心公司的长期发展和公司在未来创造收益的能力；而在“光谱”的另一端是仅仅关注股票市场收益的交易者（trader），这些交易者更在乎公司的股价变动，在乎短期投资收益，基本上不关心公司的长期发展状况。于是，我们根据股东在投资目的和投资之后的行为方式，以及他们参与公司治理的程度，可以进一步将股东分为如下四个层次。

第一，积极的投资者，积极的公司治理参与者。这些机构一方面采用积极的投资策略，同时也十分关注公司投票机制等公司控制问题。处于这一类的股东数量比较少，除了少数个人持股者以外，还有少数机构投资者。

第二，被动的投资者，积极的公司治理参与者。根据某些指数（如标准普尔 500）进行投资组合的机构投资者都属于这一类，如著名的 Calpers 加州退休养老基金、Lens 基金等。这类投资者要获得相对稳定的投资收益，因而采用的是被动的投资策略，但是它们却比较关心公司的控制问题。

第三，积极的投资者，不积极的公司治理参与者。大多数公司养老基金和银行的投资部门都属于这一层，他们都非常积极地管理资金，但却不参与公司的控制问题。

第四，被动的投资者，不积极的公司治理参与者。很多参与市场投机的交易者都是这样一种类型。有些投资者甚至完全忽视公司基本面上的内容，仅根据技术面来进行操作。比如，一些程序交易者都属于这一类型，这些投资者通过计算机程序来设计交易策略，进行股票的买卖，根本不关心公司内部发生了什么，不关心所交易股票的内在价值。

股东的这种分化使得公司的控制模式发生了很大的变化，并且，随着股东类型结构的调整，来自于股东的公司治理压力也有很大不同。在 20 世纪 30 年代以后很长时间里，所有权与经营权分离的程度很大，公司治理压力不足，公司模式基本上是 Berle-Means 式的。但在 20 世纪后期，随着机构投资者的迅速发展和更多股东关注于直接对公司控制过程进行积极参与，公司治理的压力在相当程度上得到恢复。

2 股东的主要权利

关于公司股东的基本权利，不同的学者有不同的表述。我认为，股东权利本质上包括五个方面的内容：与获得信息有关的知情权；在知情之后向公司进行提案的权利；对涉及自己利益的有关提案进行表决的权利；与公司收益和财产相关的获益权；当以上权利受到侵犯的时候，对有关利益主体进行诉讼的权利。

①知情权。

知情权是股东最基本的权利之一。按照公司法的规定，股东有权查阅公司章程、股东会议记录和会计报告，股份公司应将上述文件置备于公司以供查阅。对于上市公司，为确保股东行使知情权，它应该根据法律要求及时准确地披露各种必要信息。

我们知道，现代经济的发展越来越倚重于资本市场，正是资本市场将资金的供应方和需求方连接起来，进而对生产活动进行着所谓的资源配置。资本市场的有效性很大程度上决定着经济生活中资源配置的优劣，然而由于出资者和经营者之间所有权和经营权的分离导致的信息不对称问题歪曲了资金和投资机会之间的有效配置。除非这种信息不对称问题能够得到解决，否则资本市场无法有效地进行资源配置。信息披露就是在资本市场中减少信息不对称问题的最重要的机制之一。

但是，股份公司特别是上市公司是否会严格地按照法律法规进行信息披露，维护股东的知情权呢？近几年来，我曾对部分上市公司有关信息披露问题进行过调查，发现存在主观违规和非主观违规两类情况。所谓“主观违规”是上市公司违反有关法律规定，故意向投资者隐瞒信息。而“非主观违规”则是由于上市公司在信息管理方面的制度不健全，而集中表现为在临时公告中，对应该披露的信息披露得不充分、不及时，以及披露程序不妥。

具体来说，信息披露不规范主要体现为：披露信息不真实；披露信息不充分；披露信息不及时；披露程序不妥当。这些非主观违规现象表现为如下一些方面。

第一，在公司内部，包括管理层对于信息披露的认识不够。主观上，管理层对信息披露重要性的认识不够，对于董秘的工作不能提供有效的支持，有时候甚至阻碍董秘对外披露信息。客观上，由于规定应该临时公告的重大事件涉及到公司经营的方方面面，从信息的产生源头到最后信息的对外公布之间涉及到不同的部门和不同的负责人。公司内部包括管理层很难正确把握哪些事件需要公告，哪些事件不需要公告。两个方面的不足就使得某些应该披露的重大事件并没有归口到负责信息披露的董秘手中，因此可能造成上市公司信息披露的不充分和不及时的现象。

第二，公司内部控制制度的不完善使得形成信息的决策点发生了变化。在完善的公司内部控制制度下，各项重大事件的决策点都有相应的规定，必须有相应的授权人来负责。特别是涉及重大事件比较多的投资决策领域，完善的资金运作授权制度、资金使用管理制度、投资决策程序和资金使用审批程序等内部控制制度对信息披露的充分性和及时性起到了决定性的作用。

第三，董秘在公司内部的地位和权力有时候限制了对应该披露的信息的获取。按规定，董秘负责上市公司的信息披露，但在某些上市公司，董秘不是公司所谓“核心班子”成员，因此对于某些重大事件的讨论和决策，董秘无法及时获知信息，从而造成了信息披露的不充分或者不及时。

第四，上市公司和有关监督、中介力量的沟通十分有限。相关法规对临时公告的重大事件的规定不是特别明确，因此董秘必须对某一事件是否公告进行判断。当判断没有量化的标准，完全依靠于董秘对规定的理解和自身的经验的时候，上市公司缺乏与证券监管部门或者是专业的中介力量进行沟通的话，就很有可能由于判断失误而产生信息披露的不充分和不及时。

第五，上市公司内部对于一些信息缺乏相应的保密措施，使得有关信息没有按照规定的程序对外披露。证券监管部门一再强调上市公司必须在其指定的新闻媒体上发布消息，然而仍有个别上市公司不分时间、地点和场合随意披露信息，导致了资本市场的不公平竞争。

第六，更为重要的是，上市公司内部缺乏一套完善的而且行之有效的信息管理制度，单纯地强调依靠人与人的沟通，作为信息流转的主要方式。

总之，公司披露信息不规范、不准确、不及时就侵犯了股东的知情权，我国现行的法律规定对此都有严格的限制条款。《公开发行股票公司信息披露实施细则（试行）》的第 5 条第 1 款规定：“公司的全体发起人或者董事必须保证公开披露文件内容没有虚假、严重误导性陈述或重大遗漏，并就其保证承担连带责任。”《股票发行与交易管理暂行条例》第 17 条规定：“全体发起人或其董事以及主承销商应当在招股说明书上签字，保证招股说明书没有虚假、严重误导性陈述或者重大遗漏，并保证对其承担连带责任。”第77条规定：“违反本条例规定，给他人造成损失的，应当依法承担民事赔偿责任。”《证券法》第63条更是明确规定，发布虚假信息的发行人董事和承销的券商的董事应对由此引起的投资者的损失承担连带赔偿责任。

②提案权。

股东的提案权，是指公司股东有权就公司的经营管理问题提出自己的建议。当然，股东的提案或建议是否被采纳，还要取决于由公司法或公司章程所决定的一定程序的完成。不过，在成熟的公司制度下面，关于股东的提案权利都有相应的规定。这包括：提案股东的资格，关于提案内容的细节，以及提案处理的程序等等。

在我国的《公司法》中就有规定，年度股东大会，单独持有或者合并持有公司有表决权总数3%以上的股东或者监事会可以提出临时提案。临时提案如果属于董事会会议通知中未列出的新事项，同时这些事项符合有关法律规定要求的，提案人应当在股东大会召开前10天将提案递交董事会。董事会应审核有关提案的关联性和程序性。所谓关联性，是指提案涉及事项与公司是否有直接关系；而所谓“程序性”，是指股东提案是否符合股东大会表决程序，是否需要将提案进行分拆或合并表决。对于不符合上述要求的，董事会有权决定不提交股东大会讨论。在这种情况下，董事会应将股东提案在该次股东大会上进行解释和说明。而当董事会审核后决定在股东大会上讨论表决的，应该按照规定进行公告。之后，股东大会应当对具体提案作出决议。另外，股东有权在股东大会上就会议议程的任何事项提出质询，公司组织机构有义务如实回答股东质询，除非该回答将导致公司重大损失或为法律所禁止。

在美国，证监会对股东提案制度做出了更加细致的规定：股东提案制度，是股东通过上市公司征求委托书之机，表达其对公司有关问题意见的制度。美国证券交易法委托书规则第14a－8条规定：股东可要求上市公司的经营者，将其提案写入公司的代理投票说明书中，寄发给各位股东。使用此项股东提案权所产生的费用，与其他委托投票的相关费用，一并由上市公司承担。

与我国的情况类似，在美国的法律中也规定，并不是所有股东都具有提案权。股东进行提案时，必须实质上（beneficially）或名义上（of record）持有1%或市价1000美元以上的流通在外、具有表决权之证券

（outstanding voting securities），并且持有时间在 1 年以上；并且，持股时间应持续至股东会开会日期，方具提案之资格。

美国的证券交易法对股东提案权利和程序的规定相当细致，我们这里择其要点略作说明。美国法律规定：股东提案及相关说明（supporting statement）在字数上不得超过 500 字，并只能提出一项议案。股东提案如果要求在股东大会上进行讨论的，原则上应于公司寄送代理投票说明书前 120 日送达公司。如提出在临时股东会议上讨论的，应于“合理时间”（reasonable time）内送达公司。公司经营者在接到股东提案后，应要求该股东于 14 日内按照规定格式对提案内容进行阐明，股东应在被要求后的 21 天内，提出达到要求的文件。只有满足这个要求，公司经营者才可以将该提案列入公司代理投票的说明材料中。

美国法律也对什么情况下，公司经营者可以拒绝股东提案做出规定。比如，股东提案涉及到公司董事或其他人员的选举问题时，应予拒绝。比如，Time-Warner 的股东曾经提议“当 Paramount 公司对 Time-Warner 公司提出并购要约时，某些董事曾表示拒绝；对于这些董事，在新的选举中，不应再选举他们为董事”。对于这样一个提案，证监会同意公司经营者不把这个提案列入公司征求代理投票的说明材料中。

再比如，美国证监会也规定：当某一项提案在过去 5 年内曾被提出，但在过去 5 年里，该项议案曾一次提出，表决时获赞成票不到投票总数的 3%；或是两次被提出，第二次表决所获赞成票不到投票总数的 6%；或是三次以上被提出并表决，最后一次表决所获赞成票不到投票总数的 10%。在这些情况下，上市公司可以在最后提出该提案的 3 年内省略与该提案大致相同的议案。

不过，即使有了上述的详细规定，上市公司在拒绝股东提案时，必须在代理投票之说明书文本确定的 80 日之前，就股东提案内容；支持该提案之说明材料；提案不予列入代理投票的说明材料之理由；以上理由的法律依据以及法律顾问的有关说明等，一式 6 份提交证监会。

③表决权。

所谓“表决权”，是指拥有股份的股东有权出席或委托代理人出席股东大会以及各种类型的股东临时会议，并在会议上就有关议案投票表决，发表自己的意见。一般来说，股东的表决权大小，取决于其具有表决权的股权数量之多少，也就是股份之多少。有关表决程序与原则，本章第二节将详细讨论。

④收益权。

股东的收益权，在通常情况下表现为股东有权要求公司根据法律和公司章程规定，并依据公司的经营情况，分派股息和其他应得收益。这在本章第三节将有细致讨论。

股东的收益权还体现在如下两个方面。

首先，是股东对公司增资的优先权。比如，在有限责任公司中，当公司新增资本时，股东可以优先认缴出资；并且，当个别股东要转让股权的时候，在同等条件下，其他股东对该出资有优先购买权。

其次，是对公司剩余财产的收益权。当公司因故终止经营、清算破产之后，股东有权依法分配并取得公司剩余财产中的应得部分。

⑤诉讼权。

当股东的上述权利没有得到必要维护的时候，股东有权利用法律手段对有关侵害他应得利益的主体进行法律诉讼，要求停止侵害行为，这就是股东的诉讼权。我们将在本章第四节详细讨论股东权利的法律维护与诉讼的问题。

3 法定权利与章定权利

股东上述权利的来源，无非是两个：一个是《公司法》或相应的法律规定；另外一个就是股东在公司章程里的有关预定。根据股东权利的这样两个来源，我们可以把来自于《公司法》的股东权利称为法定权利；而把来自于公司章程的权利称为章定权利。

应该认识到，法定权利是由国家法律规定的，体现了国家对投资者权利的保护。但是，章定权利却是股东在注册公司的时候自己需要确定的，是股东的自我保护机制。我国的很多投资者，特别是有限公司的一些中小股东，只是到了发生权利被侵害、进入到诉讼程序的时候，才意识到有章定权利这样一回事，但为时已晚。而在公司注册时，这些股东并未能就自己的权利进行细致的考虑和约定，并严格地在公司章程中有所体现，而只是照抄照搬了工商行政部门提供的公司章程的一般格式。

中央电视台《经济与法》曾经播放过如下一个案例。四川惠松工程机械有限责任公司是一家民营企业，主要代理销售工程机械产品。公司成立时，两名股东刘学光和苏进每人出资 100 万元，各持

50%的股份。两个人以前是同事和朋友，所以，经协商由刘学光担任法人代表、执行董事，苏进担当副总经理、监事。在公司成立后不到两年的时间里，业务发展非常迅速，很快就在当地同行业中名列前茅。

但是，到了2001年，在公司生意最红火的时候，苏进发现自己已经大权旁落，他感觉到在公司内部管理包括人事权、财务各方面，都是由刘学光一个人说了算。而到了年底，他甚至被免掉了副总经理职务。公司当时留下的一份内部材料表明，解除苏进职务的原因包括：以各种形式干扰公司规章制度的贯彻执行，对不符合条件的客户随意销售，利用工作之便，谋取个人私利，比如卖单给其他单位，私扣应付他人的佣金，而且多日不到公司上班却不知去向。

苏进认为自己是公司的合法股东，手里持有公司50%的股份。因此，他在2001年12月29日，以公函的形式向刘学光提议召开公司股东会。在这份公函中，苏进认为根据公司章程规定，股东会每年至少召开一次，但公司成立后三年时间里，却一次股东会也没有开过。苏进希望通过召开股东会重新选举公司的组织机构，重新分配公司执行董事和总经理的权力关系。苏进认为，自己拥有50%的公司股权，执行董事和总经理这两个职务至少有一个应该由他来担任。

然而，股东会最终也没有开成。因为按照公司法和公司章程的规定，召集公司股东会的权利掌握在执行董事刘学光的手里，苏进作为公司监事，虽然拥有50%的公司股权，但只能向执行董事提出召开股东会的建议，在这种情况下，如果刘学光拒绝召集股东会，苏进无能为力。

苏进无奈之下打算卖掉自己的股份，但没有人愿意来接受他的转让。苏进想让刘学光来接这50%的公司股份，但刘学光却并不想花这个钱。这样一来，苏进又一次陷入了进退无主的尴尬境地。

苏进的律师建议他解散公司。但是，按照我国《公司法》的规定，解散公司的途径只有三个：第一，公司经营期限届满；第二，因公司合并或者分立需要解散；第三，股东会决议解散。然而，公司经营期限届满，还要等到2028年；而公司合并或者分立的可能性也不存在；而通过股东会决议来解散公司，首先苏进本人根本无法召集股东会。再说，即使股东会真的召开了，形成决议还是需要公司股份三分之二以上的多数通过，而苏进只拥有公司50%股份。

显然，面对同样拥有公司50%股权的刘学光，根本不可能形成三分之二以上的多数意见，苏进根本无法达到目的。

从上面这个案例，我们可以看到，两个股东各投资50%组建公司，一旦发生纠纷，如果不在公司章程里面事先对这些事情做出安排或规定，就很容易陷入僵局，无法有效地保护弱者，解决问题。现在，在很多公司进行注册的时候，都是照搬工商局为方便企业办证所提供的章程范本，不能根据企业的实际情况，自行制定一些条款记入章程，从而形成保护自己利益的一个制度屏障。

比如，在苏进的这个案例中，他和刘学光完全可以在创办公司的时候，在章程中事先约定股东退出的办法。比如，可以约定是任何一个股东决定不再参与公司了，另外一个股东有义务购买他所持有的公司股份；也可以约定购买价格的决定方法，比如可以由一个第三方来评估，第三方应该如何产生等等。

总之，现在的一个普遍情形是：当人们投资入股、开办公司的时候，并不太注意公司章程的设计和约定，一些人往往认为不好意思把账算得那么清，把话说得那么绝。这应该说是一个误区。应该认识到，公司法是最简单的公司合约，它所能够提供的股东权利保护是非常弱的。股东权利维护的大量细节，需要在公司章程，甚至是公司章程的附则里面规定。只有这样，才能把投资者的权利变为一种受法律保护的“章定权利”。

2 股东大会与投票制度

1 股东大会

股东大会是股东发表意见，争取自己权利实施的一个主要渠道。人们一般也说，股东大会是现代公司的最高权力机构和决策机构。股东大会分为一年一度定期召开的股东年会和非定期的、因公司特殊事项而组织召开的临时性股东大会。

我国《公司法》规定，股东大会应当每年召开一次年会。年度股东大会应当于上一会计年度结束后的 6 个月内举行。公司在上述期限内因故不能召开年度股东大会的，应当报告证券交易所，说明原因并公告。在规定的期限内，公司无正当理由不召开年度股东大会的，证券交易所应当依据有关规定，对该公司挂牌交易的股票予以停牌，并要求公司董事会做出解释并公告。董事会应当承担相应的责任。

除了年度股东大会之外，有下列情形之一的，应当在 2 个月内召开临时股东大会：①董事人数不足本法规定的人数或者公司章程所定人数的 2/3 时；②公司未弥补的亏损达股本总额 1/3 时；③持有公司股份 10% 以上的股东请求时；④董事会认为必要时；⑤监事会提议召开时。不过，临时股东大会不得对会议通知中未列明的事项作出决议。

单独或者合并持有公司表决权总数 10% 以上的股东（也称为“提议股东”）或者监事会提议董事会召开临时股东大会时，应以书面形式向董事会提出会议议题和内容完整的提案。书面提案应当报所在地中国证监会派出机构和证券交易所备案。提议股东或者监事会应当保证提案内容符合法律、法规和《公司章程》的规定。

董事会对于提议股东要求召开股东大会的书面提案，应当依据法律、法规和《公司章程》决定是否召开。董事会决议应当在收到前述书面提议后 15 日内反馈给提议股东，并报告所在地的中国证监会派出机构和证券交易所。如果董事会认为提议股东的提案违反法律、法规和《公司章程》，应当做出不同意召开股东大会的决定，将反馈意见通知提议股东。提议股东可以收到通知之日起 15 日内决定放弃召开临时股东大会，或者自行发出召开临时股东大会的通知。提议股东决定放弃召开临时股东大会的，应当报告所在地中国证监会派出机构和证券交易所。

股东大会会议的召集和组织者，应为公司的董事会。董事会应严格遵守《公司法》及其他法律法规关于召开股东大会的各项规定，认真、按时组织好股东大会。比如，董事会在收到监事会书面提议召开股东大会后，应当在 15 日内发出召开股东大会的通知，并按照有关法律和管理办法相关条款做出安排。董事会做出同意召开股东大会决定的，应当发出召开股东大会的通知，通知中应列明会议内容和有关提案内容。通知发出后，董事会不得再提出新的提案，通常也不得再对股东大会召开的时间进行变更或推迟。

上市公司全体董事对于股东大会的正常召开负有诚信责任，股东大会会议的具体主持人应为公司的董事长。董事长因特殊原因不能履行职务时，由董事长指定的副董事长或者其他董事主持。董事会、董事长和任何股东大会的主持人都不得因私人利益而阻碍股东大会依法履行职权。

在公司发生某些股东争议的情况下，提议股东可能会决定自行召开临时股东大会。在这种情况下，提议股东应当书面通知公司董事会，并报公司所在地中国证监会派出机构和证券交易所备案后，发出召开临时股东大会的通知。不过，对于这种情况的股东大会通知，我国2000年修订的《上市公司股东大会规范意见》要求：①提案内容不得增加新的内容，否则提议股东应按上述程序重新向董事会提出召开股东大会的请求；②会议地点应当为公司的所在地。

对于提议股东决定自行召开的临时股东大会，董事会及董事会秘书应切实履行职责。董事会应当保证会议的正常秩序，会议费用的合理开支由公司承担。会议召开程序应当符合以下规定：会议由董事会负责召集，董事会秘书必须出席会议，董事、监事应当出席会议；董事长负责主持会议，董事长因特殊原因不能履行职务时，由副董事长或者其他董事主持；而董事会未能指定董事主持股东大会的，提议股东在报所在地中国证监会派出机构备案后，会议由提议股东主持；提议股东应当聘请有证券从业资格的律师，按照《上市公司股东大会规范意见》第七条的规定出具法律意见，律师费用由提议股东自行承担；董事会秘书应切实履行职责，其余召开程序应当符合有关规定。

当公司确定召开股东大会之后，应将会议上要审议的事项于会议召开30日以前通知所有股东。股东出席股东大会，所持每一股份有一表决权。股东大会作出决议，必须经出席会议的股东所持表决权的半数以上通过。股东大会对公司合并、分立或者解散公司作出决议，必须经出席会议的股东所持表决权的2/3以上通过。修改公司章程必须经出席股东大会的股东所持表决权的2/3以上通过。

我国《公司法》对股东大会的职权，也就是股东大会上要讨论和表决的事项作出如下基本规定：①决定公司的经营方针和投资计划；②选举和更换董事，决定有关董事的报酬事项；③选举和更换由股东代表出任的监事，决定有关监事的报酬事项；④审议批准董事会的报告；⑤审议批准监事会或者监事的报告；⑥审议批准公司的年度财务预算方案、决算方案；⑦审议批准公司的利润分配方案和弥补亏损方案；⑧对公司增加或者减少注册资本作出决议；⑨对发行公司债券作出决议；⑩对公司合并、分立、变更公司形式、解散和清算等事项作出决议；⑪修改公司章程。

对于有限责任公司的股东大会职权，我国《公司法》中除了以上有关股份公司的职权内容外，还增加了一条“对股东向股东以外的人转让出资作出决议”。

股东大会是股东表达意见的主要渠道。在股东大会上，股东可以通过投票来改选董事会，并对公司的大政方针进行决策，对经理人员间接施加压力，来实现他们的要求。也就是说，股东虽然没有权利直接换掉无能的经理，但股东可以通过他们手中投票权的行使威胁董事会，使公司的董事会更加尽职。于是，这就需要一个好的投票制度使股东的投票威胁变得有效率并且可信。

2 一股一票

股东投票制度有很多种。最简单也是最古老的表决方式是一人一票，多数通过。采用这一投票制度，有权投票的股东不论其持股数量，或所代表的表决权的数量有多少，也只能按人头投一票。一人一票的优点是简单，一般可以采用举手表决的方式，获多数票的议案得以通过。但是，一人一票的投票制度弱化了大股东的表决权限，有悖于现代股份公司和证券市场“公平、公正、公开”的投资原则。所以，现代公司的股东大会上采用的，几乎都是“一股一票”的投票制度。

“一股一票”的投票原则确立于19世纪中期，它的基本思想是“股东平等”原则。这一原则也被称为投票权平等原则，是指股东应依其所持有的股份数量享有与其股份数同等数量的投票权。“一股一票”的投票规则，是绝大多数国家公司立法的通例。几乎在所有国家都规定，所有股东均有权参加股东大会的决议活动，每一股份平等地拥有一份投票权，而对于要表决的事项：一般决议获得通过的条件是赞成票超过到会股东所持表决权数的半数，特别决议获得通过的条件是赞成票超过到会股东所持表决权数的2/3。

在现代西方国家，尤其是在美国，股东参与公司的股东大会并进行投票的方式是多样的和方便的。比如，美国波音公司决定2006年5月1日在芝加哥召开年度股东大会，公司在当年3月24日就提早将股东大会的会议内容和议程非常详细地对外进行了发布。波音公司希望股东更多地进行投票。股东投票的方式，包括拨打指定的免费电话号码进行电话投票，或是通过互联网访问公司的投票网址进行网络投票，也包括通过传统的寄送邮件的方式进行信件投票。当然，股东也可以使用代理投票的方式。投票方式的多样，大大增加了股东参与公司会议的可能性，降低了股东参与公司治理的成本。

在我国，中国证券登记结算公司、上海证券交易所和深圳证券交易所分别开发了上市公司股东大会网络投票系统。2004年11月29日，中国证监会发布了《上市公司股东大会网络投票工作指引》试行文件。

该文件规定：上市公司召开股东大会，除现场会议投票外，鼓励其通过网络服务方向股东提供安全、经济、便捷的股东大会网络投票系统，方便股东行使表决权。股东大会股权登记日登记在册的所有股东，均有权通过股东大会网络投票系统行使表决权，但同一股份只能选择现场投票、网络投票或符合规定的其他投票方式中的一种表决方式。上市公司召开股东大会并为股东提供股东大会网络投票系统的，应当在股东大会通知中明确载明网络投票的时间、投票程序以及审议的事项。股东大会网络投票的开始时间，不得早于现场股东大会召开前一日下午3：00并不得迟于现场股东大会召开当日上午9：30，其结束时间不得早于现场股东大会结束当日下午3：00。上市公司股东或其委托代理人通过股东大会网络投票系统行使表决权的表决票数，应当与现场投票的表决票数以及符合规定的其他投票方式的表决票数一起，计入本次股东大会的表决权总数。股东大会投票表决结束后，上市公司应当对每项议案合并统计现场投票、网络投票以及符合规定的其他投票方式的投票表决结果，方可予以公布。

当然，“一股一票”原则并不意味着所有股东都可以参加投票，它只是说在有资格投票的股东中进行表决时所遵循的原则。那么，哪些股东没有投票资格呢？这涉及到投票权排除的问题。所谓“投票权排除”，是指股东对于股东大会所要决议的事项，可能会因自身利害关系而妨碍公司利益时，他就不可以参加投票，并不得由他人代理行使投票权。

很多国家都有“投票权排除”的相应规定。比如，在《德国商法典》中就规定，被决议免责或免除债务的人，关于股东与公司间缔结法律行为的决议中的该股东，和关于提起或终止股东与公司诉讼的决议中的该股东不得为自己或第三者行使投票权。不过，在英美法系国家中，一般没有“投票权排除”制度。这些国家的立法精神强调，投票权是以股东个人财产为基础的，投票权可自由行使。需要指出，我国现在讨论的按照股东类别组织表决，也就是“股权分置”制度，就相当于“投票权排除”。

另外，在某些国家中，大股东常常会为了达到其控制公司的目的，而在股东大会决议事项时，操纵投票，使股东大会的决议不能真正反映全体股东特别是小股东的意见。在这种情况下，这些国家的《公司法》就作出规定，为了防止大股东操纵而对其投票权进行限制。具体来说，就是对于持有公司股份超过一定数额的股东，以章程来限制其投票权，从而使这类股东所享有的投票权，少于其持有的股份数。

3 代理投票制度

即使规定了“一股一票”的公平投票原则，但实际上，由于有金钱、时间或兴趣的因素在起作用，常常有一些股东并不能出席公司的股东大会。在这种情况下怎么办，解决这个问题的办法有两个。

第一，是建立“书面表决制度”，这可以在公司章程中明确作出规定。有了这个制度，不能出席公司股东大会的股东，就可以通过书面的方式进行投票，用书面的形式就股东会议决议中的有关事项表明赞成或否定的意思，并将书面意见在规定的时间里提交公司，完成投票程序。

第二，就是建立“代理投票”制度。也就是说，不能出席股东大会进行投票的股东，可以委托代理人出席股东大会，由代理人向公司提交股东授权委托书，并在授权范围内行使表决权。代理投票制度，目前在西方国家里比较普遍，并且制度设计比较合理，操作可行，成本比较低廉。比如在德国，银行常常代理股东进行投票。而在美国“代理投票”和“征求委托书竞争”（proxy contest），已经成为用来约束（discipline）和威胁无效率或不尽职的经理或董事会成员的重要机制。

具体来说，当不满意公司现实运作的投资者要争取公司控制权时，他就会向公司的股东来征集“代理投票”的委托书，当他征集到足够多的委托书之后，他就可以在股东大会上运用自己的代理投票权，表达自己的意见。而对于那些亲自参加股东大会进行投票并不划算的股东，代理投票制度就使他们有了通过合适的代理人替自己表达意见的机会或渠道。有关细节，可以参阅本书关于“Circon 公司”的案例。

目前，在西方国家，关于代理投票，已经形成了一整套的规范做法。一般来说，股东委托代理人行使投票权时，代理权授予应采用书面形式，代理人应提出公司印发的委托书并载明授权范围。委托书一般由公司印发，一名股东以出具一份委托书为限，并应于股东大会召开前数日送达公司。代理投票的委托权，仅限于本次股东大会。另外，只有连续持有公司股份 6 个月以上、持有数量在 60 万股以上者，或是持有已发行股份总数 1‰以上股份（并且不低于 10 万股）的股东，才有权征集代理投票的委托书。而代理人所获得的代理股数，也不能超过已发行股份总数的 3%。

4 累积投票制度

关于股东大会的投票制度，还有一点特别值得讨论的，就是“累积投票制度”。“累积投票制”和“简单多数制”，是目前股东大会投票规则中两种最常用的制度。目前，我国证监会已经规定，在独立董事的选举过程中，应该实行累积投票制度。

“简单多数制”，不需要多讲，就是我们在各种选举中最常使用的制度。每个选举人或每一股股份只有一张选票，在这张票上，他应在候选人中勾出应选人数以下的投票对象。这样，得票超过半数的候选人得以当选。

而“累积投票制”（Cumulative voting），就相当不同。它是在股东进行投票时，比如在选举独立董事的时候，每一股拥有与将当选的董事总人数相等的投票权。依据这种方式，一个股东在选举董事时可以投的总票数，等于他所持有的股份数乘以待选董事人数。股东在投票时，每一票只能投给一位自己中意的候选人。这样，即使是小股东也可以通过将其手中所有股票集中投给一个或多个候选人的方式，产生出好于简单多数投票制度的效果。也就是说，这种方式有助于增大少数股东推荐其代表当选为董事的机会。

我们可以通过一个具体的例子来进一步了解累积投票制的逻辑和

原则。比如某公司对外发行的股票共有1000股。其中，某甲持有400股，某乙持有600股。在一次投票的过程中要从候选人A、B、C、D、E、F、G、H、I、J、K、L中间选出6名董事。前6位董事候选人是某乙的人，而后6名则是某甲心仪的对象。显然，在简单多数的情况下，某甲不会有任何机会选出后6位的任何一位。但在累积投票制的规则下面，情况则完全会不同，某甲采用正确的投票策略就可以将自己的利益代表者选进董事会。我们把某甲和某乙的几种不同策略组合罗列在表6－3中。

表6－3

	某乙的投票权分布						某甲的投票权分布						选举出的董事
投票方法	A	B	C	D	E	F	G	H	I	J	K	L	
1	900	900	900	900	0	0	0	0	0	800	800	800	AB CD KL
2	600	600	600	600	600	600	400	400	400	400	400	400	AB CD EF
3	1200	1200	1200	0	0	0	0	0	0	800	800	800	AB CJ KL
4	600	600	600	600	600	600	900	900	600	0	0	0	CD EF GH

在累积投票制下面，某甲总的投票权数为400股乘以6个选举数，是2400个投票权。而某乙总的投票权数按同样道理计算为3600个投票权。双方最理性的投票权分布是表中的方法1，其结果既符合资本民主原则，又兼顾了多数股权拥有者应该享有比较优势的法则。在投票方法1中，某乙只要将他的投票权投给支持的A、B、C、D四个人的话，就不会导致控制权的丧失，而某甲也选进了自己的两个代表。

投票方法2和3是某乙选举策略失常的情况。在方法2中，如果某乙因为愚蠢地将他的 2400 票平均投给 G、H、I、J、K、L，每个人 400 票的话，而某甲也平均分配他的投票权的话，某乙就不会选出任何一个自己的董事。在方法 3 中，如果某乙犯了错误将自己的投票权平均投给三个候选人的话，A、B、C 每人各得 1200 票，而某甲猜到了这个情况，平均将其投票权投给 J、K、L 三个人，那么某乙将失去对董事会的控制权。

当然，还会有其他选举权的组合方式存在。比如，为了防止意外发生，某甲可以采用方法 4 以谋求一个稳妥的结果。在这种投票方法下面，他可以确保选出两个代表其意愿的董事 G 和 H。

累积投票制产生于美国依利诺斯州。该州法律在 1870 年规定了这一制度，之后，美国各州纷纷效此立法。美国的《标准公司法》明确规定了累积投票制度。该法第 33 条规定："公司章程可以规定或公司章程另有规定除外，在每次选举董事时，有表决权的每位股东应有权亲自或由其代理人以下述方式表决，即将其所拥有的，并有表决权的股份数目分别投给予拟当选董事人数相同的人数，或者将其拥有的股份数目和拟当选的董事数目相乘之积，累积起来投给一个候选人，或按相同的原则将上述选票分别投给任何数目的候选人。"随着累积投票制度在美国的创立，许多国家和地区相继确认了这一制度。

一般来说，累积投票制具有如下优点。

①累积投票制是资本多数表决原则的有效补充。所谓"资本多数表决"，是指在股东大会或股东会上，股东按照所持有股份或者出资比例对公司重大事项行使表决权，经代表多数表决权的股东通过方能形成决议。资本多数表决有其存在的合理性，但也不无缺陷，它导致的结果是使大股东的意志上升为公司意志，而许多小股东的意志仅仅被记入股东大会会议记录而变得毫无意义。实行累积投票制度就有可能让小股东选举他们合意的董事或监事，以实现实质意义上的股权平等。

但是，"累计投票制"产生出作为少数派股东代表的董事并不违背资本多数表决原则，因为各股东团体所选出的董事与其所持公司股份的比例是成正比关系的。

②累积投票制是权力制衡理念在公司法中的体现与发展。现代公司采用"三权分立"的领导体制，这可以保障公司决策的准确性、执行的统一性和监督的有效性。但由于这种内部领导体制已由原有的股东大会中心主义向董事会中心主义转移，使得个别控制股股东利用其在股东大

会中的地位而被选举出任董事，进而控制公司董事会。实行累积投票制度，就能通过股东大会选出的小股东满意的董事牵制大股东出任的董事的行为，以使权力得以制衡。

③累积投票制度有利于刺激小股东的投资积极性，进一步保护小股东的合法权益。如果只是实行简单多数投票法则，就会在股东集团之间及其与董事会之间出现严重的利益冲突，小股东很可能在董事会中没有他们的代表人，在公司的各项政策中没有充分的发言权，这就会挫伤小股东的投资积极性，使他们怠于投资，不愿意参加公司的股东大会和决策过程，不愿意花时间对公司表达意见。而实行累积投票制，则可以有效地抑制类似的问题，并且，还能够较为有效地使这些损害小股东利益的方案在董事会中流产，以保护小股东的利益。

一般来说，大股东为了降低累积投票制的有效性，也会采取一些抵抗措施。比如，可以减少董事会的人数，减少小股东选出一位代表其利益的董事的可能。例如，如果公司只有 5 个董事席位的话，那么，对于只持有 5% 股份的小股东来说，即使想选出一位董事也是很难的。而作为这种方式变种的，是对董事分年度改选。例如，12 个董事会成员被分成三组，每 4 个人任期 3 年，每年只需要选举 4 个新董事，从而减少了董事会选举的人数，在一定程度上抵消了累积投票制对小股东在选举权上的保护作用。

3 股利及其决定过程

1 股东的收益

股东的收益权主要包括如下两条。①股东在公司因故终止经营、清算破产的时候，有权依法分配并取得公司剩余财产的权利。即股东有权在公司按照《破产法》的规定，清偿掉所有债务之后，获得剩余财产。②股东有权要求公司根据法律和章程规定，依据公司的经营情况，分派股利。

从发达市场经济国家的情况看，上市公司通常都有比较稳定的股利政策。在这些政策的指导下，股利发放在总量和增长率两个方面都是比较稳定的，股利形式虽然有现金股利和股票股利两种形式，但一般以现金股利为主。在我国，上市公司一般都没有稳定的股利政策。上市公司在2000年前大多不派发现金或者用公积金来少量派发，后来只是在政策的要求下，才开始派发一定数量的现金股利。

在国外，普通股股利通常按季度分配，在我国，通常每年只分配一次股利，也有少部分企业支付中期股利。企业支付股利的高低因行业不同而不同。有一些企业属于支付较低股利的行业，有一些企业属于支付较高股利的行业。通常，收益稳定增长的企业比那些收益呈现周期性变化的企业支付的股利高一些。

在公司财务的教科书中，股利政策被认为是一种财务政策，是公司资本预算的一部分，因此在理论研究和政策研究中常常把股利问题当做纯粹的财务问题来处理。但实际情况并非如此简单，股利政策实际上是涉及多个利益主体共同决策的问题。由于上市公司各参与主体在利益上有着本质差异，所以，公司股利政策的决定实际上是财务问题和利益问题综合作用的结果。股利政策反映着上市公司内部大股东、普通流通股股东、经营者、债权人之间的经济关系，是上述各方利益博弈的结果。股利政策的问题本质上是公司治理问题，所以，必须要超越纯财务处理的层面、从博弈的高度去理解上市公司股利政策的选择问题。

2 股利政策的决定

与现金股利不同，企业也可以选择以非现金的方式向股东支付股利，包括股票股利和拆股。股票股利是以增发股票的形式分配的股利。当企业希望将现金流用于投资目的时，可能会选择用股票股利来代替现金股利。只要支付比例比较低（2% ~5%），股票股利不会对股东权益产生过大的稀释效果。接受股票股利时，虽然股东可能心理上感觉比较好，但是他们实际上没有获得任何好处，因为股票价格下降的百分比等于股票股利的支付百分比。拆股与发放股票股利的效果相似。由于发行更多的股票，拆股将会使股东持有股票的数量成倍增加。

发放现金股利和非现金股利对于企业资产负债表的影响是不同的。

现金股利使企业的现金流和留存收益减少，而发放股票股利和拆股则只改变流通股的数量和股票的价格，而不改变企业的股权价值，也不改变股东的持股比例。但它们却有助于企业将现金保留在企业内部。在我国，支付非现金股利，股东可以得到更多数量的股票，所以长期以来，市场对拆股和送红股反映是比较好的。

按道理讲，是否发放股利对于投资者来说，是无差异的。如果发放股利，投资者立刻获得了回报；如果把收益保留在企业内部，没有分红，这个财富就会影响到公司的股票价格，这也会导致股东的财富增加。所以，有学者就说，分不分红其实对股东财富没有影响，无所谓。但是，在现实中，尤其是对于中小投资者或非控制性股东来说，他们通常都特别喜欢分红，喜欢企业支付股利。这是因为如下原因。

首先，投资者普遍有“十鸟在林不如一鸟在手”的观念。他们认为，当期支付的股利比未来从留存收益中获得好处更有价值。企业支付现金股利减少了投资在未来的不确定性。这有利于降低风险，进而降低折现率 K_s。换句话说，当期支付股利的折现率 $K_{支付股利}$ 比未来留存收益的折现率 $K_{留存收益}$ 要低，即 $K_{支付股利} < K_{留存收益}$。如果公司的股价通过未来收益的折现来计算，股利的较低折现率将会使股价更有利。

第二，股利发放具有信号性质。一般认为，通过支付股利，企业向投资者传递了一个信号：企业期望将会产生用于支付未来股利的利润。相反，如果企业停止支付股利，就会使投资者认为企业出了一些问题。有时候，企业会出于保证流动性而减少股利的支付，在这种情况下，企业必须要使投资者相信，留存收益再投资将会在未来创造更高的股利。如果投资者相信企业传递出来的信息，则公司的股价将能够保持稳定，否则就会逐渐走低。总之，企业的股利政策与其他信号一道，会与投资者形成互动，直接影响到公司的股价和进一步融资策略的实施。

如果不考虑公司实际控制人在个人利益方面的种种因素的影响，公司股利政策的确定是一个综合权衡的过程。股利政策的确定会影响公司股票的市场估价，另外，股东们也会将股利政策作为企业有意发放的一种信号。虽然有学者认为支付股利的决策是独立于投资决策的，但是，股利却可以间接地影响企业的外部融资计划。例如，企业支付过高的股利将会减少用于再投资的内部资金，这将迫使企业通过发行新的股票或者债券来获得投资所需的现金。而外部融资又会改变企业的资本结构和资本成本。所以，财务经理会努力地在支付合理股利以及留存收益进行再投资之间做一个平衡。

股利政策是计算股票的资本成本 K_S 以及股票估价的重要基础。我们可以使用固定股利增长率模型来进行有关计算。在这个模型中，企业当期支付的股利水平为 D_0，以后以每年为 G 的百分比增长。在无限期的假设下，股票价格为 $P_0=\frac{D_1}{K_S-G}$。于是，股票的要求收益率或者折现率为 $K_S=\frac{D_1}{P_0}+G$。其中，$D_1=D_0(1+G)$ 是下一期将会发放的股利。

要求收益率 K_S 的值可以通过资本资产定价模型（CAPM）来确定。而增长率 G 可以用公式 $G=ROE\times(1-\text{股利支付率})$ 来计算。

其中，$ROE=\frac{\text{净收益}}{\text{股权价值}}$，它代表股权收益率，而计算股利支付率的公式为：

$$\text{股利支付率}=\frac{\text{每股股利}}{\text{每股收益}}$$

股利支付率可以用于计算股票的市盈率 P/E，具体的表达式如下：

$$P/E=\frac{\text{股利支付率}}{K_S-G}$$

在不同的行业或不同的企业，股利支付率是不同的。高增长企业需要尽可能筹集所能够筹集到的所有资金，因此，它们的股利支付率是比较低的。而成熟企业具有比较稳定的收益增长，因此它们可以支付比例比较高的股利水平。可是，为什么高增长的企业虽然股利支付率比较低，但市盈率却比较高呢？答案在于增长率和折现率都会对股票价格形成影响。虽然高速增长企业的股利支付率比较低，但是，它们的 K_S-G 值更小，所以，它们具有更高的 P/E 值。

所以，在确立股利政策时，经理人需要综合权衡这些因素，要充分考虑到：①企业未来收益的潜在增长率；②在不同的商业周期内企业收益的敏感程度；③同行业中其他企业的收益率以及支付率等等。在很多情况下，为了稳妥起见，经理人在任期的最开始都尽量保持比较低的股利支付率，只有当企业具备了充足的收益基础之后，再逐步提高股利支付水平。在美国的市场环境下，投资者已经形成了一种看法：好公司的股利政策应该是稳定的，于是，股利政策的任何中断都会导致企业形象的破坏以及股票价值的降低。在这样的情形中，经理人通常要力求维持一个稳定的股利政策，使投资者相信，企业会始终维持股利的支付水平。

也正是由于这个原因，那些收益变化比较大的企业通常考虑支付低而稳定的股利，只是在收益状况非常好的时候，才发放额外股利。

一般来说，企业的财务状况和政策也是公司决定股利政策的重要影响因素。企业通常需要维持一个合理的财务基础，以避免较高的融资成本，并且防止发生财务周转方面的危机。事实上，企业产生了利润，并不代表企业已经具备了用于发放股利的现金。因此，企业在考虑制定股利政策时，要考虑到为获得收益的目标增长率所必须满足的投资需求。企业的增长需要获得大量的资金，它们不可能连续地在资本市场上筹集这些资金，再加上融资顺序上的安排，因此，对于企业来说最好的办法是对股利支出进行控制，以最小化外部融资。

另外，公司股利政策的确定也要充分考虑公司债务的期限结构。如果企业缺乏现金，运营资本不足，它就难以按时地到期偿还债务。而企业不能够按时支付利息或本金，债权人将会发难，资本市场上就会有反应，企业可能因此进入一个恶性循环。因此，在制定股利政策的时候，经理人必须要确保现金以及可市场化的证券足以抵补即将到期的债务，在此基础上再进行股利支付方面的安排。只有这样，才能建立一个长期而稳定的股利政策。

有一些学者认为，在确定公司股利政策的时候，还必须要充分考虑公司的最优资本结构。企业只有在所有的正 NPV 项目都得到满足之后，才应该考虑股利的发放。这些学者的基本假设是：当找到了一个最优的资本结构之后，企业实际上就会最大化它的价值。为了保持这个资本结构，企业首先要利用留存收益，一旦留存收益用完了，而它们还有内部收益率 *IRR* 大于资本的边际成本 *MCC* 的项目，企业就需要按固定的比例来发行债券或股票来筹集外部资金。在这种情况下，企业就不应该支付股利，而首先安排留存收益的再投资。这是因为，此时投资的 NPV 是正的，有助于增加企业的价值。

图示 6 - 1 描述了这个权衡关系。从图示中我们可以看到，在最优投资水平，也就是交叉点上，有 $IRR = MCC$，企业将不再进行融资或者投资，因为再进行投资将会产生负的 NPV，不符合企业价值最大化的原则。在最优投资点的左侧，与其借别人的钱，或找新的股东进行融资，与外人分享收益，不如用留存收益进行投资，因此，不应该发放股利。相反，在最优投资点的右侧，企业应该将剩余资金作为股利分配给股东，否则会增加企业的资本成本，降低内部收益率。

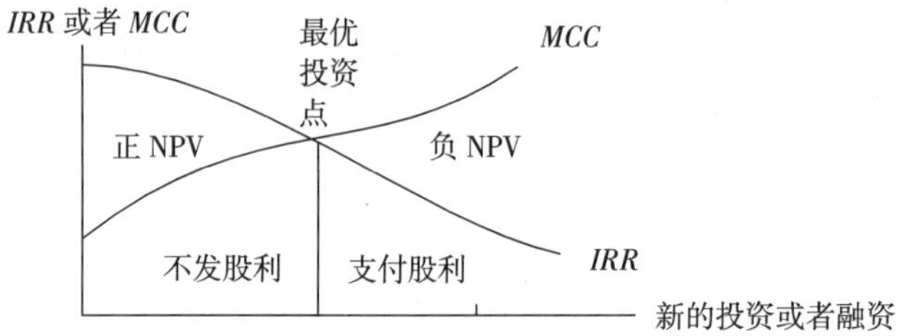

图示 6－1　股利政策与投资收益状况

3 决策环境影响经理的决策行为

在第五章中，我们曾讨论过股利政策实际上是股东、债权人和经理人博弈的结果。在对利益主体目标与股利政策决定过程的分析中，我们看到，市场条件和制度环境构成了三方博弈的背景。利益主体表达自己意愿的方式和能力受到市场条件和制度环境的制约。完善的市场条件可以确保决策主体具备表达自己意愿的能力，而良好的制度环境可以对博弈过程中的不规范行为进行限制。

从市场条件来看，如果资本市场比较有效率，弱势利益主体就可以借助资本市场上的种种机制来保护自身的利益。如果经理市场比较健全并且形成充分竞争的机制，一旦败德行为暴露就会给经理的人力资源价值带来损失。同时，如果公司控制市场的效率比较高，经营业绩不好的公司就会受到威慑，充分发挥公司控制市场的作用可以在一定程度内抑制经理的败德行为以及大股东对小股东和债权人的剥夺。

从制度环境来看，如果证券监管当局对违规行为的限制和惩罚机制比较有效，不仅可以保护各决策主体的利益，还可以使他们制定股利的政策行为比较规范。比如，严格而详细的信息披露有助于保护外部投资者的利益，他们可以通过公开披露的信息了解公司的运行状况并判断公司的投资机会和前景。这对投资者会起到验证股利是否传递企业利好消息的作用，从而避免管理者对股东和债权人的欺骗，并且避免投资者的逆向选择问题。另外，如果市场制度比较完善，法律法规比较健全，资本市场的违规操作也可以得到有效的控制，企业通过股利向市场传递信息的质量就可以得到保证。

从国外学者已有的研究结果看，经理在考虑制定公司股利政策的时候通常会涉及如下几个方面。

①支付股利是否增加公司的运营风险。

我们知道，经理面临的是单一的人力资源风险，他们无法通过投资组合的方式对风险进行分散。公司经营不善甚至破产不但会导致经理失业，还会使经理的人力资源价值受到重创。根据 F. H. Easterbrook 在 1984 年论文中的观点，支付股利可能会迫使经理人采取一些他们不情愿的行为，比如提高公司的财务杠杆，而财务杠杆的提高则会增加公司的运营风险。这是经理所不愿意看到的局面。

②支付股利是否减少公司的现金流。

根据代理理论，经理是不能够被完全监督的，他们可以选择最大化自己利益而非股东利益的行为。其中，现金流是经理最容易利用的资产。Jensen 认为，当公司拥有大量的现金或者这些现金无法投资到正 NPV 项目时，经理可能会以对股东没有好处的方式使用这些现金，比如进行不明智的收购或者过度发放福利。

③支付股利对经理的股票认购期权是否产生影响。

激励性报酬的相关理论显示，经理的最优报酬是采用短期报酬和长期报酬相结合并且将长期报酬与长期业绩挂钩的方式。于是，在距离股票认购期权到期比较远时，为了避免削减未来的股票增值，经理会倾向支付比较低的股利。Lambert 等学者在 1989 年发现，采用经理认股期权的公司，股利支付会明显减少。这是因为，这些公司的经理会尽量避免发放股利以对他们股票认购期权的价值进行稀释。但是，当股票认购期权即将到期时，经理则可能通过支付高水平的股利提升股票价格，增加认购期权的价值。

④发放股利是否具有证明经理价值的信号功能。

上市公司的市场价值是经理人业绩以及经营能力的重要指标，如果支付股利可以减少公司股票被低估的程度，提高公司股票的价格，就可以向市场传递关于经理具有较高经营能力的信号。如果存在一个竞争性的经理市场，这种信号一旦被确认，就表明该经理具有较高的人力资源价值，可以为公司创造较高的价值。当然，如果不存在竞争性的经理市场，即使股利有向市场传递这种信号的功能，市场也无法确认这种信号，发放股利对于经理就不会有什么好处。

总之，经理在决定股利政策的确定时，往往要对上述影响因素进行综合考虑，在权衡后作出决策。

4 股利政策与股东利益

股东是公司的所有者，他们对股利政策的影响与股东在公司中的地位以及股东获得收益的方式密切相关，国外的研究显示，支付股利对股东主要有如下几方面的影响。

①支付股利有助于股东转移财富。

公司的价值是由股东和债权人共同分享的，根据 M－M 理论，支付股利后公司价值会下降相同的数额。虽然股东和债权人的价值都下降，但债权人得不到股利，他们遭受损失；股东的股票价值虽然也有所下降，但股东接受了股利，股东的总价值有所上升。从这个角度来说，股利分配是将公司中由股东和债权人共享的资产转变为股东绝对所有的一种工具，股东的收益就是债权人的损失。由此，股东愿意在债务到期之前尽量转移公司价值。Dhillon 等在 1994 年的研究显示，市场对股利大幅度变化的反应与代理理论对股东和债权人之间的代理问题的预测是一致的，股票价值有所增加，债券价值有所下降，股利确实是股东对债权人进行剥夺的一种工具。

②支付股利可以向外部股东传递信息。

从信息不对称的角度来讲，公司内部人比外部投资者更了解公司的运行情况，他们与外部人之间的信息是不对称的。在这种情况下，外部投资者无法分辨投资价值高和投资价值低的企业，如果股利可以向市场传递企业的真实信息，就可以有效地避免股东的这种“逆向选择”问题。

根据 John 和 Williams 在 1985 年的研究结论，在信号均衡的情况下，支付现金股利可以向市场传递公司的内部信息，减少投资者的逆向选择问题。但另一方面，支付股利有可能传递企业缺乏良好投资机会的信息。而 John 和郎咸平在 1991 年的文章显示，市场不应该将所有的股利增长都解释为好消息，它有可能意味着公司投资机会的终结。为了鉴别股利所传递的真实信号，股东需要综合考虑企业投资机会的性质以及信息披露的质量，而不能将股利支付一味地解释为好消息或者坏消息。

③支付股利可能会损害公司长远的发展能力。

股东的收益主要来自于现金股利以及股票出售时的资本收入。如果公司当期支付了过高的股利，就会减少公司用于长期投资的资金，影响公司的长远发展能力和未来的收益水平，给股东带来损失。Ambarish 等在 1987 年的研究显示，成长中的公司并不应该发放现金股利，而应该用投资机会作为主要的信号，但成熟的公司则应该发放现金股利。

④支付股利可能有助于帮助股东约束经理的代理问题。

在分析经理对股利的影响时，我们已经指出，经理与股东之间存在着代理问题。没有股票认购期权的经理可能不愿意支付股利，他们有可能将这部分现金用于“败德行为”或资源控制；而持有股票认购期权的经理人在不同的阶段可能会选择不同的股利政策，经理的这些行为都是代理问题的表现。

不过，一般来说，股利发放会有助于对代理问题形成约束。当然，股利对于代理问题的影响也依赖于经理和股东的性质。比如，股东是国有股东还是民营股东，经理是否是公司的股东，经理是否持有股票认购期权以及持有的数量和阶段等等，这些因素都会影响股利对于代理问题的约束作用的大小。

4 股东的诉讼权

股东的诉讼权，是股东最基本的权利之一。当股东的上述各种利益遭受侵犯的时候，股东就可以通过诉讼渠道，保护自己的合法利益和经济权利。股东的诉讼权在公司治理机制或《公司法》里扮演着补缺者的角色，虽然它只是在很特殊的情况下才会使用，但它的主要影响是威胁，而不是实际行动。

从西方国家的法律实践看，股东诉讼的对象一般是公司的董事会或经理班子这些公司机关。这是因为，公司董事和经理等公司机关成员受股东大会的委托对公司履行经营管理或监督职责，对公司负有善管义务和忠实义务。如果他们违背其义务，对公司利益造成损害，也就间接损害了股东的利益。当然，在某些情况下，证券市场的管理当局和中介机构由于做法不当，也可能会对股东的利益形成损害，因此，也有可能成为股东的诉讼对象。

有关股东的诉讼权利，与其他法律主体的诉讼权利并无本质差别，都应按照相关的诉讼程序和法律规定来行使和实施。在此不再赘述。这里仅介绍与单个诉讼有很大不同的股东集体诉讼，以及股东的代表诉讼制度。

1 集体诉讼

集体诉讼，是相对于单个诉讼和共同诉讼而言的诉讼制度。我们可以通过一个例子来加以说明。当公司的经营者没有依法履行其义务时候，就会侵害股东的合法利益，股东因此可以对公司的董事会和经营者提起诉讼。比如说，我们有1万名股东。那么，我们通常可以想到两种诉讼方式。第一种是单个诉讼；第二种是共同诉讼。

所谓“单个诉讼”，就是每一名股东分别对公司的董事会或经营者进行诉讼。在这种情况下，如果这1万名股东都去诉讼，同样的案子会到法院开庭1万次。这显然不合适。于是，较好的解决办法就是1万名股东联合起来，共同提起诉讼，这就是“共同诉讼”。但同样显然的是，这不可能，因为1万个人进行联合的成本太高。这就陷入了一种困境。

处于这种困境的情况是比较多见的。陈志武教授曾经以银广夏案为例算过一笔账。截止到1999年底，银广夏一共有5万多名流通股股东。当他们遭受侵害的时候，如果他们选择单独对银广夏进行诉讼，就会出现如下问题。第一，多数受害股民因为经济上不划算，根本就不会去起诉。5万多股民的平均持股量大约为2000股（流通总股本为1亿多股）。假如平均每股因受欺诈而损失15元，那么，每个股民平均受损约为3万元。由于在2001年中期，公司的净资产仅为约5.18亿元，那么，如果有4万股民上诉的话，平均每人可从银广夏得到的赔偿不过1.2万余元。这是赔偿的上限，而且还包括律师费、诉讼费等支出。第二，对于很多股东来说，打官司是有机会成本的，由于还要花上很多时间和金钱，为了已经不能完全抵补投资的损失，也许不少股东会选择放弃。第三，如果股东都选择单个诉讼，则银川市中级人民法院将为此受理几万个类似案件，工作量太大，浪费法院的资源，效率极低。

在这种情况下，我们可以求助于“共同诉讼”，让5万名股东联手起诉，但这无疑缺乏操作性。且不说怎样联合5万名股东共同进行诉讼活动，由于不同股东有不同的诉讼主张和诉讼请求，而且在诉讼的不同阶段，股东的想法和要求都会千差万别。因此，共同诉讼尽管理论上成立，但可操作性是相当差的。显然，“集体诉讼”制度，与“单个诉讼”和“共同诉讼”相比，就非常有优势。

“集体诉讼”，就是由一到两位原告作为“首席原告”代表众多股东提起诉讼，首席原告和被代表的股东在整个诉讼过程中保持一致，在利益上应一致。首席原告参与整个诉讼过程，包括与律师交涉、搜取证据、为开庭做准备、参与庭审等，当达成和解或得到法院判决后，该结果将适用于所代表的全体股东。比如，一旦赔偿额被确定，各间接参诉的股东将会按比例得到一份赔偿，而这些股东将不再以同样事由对被告方提起诉讼。

集体诉讼制度起源于英国，在1966年被纳入美国《联邦民事程序法》。在60年代和70年代，美国的集体诉讼还主要应用于消费品民事责任类案件中。从1980年代开始，集体诉讼制度开始使用在证券类民事案当中。除了英美国家，在加拿大、澳大利亚等国家，也使用集体诉讼制度。

按照美国《联邦民事诉讼程序法》第23条的规则，只有在满足如下条件时，主管法官才可能将一个多人诉讼案定为“集体诉讼”。①参与诉讼的成员众多，上诉方律师证明，受损人数多到无法进行“共同诉讼”的程序。②各成员诉由相同，包括面对相同的法律问题，或同样的侵权事实。③首席原告的指控与其他成员的指控一致，双方的利益也一致，两者之间无利害冲突，首席原告真正能为其他成员的利益去努力。首席原告可以代理其他成员参诉和谈判。④首席原告有能力、有足够多的时间和精力来进行诉讼活动。

2 代表诉讼制度

《公司法》一般规定，公司董事及其他经营者应当忠实履行职务，维护公司利益，不得利用在公司的地位和职权为自己牟取私利。如违反忠实义务给公司造成损失的，应承担赔偿责任。这个法律规定实际上是基于信托理论中关于受托者的忠实义务和善良管理者的注意义务的理论，是可以对以董事为代表的公司经营者提起诉讼的法理基础。但是，这个规定并没有明确谁可以进行诉讼。

从逻辑关系上说，董事和经营者是与公司法人签订的服务契约，它应对公司尽职。也就是说，当董事和经营者出现问题的时候，应该由公司来对他们进行起诉。但是，公司法人常常是没有行为能力的，并且，它的法定代表人也常常是公司的董事或主要经营者。在这种情况下，当广大股东特别是中小股东权利受到侵害时，就缺乏明确的、对公司董事和经营者提起诉讼的利益主体。

股东代表诉讼制度，正是为了解决这样一个问题而产生的。它是指在董事和经营者对公司造成损害、应负担赔偿责任，但公司法人又未对其进行追究的时候，股东有权按照法律规定的程序，代表公司对该董事或经营者提起诉讼的制度。

股东代表诉讼制度的法理基础在于：①股东是公司的所有者，当以他们的财产为基础所形成的法人实体的利益受到侵害时，他们当然有权要求侵害者给予赔偿。②股东实际上是公司财产托管的委托人，在本质上是他们委托董事及其他经营者管理公司的财产及事务，而当董事和经营者未履行注意义务和忠实义务的时候，他们作为有行为能力的利益主体应有权对所发生的损害要求赔偿。

不过，股东虽然是诉讼的利益主体和行为主体，但在法理上它却不是以自己的名义，而是公司的名义。这是因为：①公司毕竟是独立的法人实体，股东和公司是一层投资关系，股东以其投资承担有限责任。从逻辑关系上，股东对于公司财产是间接所有，股东一旦获得赔偿，也应该将赔偿留在公司。股东非经法定程序（如分红、清算等），不能从公司获取财物。②公司也与除股东之外的其他利益主体发生经济关系，公司以其全部财产独立对外承担责任，所以，即使董事对公司损失进行赔偿，赔偿也应交给公司，而不能直接交给股东，以防止公司对第三方的债务偿还能力受到影响。

股东代表诉讼制度，最早可以追溯到1742年的英国。在美国，1938年制定的《联邦诉讼规则》首次对股东代表诉讼制度进行了规定，法学界一般认为这一时间标志着股东代表诉讼制度的相对完善。第二次世界大战以后，受美国立法的影响，在日本等亚洲国家也相继建立了股东代表诉讼制度。在我国，尽管有一些学者提出要建立这样一个制度，但目前的立法还没有涉及，这是一个重大的缺欠。我认为，只有明确建立股东代表诉讼制度，才能够在一定程度上切实对董事和经营者形成威胁。

在现阶段，由于我国《公司法》未对股东代表诉讼制度作出完整明确的规定，因此，在因董事和经营者违背忠实义务和注意义务而给公司造成损失时，股东只能借助间接的法律法规提起诉讼，比如依照信托法、《上市公司章程指引》、民事诉讼法等有关法律中的有关规定。但这其中的很多模糊和不明确之处，直接妨碍了股东的充分维权。

5 机构投资者

在本章的最后一节，我们讨论一类特殊的股东——机构投资者。所谓“机构投资者”，是指这样一类组织，他们是把单个投资者、单个机构或者团体组织的资金聚集起来，并代表这些分散投资者进行投资的经济主体。在现阶段，机构投资者还主要是一种美国现象。从1990年代中期开始，华尔街的机构投资者所持有的市值首次超过了个人投资者，代表了股东结构的根本变化。

从世界范围看，机构投资者大体上可以分为四类：养老基金（pension funds）、共同基金（mutual funds）、保险公司（insurance companies）和银行（banks）。机构投资者一般都拥有专业的投资人员和丰富的投资经验，同时具有强大的资金实力，通常可以获得稳定的投资收益。

1 机构投资者的发展

在过去的25年当中，美国的机构投资者迅速发展。1970年，美国机构投资者所持有的资产仅为6726亿美元，到1980年已经增长到19000亿美元，将近翻了3倍；而到1995年中期，美国机构投资者所持有的资产数额已经达到了10.2亿美元，约占美国金融资产的22%，参见图示6－2。80年代初到80年代中期，机构投资者所持有的资产平均以每年

14.9%的速度增加；80 年代以后，该增长速度也在平均 10%以上。不过，需要注意的是，虽然美国机构投资者迅速发展，但是他们所持有的资产占整个权益资本市场的比例却还维持在 50%左右，没有很大程度的增长。请参见图示 6－3。

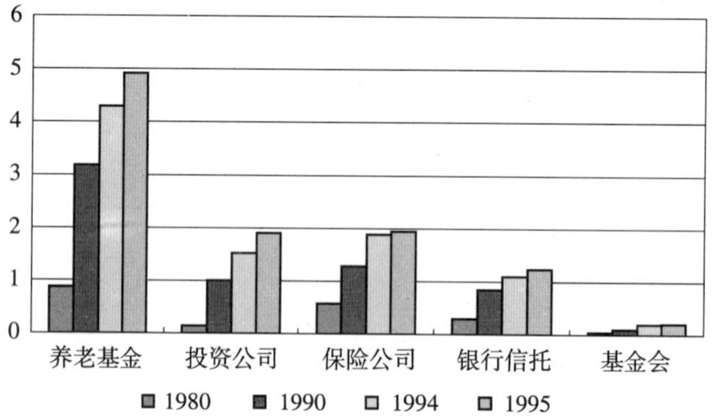

图示 6－2　机构投资者资产的变化情况

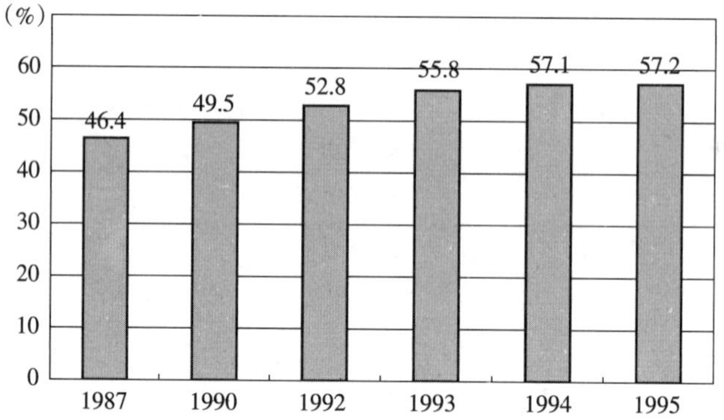

图示 6－3　养老基金资产的变化情况

在机构投资者中，并不是所有的资产都由他们自己亲自管理，而是将很大一部分资产由其他的机构来替他们进行管理。比如，美国的养老基金在 1994 年拥有 44100 亿美元的资产，但是他们直接进行管理的资产仅为 18800 亿美元，另外一大部分资产（约为 25300 亿美元）都分给了保险公司（约 8110 亿美元）、银行（约 9330 亿美元）和外部的投资顾问（约 7870 亿美元）进行管理。如图示 6－4 所示。而银行虽然只拥有 11.9%的资产，但是他们实际管理着 19.4%的资产；保险公司拥有

20.0%的资产，却管理着27.3%的资产（表6－4）。

表6－4　　　　机构投资者拥有的资产和实际所管理的资产

（a）1994年的基本情况

机构投资者	持有的资产（%）	管理的资产（%）
养老基金（pension funds）	47.4	20.2
外部投资顾问（external investment advisors）	0.0	8.2
投资公司（investment companies）	18.6	24.5
保险公司（insurance companies）	20.0	27.3
银行（banks）	11.9	19.4
各种其他的基金会（foundations）	2.1	0.4
总计	100.0	100.0

（b）养老基金的资产及其管理状况

<table>
<tr><td rowspan="2">养老基金拥有的总资产
44100亿美元</td><td>由保险公司管理
$8110亿</td><td>由银行管理
9333亿美元</td><td>由投资顾问和投资公司管理
7871亿美元</td></tr>
<tr><td colspan="3">养老基金亲自管理的资产
$1880亿</td></tr>
</table>

2 机构投资者的行为

在美国，由于《格拉斯－金蒂尔斯法案》以及《投资法案》的限制，金融、保险和共同基金在90年代后期之前一直难以成为企业的实质控制者。在这种情况下，机构股东对于公司的参与就是有限的，而只是一个消极的股票持有者。

为什么股东投资之后会消极呢？这有两个原因：①机构投资者持股的分散化。由于美国人对其日益强大的金融势力常常会感到不安，所以，即使是机构投资者，国家也想方设法地分散它们对企业的控制权。比如，美国国会在1974年曾通过了《雇员退休收入保障法》，要求养老基金组织与其他机构投资者一样采用分散的、消极的持股结构，限制它们持有企业的大额股份。②机构投资者对于基金管理者的考核也比较多地看中投资的短期收益。于是，基金经理在进行投资时就是以短期收益为导向，他们频繁地交易手里的股票，以短期收益为目标优化投资组合。当他们对公司的经营状况不满意的时候，他们不是去关心这个公司的内部运作和治理改善问题，因为那样做太艰难，而是简单地将手中的股票抛掉，购买收益率相对更高的公司股票。

正是在大家批评“短期主义”和“股东消极主义”的背景下，美国在1980年代后期开始出现所谓的“股东积极主义”，也就是机构投资者积极地参与公司的治理过程。尽管这种情况目前还“可遇不可求”。图示6－4是一项在1994年的调查，从中我们可以看到机构投资者所关心的重点。

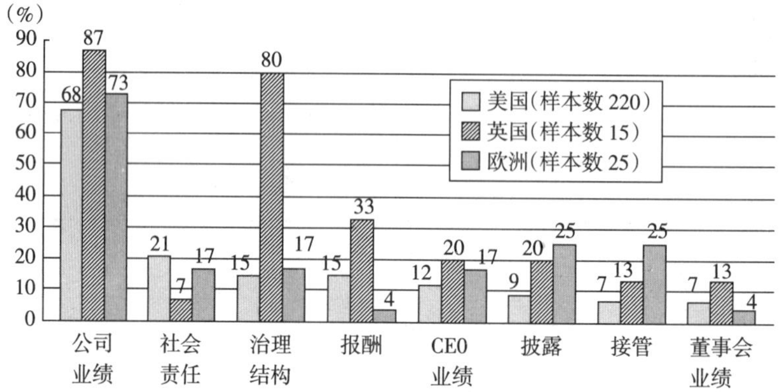

图示6－4　机构投资者的关心内容

提到机构投资者的积极主义，人们常常会想到一些代表机构和一些代表人物。

代表机构如一些大型养老基金，像加州公务员退休系统（CalPERS）、教师保险与年金协会－大学退休证券基金（TIAA－CREF），它们都是从公司式的信托机构成为积极的公司治理结构参与者的。

CalPERS是加州退休基金系统的简称。加利福尼亚州有将近100万的雇员在养老基金当中投资了680亿美元。1992年3月，CalPERS公布了12家未能与之达成公司改革协议的公司名单，并批评这些公司支付了过高的经理报酬，董事会缺乏独立性。TIAA－CREF也是一个养老基金的缩写，全称是“教师保险和养老金协会——大学教师退休权益基金”。无独有偶，TIAA－CREF也在1993年10月宣布了一项“公司治理”政策，要求并鼓励它所投资的公司能够拥有独立的、分散的董事，并且独立董事在董事会当中占有大多席位，同时希望董事们能够对股东更负责任。由于这样一些事件，人们常常会把CalPERS和TIAA－CREF当做积极的机构投资者的代表。

要提到代表人物，很容易让人想到的就是 LENS 基金的董事长罗伯特·孟克斯。孟克斯毕业于哈佛大学，1977 年起担任波士顿公司董事长。他曾经将很多著名公司，如美国联邦快递公司（American Express）、柯达公司（the Eastman Kodak）等推荐上市，也曾担任过美国劳动部养老基金部的主任。1990 年，他创办了机构股东服务公司 LENS 投资管理公司。LENS 基金的投资原则是只在 4 -6 家公司投资，并且介入公司治理结构。具体来说：LENS 基金选择投资的标准是：①市场表现差但具有增长潜质；②通过股东的积极干预是可以改善的。在投资之后，LENS 基金参与到公司治理和管理改善的工作中，以便强化股东和客户的价值。

有了像 CalPERS 这样的机构和孟克斯这样的积极参与者，现在，人们愿意把机构看成是公司治理的新希望。因为从理论上讲，所有权集中在机构投资者手中，加上机构投资者通常是有能力的，这就有助于加强对公司的监管。由于机构投资者在公司持股数量上常常具有优势，这有助于使其干预行动的预期效益超过预期成本，因此，可以期望机构投资者采取积极行动。

也正是依据上述期望，美国也制定了一系列的约束和引导机构投资者朝向更积极的方向前进的法案。在美国的机构投资者中，养老基金是持有资产最多的一类，它们因此被认为是最有规模和实力影响公司控制的因素。从 1970 年到 1993 年，养老基金从仅拥有 810 亿美元的股票，不足股票市场份额的 9%，发展到拥有 1500 多亿美元，几乎占股票市场的 1/3，比共同基金、保险公司和银行信托业务的总和还要多，成为最具力量的机构持股者。于是，在前面提到的《雇员退休收入保障法》之后的一系列司法解释当中，机构投资者都被要求必须要保证养老基金的安全，并根据基金的利益要求进行投票。美国劳动部也明确要求机构投资者在考虑成本的基础上，独立或和其他股东一道积极参与公司治理。

Corporate Governance: Theory and Cases

公司治理理论

第七章
资本市场与公司控制

1 资本市场的效率性
2 事件分析法
3 公司控制市场
4 控制权转移
5 "卖空"机制

资本市场对于公司治理的意义主要体现在如下两个方面。第一，资本市场具有反映功能。所谓反映功能，是指一个有效率的资本市场，可以准确地用股价来反映公司的经营情况，表示出公司的价值。股价的这种反映机制，有利于出资者对公司的经营状况进行判断，降低了公司监控的信息成本。第二，资本市场具有纠正功能。所谓纠正功能，是指如果资本市场具有足够的流动性，则公司控制权就会由效率低的所有者转向估价比较高的收购者，这样就会对公司治理低效的情况加以纠正。也就是说，以资本市场为基础的接管，能够及时发现公司经理管理效率低的情况，并以更好的经理来取代之。

资本市场在公司治理体系中扮演着重要的角色，它可以激励经理不断追求公司价值的最大化。如果资本市场是有效率的，则公司价值最大化就体现为股票价格的最大化。而经理的工作也变得简单，他们只需要关注公司的股票价格。如果经理不能最大化公司股票的价格，他们就可能会被董事会解雇，或者在公司被接管后被人代替。显然，健全的资本市场是公司治理的必要内容，也是其他公司治理机制发挥作用的前提。

1 资本市场的效率性

资本市场在公司治理体系中的作用大小，直接由它的效率水平决定。最早提出资本市场效率性概念的学者，是美国芝加哥大学财务学教授 Eugene Fama。他在 1965 年明确提出了“市场有效性假说”，这个假说长期以来一直作为研究资本市场时的基本假定存在着。

我们知道，如果企业是一个公开上市交易股票的公司，如果资本市场是充分有效的，则企业的价值是可以通过股票的市场价格得到反映的。这里，“有效的”资本市场就是一个隐含的假定，其含义是指当证券市场的交易者在得到与企业价值有关的信息之后，会立即进行行动，而所有投资者都进行这样的行动，则在市场上该股票价格将正确地反映所有这些与企业价值有关的信息。

也就是说，如果“市场是有效的”，则企业的“真实价值层面”和“市场价值层面”就具有一个即时的、同步的变化关系。市场的“有效性”，客观上意味着当企业的真实价值发生变化的时候，企业的市场价值同步变化。

然而，在现实的情况中，企业的真实价值是与投资者所掌握，并把它们融入股票价格中的信息数量有关的。按照投资者所掌握的信息状况，我们可以把市场的有效性分为三种：弱式有效；半强式有效；强式有效。

1 弱式有效

我们说一个资本市场是“弱式有效”的，是指这个市场上的股票价格已经完全反映了它过去的历史价格信息，我们无法通过分析股票的历史价格和交易活动来“打败”市场。这个定义比较晦涩，我们也可以换一种说法来理解弱式有效市场。如果我们无法通过有关股票历史价格变动趋势的知识来预测股票在未来的价格变化趋势，那么，这个市场就是“弱式有效”的。我们可以通过图示 7－1 和图示 7－2 来加以说明。

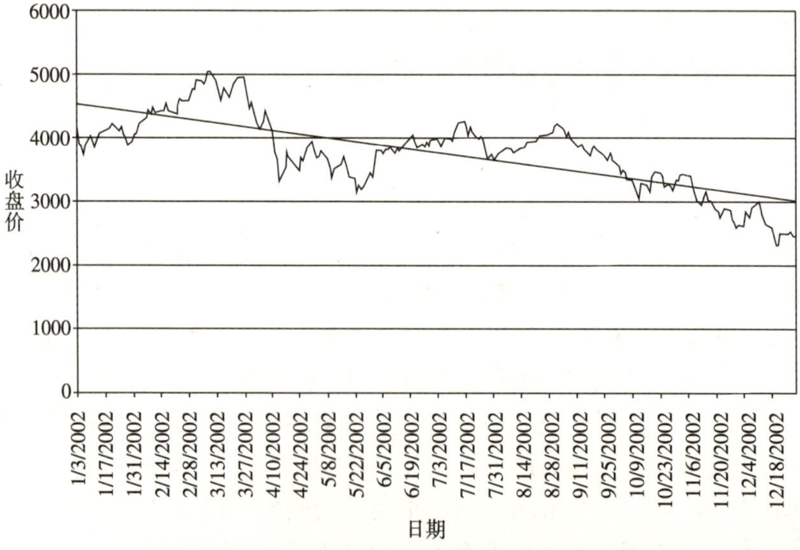

图示 7－1　2000 年 NASDAQ 市场收盘价变动趋势图

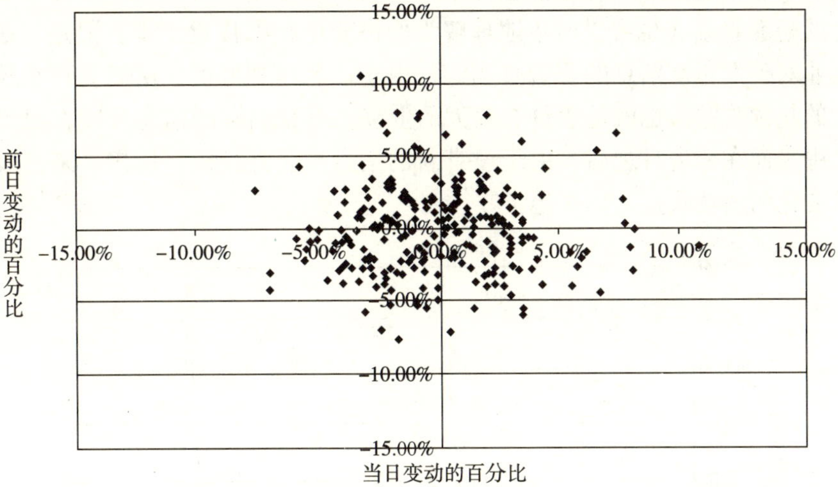

图示 7－2　2000 年 NASDAQ 市场每日股价变动与前一日股价变动关系图

图示 7－1 是 NASDAQ 市场在 2000 年每日收盘价的曲线。直观地看上去，似乎存在着某种规律变化的趋势，比如在图示中所画的那样一条向右下方倾斜的趋势线。真的如此吗？我们再看图示 7－2。图示 7－2 更清楚地刻画了这个市场股价变动的关系。横轴是每日价格比前一日价格的变动水平，而纵轴则是前一日价格对比前两日价格的变动水平。我们从图示 7－2 这个散点图中根本无法找到任何规律性的东西。

如果计算图示 7－2 中两列数字之间的关联程度，可以肯定 R^2 一定是相当低的。这意味着，如果要根据前一日的股价变动情况来预测当天的股价变动，结果将相当困难。这是因为，当天的变动只有极少的部分是由前一天的变动因素来影响，绝大多数因素是非历史价格方面的原因。

2 半强式有效

一个市场是“半强式有效”，是指证券价格已经包含了所有可以公开利用的信息，这些信息包括了证券价格变化过程的信息，公司财务报告信息、经营情况信息和其他可以公开利用的信息，甚至包括公开渠道可以获得的行业信息、宏观经济形势和政策方面的信息。也就是说，如果投资者仅仅依靠公开信息，是无法“打败”市场，获得额外收益的。

图示 7－3 是关于半强式有效性的说明。在公司披露新的信息之前，由于市场已经把所有公开信息都融入到股价之中了，所以，每日在市场上的超额收益（也可以简单地理解为价格变化）都接近于零。但是，在企业对外发布新信息的公告日当天，由于信息是利好的，所以，存在较大的超额收益。也就是股价有较大的上涨，以将利好的信息反映在股价之中。而在公告日之后，由于没有新的信息被公开披露，所以，来自股价变化的超额收益又再次趋于零。

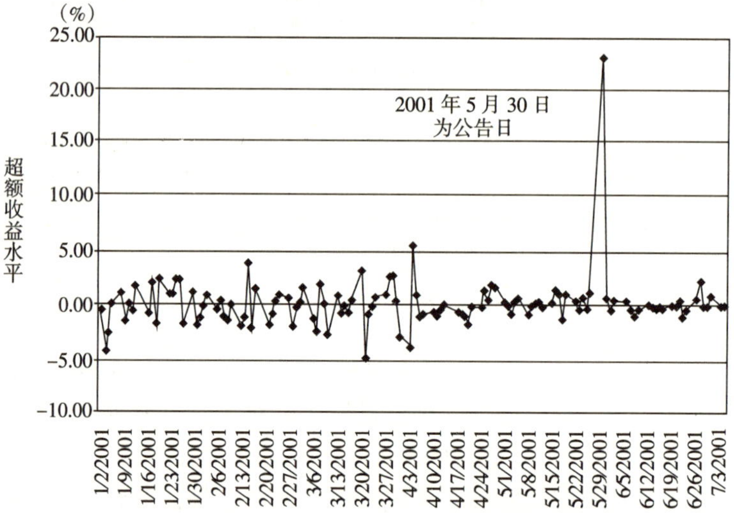

图示7－3　某公司股价的超额收益

市场的半强式有效性，得到很多学者经验研究证据的支持。有关经验研究的方法，叫做“事件研究法”，我们将在下一节加以说明。学者们使用“事件研究法”发现，在一个半强式有效的市场上，当企业对外公布有关融资、投资、分红、并购等信息的时候，都会立刻在股票价格内部得到反映。

❸ 强式有效

我们说一个市场是“强式有效”的，是指股票价格不仅反映了所有公众可以获得的信息，而且也反映了内部人的私人信息。我们知道，公司的内部人或管理者总是会掌握一些未经披露的信息，有信息方面的优势，他们是可以利用这些信息牟取私人收益的。如果管理者或内部人的这些行动不能得到有效的抑制，资本市场的功能就会大打折扣。一般投资者由于预见到内部人或管理者的行为，他们要么在投资行为上比较保守，要么就是在股价估价方面进行折价，以便有效地保护自己。这样，公司的股票价格就不能反映公司的真实投资价值。为了防止这种情况出现，在发达证券市场上，有严格的限制内部交易的法则，以维护投资者的信心。

除了抑制内部人交易之外，强式有效市场的另外一个特征是职业投资者（比如各种基金的管理者）能否持续不断地建立起打赢市场的投资组合。研究者已经发现，这基本是不可能的。1995 年 6 月，在 Journal of Finance 杂志上，普林斯顿大学的 Burton Malkiel 发现，从 1971 年到 1991 年长达 20 多年时间的观察期来看，共同基金并不能战胜大市，获得超过市场指数的超额收益。表 7－1 即来自于这篇研究论文，从中，我们可以看到那些在前 10 年表现异常的基金，在第二个 10 年中并不能持续辉煌。

表 7－1　　美国最好的 20 个共同基金业绩状况

基金名称	1970～1980		1980～1990	
	排名	平均年收益率	排名	平均年收益率
1. Twentieth Century Growth	1	27.12	151	11.24
2. Templeton Growth	2	22.34	101	12.68
3. Quasar Associaces	3	20.56	161	10.99
4. 44 Wall Street	4	20.13	260	－16.83
5. Pioneer Ⅱ	5	20.12	112	12.49
6. Twentieth Century Select	6	19.95	17	15.78
7. Security Ultra	7	19.74	249	2.22
8. Mutual Shares Corp	8	19.52	29	15.23
9. Charter Fund	9	19.50	97	12.78
10. Magellan Fund	10	18.87	1	21.27
11. Over－the－counter	11	18.13	210	9.24
12. Amer. Cap. Growth	12	18.11	243	4.90
13. Amer. Cap. Venture	13	17.97	136	11.75
14. Putnam Voyager	14	17.41	65	13.88
15. Janus Fund	15	17.29	18	15.74
16. Weingarten Equity	16	17.28	30	15.21
17. Hartwell Leverage Fund	17	16.92	222	8.44
18. Pace Fund	18	16.82	50	14.53
19. Acorn Fund	19	16.50	147	11.36
20. Stein Roe Special Fund	20	15.75	48	14.54
平均水平		19.01		10.87
所有基金的平均水平		9.74		11.56
S&P500		8.45		13.87
具有 10 年业绩纪录的基金数量	211		260	

总之，在资本市场具有效率性的情况下，最大化公司的基本价值与最大化公司的股票价值是一致的，资本市场就成为了一个能够改善公司治理的工具。研究发现，美国的纽约证券市场（NYSE）至少是一个半强式有效的资本市场，甚至它还通过了一些强式效率的检验。在这个市场上，投资者已经几乎不能运用技术分析来获得收益，多数只能采用多元化投资的方式来分散风险，获得与大势相接近的收益。而英国的伦敦证券市场（LSE）则是一个弱式有效的市场。在这个市场上，机构投资者有机会利用它们的信息分析优势，运用基础分析从各类公开信息以及企业预测报告中得到投资收益。当然，无论每个市场的现状如何，建立一个强式有效的市场一定是这个市场的发展目标。因为只有那样，公司的股票价格才能充分反映公司的经营状况，资本市场才能够在公司治理体系中扮演重要的角色。

4 无效的资本市场

尽管资本市场的有效性是多数情况下我们愿意接受的假定，但是，即使在纽约证券交易市场这样一个接近强式有效的市场上，也常常存在一些违背效率假说的情况。比如，在公司 IPO 之后和公司收益公告之后，价格并不立即将所有公开信息快速地加以反映。我们以收益公告为例。研究者们发现，在出乎意料的负面收益公告之后，平均而言，股价将在 90 天里呈现向下漂移的倾向；同样，如果是出乎意料的好收益公告，股价也会向上漂移 90 天。

另外，国外的学者们也发现了其他一些与“市场有效”假说不相符合的现象，包括“日历效应”（即一月份股票的收益率显著高于其他月份），“星期一效应”（即星期一的收益率明显比一周中其他日子为低），以及“规模效应”（即小市值股票的收益显著高于大市值股票）等等。目前，学者们还在努力探究为什么会有这样的情况。

在中国的证券市场上，学者们也发现了很多违背有效资本市场假说的现象。这不仅包括很多关于资本市场效率类型的检验，也包括了一些有规律的特定违背现象。比如，一些学者使用事件研究法证实了中国证券市场是弱式无效的资本市场。另外一些学者也检验出我国证券市场上存在着显著的周末效应和假期效应。这些效应是具有说服力的无效资本市场的证据，它预示了股价的可预测性。

例如，香港大学的张俊喜教授等人在处理了1996~1999年间上海证券交易所的所有上市公司的数据之后发现：①在盈利公告之前和公告后交易首日，盈利变化和股价走势之间呈现强烈的正相关关系，但奇怪的是这种正相关关系之后便不复存在了。②在盈利公告之后，盈利状况最差的公司股价却上涨最快。

他们也发现了中国证券市场独特的"周末效应"。按照市场有效性原则，新的市场信息随时出现，而股价将反映这些新信息的变动，因此，在一个有效的市场中，股票收益率的变化不应在一周之内呈现出明显的变动规律。但是，在研究了1993~2000年沪深两市所有上市公司收益率变动过程之后，这两位学者发现：我国证券市场存在着奇特的星期二和星期五效应。星期五的收益率是一周之中最高的，特征非常明显。他们把收益率的这一变化称为中国证券市场的"周末效应"。

不过，无效资本市场特例的存在，并没有影响人们努力建立有效证券市场的决心。而目前大家一致认为，建设有效证券市场的关键，是要保证信息的"充分披露"。证券市场的有效性不是建立在信息披露的形式上，而是建立在信息披露的实质内容方面。通过会计师、媒体、财务分析师和其他中介机构的努力，投资者将得到相关、可靠和及时的信息，而这将从根本上保证资本市场的有效性。

2 事件分析法

1 事件研究

资本市场的效率性水平，可以通过事件研究的方法得以检验。"市场有效性假说"为我们通过观察市场价值层面的变化来判断企业价值的变化提供了可能，这也是"事件分析法"的思想基础。

具体来说，当一个影响企业价值的事件发生之后，从企业价值指标上进行的直接度量可能需要几个月甚至几年的观察才能获得。但在一个理性且有效的市场中，事件的影响会被立即反映在资产的价格中。于是，通过观测资产价格在一个相对比较短的时间内发生的变化，就可以来度量事件的经济影响方向和程度。通过研究股票市场上证券价格与特定事件之间的关联关系，我们可以测度两者之间关联程度的显著性，如果事件的影响显著，则公司股价波动状况会与没有此事件发生时的原有轨迹发生差异，产生超额收益。

在图示 7 -4 中，我们假定没有事件发生时，公司股票价格的报酬是水平的，而在事件发生时，我们发现它的报酬程度发生了变化，不再是水平的，我们就可以认定，这个超额收益是由这个事件带来的。所以，事件分析法的基本思想是利用统计方法研究是否存在显著的超额收益状况，进而来推断该事件是否对公司股价产生影响。

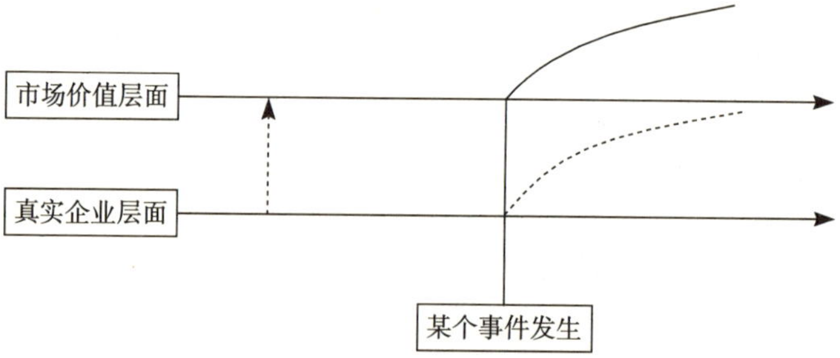

图示 7 -4　事件与超额收益

也就是说，当一个会影响企业价值的事件发生之后，我们虽然不能直接测度在真实经济层面上企业价值变化的大小，但借助于“市场有效性假说”，我们可以间接测度股票市场价格上的变化，并认为这些变化就反映了事件对企业价值的影响程度。

这个逻辑反过来说，就是可以借助事件研究法，来判断市场的有效性程度。在市场不是完全有效的时候，事件之后在资产价格上的反映就不一定是瞬时的；而在事件发生之前，也可能存在着很大程度的内部交易。这些情况都会使事件之后，公司收益水平的变化失去解释力。通过事件分析，我们也不可能得到预期中的超额收益变化趋势。

事件分析法从最开始出现，发展到今天已经超过了 70 年的时间。学术界一般以 1968 年为界，分为两个发展阶段。

第一个阶段始自于 Dolley 在 1933 年发表的论文研究。Dolley 检验了股票分割的价格影响，研究了股票分割时名义股价的变化。这是最早的事件分析法。从那时一直到20世纪60年代这几十年里，事件分析法的复杂程度逐渐增加。Myers，Bakay 和 Ashley 的研究对方法的改进起到了重要作用。模型改进的主要方面包括去掉股票市场整体运动的影响，以及将混淆的事件从研究中去掉等等。

第二个阶段开始于60年代末期，Ball 和 Brown 在1968年的研究，以及 Fama，Jensen 和 Roll 在1969年的开创性工作形成了现代事件分析法的精髓。他们的工作为我们建立了事件研究的基本模型，以后的修正模型都是在这个基本模型基础上改进的。在修正模型中，学者们的努力方向是试图解决那些不符合先前模型统计假设的更加复杂的情况，里程碑式的工作由 Brown 和 Warner 于1980和1985年先后做出。今天，事件分析法已经被非常广泛地应用于对事件出现后市场反应情况的检验工作。

2 基本模型与程序

进行事件研究的第一步，是对事件进行定义。在确定了要研究的事件之后，我们需要界定各种事件研究中的窗口，包括估计窗口、事件窗口。在某些研究中，还需要界定一个后事件窗口。

从图示7-5中，我们可以看到上述窗口的含义。当我们定义 $\tau=0$ 为事件发生日之后，$\tau=T_1+1$ 到 $\tau=T_2$ 代表事件窗口，$\tau=T_0+1$ 到 $\tau=T_1$ 代表事件的估计窗口。$L_1=T_1-T_0$ 和 $L_2=T_2-T_1$ 分别为估计窗口和事件窗口的长度。如果有必要，可以将 $\tau=T_2+1$ 到 $\tau=T_3$ 定义为后事件窗口，它的长度是 $L_3=T_3-T_2$。需要注意，估计窗口和事件窗口通常是不重合的。这样设计，是为了防止用于估计正常收益率模型的参数估计量会受到与事件相关的收益率的影响。

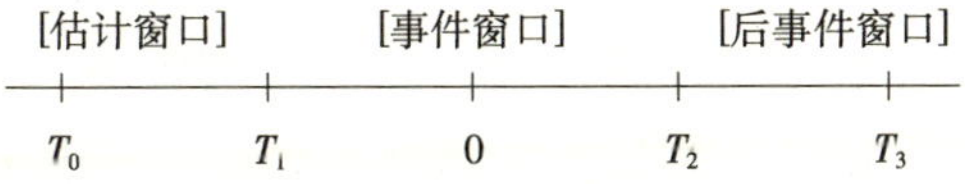

图示7-5 事件研究的时间线

比如，我们要研究公司年报公告之后的市场反应状况，而我们采用日交易数据，就可以将估计窗口定义为事件发生之前的90天，将事件窗口定义为2天，即事件宣告的当天以及事件宣告的第二天。由此，可以判断股票市场在宣告日结束的两天内价格受该事件的影响，以此来判断市场反应的灵敏度和市场的有效性。

之所以要界定这些窗口，是为了满足计算超额收益的需要。事件分析法隐含的假设：相对于股票的市场价值变化来说，要研究的事件是外生变量。企业价值的改变是由该事件引起的，所以，要测度事件所引起的反应与正常收益变化之间的差距。

事件研究最常用的模型叫“市场模型”，主要是被用来计算股票 i 的止常收益率。所谓“正常收益”被定义为：在没有发生事件时，该事件区段内将会发生的期望收益。模型的线性形式可以被表述如下。

对于任何给定的股票 i，市场模型为

$$R_{it}=\alpha_i+\beta_i R_{mt}+\varepsilon_{it}$$

$$E\ [\varepsilon_{it}]\ =0 \qquad Var\ [\varepsilon_{it}]\ =\sigma^2_{\varepsilon i}$$

其中，R_{it}，和 R_{mt}分别代表时间 t 时股票 i 和市场组合的收益率，ε_{it} 是一个零均值分布项。α_i，β_i，$\sigma^2_{\varepsilon i}$分别是市场模型的参数。在实际应用中，各种股票指数通常被用做市场组合。显然，市场模型假定：在市场收益和证券收益之间存在一个稳定的线性关系。

在计算明确股票 i 的正常收益之后，我们就可以根据股票在事件窗口的实际收益来计算事件所引起的超额收益。也就是说，超额收益等于：事件窗口区段内证券的实际收益，减去事件窗口区段内所估计的正常收益之后的差额收益。

于是，对于股票 i 和事件日期 t，有

$$\varepsilon^*_{it}=R_{it}-E\ [R_{it}\mid X_t]$$

其中，ε^*_{it}，R_{it}以及 $E\ [R_{it}]$ 分别代表事件区段内的超额收益。X_t 实际收益和正常收益。代表正常业绩模型中的条件信息。

当然，在建立正常收益率模型时，还有一些其他统计模型可供选择。其中，很大一部分统计模型是因子模型。因子模型主要是通过在正常收益率中解释更多的变化，达到降低超额收益率方差的目的。通常解释因子是由证券组合构成的。市场模型是一个典型的单因子模型的例子，在多因子模型中，除了市场因素之外，我们还可以添加行业指数作为解释变量。Sharpe，Alexander，and Bailey 在 1995 年使用基于行业分类的因子讨论了指数模型。还有一类因子模型是通过计算实际收益率与一个由规模相近的企业组成的证券组合收益率之间的差异作为超额收益。

不过，也有很多学者认为引入多因子模型的好处是有限的。原因是额外的因子比市场因子所高出的解释力是很有限的，因此，通过引入额外因子对超额收益率的方差的减小程度是很低的。只有当样本企业具有共同的特性时，这种方法才会发挥较大的效果，因子模型才是一种值得考虑的选择。

3 公司控制市场

1 接管的意义

资本市场的有效性提供了有能力的投资者纠正管理不善公司的可能性。我们知道，当一个企业经营不善的时候，首先是董事会对管理层施加压力，甚至是更换新的管理者。如果在董事会这个层面解决不了问题，股东大会就会通过选举变更董事会。

但是，股东大会上是否一定可以解决问题呢？由于股东大会决议的集体行动性质，股东大会机制并不一定永远能够达到效率改善的目标。如果公司里的小股东多了，股东大会表决的时候就可能会出现“搭便车”的现象，每个人都不愿意出头，都希望沾别人努力的光，就可能出现正确的意见在股东大会上不能成为多数意见的情况，经理人员的低效率或败德行为就不能及时得到纠正。在这种情况下，股东将“三十六计走为上”，在资本市场上出售股票走人。当股东大量出售股票的时候，公司的股价下跌，这就可能会引起资本市场上战略投资者的注意，引发一个购并过程。

具体来说，如果公司的股权结构比较分散，任何股东在企业中所占的股份都很小，则单个股东就不足以对经理实行有效的监督。然而，由于股份可以自由买卖，当小股东对公司的经营者不满而又无计可施的时候，他们将基于对公司未来的悲观预期而抛售手中的股票，这就会导致企业的股票价格下跌。而有能力的企业家或其他公司买进足够多的股份，就会接管该企业，赶走在任经理。显然，接管保证了公司管理者之间的有效竞争，对经营者形成压力。实际上，购并和接管活动，以及随之而来的董事会改组和经理班子变动，对股东来说是一种保护，因此是公司治理的一个重要环节。

在发达资本市场上，存在着一批投资银行家和战略投资者，他们的重要工作就是纠正市场中各种无效率的情况，并从套利活动中获取利润。这批人每天都在寻找着价值被低估的东西。当一个企业经营过程效率低下，或者是经理人员败德行为过多时，股东一定会因为不满而“用脚投票”，这必然会导致企业价值的低估。于是，对于这批人来说，这就是获利机会。他们会着手收购公司，然后，通过改组董事会或经理班子，对企业的经营方向和格局进行调整，使企业的低效率情况得到矫正。之后，公司的价值一定会出现增加，他们就在这个价值增加的过程中分一杯羹。

“接管”作为一种公司治理机制的概念，是由美国经济学家 Henry Manne 在 1965 年的论文中首先提出来的。他指出，公司控制权市场的基本前提是存在公司管理效率和公司股票价格高度相关。换句话说，接管对管理者行为的约束依赖于资本市场正确反映管理者表现的能力。假设这种相关关系存在，没有最大化公司价值的经理，将会在公司被第三方收购之后受到淘汰，收购者将会以高于公司市场价格、低于公司经营好时的公司价值购买公司股票。

近 30 年来，公司控制市场理论有了很多发展。一些人甚至认为，公司控制权市场在公司治理体系中最重要的角色。有人甚至认为，接管的威胁，而不是接管的实际发生，是约束经理腐败行为的关键。但是，接管可能性的减少，会使公司控制市场在公司治理体系中所扮演的角色相应减弱。更进一步地说，如果要解决经理无能或经理腐败问题，光有接管的威胁是不够的。公司控制权市场的功能不仅仅是威胁，而是行动。

2 价值发现与估价

接管所依据的是公司重组计划，以及与之相伴随的价值实现。这一过程首先从公司估价开始。公司估价的方法很多，这里为了简要说明问题，我们使用折现现金流模型。

假如市场上存在着一个上市公司，表 7－2 是这个企业的损益表，表 7－3 是它的资产负债表。这两个表能够告诉我们什么呢？它可以告诉我们这个企业的运行现状。但是，在一个对行业竞争和企业管理都非常有经验的人眼里，这些表所意味的可能就是“低效率”。因为在这个人看来，这个行业是充满机会的，该公司之所以取得这样的业绩，就是因为其管理者水平太低，或者是没有尽职。比如，表7－4是根据表7－3推算出的企业运行效率指标。我们可以由此判断出，一个有效的管理者是不可能容忍公司所有重要的经营指标这样大幅度下滑的。而如果改换另外一个管理团队，则利用现有的公司资源，将会创造更高的价值。

表7－2 **某公司的损益表** 单位：万元（人民币）

年份	2001年中报	2000年年报	1999年年报	1998年年报	1997年年报	1996年年报
1. 主营业务收入	279112	441088	562164	381319	340983	276082
主营业务成本	214450	325053	384758	244440	209568	193652
2. 主营业务利润	64657	61897	177407	136879	131415	82429
营业费用（销售费用）	46203	91820	78047	44073	23854	11209
管理费用	16918	47393	36338	31861	42943	24793
财务费用	2106	7303	7226	7010	4193	3750
3. 营业利润	610	(99792)	55325	56113	62416	44934
4. 利润总额	1557	(100715)	69204	68860	66180	45446
所得税	0	549	724	7413	6600	3180
少数股东损益	(418)	(33423)	4122	2376	1956	806
5. 净利润	1975	(67842)	64358	59070	57625	41460
6. 可供分配的利润	35253	35104	134375	107329	75834	56715
7. 可供股东分配的利润	35253	35104	124175	98329	67134	50240
8. 未分配利润	35253	35104	102946	70017	48259	18209

表7－3 **某公司的资产负债表** 单位：万元（人民币）

年份	2001年中报	2000年年报	1999年年报	1998年年报	1997年年报	1996年年报
货币资金	176967	83871	75314	139153	137378	66428
应收票据	15092	28026	98601	515334	30959	1003
应收账款净额	87607	75759	76973	46335	63684	37504
预付账款	5192	6715	8411	17653	34826	17485
存货净额	196230	173664	148414	123141	44637	30019
待摊费用	737	745	17255	16820	8115	3896
流动资产合计	481825	368780	426920	416990	332959	165025

续表

年　份	2001 年中报	2000 年年报	1999 年年报	1998 年年报	1997 年年报	1996 年年报
长期投资净额	34079	33826	0	7310	9465	11064
固定资产净值	220139	230385	248769	176632	92965	76318
在建工程	2718	2617	1594	6050	30929	88905
固定资产合计	222858	233002	250363	182681	123894	85209
无形资产及其他资产合计	54265	55529	38673	59433	28660	22657
资产总计	793026	691137	748534	666414	494978	283956
短期借款	66981	43770	88380	71650	62330	31797
流动负债合计	335210	231766	188839	263219	150767	69293
长期借款	23267	23731	21712	18777	11852	1049
长期负债合计	35624	35445	34251	29202	20429	17448
负债合计	370834	267212	223091	292422	171196	86741
股本	99201	99201	99201	88201	88201	80541
资本公积	245122	245122	245122	151736	149966	84880
盈余公积	34374	34374	34374	24174	15174	6474
未分配利润	35253	35104	102946	70017	48259	18209
股东权益合计	413730	413426	481521	333913	301221	189634
负债与股东权益总计	793026	691137	748534	666414	494978	283956

表 7－4　　　　某公司资产运营效率指标

年　份	2001 年中报	2000 年年报	1999 年年报	1998 年年报	1997 年年报	1996 年年报
应收账款周转率	3.19	5.82	7.30	8.23	5.35	7.36
存货周转率	1.09	1.87	2.59	1.99	4.69	6.45
固定资产周转率	1.25	1.89	2.25	2.09	2.75	3.24
总资产周转率	0.35	0.64	0.75	0.57	0.69	0.97
毛利率（%）	23.17	14.03	31.56	35.90	38.54	29.86
净利润率（%）	0.71	－15.38	11.45	15.49	16.90	15.02
总资产收益率（%）	0.75	－13.33	10.49	11.86	12.02	17.90
净资产收益率（%）	0.48	－16.41	13.37	17.69	19.13	21.86
投资收益（%）	1.32	－20.53	15.22	21.77	18.50	24.54

于是，在这个有经验的人眼里，他可能会看到另外两张表。一张是在原来的管理团队控制下的未来各年度的损益表，这张表应该是表7－2的某种延续。还有一张是另外的表，是在新管理团队控制下未来可能实现的利润情况，如表7－5。

表7－5　　某公司基于管理改善的预测表　单位：万元（人民币）

年　份	预计2002年	预计2003年	预计2004年	预计2005年	预计2006年
主营业务收入	625210.85	700236.15	756255.05	816755.45	849425.67
各种成本、损益及费用	531429.22	595200.73	605004.04	653404.36	679540.53
EBIT（息税前利润）	93781.63	105035.42	151251.01	163351.09	169885.13
所得税	30010.12	33611.34	48400.32	52272.35	54363.24
资产折旧及摊销	31260.54	35011.81	37812.75	40837.77	42471.28
构建固定资产，无形资产和其他长期资产投资	62521.09	70023.62	37812.75	40837.77	42471.28
运营资本的追加	62521.09	70023.62	37812.75	40837.77	42471.28
自由现金流	－30010.12	－33611.34	65037.93	70240.97	73050.61

表7－2和表7－5之间的差别，是它们代表着同一家企业在不同经营战略和不同管理下的未来收益的可能性。按照折现现金流法，表7－5无疑意味着更高的经营收益性，因此，也就意味着更高的企业价值。也就是说，如果把公司的控制权从与表7－2对应的经营团队手里转移到与表7－5所对应的经营团队手里，扣除掉转移成本、整合费用和资本成本，净收益仍为正值，则一定意味着为股东创造了价值。

毫无疑问，上面这个有经验的人所做的，就是价值发现。投资银行家和靠公司收购盈利的战略投资者，平时所最为关注的，就是这样一个价值发现工作。这几个表看上去是一些财务预测表，但在这些表格和数字背后的，是对市场和行业的理解与分析。投资银行家常常能赚到巨额收益，就是基于对行业的把握和理解。

在这里，我们必须要澄清的是“企业价值”这个概念，这也是在我国进行公司所有权转移和估价过程中一个容易出现的误区。出售企业的定价，最容易被想到的决定因素是企业的资产价值，这可以通过以下两种方式来计算。第一，用企业的原始账面价值减去折旧的方式来计算，这样得到的是资产净值；第二，是用今天购买同样的资产所要支付的价值计算，即资产的重置价值。然而，通过这两种方式计算的都是企业的资产价值，而不是与控制权转移关联最密切的“企业价值”。

购买一个企业，不仅要考虑企业的资产价值，更要考虑“企业价值”。企业的资产价值常常并不等于它对投资者的“价值”。也就是说，一个包含1000万资产的企业，对于他的所有者来说，可能并不值1000万，也可能大大超过1000万。资产价值并不一定等于“企业价值”。

为什么会这样呢？这是因为，企业并不仅仅是由资产构成的。由于企业既包含了资产，也包含了附着在资产上的其他多方面的软性因素，这些因素和资产一道，共同为投资者创造价值。购买企业的人，他所要买的，就是企业资产在未来各个年度创造价值的能力。而从理论上说，企业未来所创造的价值在今天的折现值，就是这个企业对其所有者的价值，我们称之为“企业价值”。

企业的资产价值和“企业价值”之间，一般是有差距的，这种差距甚至可能会非常之大。资产的价值更与企业出售后购买者对企业资产的安排和计划有关。由于资产购买者对未来资产经营的能力不同，同样的资产在不同的经营者手中的收益水平就不同，扣除与收益水平和内部管理水平相配合的不同支出，企业可以得到的盈利水平是不同的。也就是说，由于企业价值与资产所有者的经营能力有很直接的关系，因此，对于不同的产权所有主体来说，同样的资产，其价值是不同的。对于有能力的潜在购买者来说，企业对于他的价值可能非常高，而对另外一个人，可能就不值那么多的钱。于是，每个所有者都会根据自己的经营能力来评估资产的可能收益，进而判断“企业价值”的大小。

可以说，对于一堆企业的资产，每个人都有一个自己的出价。没有人真正知道这些资产到底值多少钱。这也就是要建立一个有效率的资本市场或产权交易市场的意义。正是由于市场可以通过竞价机制发现出那个愿意出最高价的买主，这个社会才能不断地把最有经营能力的人和资本有机地配置在一起。

3 收购过程的融资

在公司收购的过程中，常常会涉及到的一个重要问题，就是资金的问题。其实，进行收购的投资银行，并不一定要靠自己的钱来完成收购。一个好的资本市场，它的效率性实际上是体现在多方面的，包括对各种资源的有机整合能力。也就是说，好的资本市场可以将企业的实际资产、企业家的判断能力和经营能力及投资者的资金有机地加以组合。在这样一个市场上，投资银行家是可以及时找到来自于外部的收购资金，借钱来完成收购的。

比如，当一个收购团队发现了有价值的目标公司之后，它可以凭借自己的分析、未来整合企业的计划、管理团队、过去的成功纪录等等，找到商业银行、保险公司、投资银行、养老基金，或杠杆收购基金去讨论它的收购计划，然后根据借款人对风险和收益的偏好情况，来设计贷款的形式和融资的条件。

按照教科书的说法，融资可以是权益融资方式，也可以是债务融资方式。

所谓权益融资，主要是指通过发行股票（包括向社会公众公开发行和定向募集等形式），以及通过增发新股，以新发行的股票交换目标公司的股票，或者发行新股取代收购方和被收购方的股票，从而取得对目标公司的控股权。与权益融资相比，从西方发达国家的并购经验看，债务融资是公司收购过程中更主要的融资方式。这包括向金融机构贷款，发行债券和卖方融资等。

从实际做法上，收购常常是发起收购的人或机构用少量自有资金，更多地依靠债务资本为主要融资工具，来收购目标公司的全部或部分股权。这种方法也被形象地称为“杠杆收购”（英文叫 LBO）。它是 1980 年代以来在美国投资银行业最流行的收购方式。

在美国 1980 年代中后期开始的第四次并购浪潮中，杠杆收购是最主要的收购方式。从收购资金的结构看，收购发起人自己投入的股权资本，约占收购资金的 10%；专门为收购而发行的次级债券、可转换债券和优先股股票（也可以被称为“垃圾债券”），约占收购资金的 30%；其他为对公司资产有最高清偿权的一级银行贷款，约占整个收购资金的 60%。

在实际操作中，一般是由购买企业先成立一家专门用于收购目标公司的公司，再由投资银行等向购并企业提供一笔“过渡性贷款”用于购买目标企业股权。取得成功后，以这家收购公司的名义举债和发行债券，用于收购的债务融资，通常以目标公司的资产做担保。然后依照公司法使两者合并，将收购公司因购并的负债转移到目标公司名下，再通过经营目标公司偿债、获利。

4 收购与整合

相对于公司收购而言，控制权的取得并不一定会导致为股东创造价值。接管只是整合的第一步，与收购同样重要的，是改善被收购企业的公司治理和完成对被收购企业的整合。也就是说，企业在完成并购，取得被收购方的控制权后，更重要的，是要对企业的资产、财务、管理和制度等方面进行改革和整理。整合是决定并购成败的关键。

也正是在这个意义上，在美国以及世界的其他地方才出现了很多“管理层收购”的现象。在1980年代的初期，杠杆收购的主要发起者都是目标公司的外部人。后来，由于目标公司的管理层团队意识到，如果自己来完成收购和公司整改，实际上也可以获得比较大的利润。而且，比外部人接管更重要的，是对企业的整合过程，而在完成这个工作的过程中，现有的管理团队还有先天的优势。所以，一些公司的经理层就在金融机构的支持下，利用融资方式开始收购自己的公司。这些收购就是所谓的“管理层收购”，简称MBO。无疑，管理层收购完成了经营者由单纯的企业管理者到股东兼管理者的身份转变，同样可以改善公司治理。

整合被收购公司的基础是要确定企业恰当的经营战略。其实，很多企业在经营上的差距，其根源是企业的战略管理出了问题。作为整合基础的战略管理，核心是“定位”，包括确定：①目标客户是谁；②产品和服务的种类有哪些；③用什么方式提供产品和服务。对于一个企业来说，它的核心任务是要为股东创造价值。为了使“创造价值”不至于成为一句空话，变“蒙着打”为“瞄着打”，就必须要在上述三个方面有一个比较清晰的认识。只有企业在对这三个问题的回答上能够成竹在胸，才能保证公司的内部决策与企业的价值创造这个基本目标相一致，实现股东价值。

总结那些获得巨大成功公司的经验，它们之所以能够在较长的一段时期为股东创造价值，使企业获得持续增长，其奥秘之一就是公司有一个适合企业实际情况并具有指导力的发展战略。相反，那些失败的企业，具体原因非常复杂，比如对公司运作缺乏制度上的监督和检查，不受约束的权力长期得不到必要控制等。

在企业战略目标及实施细节相对比较清楚之后，整合的内容就是企业组织形式的调整和结构的变动。这通常包括对资产的分拆和剥离、对财务结构的重新安排、对人员的合理分流等等。通过重新配置资源，可以使企业形成新的、完整的生产经营体系，使企业资本更充实、负债更合理、财务更健全、生产成本更低、运行更有效率，从而最终实现为股东创造价值的目标。

4 控制权转移

1 要约收购

当公司的潜在控制者经过分析之后，决定对目标公司进行收购，它一般会首先与目标公司的董事会或管理层进行联络，提出收购建议。如果目标公司的董事会和管理层同意这个收购建议，双方就会进入下一步程序，详细讨论并购的有关细节。由于从这时开始双方要进行友好协商，讨价还价，于是，这类并购被称为“善意收购”或协议收购。而如果被收购企业的董事会拒绝了并购提议，则潜在控制者往往会在证券市场上向目标公司的股东发出一个“要约”，进行公开收购，这也就是所谓的“敌意接管”活动。

在敌意接管的过程中，收购方通常向目标公司的所有股东发出公开通知，表明自己将在指定时间里以一定的价格收购全部或部分公司股票，收购价格一般高于市场价格，有一个溢价。如果有足够多的公司股东同意卖出目标公司的股份，潜在收购者就会夺取公司的实际控制权，收购就将胜利完成。

一些人也许会认为，潜在收购者必须要购买到50%以上的公司股份，才能完成公司控制权的转移。实际上，并不需要这样多的数额。在很多情况下，由于公司具有非常好的代理权争夺机制，潜在收购者可以把要约收购和代理权争夺巧妙地结合起来，从而做到只收购少量公司的股份，但通过征求代理投票权的办法获得多数表决权，实现对目标公司的控制。

公司收购的历史表明，在很多情况下，收购到多数股权往往是不现实或不可能的。控制权的转移在很大程度上取决于“中立股东”的支持与否。尤其是在收购与反收购双方势均力敌的情况下，能否争取到中立股东的支持是决定收购活动成败的关键。也正是这样一个原因，在很多时候，潜在收购方在发出要约之前会在私下里与有一定规模的中立股东，特别是持股数量比较大的股东，如各种基金公司接洽，以便争取到他们在股东大会上对潜在收购方提案的支持，争取表决权上的优势。

当潜在收购者完成了整个接管过程，并取得了对公司的控制权之后，接管过程常常伴随着经理人员的更迭。收购者通常会根据他们的新战略方案，更换新的董事会成员和经理人员。而当经理人员和董事预见到公司被接管之后的可能结果，他们就会采用各种办法防止公司被收购、被接管。在美国，从 80 年代初期开始，公司控制权争夺中的对抗空前激化，我们从表 7－6 的数字变化中可以看到这个趋势。正是在日趋激烈的控制权争夺中，出现了一系列防止公司被收购和接管的防御机制。

表 7－6　　美国 1974～1992 年并购活动的统计

年　份	公布的并购活动	标　购	标购争夺战
1974	2861	76	12
1975	2297	58	20
1976	2276	70	18
1977	2224	69	10
1978	2106	90	18
1979	2128	106	26
1980	1889	53	12
1981	2395	75	28
1982	2346	68	29
1983	2533	37	11
1984	2543	79	78
1985	2001	84	32
1986	3336	150	40
1987	2032	116	31
1988	2258	217	46
1989	2336	132	28
1990	2074	56	8
1991	1877	20	2
1992	2574	18	2

❷ 并购防御

80 年代后期在美国率先出现的一系列防范外部人收购的机制包括毒丸等市场操作的内容，也包括控制董事会改造和对经理与现任员工进行补偿的内容。各种手段的惟一目的是希望实现一个共同的目标：增加收购者的并购成本，对敌意收购行为进行有效的防御和阻击。

①毒丸（poison pills）。

所谓毒丸，是指公司的股东或董事会可以授权进行某种形式的定向发行，毒丸计划被执行的前提是发生了事先约定的某种事件（比如，针对控制权的收购要约或者购买目标公司一定比例的股份）。比如，当公司的股权被恶意收购者持有了 10%，则在收购者公告后的一定时间后（比如说 10 天），公司就可以执行毒丸计划。比如以一半的市场价格向恶意收购者之外的股东增发股票，从而使企图获得公司控制权的收购者难以达到目标或耗资巨大。

经过 1980 年代公司控制权争夺极其活跃的时期，现在，很多公司的章程中都规定毒丸计划可以由董事会采用，而无需得到股东大会的批准。董事会也有权利对毒丸计划的细节进行变更。

对毒丸计划的争议是非常强烈的。毒丸计划的存在还引发了一系列的争论，比如：如何实现公司股东的长期价值；当一个盈利的公司面临被贪图短期利润的收购者接管时，是否应该采取自我保护措施；以及公司是否应该被出售，该决定权在于公司的管理者还是公司的所有者，等等。一种假说认为，毒丸计划并不能防御所有的接管，只是诱使要约者与目标公司的管理层进行协商，因而只是增强了董事会获得一个“公允”价格的能力。如果没有毒丸防御，公司就不会卖出这样高的价钱。然而，另一种假说认为，毒丸防御提高了兼并和获得公司控制权的收购成本，因此管理层可以使用毒丸计划确保其管理地位。确实，对于管理者来说，毒丸计划是保护他们的最有力的工具。从另一个角度考虑，毒丸计划却减少了股东的财富。

②控制董事会的改选。

由于要控制一家上市公司，关键是要控制董事会，所以，控制董事会成员的改选，是防止上市公司控制权旁落的重要途径。这包括在公司董事会中建立董事分年度改选的制度。这类制度规定，每次股东大会只改选一部分董事，比如选举 1/3，而每个董事任期为三年。这样，就可以有效地防止收购方持股占优势时对董事会的“大换血”行动，即使失去控制，也要持续相当长的时间，这样就可以相对保持对公司的控制权。在一些公司里，还对董事的任职资格做出详细规定，从而增加收购方提出合适的董事候选人的难度。

③绿色邮件。

绿色邮件，指的是目标公司通过私下协商的方式，从单个股东或某些股东手里溢价购回其大量股份。溢价回购的目的是要消除大股东进行敌意接管的威胁。通常这种回购还需要签订一份协议，规定股票被全部购回的股东不再企图进一步接管公司。如果只签署了协议而没有购回该股东的股票，那么该股东只是同意不再增加其股份，即不再加强他对公司的控制地位。持反对意见的人士认为，绿色邮件给股东造成了损失。持有大宗股份的投资者是公司的“袭击者”，他们剥夺了公司的资产，有损其他股东。因为绿色邮递员的目的或许根本不是想要获得公司的控制权，只是想通过这样一种方式，将股东的财富转移到他们手中。

从一个角度讲，绿色邮件确实有效地削弱或防止了公司被接管，但是从另一角度看，却降低了股东的价值，削弱了股东对公司的控制。

④金保护伞（golden parachuttes）。

金保护伞是指按照控制权变动条款，在公司被接管以后，对失去工作的管理人员进行报酬及其他收益的补偿。该规定通常要求在公司被接管或收购以后，给失去工作的管理者支付一大笔钱作为补偿，或在某一特定的期间内，按一般补偿金比率的全部或部分进行支付。随着80年代并购活动的深入，大公司逐渐成为敌意接管的对象，即使是《幸福》500家公司也开始越来越多地使用这种雇用合同。到80年代中期，《幸福》500家大公司中的25%已经在雇用合同中对最高层的管理者使用了金保护伞条款。

金保护伞减少了在控制权变动情况下股东与管理者之间的利益冲突。但是，在某些极端的情况下，金保护伞条款却造成了“失败的报酬”这样一种现象。典型的例子就是1985年，阿特丽斯公司根据该条款对公司的6位负责人支付了共计2350万美元的报酬，其中一个负责人拿到了270万美元的报酬，而实际上他在公司只工作了13个月。在多数情况下，这种支付的金额估计不到全部收购费用的1%，因此，金保护伞条款并不是一种非常有效的接管防御措施。

公司董事会和经理层防御并购发生的动机，很难来区分是基于个人原因（如通过这些防御机制谋求稳定自己的位置），还是为了股东的利益。因为这其中常常伴随着大量的隐蔽信息和隐蔽行动。在一些案例中，我们会看到董事会和经理人员开始一直持有抵抗的态度，而后来又采取了相反的态度。这很可能是董事会或经理人员已经与收购方达成了一致，收购方保证在公司控制权转移之后给予董事和经理人员更好的待遇。

5 “卖空”机制

在我国讨论资本市场对公司治理的作用，有一个内容是不能不提出来讨论的，这就是“卖空”交易。所谓“卖空”交易，是指投资者在高价卖出他们并不拥有的股票，然后再在低价上补进等量的股票，从而获得差价收益的交易行为。世界上很多著名的证券市场都允许“卖空”交易，纽约证券交易所就是世界上最大的卖空市场。在亚洲，新加坡证券市场、中国香港和台湾地区的股票交易所，也都允许“卖空”交易。但是，我国的证券法规却明令禁止“卖空”交易，在我国，卖出自己并不拥有的股票，是违法行为。

比如，在《深圳上市 A 股登记清算办法补充规定》中，就有如下明确规定：

> **第二条**　实行回转交易后，如发现深圳证券交易所会员（以下简称会员）股份清算账户出现卖空，将按如下办法处罚：①第一次出现卖空，按每只卖空券种罚款一千元人民币；②第二次出现卖空，按每只卖空券种罚款五千元人民币；③第三次出现卖空，按每只卖空券种罚款一万元人民币；④三次以上出现卖空，将在证券业内或在报刊上公开通报批评，并提请深圳证券管理办公室或深圳证券交易所给予处罚。
>
> **第三条**　实行回转交易后，各地登记机构如发现投资者的证券账户出现卖空，则由其对卖空会员按如下办法处罚：①按每手（100股）卖空罚款一百元人民币，每笔上限一万元人民币罚款，并报告

深圳证券登记公司；②五次以上发现卖空，上报深圳证券登记公司公开通报批评，并提请深圳证券管理办公室或深圳证券交易所给予处罚。

不仅A股市场不允许“卖空”交易，我国的B股市场也同样不允许卖空交易。有关法规也规定：B股结算会员或其属下投资者股份账户上某种证券卖出数额超过该证券的最近实际余额，发生卖空行为时，交易所立即冻结其全部交收款项，并要求其在T+5日前补足卖空证券，如发生某一即将分派权益的证券卖空，且在股权登记日前未补足的，除应补购卖空证券外，还应在股权登记日的下一个交易日补购就卖空证券所派生的红股、配股权证，并应在股权登记日后的第三个交易日向交易所交纳就卖空证券所派生的现金股息以及分红派息手续费。卖空证券每股罚港元1元；在上市证券权益分派股权登记日之前出现卖空，必须在股权登记日收市之前予以补购；未予补购的，加倍处罚。

没有卖空交易，这就使我国的资本市场对于上市公司的约束力量处于与西方国家完全不同的情况。具体来说，投资者在资本市场买卖公司股票，有两种盈利方式。一种是“低价买入，高价卖出”；另外一种是“高价卖出，然后再低价补入”。前者是“做多”，后者就是“卖空”。做多可以盈利，卖空同样也可以盈利。

当前，我国投资者对作多头，实行“低价买入，高价卖出”的盈利方式已经比较熟悉了。但是，由于没有卖空机制，他们对“高价卖出，然后再低价补入”的获利方式却缺乏了解。实际上，从投资学的角度说，如果投资者认为某种股票目前估价过高，未来的行情会看跌，在这种情况下，就存在着通过“卖空”获利的机会，即先通过信用交易的方式将估价过高的股票卖出，然后再于低价位上补回，以获得买卖价差。当然，如果股价不降反升，投资者就会遭到损失，这是“卖空”交易的风险。

1 “卖空”的意义

我们必须承认，“卖空”交易无论是对于投资者还是对于证券市场，都是一个有风险的事情。这是因为，毕竟在投资者进行卖空的时候，他并不拥有他所“卖出”的股票。由于投资者并不拥有这些股票，他们需要从拥有股票的人那里借入，而最终归还股票是要按现价购买。当投资者信息有误或判断错误的时候，如果股价连续走高，并且交易清淡的时候，什么时候才能完成交易、止住损失，就是一个天知道的事情。从这个意义上说，“卖空”交易对于投资者来说是一件有风险的行为。一些人因此推断：对于个别投资者有风险的卖空交易对于市场整体来说也存在着巨大的风险，“卖空”交易的风险会比单纯“做多”的风险要大，会加剧市场上的投机风气，引起证券市场的不稳定。

但我们如何解释世界上很多著名的交易所都允许“卖空”交易这回事呢？比如，纽约证券交易所就是世界上最大的卖空市场。卖空并没有加大市场的投机程度，相反却有助于使股市趋于稳定。同样，在我国周边地区的证券市场上，炒作风气比较盛，但很多股票交易所也都允许“卖空”交易，并且，也并没有导致很大的问题。我们又该如何做出解释呢？

也就是说，我们需要澄清如下的基本问题：“卖空”交易的好处究竟是什么，为什么发达市场经济中的证券交易所大都允许“卖空”交易，我国禁止“卖空”交易的好处是什么，在禁止“卖空”交易之后又会带来什么样的问题，禁止“卖空”交易是否也妨碍了公司治理机制发挥作用？

我们知道，到股市来进行投资的人，除了看到资本增殖方面的收益之外，在很大程度上他们也希望获得二级市场上买卖股票（炒作）的收益。在传统意义上，炒作一般不认为是件好事。但是，炒作却使得公司治理和资本市场上的一系列机制发挥作用，成为现代公司运作和资本市场上的不可或缺的一个部分。交易约束公司内部运作的道理，我们前面已经讨论得比较充分了。

“卖空”交易也是一种交易，它是基于对公司前景看淡的交易，是进行公司估价的结果，也是一种投资意见。很多人会把“卖空”看成是投机，因为你没有股票，你根本不是股东，你还要参加买卖，一定是要投机发财。这种看问题的视角是狭隘的。参与“卖空”的人，虽然在卖出的时候没有股票，但是，他们迟早是要补入股票的，他们是公司的潜在投资者。禁止“卖空”，实际上就是把潜在投资者进入市场的一个重要通路堵塞了。

应该认识到，“卖空”交易的意义是重大的。

首先，有了“卖空”交易，投资者会更加关心有关企业的负面信息，并从提前获知这些信息的过程中获利。在没有“卖空”机制的市场上，投资者在二级市场上获利的惟一机会是低价买进，高价卖出，也就是说，只有在利好的消息下投资者才可以赚钱。于是，整个市场的注意力会集中于各种利好消息，而为了托市，有关机构甚至还要不断“释放”利好消息，以保证市场的信心。相比之下，因为不具备盈利机会，企业的利空消息就少人关心了。这不利于对企业形成约束，至少在强度上远远不够。

第二，“卖空”交易机制还有助于市场挤压泡沫。这是因为，泡沫本质上是预期高于实质经济成分的部分。在经济高涨或某种特定的景气环境下，经济运行中出现泡沫是非常正常的，在一定时期对刺激经济发展也是有好处的。但是，经济增长总是波浪式前进的。当某种过度的繁荣或景气阶段过后，适当地挤压经济运行，包括股市中的泡沫，是有助于经济回复到一个合理的水平上的（至少在实质经济层面要回到原来的轨道上）。“卖空”交易机制会有助于加快这一过程。比如，香港的“盈科数码动力”是一只大家都认为有很多泡沫的股票，但“盈动”的股价在一段时间里并没有如预期想象的那样有所下跌。但是，当后来“盈动”股票被列入交易所的“卖空名单”之后，“盈动”股票的价格就开始下跌。一方面，这说明市场认为“盈动”的股价中泡沫相当大；另一方面，也说明“卖空”机制加大了市场挤压泡沫的能力和强度。

第三，从证券市场微观结构理论看，“卖空”交易还可能有助于提高市场的流通性，缩小市场的买卖价差，从而减少交易成本，使市场交易变得更加活跃。另外，投资者“卖空”股票，在一定程度上也可能是为了进行套利或对冲，所以，建立“卖空”机制，还会有助于健全市场交易的手段，改善市场的效率。

第四，“卖空”还可以减少投资者的持仓成本。通过“卖空”，投资者可以在股市走低的环境下不断获利，从而间接减少自己所持股票的购买成本，降低损失。

总之，“卖空”机制在给上市公司形成压力、维持市场应有的流通量以及反映股票的真实价值方面，都具有不可置疑的作用。在过去，我们对“卖空”机制负面的东西看得过重，其实，我们应该真正认识到，“卖空”交易是一个健全证券市场中不可缺少的组成部分。

2 “卖空”与公司治理

投资者的“卖空”交易，从表面上看是一种市场行动。但是，如果在一个相对健康有效的证券市场上，“卖空”机制就有可能成为激励和约束企业董事和经理人的机制，使其能够为实现股东利益而努力工作。“卖空”机制对于公司治理的意义主要体现在如下这样一个过程中。

首先，对于投资者，无论他是不是公司的股东，他都会关注有关企业的负面消息。在没有“卖空”机制的情况下，公司的负面消息对于投资者来说，如果他不持有公司的股票，是没有关系的；如果他持有公司的股票，把握信息只能使他更好地进行决策，减少损失，但绝没有盈利机会。相反，在有“卖空”机制的情况下，所有投资者都可以从企业的负面消息中获利。没有股票的人可以“先卖出，再补入”获得盈利，有股票的人也可以采用同样的操作手段减少损失。于是，负面的信息就会成为大家有利可图的信息来源。大家就都会关注企业的负面情况，关注企业股价可能的向下的走势。

比如，当股东认为他们所持有的股票会因为经理人错误决策或管理腐败行为而影响企业价值，进而股票的市场价格会下跌的时候，在没有“卖空”机制的情况下，如果他们不想继续持有公司的股票，他们只能简单地“用脚投票”，卖出公司的股票。但是，在有“卖空”机制的情况下，如果他们对公司的改组还有期望，他们就可以继续持有公司的股票，同时采用“卖空”的操作手法，高价卖出，低价买进，一方面减少损失，另一方面也向董事和经理传递出不满的信号。同时，对于那些不是公司股东的投资者来说，他们则可以通过“卖空”机制在股价走低的过程中交易获利。这样两股力量合在一起，就会加大在市场交易中“空头”的势能，把股价打压下来，从而客观地反映企业的经营状况。

企业股价下降，无疑会对企业的经营者形成压力，使其检省自己的决策，甚至纠正他们的错误决策和管理腐败行为。当然，董事会也会根据股价下跌的信号，增加对经营者的关注度，对经营层施加压力，促其扭转危局。当这一切机制都失效之后，接管机制就会发挥作用。而在有“卖空”机制的市场上，接管活动的成本会比没有“卖空”机制的市场为小。

以上所说的是由于股价下跌，外界会对企业经营层形成压力。同样，从经营者自身利益来讲，“卖空”机制也会对他们实际经济利益造成损失。我们知道，经营者报酬是激励和约束经营者的最重要的手段之一。在经营者报酬的种种形式中，长期激励性报酬是主要的内容。而很多长期激励性报酬的形式，比如股票认购期权、股票升值权等，其价值都是与股票的市场表现有关的。在市场交易是以“空头”为主的气氛中，经营者行权、实现其收入的难度会大大增加。这也是一种约束经营者的机制。

当然，在充分认识“卖空”机制正面意义的同时，世界上很多交易所也制订了一系列防范“卖空”交易负面影响的措施。比如，一些交易所对“卖空”交易的参与者的身份进行限制，交易所会按照一定的标准精心选择和调整可进行“卖空”交易的名单。一般来说，在发展中国家和地区的交易所，并不是所有股票都可以进行“卖空”交易。比如在香港联交所《可进行卖空的指定证券名单》中，目前就只有190多只股票可以进行“卖空”交易。

在很多交易所中，还规定了“卖空”交易的保证金水平，并且这个水平还会随着股市的整体情况进行调整。比如，在“卖空”交易较多、股市低迷的时候，交易所会大幅提高保证金数量，起到托市的作用。在2001年2月，台湾省股市不断走低，市场监管当局就将股票“卖空”的保证金从“卖空”价格的120%提高到150%，以稳定市场。

另外，在一些证券市场上，还设立“卖空”者“强制买进”的政策。比如，在新加坡交易所，就有这种强制买进的规定。交易所会在第四个交易日后代“卖空”者强制买进股票。当然，也有些交易所定期公布“卖空”数额，让投资者了解市场的供求情况，加强信息的流动，减少因市场信息不充分而引起的市场波动。

总之，通过这些手段，证券市场的组织者和监管者都是期望在有效规避“卖空”交易风险的同时，尽最大可能来利用“卖空”机制的正面影响力，充分发挥其公司治理和公司控制的作用。

Corporate Governance:

Theory and Cases

公司治理理论

第八章

利益相关者与公司治理

1 利益相关者参与治理
2 银行的行动目标
3 德国治理体系的历史背景
4 银行与公司治理
5 德国的治理模式
6 其他治理机制的发展

在当前公司治理的理论与实践中，利益相关者应该发挥什么样的作用，他们又能够发挥什么样的作用，他们已经发挥了什么样的作用，是一个重要的问题。关于这样的问题，答案似是而非，充满了争议和混乱。而且，在不同的国家，由于公司发展过程中融资方式的不同，政府政策的不同，模式也各不相同。比如在美国，公司治理的目标主要是为了维护股东的权利，银行作为贷款者其实并没有什么发言权，或者说它的发言权只是以某种外部参与机制来实现的。但在德国，由于银行持有数量众多的公司投票权利，它们的角色却是非常重要的。同样重要的还有工人。为什么会这样？是否可以将两种模式合二为一？本章，我们将提供对这些问题进行讨论的必要基础。

1 利益相关者参与治理

哪些人可以被称为公司的利益相关者（stakeholder）呢？现在的说法非常混乱。向企业贷款的银行、公司的员工、供应商、销售商甚至政府，都被说成是利益相关者。我国有些学者甚至认为，由于这些利益主体都与企业存在某种程度的利益关系，因此，他们都应该参与到公司治理的过程中来。很多人会列举德国和日本的例子来证明利益相关者应该参加到公司治理活动中。但这些人中的相当一部分往往并不了解德国和日本公司发展与融资体系发展的历史过程，也不了解在这两个国家的现实公司运行中实际存在着的权力关系。不了解这些内容，就不可能完整而清晰地了解利益相关者参与公司治理的历史因由和逻辑基础。这一点，我们后面会详细阐述。

图示 8－1 是围绕着公司法人的一系列合同关系。应该说，借助这些合同关系，相应的利益主体都与公司法人存在着某种利益关系，我们也可以在广义上把所有这些人都叫做“利益相关者”。其中，股权的投资者或股东，是一个特殊的利益相关者。

我们之所以把这些合同主体称为企业的“利益相关者”，是因为这

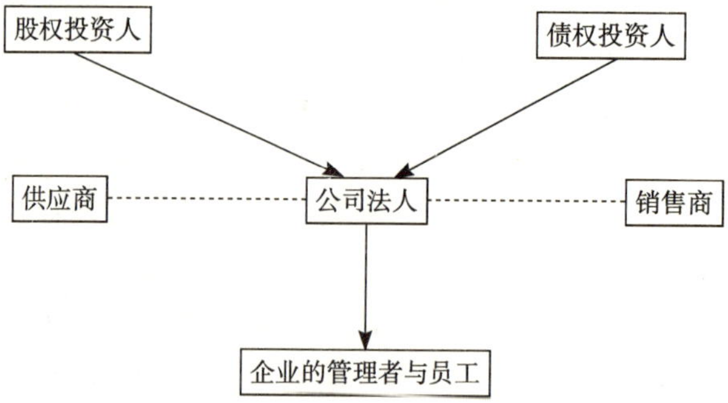

图示8-1　围绕公司法人的合同关系

些人的收益与企业的运行风险相关。当企业运行失败的时候，这些人的合同收益不一定能够得到保全。比如说，当一个企业经营活动失败、濒于破产的时候，如果企业的财产刚好能够支付企业的清偿活动费用，那么，工人就得不到他们该获得的拖欠工资，供应商和销售商得不到应收的账款，债权人如银行得不到贷款的本金和利息，股东当然更是血本无归。

有些经济学家因此提出了公司“状态依存所有权”的概念，来描述利益相关者的地位。这些学者认为，由于企业在破产的时候，各利益相关者是依照一定的顺序来获得财富的，因此，企业的所有权应该是状态依存的，而不是传统意义上只有股东才拥有企业。具体来说，若企业在进入清算状态下的财富价值为 x，而在这个时候，w 为应支付给工人的工资，r 为欠债权人债务本金与利息的总和，π 是令股东们满意的利润，那么，尽管名义上企业应该是属于公司股东的，但按照实际的企业清算程序，首先得到清偿的是工人，其次是债权人，再次才是公司股东。于是，当 $x<w$ 的时候，工人是企业这时实际的所有者；而当 $w\leqslant x<r+w$ 的时候，债权人是企业的实际所有者；只有在 $x\geqslant w+r$ 的时候，企业才真正为股东所有。

这种理论实际上就成为了一些人认为利益相关者要参与公司治理的依据。他们认为，由于工人和债权人，以及其他的利益相关者可能会进入到上述利益困境当中，因此，他们应该在公司运行的过程中参与公司治理的某个环节。

在现代西方公司财务和治理理论中，甚至有人还创造了一些新词，比如债权投资人（debt investor）。在一些学者看来，像银行这样的债权人，对于企业来说并不仅仅是贷款人，他们也是一种投资人，是一种债权投资人。债权人参与公司治理的依据来自于公司内部的合同关系与企业所有权的状态依存性。与大股东相似，由于大债权人在公司中有很大的投资，所以，它们可以成为重要并且活跃的出资者，通过干预公司的实际运作使其收益得到回报。它们可能签订明确的合约以获得自己认为必要的控制权。在这样的条件满足之后，大债权人就有可能将与大量现金流相对应的权力和参与公司重大决策的权力结合起来。

这些学者认为，债权投资人与股权投资人在本质上是一样的，所不同的只是它们与企业所签订的合同关系不同。股权投资人是公司的最终所有者，其收益水平取决于企业的盈利在扣除固定收益清偿者的要求权之后的剩余状况；而债权投资人则是拥有优先的清偿权利，其收益水平是事先就确定的，是固定的。因此，与股东一样，债权投资人也应该在公司治理中发挥一定的作用。比如，在德国和日本，银行的权力是很大的，通过派原来的员工参加公司董事会或派员列席董事会，银行对公司和经理班子进行着必要的监控。于是，在我国也应该有类似的安排存在，像一些工会组织就要求在公司的董事会中间应该有工人代表，工人应该参与到公司决策和公司治理的全过程。

那么，对于这样一些理论主张究竟应该怎么看，怎样处理呢？我认为，应该结合企业的实际情况，基于如下的基本原则来区别对待和处理。

首先，现代公司本质上是一系列的合同关系，公司治理其实也是要体现在一系列的合同关系之中。股东与公司、其他利益相关者与公司的关系，都体现为一系列的合同，但这些合同是不同的：一部分是涉及剩余控制权和剩余收益权的，一部分是没有这些权利的，而另外的一部分则可能介于两者之间。

其次，合同是在有关利益主体之间根据谈判和妥协形成的，利益相关者究竟应该在公司治理中扮演什么样的角色，应该与这些合同的内容相衔接，在利益保全和平衡的大方向上一致，并保证不致与股东的收益目标相冲突。

第三，只有股东才拥有剩余控制的权利，这是讨论一切问题的基点。离开了这样的基点，现代公司财务和治理的基本关系将不再成立。

为了有效地说明这样三个基本原则，我们需要先来解析一下公司内部的合同关系，并引入“剩余收益权”和“剩余控制权”的概念。

所谓“剩余收益权”，又叫“剩余索取权”，是相对于合同所规定的固定收益权而言的，指企业收入在扣除所有固定的合同支付数额之后的剩余。具体来说，工人与公司签订的是就业合同，根据就业合同，工人获得固定的工资报酬；而银行与公司签订的是贷款合同，根据贷款合同，银行获得事前约定好的固定回报。所以，作为利益相关者的工人和银行所拥有的实际是“固定收益权”。而股东只有在满足这些固定收益者的收益要求之后，才能获得收益，因此是一种剩余的收益权。

从道理上讲，由于股东的收益是在最后才被满足的，因而他们是企业风险的最大承担者。这并不是说只有股东才惟一承担企业的风险，但是，他们所承担的风险最大。可以说，股东的剩余收益是不确定的、没有保证的，在固定合同索取被支付之前，他们什么也得不到。只有在其他人的收益要求被满足之后，才轮得到股东。于是，作为补偿，股东获得公司的剩余控制权。

那么，什么是“剩余控制权”呢？这同样是相对于“合同控制权”而言的。我们之所以要区分合同控制权和剩余控制权，是因为如工人、银行这样的利益相关者，他们和股东的利益根本上是不同的，因此他们对于经营活动的态度不同，承担风险的态度和能力也不同，他们也就无法共同拥有企业的控制权。毫无疑问，由于利益上的不同，他们在决策的时候会发生根本性的冲突，使企业无法正常运营决策。

具体来讲，工人和银行是固定收益的索取者，他们的要求权是固定的，是优先的，因此，他们肯定不愿意公司在经营活动中承担比较大的风险。而股东则完全不同。他们是最后获得收益的，所以，他们要承担风险。因为只有风险大的经营活动，才有可能获得较大的收益，才有可能在他们给予其他利益相关者合同收益之后，自己还能够有剩余。显然，由于股东和其他利益相关者的收益目标不同，他们对于企业承担风险程度的态度是不同的。

怎样解决这个问题呢？惟一的办法就是在公司与利益相关者签订就业和融资合同的时候，明确约定伴随着合同的控制性权利。除此之外的所有权利都将归于股东，属于“剩余控制权”。当然，在现代公司中，股东可以将剩余控制权在他们自己和职业经理之间进行分割，但无论如何，这个过程都不应该有利益相关者参与其中。因为工人和债权人都有优先清偿，那么为什么还要参与决策，与股东平起平坐呢？这是股东不能够接受的。事实上，即使是在西方一些发行优先股的国家里，优先股东都不一定享有参加公司股东大会进行投票的权利。

利益相关者的权利主要是在合同中加以体现。比如说，银行在与企业签订贷款合同的时候，要求对企业的经营过程有及时的了解，比如在合同中规定可以随时根据需要到企业里面查阅账目，比如规定可以派驻银行工作人员在企业里对经营过程进行监督，甚至可以在公司董事会里面分享一个席位等等。只要公司股东同意，这都可以办到。但是，利益相关者本质上并不能决定企业该进行什么样的决策，从事何种经营活动。

2 银行的行动目标

为了进一步说明利益相关者在公司治理框架中的可能角色，我们以银行为例来说明它的行为方式，从而看到它与股东目标的根本不同。

前已提及，根据公司的收益分配顺序，银行作为企业的债权人，是追求固定收益者，公司在获得收益之后，无论数量多少，都要首先偿付银行本金和到期利息。所以，作为优先获得收益的清偿者，银行行为与股东行为一定存在着不一致。而这将表现在银行处理有风险的项目时，它与股东的想法和做法不一致。

我们看下面这个例子，它简要地说明了银行与股东之间的利益冲突。假设某公司的资产为1000万元，其中负债为500万元，包括从银行借到的贷款本金和利息。这时，该公司面对如下三种期望收益不同的投资决策，需要做出选择。我们将对三个项目决策后的可能收益情况分别列成如下三个表。

表8-1　　银行与股东的收益可能分析

(a) 决策A

	货币回报			期望收益		
概率	公司	银行	普通股	公司	银行	普通股
0.05	400	400	0	20	20	0
0.20	1000	500	500	200	100	100
0.50	2000	500	1500	1000	250	750
0.20	3000	500	2500	600	100	500
0.05	4000	500	3500	200	25	175
1.00				**2020**	**495**	**1525**

（b）决策 B

	货币回报			期望收益		
概率	公司	银行	普通股	公司	银行	普通股
0.25	1000	500	500	250	125	125
0.50	2000	500	1500	1000	250	750
0.25	2500	500	2000	625	125	500
1.00				**1875**	**500**	**1375**

（c）决策 C

	货币回报			期望收益		
概率	公司	银行	普通股	公司	银行	普通股
0.30	0	0	0	0	0	0
0.50	1000	500	500	500	250	250
0.20	7500	500	7000	1500	100	1400
1.00				**2000**	**350**	**1650**

我们可以把上述三种决策方案的结果总结于表 d 之中，便于比较。

（d）三个决策的比较

	风险程度	公司收益	银行	股东
决策 A	中	2020	495	1525
决策 B	低	1875	500	1375
决策 C	高	2000	350	1650

无疑，在上述三个方案中进行选择，银行将选择 B 方案。在进行这个投资方案之后，银行可以毫无风险地收回本金和利息，而其他几个项目，银行无论如何不会选，因为对于银行来说，这些项目并不能带来更多的收益，相反却要承担比较大的风险。但是，从股东的角度来说，决策 A 的投资回报水平显然比决策 B 更有吸引力。在收益上涨时股东可以得到更多的回报，而收益下降时，股东将与银行共同承担损失。甚至，作为剩余索取者的股东更偏好于风险比较大的项目 C。如果股东拥有全部的决策权，他们将选择决策 C。这是因为，决策 C 虽然风险比较大，但是收益水平也比较高，股东的这种风险是与银行共同承担的，而为此多获得的收益，却由股东独享。

显然，对于股东来说，决策 C 是最好的投资项目；但从银行的角度看，决策 C 却是最差的项目。这个差异突显了银行与股东的利益差别本质。银行向企业贷款，期望能够稳妥地到期收回本金和利息，至于企业在归还本金和利息之后还能够有剩余，不是它们要关心的问题，与银行的利益无关。而股东则是企业收益的剩余要求者，只有在清偿了所有固定合同要求权拥有者之后还有剩余，他们才有收益。所以，股东最有动力去承担风险，进行创新，追求公司价值的最大化。可以说，银行偏爱风险小的投资项目，而股东则偏爱风险大但投资回报水平也高的决策。

另外，由于在银行的资产机构中有相当一部分是活期存款，因而，这种资本结构要求银行必须要保持足够稳定的现金流。在这样的要求下，即使德国和日本的银行持有客户公司大量的股权，已经成为了企业的重要股东，但它们仍然会有强烈的动机像固定收益权利的要求者那样采取行动，追求比较短期的目标。于是，这就意味着在银行和股东之间存在着不可调和的、由各自利益决定的矛盾。显然，如果在签订贷款协议之后再让银行参与公司的决策过程，我相信企业将无法做出任何风险比较大的决策。一些学者认为，把公司的控制权过度地交给银行，或是过度交给股东，从整体上看都不是最优的，因此应该在两者之间形成一个平衡。但这只是一种理想化的说法，在现实中很难做到。应该认识到，当股东已经把优先清偿的权利交给了债权人，他们实际上所要交换的就是剩余决策的权利。所以，如果把剩余决策的权利也通过立法强制性地交给银行等利益相关者，这就是对公司股东最大的不公平。

另外，一些学者提出的由银行对股东行为进行监督的思想，也是有问题的。银行与股东之间的利益冲突表明，银行并不真正代表公司的利益，并不是监督公司活动的理想机构。我们知道，一个公司的生命力在很大程度上与它的创新活动紧密联系在一起。而创新是要承担风险的，创新程度高，公司的风险大，但投资的回报水平一般也比较高。创新、承担风险，它在公司内部惟一地与股东的利益相一致，而银行并不必然希望达到这一目标。由于职业经理人的任期是比较有限的，报酬也是相对固定的，因此，他们有在一定程度上规避风险的倾向。在这种情况下，如果再把银行扯进来，进行所谓的监督，则势必使公司承担风险的精神大大下降，使公司追求那些投资价值比较低的项目，从而降低风险。

所以，对于银行来讲，应该促进它们在事前对贷款项目进行评估的能力，加强它们在事后控制公司道德风险的能力。具体来说，银行在评估贷款企业的可信程度时既面临着信息不对称的问题，也面临着道德风险的问题。所谓信息不对称的问题，是指申请贷款的高风险借款人与低风险的借款人所拥有的信息是隐蔽信息，银行很难对两者进行区别，这样就使银行无法有效地对贷款的要求者进行甄别，从而面临比较大的风险。而道德风险，则是指借款人在获得贷款后有动力去增加其项目的风险性，使银行面临的风险增大。

应该认识到，恰当地识别贷款人的风险水平，是银行的核心竞争力所在，这是不能靠立法保护的，也不能通过事后他们的优先行动权力来维护，应该由银行有意识地去培养。也就是说，不能把银行识别申请贷款者风险水平的无能，通过事后对企业进行监控的权力来加以补偿。而控制道德风险问题，虽然对银行和贷款企业来说都非常必要，但也应该通过合同方式来处理，并在事前进行约定。

控制道德风险，对于银行的正常经营非常重要，这也是银行的核心竞争力所在。银行一般采用的控制道德风险的方式有如下三种。首先，高水平管理的银行通常有一整套的风险管理程序和办法，它们都使用极为详细的贷款协议，以便在企业违约时能够及时参与控制，保证贷款的回收。其次，银行会安排恰当的贷款结构，使用长期和短期贷款的搭配，并且要求企业依靠循环贷款。最后，在某些国家里，银行还会在法律允许的情况下，购买股权，获得董事资格，从而对企业进行必要的控制。这些措施使银行能够通过获得企业的优先信息，对企业施加更大的影响，并控制企业的活动来降低道德风险。

在资本市场比较健全的国家，债权人还可以通过两个另外的渠道实施治理。第一，如果经理班子制定了损害债权人利益的政策和发生此类行为时，债权人可以对公司的管理层进行控告和起诉，这将降低公司的债券评级，引起中介机构（如外部审计）的介入以及机构投资者的关注，增加公司的资本成本。第二，债权人也可以通过债务的期限安排，对企业进行频度适当的审查，这也将对公司具有治理意义。

必须要强调的是，对于像银行这些利益相关者权利的过分强调，事实上还很有可能会阻碍其他公司治理机制的发展。在一个健全的公司控制权市场中，接管活动会有效地限制经理的腐败行为，降低无效经营，改善公司的业绩。但从德国和日本的公司治理实践来看，银行参与治理实际上是对公司控制权市场的一种替代，而这已经抑制了其他治理机制的健全发展，包括对接管的阻碍、减少了公司对市场的关注程度等等。比如，银行作为企业的长期债权人，它将稳定持有着企业的股份，于是就降低了敌意接管的威胁，抑制了接管机制这种治理机制的发展。这一点，本章后面还会有较详细的讨论。

另外，我们也要看到，尽管银行对企业实施控制和监管从表面上看对于保全银行财产似乎是有利的，但是，这从比较深层次上说对社会的其他利益相关方却不是最优的。如果一个社会把它的投资决策权比较大地配置给银行的话，银行就会倾向于选择那些低风险、低收益的项目，使整个社会的生产率降低到次优水平。

总之，让银行在公司治理机制中扮演重要作用从逻辑上说是不符合市场经济基本原则的，也是经不起推敲的，它必然会导致资源配置的低效率。不仅仅银行是这样，诸如职工等其他利益相关者也是一样。他们和银行一样，都是企业利润的固定要求者，他们的收益目标与股东在根本上是不一致的，他们对于公司价值最大化的关心在通常情况下要远远小于他们对工作安全和公司短期业绩的关心。这也就是为什么在有较多职工持股的企业中，作为股东的工人更愿意把现金分掉，而不是进行长期投资的道理。

3 德国治理体系的历史背景

尽管前面从逻辑上我们论证了股东应该是惟一的剩余控制权的拥有者，但是，主张利益相关者，特别是银行和工人参与公司治理的人，经常会列举德国的例子来说明银行和工人介入公司治理的可能性与必要性。熟悉德国公司发展历史的人都知道，德国独特公司治理机制的形成和这个国家特殊的经济发展之路，以及早期为公司发展进行融资的制度体系有非常密切的关系。如果脱离这个历史背景，我们就无法准确而客观地对这一现象进行评价，并准确地判断这个现象的借鉴意义。

以下几节重点讨论德国的情况。我希望读者能够由此理解德国公司治理体系的发展，德国模式的特点及其问题。在我看来，德国之所以形成了利益相关者在公司治理体系中占有重要地位的体制，与德国的历史传统和如下几个重大历史事件相关。

1 普鲁士道路与国家的作用

德国的资本主义兴起于18世纪中叶，工业革命则在19世纪30年代才开始发端，这些基础性的事件发生时间都大大晚于英法等欧洲邻邦。

事实上，正是在与法国的战争中输给了拿破仑的国家，德国（当时主要是普鲁士邦）才开始引发出施泰因等人的社会改革，并出现了不同于其他资本主义国家的“普鲁士道路”。

德国的工业化和资本主义经济的快速发展，是在容克资产阶级的专制统治下实现的，国家扮演了重要的角色。在国家的种种政策和制度当中，高等教育体系的发展、新兴工业的促进、向企业融资体系的建立，对后来德国独特公司治理体系的形成发挥了至关重要的影响。

比如，德国人认为，德国之所以落后，是因为科技方面与先进国家有差距，于是，为了缩短与英国和法国在科技领域的差距，一方面，德国人虚心向先进国家学习；另一方面，也发挥坚忍不拔的精神借鉴并赶超。我们知道，在19世纪以来，科学技术史上一下子多了很多德国人的名字，就是这种努力的体现。在1933年之前，德国科学一直处于世界的最前沿。在世界范围里面，共有85人获得了诺贝尔物理和化学奖，德国人占据了26个位置。德国人除了重视科技发展，也重视教育的普及和人力资源的培养。在19世纪后期的德国，教育体系相当发达，是世界上基础教育最普及、技术教育和职业教育最发达的国家。

不仅是科技和教育发达，德国人还能够不断促进科技创新，把他们的新发明投入到应用中，用先进科技改造落后的工业部门和生产设备。这样，技术革命使德国工业有了突飞猛进的发展，德国成为了世界很多行业的领导者，如电力、化工、钢铁等。在这个过程中，工业界和科学技术以及教育领域还建立了非常好的互相促进、相互配合的良性互动关系。科学家和技术人员努力帮助企业获得技术优势和竞争优势，同时，德国企业也不断支持科学家的工作，很多企业的研究所和工程师都达到了很高的水平。

当然，随着企业的技术水平的提高，对企业进行管理也成为了比较困难的事情，不是有钱进行投资就一定可以进行管理。于是，这导致了投资者和管理者职能的分离，一部分有经验的工程师成为了职业经理，逐渐地，有技术背景的人开始占据各个大型企业的领导岗位。当然，也有创业家族保留公司领导地位的情况。但是，在这种情况下，家族成员通常都具有工程技术方面的知识，可以有效地参与企业决策。

2 银行成为主要融资渠道

德国的大型银行都是在1871年德国重建的过程中设立的。它们最初充当了风险投资公司的角色，为政府建立现代工业的目标服务，为企业提供融资服务。在很多大型企业的建设过程中，资金都是来自于银行的支持。在1890年代，大型银行在采矿、电力的投资中占有非常重要的角色。到1913年，有人进行统计，在整个社会的投资额中，通过银行授信实现的占到了73%。为了可以保证投资安全，银行设立专门的技术部门对贷款项目进行评估，并且在事后也要防止道德损害，于是，在很多授信公司的监督委员会里面，银行都派出自己的工作人员担任监事。

后面我们会讨论到的是，在今天的德国股份公司里面，银行代理投票制度非常多见或者说盛行。在很多情况下，不是股东出席股东大会，而是银行代表投资者进行投票，参与表决。为什么会这样呢？我认为有如下几个原因。

第一，很多投资者的股权是来自于银行。银行最开始是一个风险投资企业，但是，当他们贷款需要偿还的时候，他们并没有简单地向企业收取现金，而是把企业变成了股份公司，把自己的债权转化成为向大众出售的股权，获得回报。统计显示，在1895到1908年，很多银行25%的净利润是来自于承销等业务，大银行努力发行有价值的证券。同时，企业由依赖银行融资逐渐转向更多地依赖留存收益，通过从银行获得融资逐渐发展起来的创业者，逐渐转向以留存收益再投资为主的发展模式。

第二，小投资者在获得由银行转卖的股份之后，也往往由于相信银行愿意把股票寄放到银行。同时，俾斯麦政府颁布了一项法令，如果投资者的股票是放在银行信托账户中的，在税收上有减免。也就是说，为了鼓励德国企业在股权多元化之后还能够保持稳定，银行承担了一定的证券交易所的功能。

第三，从德国历史传统上看，它不是一个“资本民主”非常严格的国家。在很早，德国就推行起“累进表决比例”和“总票数最高限额”的制度。在普鲁士时代，铁路公司发展的促进者David Hanscmaun在印刷材料中曾对公司的表决方法作了安排。他本人赞成在他称之为的民主治理方式与贵族式治理方式之间搞“折衷”。“折衷”的意思就包括低起点或最低限额。在这个限额之下的股东将没有表决权；而超过“高起点”和“最高限额”之后，股东将取得额外表决权；在这两者之间，有一个累进比例。1835年批准的莱茵河铁路普鲁士法规和1836年起执行的普鲁士莱茵河铁路法规都严格遵循了上述方案。

Meno Tohls 博士在 1842 年法律手册中第一次阐述了严格“资本多数决定”的原则。他写道：“表决权在股份公司中不是根据人头而是根据股票数量进行计算”，“在资本家联合会内，股东个人必须在组织之外，章程中规定的总资本实际是份额数而不是股票所有人。因此，不管谁拥有多少的股票，他的权利份额数按他的股票总数来确定”，“每个成员的票数与他拥有的股票数一样多”。但这仅仅是理论，实践大相径庭。每个公司几乎都对个别股东能投的总票数设置了限制。

3 社会市场经济与产业民主

在德国的公司治理体系里面，有很多职工参与的内容。这与二战之后德国推行“社会市场经济”体制的基本格局有非常大的关系。在 1947 年，对德国战后体制的发展有重大影响的《阿伦纲领》中曾有这样几句话：“资本主义经济制度不符合德国人民的国家和社会利益，应继之以一种新的结构”，“这种社会结构应该不再为资产者的利润和权利服务，而是为人民的福利服务”。正是基于这样的设想，在德国体系中才逐渐有了劳动者或其代表参与企业管理的内容。

1951 年，德国联邦议院通过了《在煤钢企业实行雇员共同决定法》，规定在 1000 人以上的煤炭和钢铁企业的监督委员会中，股东和雇员的代表各占一半。1972 年，在德国制定的新《企业委员会法》中，普遍推行了这种制度，保护工人的权益。在 1976 年制定的《共同决定法》中，规定凡雇员在 2000 名以上的企业，普遍要有工人的代表进入监督委员会。今天，在德国的《公司法》当中，已经就监督委员会中工人代表的比例和构成有了非常详细的规定。

应该认识到，德国公司治理体系是其历史发展的结果，并且也将随着其经济体系的进一步发展有所变化。在 1993 年，德国经历了历史上最坏的一次经济衰退。有一些德国企业家指出，作为战后社会市场经济基础的严格管制、高税收，高工资、短劳动时间，影响了德国企业的竞争力。而基于传统社会理念基础之上的公司治理结构很难取得变革，企业也很难获得竞争力。所以，一些大型德国公司的经理呼吁改革，期望在德国企业里面建立新的追求股东价值的新公司治理结构。

这些经理们所提出的改革主张涉及以下三个要点。

第一个要点涉及到关于公司监督委员会的信息和审计角色的问题。由于德国公司的利益相关者控制的问题，外部审计监督变得越来越重要。一些经理或投资人要求对审计程序和内容进行强制性改革。只有强制性改革才有助于减少利益相关者、经理层和大多数股东的利益冲突问题。

第二个要点认为股东应该有对监督或管理委员会成员的问责机制。拥有5%的股权或100万马克股票的股东可以要求委员会成员赔偿损失。当然，只有在怀疑严重疏忽行为时才能这样做，同时，败诉股东要承担正常风险成本。

第三个要点涉及到公司的透明性方面。由于利益相关者治理可能会对股东利益造成损害，所以，为了减少公司内部不同主体之间的利益冲突，必须要增加有关公司决策的透明性，让外界了解更多的信息。

4 银行与公司治理

德国的银行没有实现证券业与银行业的分离，银行有权收购或持有任何法律形式的公司的股份，德国的银行因此也被称为“全能银行”(universal bank)。所谓“全能”的含义，一是作为商业银行，进行存贷款业务；二是作为投资银行，拥有企业的股权。在德国，银行持有的股份主要集中在上市的股份公司身上。

在德国公司治理体系中，扮演关键角色的银行，是一些“主办银行”。所谓“主办银行”（hausbank），是指对企业拥有股份、发放贷款最大，并且为公司办理经常性业务的银行。在德国，各种类型和规模的企业均有自己的主办银行。但一般来说，主办银行制主要体现在大银行与大企业之间。例如，德意志银行就是戴姆勒－奔驰股份公司的主办银行。1993年12月31日前，德意志银行拥有的戴姆勒－奔驰股份公司的股份达28.13%，1993年12月31日后才减少到24.42%。

德国主办银行体制的形成，其条件来自于两个方面：一方面是企业对银行贷款的依赖，另一方面是银行也需要了解企业，从熟悉的企业经营活动中获得利益。

首先，德国的资本市场不太发达，直接融资相对较弱，所以，企业依赖从银行获得的贷款融资。企业愿意将大量的业务转给主办银行，与银行保持稳定的关系。另一方面，主办银行又可以通过吸收企业存款、运作企业结算账户、发行企业债券、参与企业外汇交易等获利，因而也愿意对企业增加贷款和承担比一般债权人更大的责任。于是主办银行制得以形成。

其次，德国主办银行得以存在的基础是其持有企业股份。主办银行持有企业股份，才能以有影响的企业股东身份，影响企业的重大经营决策，并在充分掌握信息的基础上对企业进行有效的监督。同时，正是由于主办银行是企业的股东，它才会在企业陷入财务危机、其他银行不愿贷款甚至收回贷款时，承担起救助企业的责任。可见，持有企业股份是主办银行制存在的基础。

由于主办银行对企业承担了不同于其他银行的责任，所以，企业的经营活动要置于银行的指导、监督之下。企业在获得贷款、开始经营后，要定期向它的主办银行提供财务报表，通报投资新增生产能力状况、原材料供应状况、产销状况。银行如果发现问题，则有权要求企业提出抵押担保或停止贷款，并要求企业用产品销售收入归还银行贷款。银行对企业经营活动的指导和监督，还可以通过向企业派驻监事等方式，在充分掌握企业内部信息的基础上，有效地对企业的经营与管理行为进行指导和监督。

银行通过持有股票、股票投票权和向董事会派出代表控制企业。德国银行在公司治理中扮演着重要角色。监督委员会是银行和其他大股东对公司实施影响的机构，它们直接持股和拥有的代理投票权的份额，决定了其在监事会中席位的多寡。主办银行通过监督委员会控制着公司的经理阶层。

但是，作为全能银行，德国银行的动机和行为是很复杂的。作为持股者和作为贷款者，其目标差异明显。虽然从理论上讲，贷款融资和长期持股相结合有助于克服利益冲突，一来它可以控制银企关系中的道德风险，二来可以减轻公司股东和债权人之间的利益冲突，但是在现实操作中却并不像理论中那样轻松，这包括如下方面的例证。

比如，撤资与保全财产之间的矛盾。作为股东，可以选择撤股来表达对公司业绩的不满。但对于全能银行来说，需要在流动性和控制之间权衡后果。全能银行害怕股份出售带来巨大的损失，甚至包括害怕公司的管理层通过终止现有的银行业务来“惩罚”银行。

再比如，监管动力不足。纯粹的投资者只有通过昂贵的监管才能增加其股份的价值，股东持有的股份越高，他们越有动力这么做。而全能银行的这种动机却不明显。作为贷款方，理论上说为了使信用风险最小化，银行有强烈的动机监督并控制企业的管理者。但实际上，对于全能银行来说，由于有抵押或账目监督等手段，它对于管理层的干预往往只是到了他们的决策威胁到公司的生存时才显得紧要。

5 德国的治理模式

1 股权与控制

由于前面所述的历史原因，德国公司在控制与治理方面的一个显著特征就是表决权的高度集中，以及与英美体系中“同股同权”或“一股一票”原则的高度背离。德国私人投资者一般不直接进入股票市场，他们通常把股票的投票权委托给银行代理行使。甚至一些投资团体如政府、金融机构、保险公司、投资公司、非金融实业公司等也把他们所持有的证券储蓄在银行。因此，银行就拥有了远远高于其持有的股份额的投票权。这样，就使全能银行和保险公司在公司股东决策的过程中扮演着非常重要的角色。

我们看一个例子——VEBA 公司。在 1996 年的股东大会上，Allianz 控股公司控制着 VEBA 公司 14.46% 有表决权的股票。在整个公司里面，没有任何大宗股票持有人控制着 5% 以上的股票。显然，VEBA 是一家股权分散、只有一个大股东的公司。但这个大股东仅控制着非常少量的股份，可以说从表面上看，持有 15% 的投票权没有办法对公司股东大会形成什么关键影响。但是，实际情况却远远不是这样。表 8－2 是 1996 年 VEBA 公司股东大会与会者名单与投票情况。

从表 8－2 中我们可以看到，1996 年 VEBA 公司股东大会实际到会的有表决权的股东拥有 49.96% 的表决股份。但出席股东大会的股东按持有表决权的比例排列却是如下的格局：最大的投票权拥有者是德累斯顿银行（占 33.3%）和德意志银行（占 9.3%）。另外，多个投资公司大约拥有18%的表决权，其他银行大约拥有31%的表决权。在银行的这些表决权中，只有不足1%的投票权是这些银行真正持有的股份所附带的。而其他所有的表决权（大约为当前表决权的70%）是银行代理其他股东行使的表决权。由各个公司所控制的表决权大约为8%，其余的少量表决权由其他方拥有。

表8-2　　VEBA公司1996年股东大会上的表决权分布情况

有表决权的股东	有表决权的自有股份	其他直接控制股票	由其他人寄存的股票	有表决权的总股票	在出席股东中，持有票面价值的百分比	在总票面价值中所占的百分比
出席总数				1219423255	100.00	49.96
未出席数				1221472445		50.04
总票面价值				2440895700		100.00
德累斯顿银行	0	0	405939535	405939535	32.29	16.63
Kapitalanlage-Gesellschaften	0	219512250	0	216715250	17.77	8.88
德意志银行	0	0	113401145	113401145	9.30	4.65
其他德国私营银行	0	400000	112129320	112529320	9.23	4.61
其他公司	3200	93552800	0	93556000	7.67	3.83
WestLB	0	0	42820065	42820065	3.51	1.75
Chase银行	0	0	36202560	36202560	2.97	1.48
其他州银行	75000	0	34702220	34777220	2.85	1.42
BHF银行	0	0	24426855	24426855	2.00	1.00
Commerz银行	0	0	22793400	22793400	1.87	0.93
其他信用合作社	0	0	18244415	18244415	1.50	0.75
Bayerische-Hypobank	0	0	16782800	16782800	1.38	0.69
DG银行	0	0	14982660	14982660	1.23	0.61
NordLB	0	0	14615585	14615585	1.20	0.60
Bayerische-Vereinsbank	0	0	13968900	13968900	1.15	0.57
Verchins-uWest-bank	0	0	13387755	13387755	1.10	0.55
Bankgerellschaft-Berlin	5780800	0	2197795	7978595	0.65	0.33
外国银行	0	0	6410420	6410420	0.53	0.26
小股东	n. a.	n. a.	n. a.	4019820	0.33	0.16
股东协会	0	1258950	1815005	3073955	0.25	0.13
Allianz-Kapital-anlagegeschbchaft	0	0	2797000	2797000	0.23	0.11

注：表中的n. a. 表示不详细或无法获得。

从表 8－2 中，我们非常有意思地看到，Allianz 控股公司虽然拥有 VEBA 公司有表决权的股份达 11.46%，但它在股东大会上只行使了出席表决权的 0.23%，由 Allianz 正式控制的其他公司也没有在出席名单上出现。我们由此可以判断，Allianz 控股公司很有可能将其大量股票的投票权存入了某一家银行，它通过委托银行投票来行使自己的意志。这样，在股东大会上，最有权威的主体是银行。

德国公司治理体系中相当于美国公司董事会的角色叫监督委员会。在 VEBA 公司的监督委员会中，有表决权的大股东的代表占有相当的数量。监督委员会的主席是 Hermann Josel Strenger，他也是拜耳公司监督委员会的。Allianz 公司控制着拜耳公司大约 5% 的股票。Allianz 公司的首席执行官 Henning Schulte-Noelle 博士也在监督委员会里面。尽管德累斯顿银行和德意志银行在 VEBA 公司里面没有什么股权，但是，德累斯顿银行选派其管理委员会成员 Bernd Voss 博士，德意志银行选派它的首席执行官 Hilman Kopper 进入了 VEBA 的监督委员会。

VEBA 公司的上述情况表明了德国公司治理的一些特点。第一，控制结构是集团或群体构成的，很不透明。我们从股东大会的公告中很难判断出这个公司的实际决策过程是怎样做出的，我们也看不清楚股东是怎样施加其影响的。两家银行在公司控制的过程中发挥着重要的作用，但这是一个什么机制，也不清楚。银行也没有必要进行公开披露。第二，代理投票和代理表决制度很典型。我们无法判断谁是背后的股东或委托人，他们的结构什么样，我们也不知道银行投票是基于自己的判断，还是基于股东的指令。第三，代理表决权很重要，足以保证银行在监督委员会占据席位。那么，在公司实际的决策中，监督委员会中的这些成员是代表银行这些债权人呢，还是代表法定股东。

2 监督委员会与管理委员会

德国的股份公司是双委员会制。上面类似于英美国家董事会制度的是监督委员会，下面是执行经营任务的管理委员会。这两个委员会在成员上并不交叉，监督委员会的成员一般由股东代表和工人代表共同组成。比如在西门子公司，监督委员会共有 20 人，股东代表和工人代表各 10 人。如果银行至少持股 10%，银行管理委员会的一个成员通常被选到持股公司的监督委员会里面。监督委员会的主席比一般的监事拥有更多的信息和机会对公司施加影响。

监督委员会的制度起源于 19 世纪，在德国股份公司最初兴起时，管理委员会只不过是股东的代理人。监督委员会起先仅仅是股东会议，后来发展成为由股东、一些银行家和其他有关企业家组成的委员会（Verwaltungsrat）。在最初的监督委员会内，管理和控制的功能是没有分开的。1870 年，德国的法律确定了监督委员会的地位并制定了相应的法规，监督委员会成为严格独立的外部委员会。监督委员会的任务是为了股东的利益控制管理委员会（Vorstand），同时也保护公众利益。

在德国，受大股东影响的企业比美国和英国的多。1996 年，国内股票（票面价值）主要被非金融公司控制（37.3%），85.4% 的最大上市公司有一个（主要）股东，拥有 25% 以上有表决权的股票，57.3% 的公司拥有一个多数股权股东。这种持股结构决定了监督委员会成员的指定方式。如果大股东是另一公司，则由大股东指定监督委员会主席的比例是 77.8%。在 1/4 的案例中，整个委员会成员都是由大股东指定的。

在德国公司中，股东指定监督委员会主席或成员的方式常常被认为是不好的，因为这些公司经常由股东指定个人来代表他们的权益，而不是由专家来担负监督委员会的监督任务。在一些公司中，新成员经常由监督委员会主席指定。在这一方面，主席经常与经理人们进行磋商。如果股东不希望在监督委员会中有他们自己的代表，则可以努力给监督委员会配备在公司所有主要活动领域具有丰富经验的人员。

几乎总是可以在监督委员会内找到一家银行的代表，有时可以找到几家银行的代表。这些代表拥有专门财务经验。监督委员会成员也常常包括一些工程师，以监督技术开发和生产方面的情况。有时也会选择一些营销专家，以负责他们的专业领域。开展国际业务的公司经常寻找在外国取得了商务经验或具有在国外工作的技能的人员作为监督委员会成员。在大多数公司中，监督委员会会按照法律要求建立一个执行委员会。

在有“共同决定”传统的公司里，监督委员会成员会认为，他们对选择他们的人即股东或员工负有特殊责任。委员会成员一般会在监督委员会举行每次会议前，定期召开员工代表会议，也经常召开股东代表会议。监督委员会全体成员一年召开 3 ~4 次会议。会议一般持续三四个小时。如果正常会议持续时间较长，则一般来说这些会议或者准备不充分，或者举行得不好。德国公司监督委员会下面除了执行委员会，还会设置审计委员会和调解委员会等，委员会会议在监督委员会全体会议之间召开。

管理委员会就是公司的经营班子。它的职责是选择和任命公司内部重要岗位的管理人员，制定公司的发展战略和经营计划，向监督委员会进行经营活动和业绩的报告等等。在大型公司里面，管理委员会的执行委员会成员是公司日常经营活动的决策者。管理者报酬一般由固定工资和绩效奖金组成，水平通常取决于利润的高低。只有少数公司采用股票期权作为报酬的一个组成部分。

6 其他治理机制的发展

在德国，利益相关者，尤其是银行，在公司治理的体系中扮演着重要的角色，它的直接后果就是新的更全面的公司治理机制难以建立起来。在这其中起重要影响作用的因素有三：首先是大范围的交叉持股；其次是缺乏外部的披露义务；第三是银行的代理投票制度。在这三者之中，交叉持股又是负面影响最大的，由于交叉持股的原因，公司的控制权被隔绝在资本市场的压力之外，所有肮脏的东西都可以免受资本市场的约束和监督。有德国学者指出，在银行控制下的一些德国公司，虽然打着提高股东价值的旗号，但管理层却在为自己的利益服务，公司最终剩余索取者的利益根本无法得到保证。

1 交叉持股

德国公司的交叉持股是非常严重的。对于绝大多数德国公司，很难非常清晰地描述出公司之间交叉持股的网络。甚至在很多情况下，对于公司的内部人，这也是非常困难的，而对于外部人来说，更是不可想象的工作。图示 8－2 是大型上市公司交叉持股的关系图，从中我们可以看到这些交叉持股关系的复杂性。

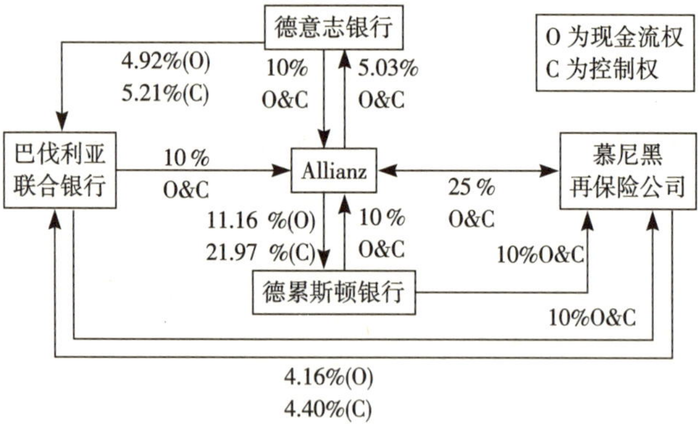

图示 8－2　德国大型上市公司的交叉持股关系

导致德国公司形成交叉持股局面至少有两个制度上的原因。

第一，德国的共同决策制度也无疑有助于交叉持股现象的存在。工人不愿意把公司经营的收益分配给更多的外部投资者，而愿意把财富保留在公司内部。因为把公司收益保留在公司内部有比较多的自由现金流，有助于公司免受太大的外部压力，同时也不至于让公司老是在调整规模，使工人有被解雇的压力。交叉持股显然有助于公司保留赢余。比如，两个公司之间交叉持股各 25%，那么，在以 60% 的比例来分配赢余的时候，实际分配的比率只有 45%，更多的财富保留在公司内部。所以，共同决定机制客观上会激励交叉持股范围的扩大。

第二，是德国法律对于银行、共同基金、保险公司等持有公司股份方面没有什么约束，同样对于公司或机构之间相互持有股份在法律上也没有什么大的限制。法律上对此的惟一规定是双方交互持有投票权不能超过 25%。这条立法的原意是为了防止双方公司的管理层相互勾结，但实际上这条立法在现实中是落了空的。很多公司通过变通的方式都实现了相互控制的目的。并且，在实际的表决过程中，控制性股东往往不需要 25% 这样的数量，就可以左右公司的决策方向。

在交叉持股的体制下，公司会追求股东价值吗？答案虽然不是完全否定的，但也常常是有疑问的，或者说是不完全的。我们可以看戴姆勒－奔驰公司的例子。从 70 年代中期开始，戴姆勒－奔驰公司通过一系列的整合，其大部分股份被归入了德国式的交叉持股体系中。其最大的股东是德意志银行，其他股东还包括 Mercedes 汽车控股公司（简称 MAH）。MAH 是一家上市公司，持有戴姆勒 25% 的股份，成立这家公司的目的就是在戴姆勒的上面形成一个保护性的壳。而 MAH 的大股东有德累斯顿银行、商业银行和 Allianz 控股公司，但这些股东都是被动参与者，他们的任务就是防止不受欢迎和短视的股东来“扰乱”戴姆勒公司业已制定的“长期战略”。

通过这样一些间接持有和控制的关系，戴姆勒的股票投票权被 MAH 公司的股东稳定地控制着，所以，戴姆勒的自由流通的股份对戴姆勒的管理层没有任何的影响力。随着戴姆勒公司管理问题越来越明显，公司股票市场价值大幅下降。在 1992 年的股东大会上，大学教授同时也是公司股东的 Wenger 教授提议要改善公司的这种持股结构，分散 MAH 股东通过 MAH 对戴姆勒间接持有的股份，以保证戴姆勒公司的管理层能够感受到市场的压力，关注公司的价值，但戴姆勒公司的董事会以长期战略为由拒绝了这项提议。Wenger 教授大概是戴姆勒公司股东大会上闹场最多的股东，有一次，他甚至被监事会主席命令警察驱逐出股东大会会场。戴姆勒公司的监事会主席是德意志银行的 CEO 科波，实际上就是他这个利益相关者的代表在左右着戴姆勒公司的一切。1993 年夏天，有一位财经记者问科波，戴姆勒的 CEO 路易特大概还要担任多久公司的领导者。科波回答说，我想让他做多久，他就可以做多久。足见德意志银行的影响力。

但戴姆勒公司的战略确实有问题，它也确实在亏钱。有人因此将之称为德国最大的钱坑，10 年烧掉了 1000 亿德国马克。这种情况直到 1994 年之后才开始发生变化，因为戴姆勒公司为了能够在纽约证交所上市，获得美国资本，从那时开始对自己进行改革，以便能够建立起符合美国传统的“股东至上”的公司治理体系。改革的中心是要建立有助于实现股东价值的股权结构，打破 MAH 的持股。显然，如果戴姆勒公司不能有效地打破交叉持股的格局，美国投资者是不会轻易对其进行投资的，因为在交叉持股的基础上是很难建立起有效的、以市场控制为主的公司治理体系的。

2 经理报酬的状况

报酬激励是公司治理机制的重要内容，尤其是经理的长期激励性报酬。在靠市场、靠股东作为公司控制体系原动力的国家里面，报酬激励主要采用股票认购期权的方式。但是，在德国这样的银行控制和交叉持股的体系中，引入股票认购期权计划常常会因为交叉持股公司的经理们可能的相互勾结而陷入激励失效的危险。

如果公司是由银行控制的，或者由于其他安排而与外部资本市场的压力隔离开来，那么股票期权计划更可能会流于形式，甚至会刺激经理人达成勾结协议。也就是说，由于缺乏必要的披露义务和几乎完全缺乏必要的市场机制来对公司所披露内容进行解读，股票认购期权往往在形式上的意义大于实际内容。甚至不排除它会成为经理人剥夺投资者的一个工具。我这样说，是因为股票期权的收益取决于股票的价格，于是，经理人就有保留利润从而增加股票价格的动机，他会减少公司的分红，甚至减少必要的投资。

在1996年之前德国几乎不存在股票认购期权。随着德国公司与国际资本市场的联系越来越密切，以及美国公司治理方式对德国的影响越来越大，股票认购期权逐渐被德国公司所借鉴。德国第一个重要的股票期权计划在1996年戴姆勒－奔驰公司和德意志银行的股东大会的议程中出现，这与它们在海外上市的计划有关。但随即引发了学术界和媒体上的一次大辩论。之后，德国另外的几家大公司也相继推出了它们的股票期权计划。

①德意志银行的做法。1996年，德意志银行的股东大会授权执行委员会在五年的时限内可以发行一笔股票认购期权，作为公司经理人员的报酬内容。但每次授予经理人员认购期权的时候，必须要得到监事会的同意。德意志银行的做法如下。根据股东大会授权，大约200名最高层的银行经理将有权认购10年到期的债券，总量为4000万马克。债券的利率接近市场利率。对于每张面值为5马克的债券，认购者有权购买票面价值为5马克的德意志银行股票。认购期权的到期日可达10年，其行权价格是监事会批准日的股价。另外，为了防止期权价值被稀释，德意志银行无论何时向股东发行新股，行权价格都不高于发行的认购价。在发行认购期权的时候，监事会对公司的红利支付政策没有任何要求。这个期权完全是美国式的，例如在到期日前的任何时间点都可以行权。但行权时的股价必须要比行权价格高10%。

②汉高公司的做法。Henkel公司（中文为汉高）是德国一家大型化学股份公司，它的大股东是Henkel家族，而不是银行，所以，它的股票认购期权与德意志银行在设计理念和细节上就很不一样。Henkel公司的股票期权计划是在1997年的股东大会上得到批准的。根据这个计划，Henkel集团的高级管理者都有权认购一个按市场利率而定的五年期债券。

该计划的总金额限定为1000万马克。对于每张面额为5马克的债券，认购者有权购买一个面额为5马克的Henkel股票。这种认购期权在授予之后的最初三年内不能行权。在这个期权计划中，行权价格的设计非常特别，它是由行权时的股价水平减去由Henkel股票业绩与股票指数之间的差额来决定的一个数值。当然，这个指数和Henkel的股价都要根据红利水平等因素进行校正，这样保证公司的红利政策并不受股票认购期权的影响。

比较德意志银行和Henkel公司的两种不同做法，不难得出结论：公司股票期权计划的质量高低，关键取决于公司的股权结构。在有利益相关者控制的公司里，股东利益被强调的程度相对比较弱，不如在私人股东拥有较大影响力的公司里的情况。

德意志银行股票期权计划中的问题是一目了然的，关键就是标准定得太低，违背了激励相容性法则。给经理发放股权激励是为了更好地让经理为股东的利益服务，因此，需要将经理的目标和股东的目标非常有效地联系起来，而不是只保证了经理的收益而忽视了股东的利益。德意志银行所约定的“行权时的价格要高于行权价10%”这一点是毫无意义的。结果，管理层利用这个期权计划发了大财，即使是平庸的甚至是低迷的业绩也可能受到奖励。

事实上，1996年5月29日，当德意志银行股东大会结束的时候，其股票市场的交易价格为72.20马克。而1997年8月1日，每股价格为122.10马克，如果期权在这天行使，管理层将每股获利49.10马克。如果发行的800万股期权全被兑现，那么，管理层在14个月内就赚取了4亿马克。那么，经理们的工作是否值得给予这样高的奖励吗？DAX指数衡量了德国30只蓝筹股的业绩。在这14个月的时间里，指数上涨了72.8%，而德意志银行的股价从72.20马克上涨到122.10马克，扣除掉每股1.80马克的红利，调整后股价上涨了72.2%，比市场涨幅还略低。我们很容易得到结论：德意志银行表现得一般，并不能算特别突出，在这样一个表现情况下，明智的股东肯定不愿意在14个月内就给没有达到市场一般业绩水平的管理团队分4亿马克的奖金。

显然，德意志银行的期权计划从激励经理的角度看，设计得并不好，给经理制定的目标太低了。但是，这样的股票期权计划却在1996年德意志银行的股东大会上得到了超过99%的投票支持。导致这种结构的原因据说有两个：第一，是交叉持股使得银行的控制集团掌握着较大比例的代理投票权，由于法人股东们也期望德意志银行支持他们类似的期权计划，所以，他们无一例外地都投了赞成票。第二，即使是私人股东，一方面他们反对该股票期权计划的声音非常微弱，另一方面，他们中的大多数人对股票期权计划是如何设计的并不十分清楚，也缺乏一个有效的资本市场和中介机构来加以辅助评价，所以，这些股东也是在没有获得恰当信息的情况下糊里糊涂地支持这个方案的。

与德意志银行的方案比，汉高公司的股权报酬就比较好地处理了经理人利益和股东利益的协调问题。有些德国学者细致地研究了一些发行股票认购期权的公司的情况，得出表8－3。这个表有助于证明“只有在由股东做主的企业，才可能有好的期权计划”的观点。

表8－3　股票认购期权的作用

公　　司	发行年份	公司治理结构	激励作用
戴姆勒－奔驰	1996，1997	公司法人股东	无
德意志银行	1996	公司法人股东	无
大众	1997	政府/工会	无
Continental	1995	公司法人股东	无
Puma	1996	外国母公司	不确定
SGL Carbon	1996	股权分散（无有影响力的大股东）	不确定
Henkel	1997	有影响力的私人大股东	有
Schwarz Pharma	1997	有影响力的私人大股东	有
Bowe Systec	1997	有影响力的私人大股东	有

在这些学者看来，在交叉持股比较严重或银行掌握大量代理投票权的德国公司中，股东大会所批准的股票期权计划更多地是保护了经理人的收益要求，违反了引入股票期权的初衷。在私人股东行使控制权越弱的公司，复杂而又不透明的股票期权计划越有可能会被经理人为了自己的利益而滥用。而且在缺乏与股票期权相关的披露义务的情况下，经理人有着更大的为自己牟利的诱惑。另外，由于德国公司治理模式中没有资本市场的监管，单靠公司内部人往往不能设计出良好的股票期权计划。在很多情况下，引入股票认购期权的主要目的，就是为了增加经理人的薪酬。

除了股票期权激励这种典型英美国家的做法在德国不能有效执行之外，银行利用代理投票权的制度，也有效地阻止了外部力量对公司的敌意收购。银行的存在使外部接管者难以达到控制公司的必要股权份额，这使敌意收购很难实现。资本市场或公司控制市场的力量在德国不能有机地发挥作用。

Corporate Governance: Theory and Cases

公司治理理论

第九章

公司治理的基础设施

1 公司治理的体系性
2 信息、报告与标准
3 中介机构
4 有效的政府管制
5 法律体系的作用
6 舆论的力量

前面我们讨论了公司治理的各种直接机制，但是，股东大会、董事会、银行和资本市场或公司控制市场这些机制要想很好地发挥作用，实际上还需要一个良好公正的环境和强有力的制度保证，这就是公司治理的基础设施。公司治理的基础设施主要包括：提供各种商业性证券业务服务并进行信息评价的中介机构，维护公正和秩序的司法体系与证券监管部门，以及作为社会舆论监督重要部分的媒体与学者。应该认识到，这些机构对于公司治理体系的影响虽然不是非常直接的，但是，它们的作用是极其重要的。从公司治理机制的演进历程看，任何一种强有力的公司治理体系，都伴随着非常优秀的基础设施环境。

1 公司治理的体系性

健全的公司治理基础设施，实际上也就是公司治理机制的体系性，是保持公司治理效率的重要方面。在很多情况下，人们常常会只注重董事会、股东大会等直接的公司治理机制。比如，在我国就有什么“法人治理结构”的说法。其实，好的公司治理，必须要有很多公司之外的其他相关体制的保证。

我们知道，无论是代理型公司治理问题，还是剥夺型公司治理问题，公司的控制者或经理人员都不会让其他人了解真实的情况。包括报告公司业绩，也往往是有选择地进行报告，故意展示好的一面，对公司前景过于乐观。经理人员对公司有信息优势，也具有相当的自由处置权力，他们可以运用这一处置权选择会计政策和估计业绩。甚至，为了个人利益，他们还会虚报业绩。无疑，这就会导致公司控制者（或经理人员）与投资者之间的信息不对称，并损害资本市场有效运行的基本条件。

保护股东利益最直接的防线，显然首先来自企业内部。董事会通过选择具有能力和干劲的高级管理人员来帮助解决逆向选择问题。董事会代表了不同的股东利益，他们选择、监督和管理公司的高级管理人员。董事会通过批准公司的财务报告，确保适当的内部治理程序，比如建立内部控制系统和内部审计制度来维护股东的利益。而在董事会后面，对董事会工作进行监督和激励的是拥有公司大量股份、积极的外部投资者，包括大型养老金（如 CalPERS）和独立的投资者（比如 Warren Buffet），可以通过选择董事会成员的方式进行监督。

但是，董事会和积极的股东是否是孤军作战的？如果他们孤军作战能否完成他们的使命？其实，董事会和股东的工作虽然是发生在公司内部的，但他们是得到外部强有力支持的。作为最基础的，有关政策规制机构会制定一些制度性的文件，促进可靠信息的产生，约束经理人员为了自己利益的随意处置行为。比如，在美国，公认会计准则和审计管理办法通过要求财务报告的一致性可以约束经理人员的过度乐观倾向，也约束了审计机构的腐败行为。而董事会可以在这些制度框架下得到独立审计人员的帮助，独立审计人员要通过他们的专职工作证明经理人员在编制财务报告的过程中是否遵循了 GAAP 和会计准则。

当然，即使有这些帮助，董事会还是很有可能在公司内部解决不了问题。那么，在这些情况下，矛盾就会被移交到资本市场。在资本市场上，如果投资者认为经理人员和董事会没有按照股东最大利益的原则进行工作，他们就会试图直接控制公司。外部股东可以通过发动代理权争夺、鼓励股东投票更换董事成员，或者直接购买其他股东手中股票的方式接管公司，获得对公司的控制，改组公司。显然，资本市场的效率对实现上述目标至关重要。

怎样保证资本市场的效率呢？最重要的力量来自于政府和管制机构。在某些国家里，政府在制定政策的时候就限制外部股东争夺公司的控制权。无疑，在这些国家中就失掉了一种约束经理人员的力量。由于经理人员预见到自己的行为在很大程度上会不受资本市场的约束，他们就会把投资者的钱浪费在回报低甚至是负回报的投资项目上。进而，理性的投资者会预期到在他们投资后，即使经理不尽职，或是故意损害他们的利益，他们也无法制裁或替换无效的管理人员，于是，他们会采取非常保守的投资策略。在这些国家中，可以说阻碍公司治理的根本因素之一是政府，如果政府管制的政策不变化，这些国家很难发育出健全的资本市场。

保证资本市场效率的第二类力量是中介机构。中介机构通过自己的专业技能对投资者提供服务和帮助。为了保证中介机构的有效服务，一方面要求公司要按照要求准确及时地进行信息披露，中介机构通过使用财务报告信息达到下面两个目的：①通过分析公司投资机会和管理能力的有效信息，来解决逆向选择问题；②通过为监督、奖励和惩罚经理人员提供信息，来解决道德风险问题。中介机构对于改善信息扭曲和管理扭曲发挥了很大的作用。由于中介机构的专业监督，可以限制经理人员对报告信息的操纵，同时也限制了管理人员追求自身利益最大化的行为。中介机构通过促进信息的产生并有效使用，使得资本市场能够有效运转，使得资金能够流向最有生产力的投资机会当中。

保证资本市场效率性的第三个力量，是国家的法律体系和舆论。就对发达国家证券发展历史的考察，我们可以得出一个结论：如果没有法律和舆论等其他机制，没有刑事责任、民事责任对相关利益主体形成威慑的话，任何人都没有压力把自己该做的事做好。而对于投资人自己很难发现的情况，社会舆论的监督十分必要。有了舆论的监督，投资人发现问题的可能性就会大大增加，就可以提出诉讼，追究有关人员的民事责任并可能获得赔偿。舆论也可以通过整个事情获得经济收益与名誉收益。

值得强调的是，有效的法律体系是保护资本市场效率的关键。当股东认为公司经理人员、董事会或者独立审计人员没有按照公司法和证券法的要求尽职尽责，股东就可以到法院起诉。从美国的经验看，私人股东诉讼的影响力是非常大的，诉讼的威胁会对经理人员、董事和审计人员形成重要约束。而对于国家来说，如何保证国家司法体系的效率，降低维权人员的诉讼成本就是一个要重点解决的问题。

图示 9－1 是世界银行在 1999 年提出的公司治理框架，该图显示了公司治理的上述体系性。图示中的各种机制共同限制了公司控制者或经理人员损害投资者利益的机会。

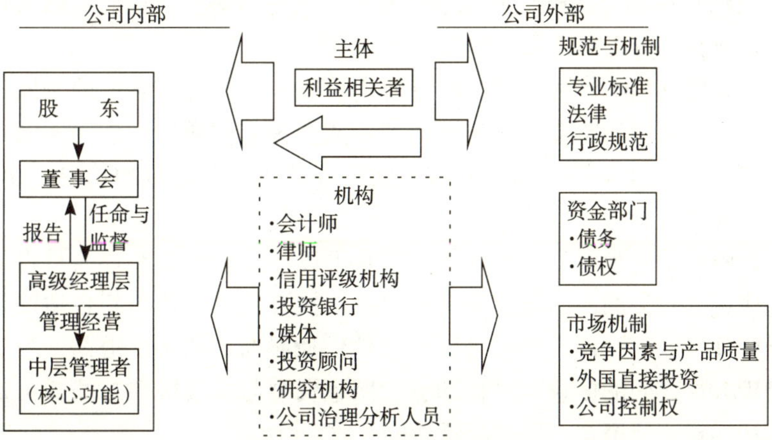

图示 9－1　公司治理的体系

2 信息、报告与标准

1 资本市场中的信息

现代经济的发展越来越倚重于资本市场以及其他的融资渠道。资本市场和这些融资渠道将资金的供应方和需求方连接起来，对生产和经营活动进行着资源配置。资本市场的有效性和融资活动的效率在很大程度上决定着经济生活中资源配置的优劣。在这个过程中，信息扮演着非常重要的角色。

具体来说，在一个社会里，总是有些个人和组织有富裕的资金，他们的储蓄超过了他们在现阶段的消费需求，他们希望将剩余资金进行投资，以求获得回报，因为这样可以使他们在将来达到更高的消费水平。同时，也总有一些经理人员发现了有吸引力、有前景的投资机会，但是，他们并没有进行这些投资活动的必要资金，或者是他们的储蓄并不足以达到他们当前的资金要求。于是，他们希望能够吸引那些有储蓄的人（以下我们简称“投资者”）为这些投资机会进行融资。他们可以通过资本市场或其他融资渠道来达到目的。

假如信息是绝对透明的，投资者就可以在事前进行合理的判断，事后可以进行良好的监督，融资活动的完成是没有问题的。然而，问题是他们难以达到这样的目标。事前，他们常常面对着隐蔽的信息；事后，他们有面对着隐蔽的行动。

以资本市场为例。资本市场本来是可以使投资者和经理人员走到一起完成融资合作的，如果信息完全对称，投资者可以选择到合适的投资或融资项目，而经理人员也可以得到他们所必需的资金。但是，投资者和经理人员之间的信息不对称却会使闲置资金与投资机会之间的可能配置无法实现，使资本市场的配置功能失效。

具体来说，经理人员对投资机会的预期回报和风险方面的信息，这就可能使投资者在寻找最有前途的投资机会时发生困难。假定投资者无法掌握到每一个投资机会的真实信息，但他们根据经验会判断所有的投资机会有一半是“好”的，另一半是“坏”的。于是，投资者就会只愿意根据期望收益的水平来安排投资。

毫无疑问，这种判断方式有可能惩罚好的投资机会。因此，拥有好投资机会的经理人员就无法以一个公平的代价获得融资，他们会发现现有的融资条件不具有吸引力或过于苛刻，于是，他们就会选择离开资本市场，而这又会进一步导致留在资本市场中的“坏”投资机会的比例升高。显然，如果不解决信息不对称的问题，随着时间的推移，“坏”投资机会就会不断地“驱逐”好的投资机会，使资本市场最终垮掉。

但这是资本市场信息故事的全部吗？遗憾的是，这并不是。当经理人员从投资者那里拿到钱后，还会出现代理问题，他们的行动是追求自身利益的最大化，而不是投资者利益的最大化。我们在第一章讨论了很多这样的情况。在这个时候，同样是由于有限的信息，投资者无法直接观察和监督经理人员的工作，无法观测到经理人员的隐藏行动。于是，当投资者不能对自己的投资做到完全监督，但他们又意识到经理人员会有隐蔽行动的时候，他们仍然会谨慎投资。这样也会导致资本市场的运行低效。

显然，由于投资者和经理人之间的信息不对称问题，包括事前的隐蔽信息，以及事后的隐蔽行动，都会扭曲资本市场上资金供应和投资机会之间的有效配置。除非这种信息不对称的问题能够得到解决，否则资本市场将无法有效地进行资源配置。幸运的是，市场经济已经发展出很多制度安排来缓解这些问题，这包括信息披露和由专门人员及机构来进行信息的搜集、评价和分析。

2 财务报告与信息

投资者希望能够获得企业在其商业前景、所处市场和行业的信息，希望能够了解公司业绩及其变化的情况，并且希望能够定期更新，以便使他们能够判断是应该追加投资还是撤出投资。当然，投资者也希望获得关于企业经营管理情况的信息，希望能够通过这些信息来监督经理人员的行动。为了让投资者能够了解到准确的信息，希望获得融资以及得到融资的企业都要向它的投资者以及相关管理部门定时提交财务报告，披露信息。

财务报告和信息披露制度，是在资本市场中减少信息不对称问题的最重要机制之一。在投资者和他们的代理人做出最初的投资决策之前，财务报告通过向他们提供基本信息来减少逆向选择问题。而当资本已经被分配到特定投资上去之后，财务报告又通过提供关于投资结果的信息来减少经理人员和投资者之间的道德风险问题。

企业通过财务报告向有关方面提供财务信息，及时、相关和可靠，是三个基本的要求。那么，怎样才能保证财务报告所披露出来的信息达到这些要求呢？在财务报告体系中建立如下三个制度是关键环节。①以权责发生制作为定期报告的基础；②经理人员负责编制财务报告，对报告的真实准确承担责任；③用会计惯例弥补经理人员的乐观倾向。

首先，企业应采用权责发生制作为会计核算和财务报告的基础。之所以要选择“权责发生制”，是因为要恰当地进行收入确认，向外部准确地报告投资收益。

我们知道，公司的经营是一个持续的过程，任何公司都在持续的创造价值，当然，也可能是持续地毁灭价值。那么，是不是每一时刻都向外界报告这个价值的创造或毁灭过程呢？显然，持续的报告财务结果是不可行的。所以，公司只能采取定期报告的方式。从会计报告制度演变的过程看，定期报告的频度实际上在加大。在 100 年前，公司只编制年度报告。今天当然也有一些国家只要求公司编制半年度报告。但是，在绝大多数国家里，公司被要求编制季度报告，按季度公布业绩。

编制报告的频度越高，收入的确认问题就越关键。定期业绩衡量的关键是净利润，它是公司从一个期间到另一个期间的财富变化。对定期净利润的衡量必须要使用权责发生制，而不能是现金制。现金制通俗地说就是“豆腐账”，用现金制进行会计核算只能报告一个期间所发生的现金流入和现金流出，但它忽略了当期经济活动在以后期间所产生的结果和影响。

相比之下，权责发生制则试图衡量一个期间内的业务活动的所有经济后果，它对一个会计期间的业务活动所能够产生的未来现金流进行估计，从而对企业在这一期间所创造或毁灭的经济价值给出一个更为准确的描述。

例如，假设一个公司当期向客户销售产品或劳务，而预期在下一个会计期间收回货款。如果是用现金制进行会计核算，就会只确认与生产这些产品或劳务相关的当期现金流出，但不能确认这一交易的另一面，即客户的付款。客户支付的货款要等到下一个报告期间才能够确认。显然，这对于衡量在两个不同的会计期间的收入与利润情况都会产生扭曲。在当期，是多算了支出，而在下一期则多计算了收益。如果采用权责发生制，情况就会完全不同。无论在哪一期确认收益，收入和成本都将是配比进行核算的。

我们还可以通过下面的例子来说明采用“权责发生制”的必要性。假设公司用现金购入一个耐用资产，比如房屋或设备，或者是进行了一项长期投资。如果是用现金制进行核算，虽然我们可以预期这项资产将会在以后很多会计期间里为公司带来经济利益，但现金制下的会计核算仍将所有的现金流出作为当期费用。而如果使用权责发生制，则可以通过恰当的办法核算出这一个业务活动的所有经济后果，并加以恰当地体现。

不过，虽然以上的例子都充分说明，当会计报告期间短于公司的寿命时，权责发生制对公司业绩的衡量在合理性和准确程度上都要优于现金制。通过以权责发生制为基础的会计报告制度，投资人可以获得对经理人员创造或毁灭公司价值的情况一个较好的估计。但是，在权责发生制里面，确认收入又成为了一个重要的问题，它很有可能会对投资者形成新的误导。比如说，如果经理和有关财务人员不恰当地估计客户将来付款的时间和可能性，在确认收入方面又会产生新的不准确。

其次，经理人员一定要对财务报告的质量承担责任。

我们知道，经理人员平常都在控制和指挥公司的日常业务活动，他们对公司的业务状况、资产、负债、员工和客户了如指掌。从原则上说，资本市场要求经理人员应该使用自己的这些信息优势，根据客观的原则对公司当期业务活动的结果做出判断和估计。但是，由于业绩报告是对经理人员业绩的衡量，经理人员有动机虚报业绩，并对将来的现金流持乐观态度。此外，现在的经理报酬在很大程度上也与管理业绩挂钩，经理人员想要维持自己的职位和获得较高工资的动机完全有可能诱导经理人员会因为自己的利益和一时的需要而在报告时做出只有利于自己的判断和行动。

我们依然用收入确认的例子来说明。公司的很多业务都是跨越会计报告期的，那么，在收入确认过程中，经理人员需要估计客户付款的时间和可能性，而这些估计会影响公司报告的收入、成本和利润。这实际上就为经理人员留下了做手脚的空间。如果需要把现期的利润估高，就可以把未来的收入确认在当期。而如果为了保证今后的收入水平，也可以把现实的收入做到未来去。

再举一个折旧率选择的例子，这也是经理人员有控制权的内容。企业购置了长期固定资产之后，由于它要在未来年度长期发挥作用，经理人员需要选择适当的会计方法，进行折旧处理。这需要估计固定资产的使用年限，也需要选择恰当的折旧方法，比如直线折旧法或加速折旧法，进而确定折旧率。这些内容都是需要经理人员进行判断和做出选择的。而这些选择是基于经理人员对业务的理解，很难说有惟一正确的选择。这就使经理人员有了随意处置（discretion）的机会。

从外部来看，投资者无法观察到经理人员的行为，不知道会计方法是怎样被选择和估计的。那么，怎样去约束经理人员呢？手段有很多种。其中很关键的一条就是经理人员应该对会计报告的真实性和质量承担责任。

第三，由于经理人员在进行财务报告的时候，可能会很乐观地看待企业的未来，因此，为了保证报告信息的客观准确，还应使用一些会计惯例和会计准则来对经理人员的乐观倾向加以约束。

经常用来约束经理人员过分乐观倾向的会计惯例或会计准则，包括可计量原则和稳健原则。所谓“可计量原则”，是指只有那些结果能够非常合理地被加以估计的交易才能反映在会计报表中。不符合这一原则的交易，即使它对公司业绩具有潜在的重大影响，也不能记录在财务报表中。当然，它可以在报表附注中加以披露。而“稳健原则”，则是指对伴随公司业务产生的或有损失和或有收益应采用稳健或保守一点的处理办法。一般来说，经理人员有报喜不报忧的倾向，他们愿意披露或有收益，而不愿披露或有损失。那么，按照稳健原则，只要对于损失，可能发生的就要披露；而收益，则只有在实现之后才能披露。

3 报告程序与标准

为了保证公司财务报告的准确与真实，各现代市场经济国家都对公司向投资者进行的信息披露和财务报告做出规定。在这个方面做得比较好、规制工作比较完备的是美国。美国的有关规则制定者认为，只有及时、全面、准确地向投资者传递信息，投资者才能够做出正确的决定，资本市场才能够比较有效。

美国的证券法要求上市公司应按照 GAAP（公认会计准则）编制公司的定期报告和临时公告，应归档上交美国证券监督管理委员会（简称 SEC）。美国国会在 1930 年代整理华尔街股票交易不规范行为的时期，通过立法授予美国证监会制定公认会计准则的权力。之后，SEC 又将制定详细会计准则的责任授权给了私人部门。

1973 年 3 月开始，财务会计准则委员会（英文缩写为 FASB）成立，这是一个由私人出资资助的非政府实体。美国注册会计师协会（AICPA）、财务会计基金会（FAF）和财务会计准则顾问委员会（FASAC）是 FASB 的发起机构。现在，FASB 是美国公认会计准则的制定机构。

建立 FASB 的目的，是要建立并改善财务会计及其报告准则，并以此来引导和教育大众投资者。为了达到这一目的，FASB 试图通过以下手段来提高财务报告的有用性：集中精力处理一致性和可比性的关系，并及时更新准则以适应商业及经济环境的变化，同时提高公众对财务报告所含信息的性质和目的的理解。AICPA 在其职业道德规范中支持 FASB 的准则，会计师职业道德规范第 203 条则严禁审计人员在审计报告中声称财务报表与公认会计原则相符，违反这一规定的注册会计师可能会受到吊销其 AICPA 会员资格的处罚。

FASB 颁布的公认会计准则对于保证财务报告的质量，作用是显著的。这个准则的很多规定限制了经理人员的随意选择和估计的行为，使得他们难以扭曲会计信息。这些会计准则努力要达到会计处理的一致性，减少经理人员对类似经济交易用不同方法进行记录的可能。政策制定者认为一致性有利于投资者进行公司业绩的比较和不同投资机会的选择。当然，证券交易所也会制定一些关于会计报告和信息披露的规则，使投资者对公开上市的公司具有更高的信心。

在美国，还有两个促进上市公司提高财务报告质量的会计准则。一个是 SEC 对符合规章 S-K 的企业所要求的“管理当局讨论分析书”（英文简称 MD&A）；另一个是应 AICPA 发布的准则 AT200，要求上市公司进行财务预测。

MD&A 所要求披露的，是那些通过适当的成本费用就可获得的信息，以及对财务报表中不明确信息的进一步解释。要求提供 MD&A 的目的是要为投资者提供对上市公司财务状况和经营成果进行评估的进一步信息。这些信息有助于投资者评价公司的未来发展趋势。在 MD&A 中，鼓励公司向投资者提供前瞻性的信息，如财务预测等。

编写 MD&A 的总体要求是通过讨论财务报表和其他统计数据，增加投资者对公司财务状况、财务状况变动情况和经营成果的理解。在 MD&A 中，要求披露如下内容。①流动性可能的增加或降低的已知趋势和其他因素；②资本支出及财务来源的有关合约，通过这些内容描述资本来源的已知趋势；③对收入和费用的主要组成部分进行描述，以促进投资者对经营成果的理解。在这一部分，应该包括可能对收入有重大影响的主要事项和趋势以及不确定性的描述。

MD&A 不是财务报表中的一个部分，所以，它不是 FASB 的基本要求，而只是证监会的要求。FASB 对会计所做的建议主要是财务报表及其附注，而 SEC 所关注的是对包含在年报中的管理人员所做的讨论加以管制。应该认识到，MD&A 与 GAAP 的基本要求是一致的，但是，它又比 GAAP 要求有所前进。

AT200 是“财务预测和计划”的缩写，由 AICPA 在 1986 年发布。与 MD&A 不同，AT200 没有强制披露的要求，只对愿意披露的公司适用。AT200 不强求公司提供前瞻性信息，它只是为愿意提供此类信息的会计人员进行指导。

在我国，理论上讲，财务报告披露的程序与美国和其他市场经济国家是类似的。但实际情况非常复杂，否则，就不会有那样多的虚假信息和报表。在美国，进行财务报告信息披露的程序如下。

首先，是公司的财务人员和经理准备好财务报告。财务报告应能够反映公司业务的基本状况。经理人员固然有可能按照自己的意愿进行财务估计和选择会计政策，他们必须要按照有关的财务报告和披露准则行事，不能超过规定的框架。因为在他们提供财务报告初稿之后，外部审计和董事会还会发挥作用，最大限度地消除误报的可能性。

在公司经理人员提供财务报告之后，需要有来自于公司外部的独立审计师提供经理人员编制的报告是否符合 GAAP 的证明。审计师要根据已确定并形成条文的规定程序进行审核，来确保经理人员的会计估计和对会计政策的选择是合理的。审计师完全有权力询问公司内部的任何经理人员，察看公司详细的交易记录和财务信息。他们会测试公司内部控制系统的运行，并抽查有代表性的交易和凭证，但他们不可能检查公司财务报告中的所有项目。当然，在独立审计机构形成审计结论的过程中，他们需要依靠公司经理人员的总结、公司内部控制系统，以及公司内部审计人员。

公司董事会中的审计委员会，也将在财务报告的过程中扮演重要角色，并提供相应控制。董事会和审计委员会负责选择外部的会计师事务所，批准通过所有的财务报告和信息披露，包括会计方法的选择。审计委员会会询问有关经理人员关于会计方法、判断和估计的选择问题，他们还会单独会见外部审计人员，以便了解审计质量和公司内部控制系统的质量。很多公司的审计委员会在外部审计师的选择方面花了很多功夫，希望确保审计人员的独立性，减少外部审计人员的道德风险问题。

经过上述程序，公司对外披露的财务报告通常包括如下三个方面的数字信息。①关于公司常规业务和基本业绩的信息；②管理人员无法精确预测未来现金流量带来的计量误差，以及由于会计规定对经理人员的限制而带来的计量误差；③经理人员报告业绩时的偏差，比如，比实际所达到的情况更高的利润，更快的增长。

3 中介机构

企业按照要求对外披露了信息，独立的审计机构也审核了财务报告的准确性，但是，市场上的投资者是否能够完全、恰当地理解这些信息的含义和内容呢？应该看到，如果没有中介机构的辅助工作，即使披露出来的信息是准确无误的，投资者或股东也难以有效地利用这些信息。

股东通常远离公司，不便于亲自到公司查账，也没有足够的经济动力去自己作审查，或者根本就无足够的财会知识去作审计。中介机构的任务之一，就是要对经理人员编制的财务报告加以解释，帮助投资者找出披露信息中有价值的部分，披露财务报告中含有的统计噪音和经理人员在编制报告的过程所含有的不准确和不恰当的部分。

中介机构的作用是非常重要的，正是由于它们的工作，资本市场才没有因为逆向选择和道德风险问题而垮掉。中介机构的作用主要体现在两个方面：其一是它们可以为投资机会的质量提供独立的证明，这一证明可以有效地帮助投资者和经理人员在资金供给的数量和价格上达成一致；其二是通过中介机构对于财务信息的处理和分析，可以相对有效地监督和规范经理人员的行动，或者是为投资者提供监督信息。

1 中介机构的类型

发达资本市场体系中的中介机构通常有两类，即金融中介和信息中介。

金融中介包括风险投资公司、银行、共同基金和保险公司等。这些中介机构的任务是一方面聚集来自分散的个人投资者手中的资金，然后分析经济中的不同投资机会，将资本投入到那些承诺有最高报酬的企业中。金融中介聚集和管理个人投资者的金钱时，会收取明确的费用。他们利用这些费用雇用高水平的研究分析人员，这些人员要花费大量的时间和精力理解公司的财务信息，并能够识别并对潜在的投资机会做出估价。于是，这些研究就能够有效地支持投资和贷款决策。可以说，机构投资者能够识别高质量投资机会，并为确保达到这些机会而发展各种必要社会联系的能力，是它们的优势所在，也是他们成功的关键。

在金融中介里面，除了分析人员，还有另外一些重要的人物，即投资经理。投资经理负责安排具体的投资项目。它们通常采用投资组合的方式，为自营业务、也为经纪业务选择持有证券的种类和数量。投资组合经理的目标是要在保持一定风险水平的情况下，最大化这些投资组合的回报。而这些经理工作业绩的评价，也是要依据他们自己所掌握的投资组合回报与一定的基准相比是大还是小。这些可以作为基准的指数包括 Standard&Pool 500 或者 Russell2000 之类。只有这些经理跑赢基准收益，他们才能够获得非常好的报酬。

与金融中介相比，信息中介则有另外的职能，它们致力于向投资者和金融中介提供有价值的分析信息。信息中介是投资者的代理人，它们努力报告各种投资机会的质量或者经理人员提供的信息质量。信息中介包括审计师机构、金融分析师机构、证券评级机构，甚至是新闻机构。

信息中介一般会聘用大量的研究分析人员。这些研究分析人员平时会花费大量的时间和精力去调查上市公司，分析定期财务报告和经理人员在各种场合所披露出来的信息，当然他们也对投资者做出是否购买或出售公司证券的建议。在这些信息中介内部，有着非常严格的分工，有着不同专长和背景的人员协同工作，绝大多数分析人员一般专注于某一特定的行业或经济部门，查找公司或行业趋势的情况，并提供有价值的见解。各个信息中介机构，都有它们各自的向投资者（包括投资者的代理人、金融中介）发表看法和提供信息、评价各种投资机会质量的渠道。

也许有人会提出这样的问题：中介机构研究分析人员的报告是否都是不偏不倚的呢？实际上不是，有三种类型的研究分析人员：买方、卖方和独立的。只有独立的研究分析人员，他们才试图提供所谓“客观”的信息与分析，因为客观性是他们获得收益、在资本市场上生存的前提。

所谓“买方分析人员”，是为投资者和投资者代理人购买证券提供服务的中介分析人员。通常，他们的报告并不公布于众。他们只是为自己的机构或接受服务的特定投资机构提供有价值的分析结论。

与“买方分析人员”不同，“卖方分析人员”一般是为经纪人服务的分析人员，我们在资本市场上最容易见到和听到的分析人员，就是这些卖方分析人员。一般来说，经纪人向个人和机构客户所提供的建议也通常来自于这些人。虽然这些人被叫做卖方分析人员，但他们的工作是经常建议人们购买什么什么种类的证券。一些大型经纪公司雇用的卖方分析人员还会为公司客户提供投资银行服务，包括证券分析师的工作。

卖方分析人员的研究报告通常传播非常广泛，雇佣这些分析人员的公司希望从他们的报告所引起的交易活动中获益。因为当根据某个特定卖方分析人员的建议进行交易时，组合投资经理需要通过经纪人公司执行交易。而在另外的时候，当公司客户从研究分析人员的报告中认识到某一新发行证券的销售能力时，卖方分析人员的公司也可以从包销业务中获利。因此，做出卖方分析报告的目的是引发交易活动。显然，在这样的情况下，卖方分析报告的长期中立性就是值得怀疑的。

事实上，在1980年代和1990年代，为了抵消由于佣金降低而带来的公司收入减少，卖方分析人员的报酬与创造投资银行交易之间的关系越来越密切。于是，这不可避免地引发了为收取佣金而发布有倾向性投资信息的数量。从1990年代之后，越来越多的人开始关注卖方分析人员的道德风险问题。人们开始质疑这些分析人员是否为了赢得投资银行业务而丧失了他们的客观性和独立性？很多学者认为，由于公司的投资银行部门需要包销业务，卖方分析人员所发布的关于公司证券的建议是有偏差的。

当然，在一个完善的资本市场里面，卖空活动提供了有助于抵消“卖方分析人员”乐观倾向的平衡力量。由于卖空者有动机降低投资者对于公司前景的预期，从而在股价下跌时可以获利，所以，有名的卖空者都很善于散布关于公司财务政策和经理人员管理质量的反面言论。通常，他们的反面言论会使公司估价急剧下降。

第三类研究分析人员是“独立分析人员”，他们与包销公司证券或操纵证券交易的个人与机构没有任何形式的关联，他们是靠自己分析报告的准确和中立来吃饭的分析人员。独立分析人员通常将他们的研究报告预售给大型的机构投资者。

总之，这两种中介机构和三类分析人员，都会在不同的方面和不同程度上帮助投资者在各种投资机会中挑选出好的机会，它们对解决信息质量问题都会有所帮助。他们通过检查经理人员编制的财务报告是否存在着数据的扭曲，减少着发生严重信息不对称的可能性。

2 公司治理的评级

近几年来，对各个公司，尤其是上市公司进行评级，是各中介机构，以及其他学术性研究机构工作的一个重要方面。应该认识到，在公司治理基础设施体系中，评级工作对于公司治理状况的改善和发展起到了很大的促进作用。在美国，有两大著名的评级机构穆迪和标准普尔。在中国，也有一些学者致力于这个方面的探索。比如，清华大学的白崇恩教授、南开大学的李维安教授、台湾的柯承恩教授，他们所率领的课题组都对上市公司的治理状况评价提出了体系性的方法，是非常重要的探索性工作。

标准普尔是美国老牌的评级机构，下面我们就以标准普尔为例来简单介绍一下有关的评级程序和内容。标准普尔成立于1860年，其前身是普尔出版公司，该公司在20世纪20年代后开始从事信用评级业务。1941年，普尔公司与标准统计公司合并，更名为标准普尔公司，并发展至今。从历史上看，标准普尔公司自1923年起开始为公司债券进行评级，1940年开始为市政债券评级，1969年开始为商业票据评级。到目前为止，已经为2000家国内外公司，8000种市、州、国家及跨国机构所公开发行的股票和债券进行评级。此外，公司还为2000种商业票据进行了评级。标准普尔公司公开的信用分析报告和评级结果通常印制于机构出版物，或通过电子服务网络等媒体向外界发布。比如，它所发布的《公司记录》，用活页形式反映了数以万计的公司的真实资料，并在每日新闻的栏目中报告公司的最新发展情况；再比如，它的《瞭望》周刊，不断对市场进行评述，并提出对行业及公司的推荐意见。近几年来，标准普尔公司开始将公司治理状况的分析纳入公司风险等级的评价体系中。

标准普尔公司进行信用分析的基本思路是将分析任务分成若干项，对每项制定出相应规则以保证所有主要因素都考虑到。比如对于工业企业，标准普尔公司的分析项目有针对商业竞争环境和企业能力的分析，也有公司财务状况的分析。评级时要对每项评分，再将所有评分综合起来得到评级结果；至于如何综合各项评分，没有固定的公式，因为这些变量并非相互独立，而是相互影响的。公司认为，主观性是信用评级的固有特点。财务上的因素和经营上的因素都可能对评级结果起主导作用，所以，评级结果必须要根据企业在这两方面的强弱程度，权衡两种因素后共同做出。

标准普尔公司信用评级标准采用“四类十级制”，即A、B、C三类各分三级，另加D级。AAA级是标准普尔公司信用评核的最高等级。被评定为“AAA”级的证券通常被认为是信誉最高的，在还本付息方面能力极强，几乎没有任何风险。AA级也是很高的信誉等级，被认为还本付息能力较强，与“AAA”级只有微弱的差别。A级具有中上等信誉水平，BBB级则较上述级别有更大一点的风险。上述四个级证券虽然在信用水平上是彼此递减的，但总体上看，它们都属于投资性证券。而与其相比，从“BB”级到“C”级的证券就还本付息能力而言则显示出更强的投机性，投资性明显不足。它们的共同特点在于：虽然某种证券具有一些质量性和保护性的特征，但一旦外部形势逆转之后，这些特征即会显现出较大的不确定性和明显违约风险。不过，上述五种级别还不算最差，最低级别是D级，这一级别是“不可能收回”的代名词。

标准普尔公司将公司治理状况与公司风险状况评价相联系，所依据的标准与OECD分析公司治理状况的准则相类似。具体包括如下4个方面的考量。

①公平性，即注重公司是否对所有股东公平对待，并且要特别注意避免发生欺诈、内部交易和任何形式的经理或控制性股东剥夺的现象。

②透明性，即要考虑到公司是否在各个方面的投资决策和持续性公司行为上都受到监管，是否在正式程序的基础上，对所有的投资者提供清楚和一致的公司信息材料。

③可信性，即要考虑公司控制体系的健全程度，特别是将真实的控制结构信息提供给股东和债权人，以便加强他们对公司经理和控制性股东的行为的兴趣和关心程度。

④可靠性，即要考虑公司在经营上是否遵纪守法，是否关注于公司同重要客户和股东关系的维系，促进长期持续关系的发展，避免关系破裂。

基于上述原则，标准普尔公司按照如下两个维度进行有关分析。第一，是个别公司的分析，包括公司经理层、董事会、股东和其他利益相关者之间相互作用的有效性，这主要着眼于个别公司内部治理的结构和经营过程。第二，是关于公司所在国家的制度评估，包括法律体系、规章制度、信息环境、市场基础设施的有效性等等。这主要着眼于宏观层面的外部力量能在多大程度上会影响个别企业的公司治理实践。请参见表9-1。

表9-1　　标准普尔公司进行公司治理分析的维度

国家分析	公司分析
市场基础设施	所有权结构和外部影响
法律基础设施	股东权利和利益相关者的关系
规章制度环境	透明度、信息披露、审计
信息基础设施	董事会结构和有效性

具体来说，在进行公司分析的时候，标准普尔公司分析团队要考虑的内容包括如下方面和次级内容。

方面一：所有权结构和外部影响。

①所有权结构的透明度；

②所有权集中度和其影响；

③外部利益相关者的影响。

方面二：股东权利和利益相关者的关系。

①股东大会和选举程序；

②所有者权利和接管防范；

③同非财务性股东的关系。

方面三：透明度、信息披露、审计。

①对公众披露信息的时间和方式；

②审计程序。

方面四：董事会结构和有效性。

①董事会结构和独立性；

②董事会角色和有效性；

③董事和高管的相互关系。

标准普尔公司认为，一个国家的宏观环境对激励单个企业实施好或坏的公司治理是非常具有影响力，因而是很重要的。进行有关国家分析的时候，标准普尔公司的分析框架包括：①投资者权利是否被明确界定；②在既定的国家里，相关的基础设施结构在激励和保护这些权利时的有效性有多大。第一个问题在于澄清在法律规章的界定下，存在着什么样的投资者权利。第二个问题是要辨别在具体的实践中，这些权利的关系如何。在这个领域的分析中，标准普尔公司除了评估法律和规章制度的有效性之外，还包括同投资者、公司董事、律师、会计师、政策制定者、股票交易人员、经济学家和交易相关方进行细致的讨论，来获得更加全面准确的判断。

国别分析所涉及的四个主要方面是：

①市场基础结构，包括所有权结构，金融市场的角色，州和银行部门的角色，市场交易的历史情况。

②法律基础结构，包括法律的形态（如成文法或判例法），及其实施状况。

③规章制度的基础结构，包括制度的权限和有效性。

④信息的基础结构，包括会计准则，时间的选择，信息披露的公平和连续性，审计的专业化程度。

在上述的各个方面下面，标准普尔公司要对相互影响的、大约80个分析因素进行评分，这些因素都被认为一定会影响某个个别企业的公司治理状况。毫无疑问，在这些数量众多的因素中，一些因素会比其他一些因素重要，因此，权重的取舍就变得非常关键。标准普尔公司解决这个问题的思路是既要有科学的标准，又要依赖基于专家经验的灵活性手段。

3 中介机构的独立性

中介机构，为股东对上市公司财务作独立审计。如果这一中介机构不能保证自己的信誉，那么不仅没有帮助减轻上市公司与股东间的信息不对称问题，反而使其变得更严重。应该怎样保证中介机构的独立性呢？从原则上讲，只有两个根本手段。第一，是使中介机构的独立性成为其长期生存的必要条件。第二，是应该加强对独立中介机构的监管和惩罚。

独立中介机构的职业地位和谋生方式依赖于公众对他们工作质量的认识。比如，对于独立审计工作的失败，审计人员面临着来自于股东起诉的极大惩罚。因此，审计人员有动机去劝说会计方法的准则制定者，希望准则的制定能够基于客观的审计的信息，他们也希望会计方法在实际的运用中比较一致，需要较少的判断，这样他们在证明经理人员的判断时面临的风险就会降低一些。

但是，独立审计机构常常会受到经理人员的种种诱惑，不能保证其独立性。比如，在安然等美国公司出现丑闻后，美国证监会通过大规模调查发现，很多大型公司请的中介机构从该公司所获得审计费收入远远小于其他咨询等方面的费用收入。表9-2来自于美国证监会的文件，从中我们可以窥一斑见全豹。显然，在这样的收入结构下，中介机构的公正性和客观性是难以不受到质疑的。

表9-2　美国大型公司支付给中介机构的费用结构（2000和2001年的统计）

公　　司	审计费（百万美元）	其他费用（百万美元）	其他费用占总收费的比例（%）
SBC Communications	3.0	35.3	92.17
International Paper	4.7	30.7	86.72
AT&T	7.9	48.4	85.97
Honeywell	5.1	27.8	84.50

续表

公　　司	审计费（百万美元）	其他费用（百万美元）	其他费用占总收费的比例（%）
Walt Disney	8.7	43.0	83.17
Coca-Cola	5.0	23.9	82.70
General Motors	17.0	79.0	82.29
Johnson & Johnson	9.3	43.1	82.25
DuPont	7.0	3.0	81.08
IBM	12.2	51.0	80.70
J. P. Morgan Chase	21.3	84.2	79.81
ExxonMobil	18.3	65.3	78.11
Home Depot	1.0	3.5	77.78
American Express	7.4	25.0	77.16
Caterpillar	7.6	25.6	77.11
Ceneral Electric	23.9	79.7	76.93
Microsoft	4.7	14.7	75.77
Eastman Kodak	3.8	10.8	73.97
United Technologies	9.1	25.8	73.93
Boeing	10.5	24.3	69.83
McDonald's	2.7	6.2	69.66
Phillip Morris	17.3	29.3	62.88
3M	4.5	7.2	61.54
Interl	4.1	5.9	59.00
Procter & Gamble	11.0	15.8	58.96
Alcoa	5.7	6.9	54.76
Citigroup	26.1	24.6	48.52
Wal-Mart Stores	2.8	2.0	41.67
Merck	4.2	2.1	33.33

解决这个问题，关键是要加大打击力度。我们知道，由于普遍存在着作假的诱惑，监督部门不能紧紧盯住每个审计机构。在这样的情况下，必须要对违法行动加大处罚力度，对违法行为有足够的威慑力，才能够大大减少违法行为。比如，在美国，为什么造假的情况较少？就是因为处罚相关当事人的力度大，对于故意造假，惩罚极其严厉，有罚款，还会吊销在金融业的从业资格，甚至负刑事责任。较大的威慑力增加了独立审计机构的违规成本，任何机构都是利益主体，他们会自我约束，这样自然就使美国的中介机构造假大大减少。

我国目前中介机构造假的情况比较多见。在证券市场上，经常会出现财务信息披露不准确、不及时的情况，“更正声明”好像家常便饭一样，并日益增多，投资者常常因审计失误或无效而遭受损失。解决这样一个问题，以下几个环节的工作是必要的。

首先，主管机构要有解决问题的决心。证监会或有关主管部门应该通过制定和执行行业规则并进行严格的资格审查，把不合格的审计师事务所排除在行业之外，对违规中介机构必须要进行严厉的处罚。

其次，应该利用必要的手段强化中介机构的执业纪律，并且应该按照国际惯例形成以公众成员为主导的行业自律机构来负责行业内部的纪律维护。这个行业自律机构应该有权进行调查、提起违纪控诉、制定行业自律原则等。这个机构应该真正具有权威性，并且能够负起责任、高度透明，它应该能够对会计师履行职责的方式和主要过程进行经常性的监控。

另外，对于造假的公司，应对中介机构实行连带责任制度。在现实经济生活中，很多中介为了降低自身的法律责任，一直在强调经理人员的责任，出现问题就往经理人员身上推卸责任。针对这样的情况，对于违规违纪行为的处罚，就应该不仅仅处罚出问题的公司，还应该连带处罚会计师事务所和律师事务所等机构。只有这样，才能加大相关机构的责任心，并减少相互勾结做假账的情况。

最后，对于中介机构的处理，应该比较多地使用司法体系。现在，解决中介机构的问题还比较多地依靠行政手段，靠证监会。但是，如果证监会处理不及时或不准确时，整个事件的处理就会不了了之。所以，应当鼓励投资人直接向法院提起民事诉讼，对中介机构的责任进行追溯，引入对于中介机构的法律约束。

4 有效的政府管制

1 管制部门的责任

在公司治理的种种基础设施之中，一个有效的政府管制机构是非常重要的，尤其是在新兴市场经济国家的早期发展阶段。政府的政策制定水平、管制过程的效率、机构的廉洁性，对于公司治理体系的形成至关重要。

我们以美国为例。在1930年代之前，证券市场也是炒作成风，十分没有规矩。但在罗斯福新政之后，一个积极进取、受社会约束和监督的、有效率的政府管制体系逐渐成形，并在公司治理体系的培育过程中发挥了重要作用。政府管制的手段包括：制定法律以控制职业性会计团体的设立及其公开执业权力，这些职业团体也会制定和监督会计和审计原则，进而实施它们自己的管制；同时，证监会也对上市公司年度报告和招股说明书的最低披露要求做出规定，对市场交易行为进行监控。

在美国，证监会具体负责管制上市公司的信息披露。它经常要求公司对财务报告和年报中的其他信息，如管理人员和董事会成员的薪酬状况加注脚注。如果上市公司违反了1934年证券交易法中的财务报告要求，证监会将采取措施进行惩罚。具体来说，如果证监会通过调查发现有证据表明上市公司违反了证券法，它就会发布一个会计和审计执行条例来惩罚这个公司、公司管理人员和独立审计机构。

总之，正是一个有效的监管机构，才可以最大限度地缓解公司治理上的种种问题，限制经理人员对信息披露的操纵，同时也限制了经理人员因追求自身利益而损害投资者利益的行为。也正是有了证券监管机构的工作，资本市场才得以有效运转。

2 管制的质量

政府的管制不仅要设置一个管制机构，更重要的是要有比较好的管制质量。这里，我希望通过一个例子来对这一点加以说明。我们曾经对中国证券市场上的上市公司的ROE（净资产收益率）进行统计分析，先是采用频数分布法（Frequency Distribution）加以统计，然后引入分布密度（Distribution Density）的概念，以描述ROE的分布特征。我们将前文的频数分布经过上述归一化处理后，绘制出线形分布密度图，再用B样条插值函数（B-Spline）对图形进行处理，得到如下平滑的分布密度曲线。下述图示是1993年到2002年间我国上市公司年报ROE的分布图和中报的ROE的分布图。

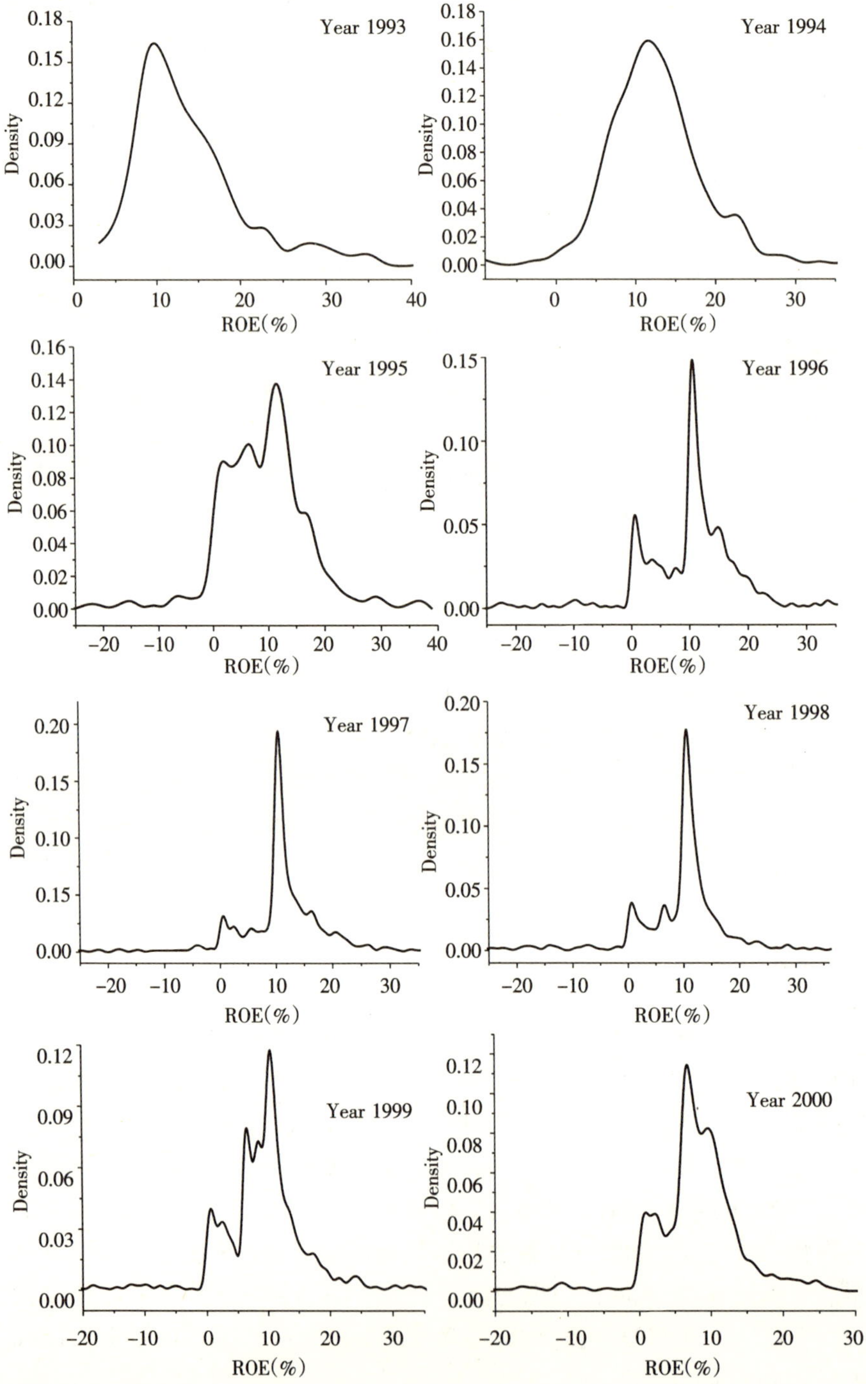
Year 1993
Density
ROE(%)
Year 1994
Density
ROE(%)
Year 1995
Density
ROE(%)
Year 1996
Density
ROE(%)
Year 1997
Density
ROE(%)
Year 1998
Density
ROE(%)
Year 1999
Density
ROE(%)
Year 2000
Density
ROE(%)

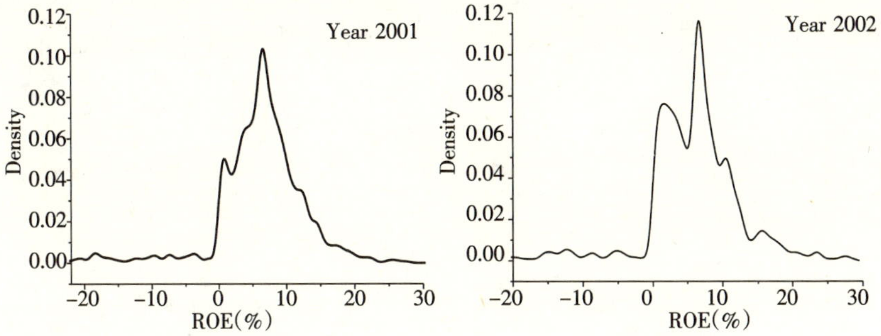

图示9－2　上市公司年度报告的 ROE 分布

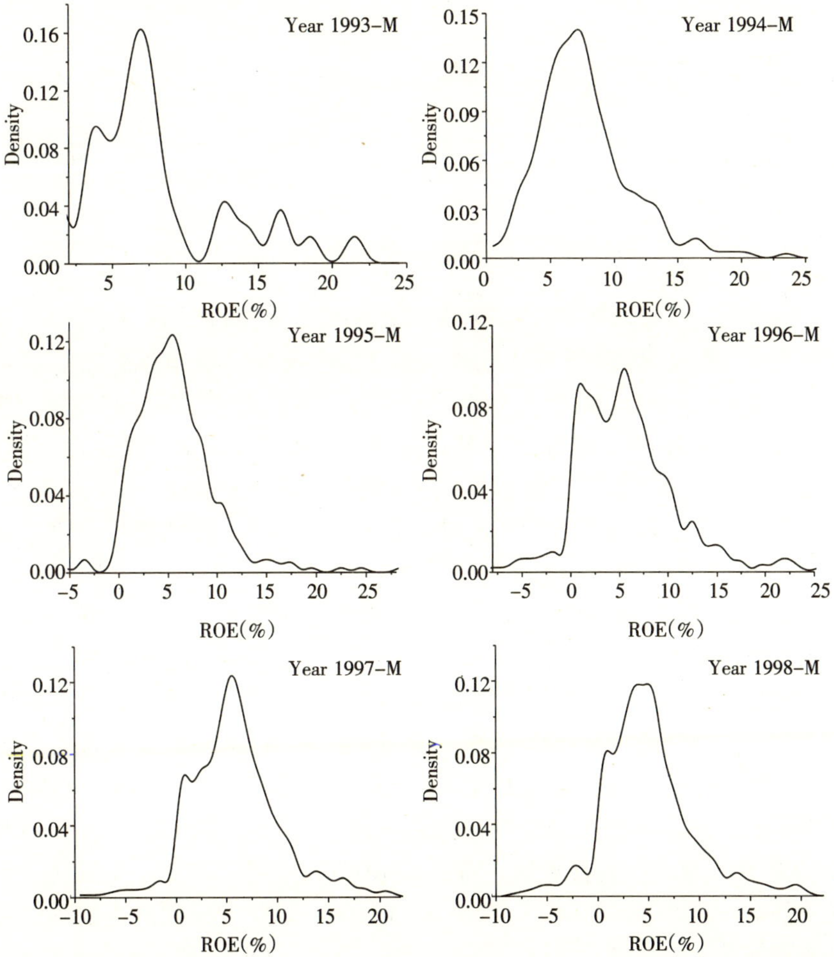

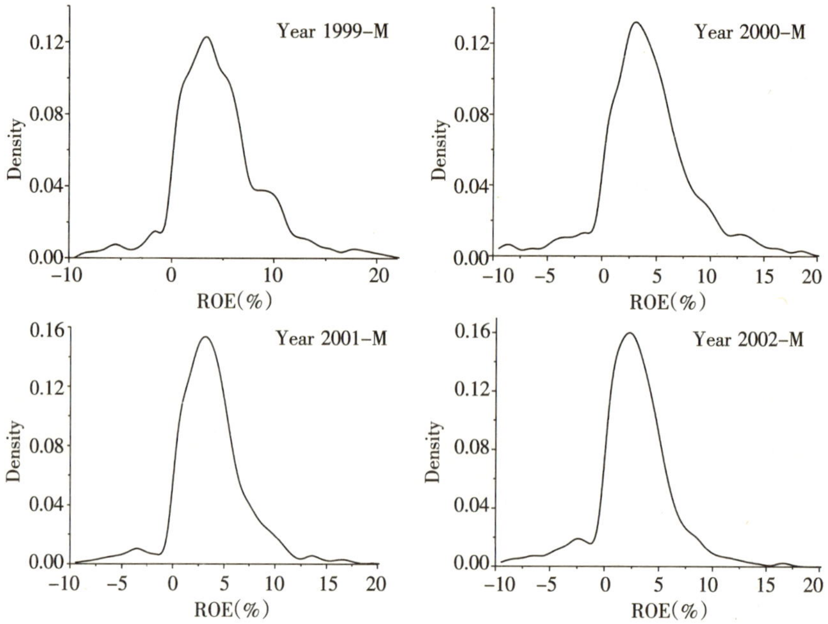

图示 9－3　上市公司中期报告的 ROE 分布

通过对上市公司各年度中报和年报 ROE 分布图的比较，我们可以发现：我国上市公司的年报 ROE 分布与当年的中报 ROE 分布存在重大差异：我国上市公司的中报 ROE 基本接近于正态分布，个别年有一些异常，如 1996 年，但不影响整体的正态结构；但是，自 1995 年以来，我国上市公司年报的 ROE 基本不服从正态分布，并一般具有 2～3 个波峰。

我们将中国证券市场的发展周期分为如下阶段，分别进行比较（参见图示 9－4、9－5）。

第一阶段包括 1993 年到 1994 年，是我国证券市场发展初期，特征是上市公司数量较少，但 ROE 基本呈正态分布，联系到这两年我国上市公司加权平均净资产收益率分别为 14.68% 和 13.51%，接近于分布的中心期望值。第二阶段是 1995 年，是转折期，特征是 ROE 分布首次发生显著变化，原先的正态左翼出现 2 个突起，中心值仍在（10%，11%），而当年上市公司加权平均净资产收益率为 10.78%。第三阶段包括 1996 到 1998 年，是三年的稳定期，特征是 ROE 分布格局突变，并持续三年保持基本一致，共同在（0，1%）和（10%，11%）出现大小波峰；需要注意的是，到 1998 年时，又在（6%，7%）区间出现了一个小波峰。

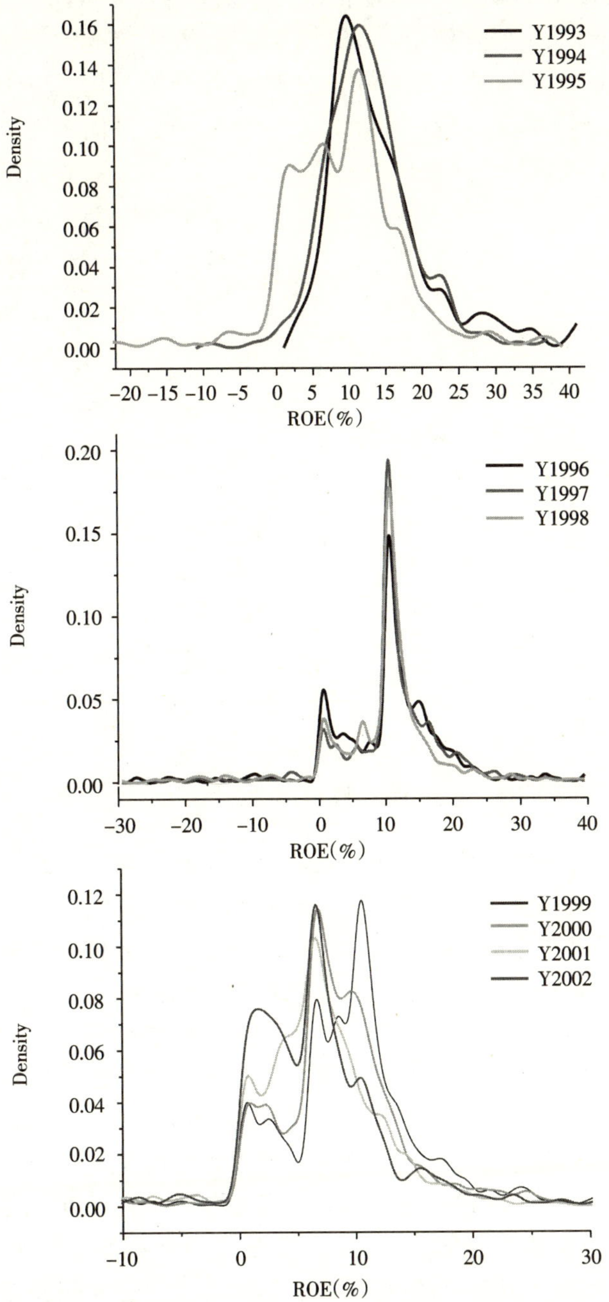

图示 9-4　上市公司年报 ROE 的分布汇总

第四阶段包括 1999 到 2002 年，是变化期，特征是每年分布都不同，但同时还具有一定的内在连续性：（0，1%）上的小峰值一直保持；（10%，11%）在 1999 年时还是主峰，在 2000 年开始弱化，2001 年时消失，但到 2002 年又重新出现一小峰值。（6%，7%）区间密度从 1999 年开始迅速上升，在以后 3 年中成为主峰。

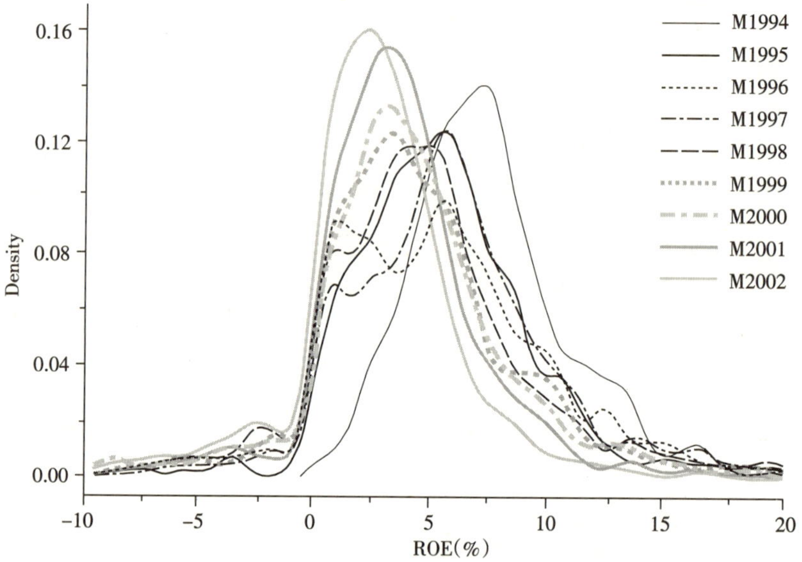

图示 9－5　上市公司中报 ROE 的分布汇总

为什么会存在上述情况呢？一个重要的原因是我国有关管制机构对上市公司的配股、增发新股、特别处理（ST）和退市都有明确的收益基准要求，都与公司年报中的 ROE 指标挂钩。而多数上市公司都把增发等融资渠道看成是公司的生命线，所以，在迫不得已的情况下，就不惜进行利润调整或赢余管理，也就是造假。这是一种政策诱导的造假。

关于上市公司配股，证监会对基本要求以及相关政策进行过多次修订，其中对上市公司配股资格的量化指标经历了如下变化：① 1993 年 12 月 17 日发布的《证监会关于上市公司送配股的暂行规定》中，要求必须“连续两年盈利”；② 1994 年 12 月 20 日发布的《关于执行〈公司法〉规范上市公司配股的通知》，要求上市公司税后利润率年平均在 10% 以上；③ 1996 年 1 月 24 日发布《关于 1996 年上市公司配股工作的通知》，规定要求上市公司最近 3 年净资产收益率每年达到 10% 以上；④ 1999 年 3 月 26 日发布《关于上市公司配股工作有关问题的通知》，要求3年平均在10%以上，同时每年不低于6%；⑤2001年3月15日《关于做好上市公司新股发行工作的通知》和《上市公司新股发行管理办法》，规定要求上市公司最近3年加权平均净资产收益率平均不低于6%。

关于上市公司增发新股，我国实践得比较晚，从2000年才开始试行，2000年当时除了连续三年盈利外，对上市公司净资产收益率没有提出明确的要求。2001年3月15日，《关于做好上市公司新股发行工作的通知》和《上市公司新股发行管理办法》，与配股资格相同，规定要求上市公司最近3年加权平均净资产收益率平均不低于6%。2002年7月24日，发布《关于上市公司增发新股有关条件的通知》，将增发条件提高为最近三年加权平均净资产收益率平均不低于10%，且最近一个年加权平均净资产收益率不低于10%。

正是由于这种政策上的“一刀切”管理，从1995年以来，上市公司才为了达到保壳、配股或增发的目的，每年发生大量的盈余操纵行为。而从上面图示中可以观察到，上市公司做假的关键指标就是证监会对年报净资产收益率的要求，0%、6%和10%就成为做假的关键值。而中报的ROE，由于与保壳、配股、增发以及其他与上市公司利益息息相关的行为资格无关，因此，上市公司也没有太大的动机去操纵这些指标。

5 法律体系的作用

1 法与股东权利保护

关于司法体系在公司治理体系中的作用，是少人涉及但又极其重要的话题。我们知道，公司治理从最根本的意义上，是伴随融资活动的权利保护问题。如果投资者的权利受到损失，怎样来维系投资者的正当利益呢？毫无疑问，解决问题的最终力量要靠法律，要靠有效的司法体系。

谈到这个问题，我们必须要讨论“法与财务”这篇文章。1998年，哈佛大学的La Porta、Lopez-de-Silance和Shleifer，以及芝加哥大学的

Vishny 合作在 Journal of Political Economy 杂志上发表了一篇题为“法与财务”的文章。在这篇文章中，作者系统地分析了不同法律体系下面对股东权益的保护程度，以及在不同法律体系下面证券市场的发展水平、国民经济的发展程度。

表 9－3 就引自该文。借助于这个表格，作者把世界上 49 个国家和地区的法律分成两大类、四个系别：以英美为主的判例法系，以及德国的成文法系、北欧的成文法系和法国的成文法系。按照图示横向的指标，作者计算出在各法系中，有关国家关于“股东权利保护的综合指数”。从表中的数值，我们可以看到，英美国家的判例法系对股东权利保护得最好，平均指数为 3.39；北欧国家的成文法系排名第二，平均分值为 2.5；德国的成文法系第三，分值为 2.0；而法国的成文法系最差，平均得分只有 1.75。

表 9－3　不同法律体系对股东权利的保护

国家与地区	一股一票	允许代理投票	股东大会前仍可交易	累积投票制度或按比例代表	保护小股东	优先购股权	召开临时股东大会的比例	反对董事的权利	指令性分红
	A. 股东权利								
澳大利亚	0	1	1	0	1	0	.05[a]	4	.00
加拿大	0	1	1	1	1	0	.05	5	.00
中国香港	0	1	1	0	1	1	.10	5	.00
印度	0	0	1	1	1	1	.10	5	.00
爱尔兰	0	0	1	0	1	1	.10	4	.00
以色列	0	0	1	0	1	0	.10	3	.00
肯尼亚	0	0	1	0	1	0	.10	3	.00
马来西亚	1	0	1	0	1	1	.10	4	.00
新西兰	0	1	1	0	1	0	.05	4	.00
尼日利亚	0	0	1	0	1	0	.10	3	.00
巴基斯坦	1	0	1	1	1	1	.10	5	.00
新加坡	1	0	1	0	1	1	.10	4	.00
南非	0	1	1	0	1	1	.05	5	.00
斯里兰卡	0	0	1	0	1	0	.10	3	.00
泰国	0	0	1	1	0	0	.20[b]	2	.00
英国	0	1	1	0	1	1	.10	5	.00
美国	0	1	1	1	1	0	.10	5	.00
津巴布韦	0	0	1	0	1	0	.05	3	.00
美国“判例法”传统国家	.17	.39	1.00	.28	.94	.44	.09	4.00	.00
阿根廷	0	0	0	1	1	1	.05	4	.00
比利时	0	0	0	0	0	0	.20	0	.00
巴西	1	0	1	0	1	0	.05	3	.50
智利	1	0	1	1	1	1	.10	5	.30
哥伦比亚	0	0	1	1	0	1	.25	3	.50
厄瓜多尔	0	0	1	0	0	1	.25	2	.50
埃及	0	0	1	0	0	0	.10	2	.00

续表

国家与地区	一股一票	允许代理投票	股东大会前后可交易	累积投票制度或按比例代表	保护小股东	优先购股权	召开临时股东大会的比例	反对董事的权利	指令性分红
	股东权利								
法国	0	1	0	0	0	1	.10	3	.00
希腊	1	0	0	0	0	1	.05	2	.35
印度尼西亚	0	0	1	0	0	0	.10	2	.00
意大利	0	0	0	0	0	1	.20	1	.00
约旦	1	0	1	0	0	0	.25	1	.00
墨西哥	0	0	0	0	0	1	.33	1	.00
荷兰	0	0	0	0	0	1	.10	2	.00
秘鲁	1	0	1	1	0	1	.20	3	.00
菲律宾	0	0	1	1	1	0	open	3	.00
葡萄牙	0	0	1	0	0	1	.05	3	.00
西班牙	0	0	0	1	1	1	.05	4	.00
土耳其	0	0	1	0	0	0	.10	2	.00
乌拉圭	1	0	0	0	1	1	.20	2	.20
委内瑞拉	0	0	1	0	0	0	.20	1	.00
法式成文法体系	.29	.05	.57	.29	.29	.62	.15	2.33	.11
奥地利	0	0	0	0	0	1	.05	2	.00
德国	0	0	0	0	0	0	.05	1	.00
日本	1	0	1	1	1	0	.03	4	.00
韩国	1	0	0	0	1	0	.05	2	.00
瑞士	0	0	0	0	0	1	.10	2	.00
中国台湾	0	0	0	1	1	0	.03	3	.00
德式成文法体系	.33	.00	.17	.33	.50	.33	.05	2.33	.00
丹麦	0	0	1	0	0	0	.10	2	.00
芬兰	0	0	1	0	0	1	.10	3	.00
挪威	0	1	1	0	0	1	.10	4	.00
瑞典	0	0	1	0	0	1	.10[b]	3	.00
北欧成文法体系	.00	.25	1.00	.00	.00	.75	.10	3.00	.00
样本平均值	.22	.18	.71	.27	.53	.53	.11	3.00	.05
	B. t检验								
普通法对成文法	-.72	3.03*	4.97*	.15	5.59*	-.91	1.48	5.00*	-2.55**
英美法对法式成文法	-.87	2.82*	3.87*	-.05	5.45*	-1.08	-2.53**	4.73*	-2.67**
英美法对德式成文法	-.85	3.29*	5.00*	.00	2.83*	.46	2.54**	3.59*	0.00
英美法对北欧成文法	1.84***	0.50	.00	2.55**	17.00*	-1.09	-1.00	1.91***	0.00
法式对德式成文法	-.22	1.00	-1.78***	-.22	-.96	1.23	2.64**	.00	2.67**
法式对北欧成文法	2.83**	-1.37	-3.87*	2.82**	2.83	-.48	2.43**	-1.06	2.67**
德式对北欧成文法	1.58	-1.00	-5.00*	1.58	2.23**	-1.27	-4.62*	-1.08	.00

这篇文章提出了一个不同法律体系的效率比较问题。我们知道，“判例法”一般是指高级法院的判决所含有的法律原则或规则，对其他法院（或对本院）以后的审判来说，具有作为一种前例的约束力（binding effect）或说服力（persuasive effect）。“判例法”通常被称为是“法官创造的法律”（judge-made law）。而“成文法”则是立法机关或其他有权制定法律、法规的机关对一般情况所作的规定。“成文法”是以较精确的条文化形式出现的，而“判例法”中的原则或规则，有的可以也表达得相当精确，但并不尽然。

那么，是否“成文法”一定不如“判例法”？我个人认为，这需要细致研究，不能简单地凭几个数据来下结论。另外，每一种法律制度和司法形式都需要特定的环境、条件和历史传统，不能简单地照搬。但是，上述研究确实有助于我们清理法律与公司治理和经济发展之间的关系。

“判例法”并不是指对某个案件的整个判决，而是指某一判决中所包含的某种法律原则或规划。前例的约束力是指必须遵从它，这是所谓的“遵从前例”（stare decisis）原则，但也可能不遵从前例，这就需要法官和律师研究新的情况，提出有某种说服力或影响的新的法律原则，以适应新的、不同的情况。

我们必须要认识到，“判例法”具有以下一些优点：①它比“成文法”更能促进法律的确定性和可预测性，从而更便于人们安排自己的活动；②律师可以向当事人提供比“成文法”更具体的咨询和帮助；③有助于控制法官的专横和偏见，保护当事人；④有助于实现平等和正义的原则；⑤也是最重要的，可以有助于法律原则与时俱进。

我们说“判例法”具有相当的优势，并不是说中国一定要采用“判例法”制度。我只是希望我们的政策制定者和学者认真反思一下我们的法律体系和立法以及司法的效率问题。我们的法律体系既不是“判例法”，也不完全是“成文法”。比如，讨论公司治理问题的依据，在很大程度上要靠《公司法》，但我们的《公司法》（包括 2005 年刚刚完成修改的新版本），却是问题多多。

比如，我们的《公司法》对股东有关权利实现缺乏必要的救济方式。我们在现实公司治理的案例中，之所以屡次出现权利人投诉无门的情况，就是由于《公司法》的相应规定缺乏实用性，是落空的。我国《公司法》形式上是董事会集体承担责任，但实际上是法定代表人个人说了算。那么，当公司出现问题的时候，股东和普通董事怎样保护自己的权利呢？由于股东代表诉讼在我国没有必要的依据，所以，只能是法定代表人代表公司告自己才符合逻辑，而这是不可能的。在一些法院，已经受理了大量的股东代表诉讼案件，但是很多问题因缺乏司法依据根本解决不了。

当然，在立法问题能够得到解决之后，还有司法体系的公正和效率问题。这不是 LLSV 论文研究的重点，但在中国司法腐败问题还比较严重的情况下，同样是值得我们认真研究的问题。

2 关于《公司法》的修改

公司治理说到底是协调公司各利益主体之间权利关系的一系列制度安排，因此，确立和保障这些权利关系的法律文件至关重要。可以说，有关的法律框架和条款细则是一个国家公司治理体系的基础，这种关系就好像地基之于大楼。法律框架和条款细则是地基，公司治理是盖在这个地基之上的建筑物。所以，从这个意义上说，制定好一个有效并切合实际的《公司法》对于一国的公司治理改善，意义相当重大。

我国《公司法》最初制定于 1993 年，并在同年的 12 月 29 日八届全国人大第五次常委会上通过。1999 年和 2004 年曾经两次被修订，2004 年开始的修订是历史上的第三次，也是规模最大的一次修订。需要说明，按照我国的立法习惯，像《公司法》这样的法律文件，并不需要人民代表大会全体会议来通过，而只需要在人大常委会会议上三审三读之后通过就可以生效了。在立法的整个过程中，国务院法制局扮演了极其重要的角色，而整个工作的领导方是全国人大法制工作委员会。各有关政府部门，比如国家工商总局等行政部门也参与了立法过程，并且基于本部门的工作实际讨价还价。当然，专家们也参与了《公司法》修改的“论证”工作，这些专家主要是法学界的专家。应该说，仅仅由法律专家组成咨询团队是不够的。在 2004 年的时候，我曾经呼吁：《公司法》立法本身需要让研究经济管理和公司治理的专家们，以及企业界特别是民营企业家们更多地介入，这不仅可以真正做到集思广益，也是有效的普法教育。但很遗憾的是，我们并未看到这样一个局面。

应该看到，2005 版修订的《公司法》是不令人满意的，一些条款的修改不尽如人意，缺少必要的深入调查和研究支持。甚至在有些条款的修改上是与公司治理领域发展的国际潮流和基本精神相悖的，一看就知道是拍脑袋的结果。我坚持认为，如果我们的研究水平不够，修改不尽如人意也就罢了。但是，很多内容是我们已经认识到的，甚至是非常有把握的东西，专家们在几次会上也提出来了，但为什么就不能把这些东西写入《公司法》的修改稿中呢？这就是问题。

当然，此次《公司法》修改也有一些进步，比如，它初步明确了公司法与公司章定的定位和关系问题。例如在第四十三条规定："股东会会议由股东按照出资比例行使表决权；但是，公司章程另有规定的除外。"这就使得个别公司在某些方面的特殊权利保护问题可以得到公司法律的支持，股东的权利可以获得基本的保证。

然而，新《公司法》也存在着不利于中国公司治理机制建设和运作改善的诸多问题。限于篇幅，我这里主要列举如下三个方面的问题。

第一，是关于"法定代表人"的规定方面。我认为，这一次的修改不仅没有从法理上解决已经存在了很久的含糊问题，反而还规定公司的法定代表人"依照公司章程的规定，由董事长、执行董事或者经理担任"。这会使得中国的公司权力生态进一步复杂化，甚至是恶化，可能会出现更多的"职业"法人代表。

第二，是非控制性股东的权利保护方面。这不仅包括由于法定代表人制度的存在而使股东代表诉讼制度无法建立，而且新《公司法》还为小股东参与，特别是流通股股东参与上市公司运作设置了较高的门槛。

理论上讲，公司的股东大会是股东发表意见的场所。股东参与公司活动的一个很重要的方式就是在股东大会提案，提出自己的主张，并且通过讲解或说明自己的主张，获得更多股东的拥护，进而使股东大会投票通过，把自己的主张变成公司的主张。这是股东表达自己意愿的正当方式。然而，在现实的运作中，并不是所有的股东意见都可以在股东大会上讨论，只有合乎规格的提案才可以上会。在成熟的公司制度下面，关于股东的提案权利都有相应的规定。这包括：提案股东的资格，关于提案内容的细节，以及提案处理的程序等等。

提案的门槛有多高，在不同国家的公司法中是有不同规定的。在本书的第六章，我们有一些讨论。在我国的新《公司法》第一百零三条中，关于股东提案的资格是这样说的："单独或者合计持有公司百分之三以上股份的股东，可以在股东大会召开十日前提出临时提案并书面提交董事会；董事会应当在收到提案后二日内通知其他股东，并将该临时提案提交股东大会审议。”毫无疑问，这一条规定实际上使得小股东提案的门槛升得很高，广大的投资者，特别是流通股股东参与公司活动的权力，实际上被剥夺了，因为他们的想法和要求，往往根本不会成为股东大会的讨论内容。

请大家参看如下统计表。这些统计表的研究对象为沪深两市在2004年底之前上市公司的股东结构。在所有的上市公司中，到当年年底只有1330家提供了2004年的年报，另外40余家公司没有相关数据。数据来源是新浪财经（http：//finance. sina. com. cn）。

关于所有样本的统计，我们得到表9－4，发现从第五大股东开始，只有1成多一点的股东能够超过这个门槛。但我们都知道，第五大股东往往是公司的发起股东，它的利益与公司控制性股东是相当一致的。

表9－4　关于各类股东的综合统计

单个股东	1	2	3	4	5	6	7	8	9	10
持股比例满足条件	>3%	>3%	>3%	>3%	>3%	>3%	>3%	>3%	>3%	>3%
总数	1329	912	579	334	162	70	25	9	4	2
比重	99.9%	68.6%	43.5%	25.1%	12.2%	5.3%	1.9%	0.7%	0.3%	0.2%

表9－5　关于流通股股东的统计

单个流通股股东	1	2	3	4	5	6	7	8	9	10
持股比例满足条件	>3%	>3%	>3%	>3%	>3%	>3%	>3%	>3%	>3%	>3%
总数	127	22	5	2	2	1	1	0	0	0
比重	9.5%	1.7%	0.4%	0.2%	0.2%	0.1%	0.1%	0.0%	0.0%	0.0%

表9－6　关于流通股股东的加总统计

前N个流通股股东总计	1～2	1～3	1～4	1～5	1～6	1～7	1～8	1～9	1～10
持股比例满足条件	>3%	>3%	>3%	>3%	>3%	>3%	>3%	>3%	>3%
总数	265	329	359	387	397	413	430	445	460
比重	19.9%	24.7%	27.0%	29.1%	29.8%	31.1%	32.3%	33.5%	34.6%

从表9－5和表9－6中，我们可以看到，绝大多数流通股股东是没有可能达到这个门槛的，就算第一大流通股股东的情况，在超过9成的公司里面，他们都不够新《公司法》所规定的提案要求。而让流通股股东联合起来的情况也不理想。通过表9－6可以观察到，即使把前10位

流通股股东联合起来，仍然也有6成半的公司难以让流通股股东获得提案资格。

第三，是增强董事会的独立性方面。长期以来，中国的各类公司一直存在着内部人控制的问题，为了解决这样的问题，董事会的独立性成为了公司治理改善的重点工作。但是，在新《公司法》中却仍然规定："经理列席董事会会议。"这将给董事会的运行造成很大麻烦。当然，还有董事会和监事会的关系问题，依然是含混不清的。

具体来说，新《公司法》第五十条对有限责任公司的经理职权沿袭了过去的规定，明确地说："经理列席董事会会议"。而第一百一十四条关于股份有限责任公司的条款，则说：本法第五十条规定的经理职权在股份公司中同样适用。按照这样的条款，以后中国各类公司中，董事会开各类会议，只要是董事会会议，如果不通知经理参加，经理就可以控告董事会违反法律。我在讨论过程中曾经质疑这一规定：如果董事会开审计委员会会议，经理作为内部人是否一定要参加呢?

前面已经提及，几乎在所有的发达国家公司治理体系中，增强董事会的独立性都是一个趋势。那么，怎样增加董事会的独立性呢？就是要在敏感的环节把经理人员"驱赶"出去，让董事会能够成为一个不偏不倚的决策主体。比如，在美国，他们的做法一是要形成以独立董事占大多数的董事会；二是把很多具体的董事会运作任务交给由独立董事组成的委员会先做讨论，然后再在董事会全体会议上审议通过。

比如，审计委员会的一个常规工作就是要在每年的会计年度之间和结束时，分别对公司的中期报告和年终报告进行审查，同时，对于重要项目的审计师报告进行详细的检查，并写出对项目审计报告的意见，然后，把这些评价报告和意见提交给董事会进行讨论，以保证董事会能够完全了解财务报告的质量和审计师存在疑义或争议的地方。在现实的公司运作中，审计委员会常常在必要的时候要成为一个介于管理层和外部审计师之间的中间角色，去协调矛盾，解决争议。我们可以想见，在董事会审计委员会进行上述活动的时候，公司经理始终"列席"会议，会是一种什么样的局面。

长期以来，中国的上市公司一直存在着内部人控制的问题，为了解决这一问题，设置独立董事制度，增强董事会的独立性，成为了公司治理改善的重点。但新《公司法》中却继续规定"经理列席董事会会议"，不知这是要增强独立董事的作用呢，还是相反。

6 舆论的力量

1 独立声音的必要性

公司治理的有效性是和充分披露紧密联系在一起的。提高信息的正确性和质量，需要独立的声音。那么，怎样可以保证信息的充分披露呢?第一，是要有人去搜集这些信息；第二，是要有面向公众的机构负责任地去发表这些信息。显然，这种独立的声音，最适合来自于媒体。

为什么必须要有独立的声音?为什么只靠政府是不够的?我国上市公司的实际情况就有助于理解这一点。由于信息披露在维护资本市场有效性上所起的重要作用，我国证券监管部门始终把规范上市公司的信息披露作为一个主要要求。1993 年，根据《中华人民共和国公司法》和《股票发行与交易管理暂行条例》，中国证监会发布了《公开发行股票公司信息披露实施细则》、《禁止政权欺诈行为暂行办法》等规章制度。同时，以《公开发行股票公司信息披露的内容与格式准则》的形式，对招股说明书、配股说明书、年度报告、中期报告、股份变动报告、法律意见书等报告的编制进行了详细的规定。

虽然政府监管部门有了这样一个基本要求，但我国上市公司在信息披露方面仍然存在着大量的违规事件。在我对部分上市公司的调查中，发现相当一些公司根本不把真实地进行信息披露当成一件很严肃的事情，要么披露工作属于应付差事，是完全被动的行为，要么是有意披露一些便于融资的信息。证监会和交易所等机构也经常会对上市公司进行检查，但效果非常有限。显然，不能靠政府监管部门，证监会不可能一一地对上市公司进行信息披露细节的核实。

怎样解决这样一个问题呢?解决这样一个问题，就是要靠独立第三方的调查，并且要让独立调查机构能够在调查工作中获得收益。比如，由媒体来做这件事，然后可以通过股东进行代表诉讼。对于媒体的激励是，如果诉讼成功的话，公司股东可以获得非常高的报酬，媒体除了可以获得它应该得到的部分之外，还可以获得很多无形的收益。也正是由于这样的原因，在国外，有很多独立的记者或律师每天都在跟踪一些上市公司，比较公司经理人员的讲话和发布的信息，寻找中间可能存在的问题，这样就起到了一个对公司、对市场监督的作用。

当然，也要激发其他独立专业人员（如大学、专业金融服务机构、评级公司、投资银行和新闻机构中的专家和专业分析人员）对有关信息进行搜集和分析，让他们致力于对行业动态和企业的经营状况进行分析，向投资者提供有关公司投资经营方面的信息。这些工作会对公司的信息披露起到管理监督的作用。如果公司的信息披露不够及时、准确和充分的话，信息中介就会向社会发出警示，引起整个社会对公司经营的关注。另外，当公司内部存在问题或者决策失误的时候，专家意见就可以影响公司的决策，或者影响公司的股东和董事会成员，通过公司治理的内部机制或外部治理机制起到扭转乾坤的作用。

2 新闻媒体的作用

韦伯曾经说，国家组织是一种合法的科层形式，它如果要达到理想的情况就应该能够不断地在一个长时间里提高合理化的程度并减少组织生活中的不合理现象。按照后韦伯主义的思想，腐败和准腐败是权力过度并且不受监控的结果。有效抑制各种腐败和准腐败行为的产生，需要做到：第一，能够及时发现制度运行中的漏洞，并能够及时找到弥补制度漏洞的办法；第二，要形成强有力的威慑力量，防止权力的实际拥有者铤而走险，并且在事后可以对发现到的管理腐败问题进行惩罚。

公众舆论和专家意见是消除管理腐败的良方。早在19世纪末期，美国政府反托拉斯的时期，舆论发挥了至关重要的作用。经济史学家克拉夫在《美国经济史新编》一书中曾经记录了这个过程。他写道："新闻记者们认为，如果将这些《镀金时代》中的'强盗大亨'的比较耸人听闻的活动揭发出来，一定会成为读者所欢迎的读物。因此，新闻界中便出现了一大批'专挖臭虫'的人，其中包括亨利－劳埃德、林肯－史蒂文森、艾达－塔贝尔。他们把很多垄断恶习和不折不扣的欺诈行为公开了出来。渐渐的，他们又设法引起民众和政治家的注意，最后，民众和政治家都采取了行动。”

从揭露安然公司欺诈的过程，我们也可以看到媒体的作用。美国的财经媒体早在2000年就对安然提出了各个方面的质疑。这些压力持续地施加影响，迫使安然公司的财务总监和前总裁一个个辞职，迫使安然公司在2001年10月决定对其以前的财务报表进行重审，最后，通过影响安然公司的股票价格不断下跌，使担保所带来的风险一个个显现，使得安然公司最后不得不选择破产。

发动舆论监督，维护投资者的知情权和他们的言论自由，应该是受到宪法保障的权利，任何人不得压制。我们不能只把意见在“内部”汇报和讨论，只供决策者参考。在这种情况下，就没有监督，意见和言论听不听，完全看主管领导。如果资本市场和公司运作不能受到公众的监督，不能得到公众的议论，它就永远没有希望。

3 学者的作用

在所有讨论公司治理基础设施的场合，我都非常强调学者的作用。学者是社会的良知，学者对于文明前行和社会进步的推动力量虽然不是那么容易被看到，但不可否认是巨大的。学者对于社会的影响，是潜移默化的，是无形的。

经济学家凯恩斯在《就业、利息和货币通论》中曾经写道：“经济学家和政治哲学家之思想，其力量之大，往往出乎常人意料。事实上统治世界者，就只是这些思想而已。许多实行家自以为不受任何学理的影响，却往往当了某个已故思想家之奴隶。”所以，一个社会必须要尊重学者的意见，创造让学者努力研究、发挥作用的机制。

从公司治理研究的发展史中，我们可以看到学者的显著作用。虽然像Cadbury报告等重要文件和事件很少用学者的名字来命名，但是，在所有公司治理重要事件中，学者们的作用是不可低估的。学者的作用主要体现在如下方面。

首先，由于学术人士的努力，在主要的大学里已经建立起了公司治理的教学体系，培养了一批参与实务领域运作的人员。实务界的很多人士都是在高等学校里建立起最基本的治理理念，他们的工作在一定程度上要依据学术界的研究成果。

第二，学者们的研究动机促使他们已经建立起一个有效的研究网络，关于公司治理内在机制的探索已经在不断地取得突破。

第三，也是最重要的，是只有学者有时间和专业技能去研究并揭示那些不为常人所见的机制，对现实世界提供强有力的监督和批评意见。案例 4 关于 Purina 公司的研究案例就足够明确清晰地说明了这一点。

这些关于学者智慧利用的故事，主要还是说以美国为核心的国家里的情况。在那里，学术界已经形成了一套研究的规范，形成了知识累积发展的体系。而在我国，情形却大相径庭。目前，学术界普遍存在着浮躁的倾向，很少有人做长期、负责任的研究，研究成果也缺乏必要的发表条件。另外，学者也有可能成为某些利益集团的代表，或者为了获得政府官员的赏识而丧失独立性。应该认识到，在这样的学术环境下，良好的公司治理其实缺乏了一个重要的前提条件。这是一个悲哀。

公司治理理论

第十章
公司治理的历史演进

1 公司治理机制的进化
2 公司治理的基本类型
3 治理机制的收益与成本
4 机制演进的路径依赖模型
5 比较公司治理研究

本章是非常独立的一个部分。它的独立性在于：与前面所有的章节不同，我们在这里并不讨论公司治理的任何具体机制，而是从历史的高度考察这些机制产生的背景，以及它们的走向。在我看来，一个国家的公司治理体系，作为一种所有权体系和法律体系，是这个国家内部各种类型的投资者、金融机构、经理人和政府共同博弈之后演进出来的结果。同样，公司治理体系，作为一个国家基本经济制度的重要部分，也具有强烈的动态性，它与这个国家的商业环境、商业精神紧密关联，互相影响。

1 公司治理机制的进化

公司治理机制的演进是一种适应性改变的过程，是针对问题的解决方案不断被现实接受并固化为制度的过程。不同国家在公司治理的进化程度上是不同的。它们在更好地适应市场压力，并且把市场压力转化为企业行动方面存在差异。

在早期，几乎所有的公司采用的都是家族控制的治理机制。公司首先由少数股东创建，通过合伙制或者是纯家族参与的形式，公司形成了稳定的结构。当不同家族共同经营的时候，通常有一个控制性股东对公司进行核心管理，其他家族或者搭这个家族的便车，或者通过股权投票的方式进行表决。这个时期的公司扩张，常常是在家族控制的范围内进行多样化发展，表现为家族事业的集团化。

不过，随着工程技术的不断发展，大规模生产和分销的出现形成了对于资本的大量需求。如果一个国家没有异常的收入差距，大企业由少数股东来把握的情况就应该是不可能的，随着家族不足以提供公司扩张所需要的资金，公司需要寻找新的资金来源。

在这种情况下，金融资本不可避免地要进入公司：一种是通过资本市场以直接投资的方式进入，这要求有一个较好的资本市场，当然也可以通过基金等中介机构进入公司；另外一种是通过贷款的方式借助银行等金融机构进入公司。究竟选择哪一种形式，取决于当时的政治、社会、经济环境和制度条件。对企业进行融资的金融机构要决定投资方式，是股权投资还是发债。另外，金融机构也要决定它是否参与公司的治理，以保证对投资的必要监控。

后来的发展，往往因环境不同而选择不同，是个路径依赖问题。在某些国家，随着国家推行的金融事业的发展，银行被建立起来。但是，银行无论在审查企业与项目，还是在监控贷款的使用上都没有能力，企业虽然能够从银行获得贷款，可银行却不能通过介入到公司内部控制的层面来维护贷款的回收，所以，银行不能介入到公司治理的机制中。在这样制度环境的国家中，企业的家族化就很难被摆脱，金融机构也不会在公司治理机制中扮演重要角色。另外，在这些国家中，证券市场都不够发达，公司控制市场根本谈不上，所以，公司治理还是由家族内部人来完成。

在另外一些国家，银行的力量却是强大的。银行不仅要对企业进行贷款，而且要通过参与公司治理来保证自己的投资收益。在这些时候，公司治理的机制就会超越家族控制的模式，进入到关系导向的模式之中。关系导向模式与家族控制模式的最大不同，就是银行等金融机构的参与。

在日本，企业可以从多个银行获得贷款，但通常会有一个主银行。这个主银行往往也是企业的重要股东，而且可能让以前银行的职员担任借款企业的高层管理人员（董事）。主银行和其他的金融机构能够恰当地监督经理人员的行为，对经理人员产生足够的压力，使之有效经营。

在德国，情况几乎是相同的。公司通过与其保有长期稳定关系的银行取得大部分外部融资，银行也会利用自己的股东和贷款人身份对企业进行控制。另外，德国银行，尤其是大型银行，一般都充当小股东的股票托管人，被赋予代理投票的权力，根据客户的指示在股东大会上进行投票。银行通过运用投票权可以选举自己的代表作为企业的监事，并进而实现对经营管理的控制。

关系导向模式虽然在外部人监控方面比家族控制模式有所进步，更有助于企业的融资和发展，但是，关系治理方式都没有在外部人监控方面做得更好。以银行为中心的关系共同体和交叉持股，毕竟还更偏向于内部人控制，因而会增加企业经理、雇员和银行进行共谋的可能性，会损害外部人的利益，尤其是小股东的利益。所以，缺乏外部人的有效监督以及发达的公司控制权市场，是关系导向模式的缺欠。

市场导向模式，主要以市场手段进行控制，这种治理方式要优于关系导向体制中以非市场手段分配控制权的方式。在关系导向模式形成的过程中，政府乃至整个社会对于金融强权的限制和股权分散之后股票交易市场的形成，是关键的制度原因。如果金融机构对企业的进入受到了限制，公司对于资金的需要，以及股东对于流动性和多样化持股的要求，就会使得股权不断分散，进而股票市场的快速发育成为必然。尤其是当大股东可能会对小股东进行剥夺，小股东希望能够有方便的退出渠道的时候，证券市场的发展就更加具备群众基础。这是市场型治理模式形成的前提。

股权的分散化导致公司权力从股东手中向管理者手中转化，于是，为了防止代理问题的泛滥，激励和约束经营者的治理手段会相应得到发展，比如，经理报酬的种种方式，董事会制度的不断创新，以及服务于分散股东和其他投资机构的中介组织。积极行动者开始进入公司的董事会，并在公司治理过程中发挥作用。

资本市场的发展，是市场导向模式中最重要的制度安排。它可以保证在投票无法解决公司治理问题的时候，公司控制权的争夺可以成为更进一步保护股东利益的机制。

2 公司治理的基本类型

从我们前面所描述的治理机制发育的路径，按照所有者与公司的距离远近、所有者的类型和控制公司的方式不同，我们可以把世界上主要的公司治理体系分成三个类型，分别是：家族控制类型，以某些欧洲大陆国家和东南亚国家为代表；关系控制类型，以德国和日本为代表；市场控制类型，以美国和英国为代表。

①家族控制模式，是企业创立家族通过复杂的交叉持股取得对公司的绝对控制，其特点是公司往往都存在着实际控制人。而经理人通常是实际控制人或其代表。这种模式的最大问题是，控制性股东通过控制公

司的重要决策，侵犯小股东和其他利益相关者的利益。

②关系控制模式。以德、日为代表，包括一部分OECD国家，特点是股权集中在银行和相互持股的企业手中，企业融资以银行系统为主，主要通过公司内部的直接控制机制对管理层实施监督。

在德国，大公司85%的股份由机构股东持有，个人持股超过25%。持股并持有投票权的机构包括银行、退休基金、贸易协会、供应商和债权人。由于这些股东和公司有其他契约关系，这些股东一般愿意维持现有的持股状况。德国的普通股东保留股票的时间较长，并且拥有一个公司股份的比例也较高，要求在公司的管理结构中有自己的直接代表。

如在第八章中所述，德国公司一般设监事会和管理委员会，监事会是公司重大活动的决策与管理机构，主要由重要股东代表和工人代表组成。从正面效果看，这种结构在管理层和股东之间建立了必要的责任机制。但从负面看，这种责任机制在现实中并不牢靠。监事会成员在公司中的利益往往有所冲突，有时不能就公司的战略达成共识，而管理委员会有可能把精力用于避免监事会的审查。

大债权人（主要是银行）是关系型公司治理机制中的重要一环。与大股东相似，由于大债权人在公司中有很大的投资，所以，理论上它们可以成为重要的和活跃的出资者，通过干预公司的实际运作使其收益得到回报。它们可能签订明确的合约以获得自己认为必要的控制权。在这样的条件被满足之后，大债权人可能将与大量现金流相对应的权力和参与公司重大决策的权力结合起来。

比如一些学者关于日本的研究，如Kaplan和Minton，以及Kang和Shivdasani在1990年代中期通过计量研究发现，那些拥有一个主银行的公司，比没有主银行的公司，其取得较差业绩的管理者更容易被更换。

关于德国公司的研究也发现，银行比其他大额票据持有人更能够有力地提高公司业绩，当然，这与银行拥有的股份数量多少有关。并且，大债权人的有效性也取决于他们所拥有的法律权力。在德国和日本，银行的权力是很大的。它们可以通过派遣原来的员工参加公司董事会或派员列席董事会，对公司和经理班子进行必要的监控。

③市场控制模式。以英、美为代表，股权分散在个人和机构投资者手中，主要通过富有流动性、生机勃勃的资本市场对公司经理层进行监督，企业融资也以从资本市场获得为主。上市公司的股权比较分散，经理人持股数量不多，通过对经理人的激励和有效监督有助于实现股东利

益最大化，企业运作高度透明，并且有比较完善的立法和执法体系。

董事会是公司治理中的关键环节。董事会直接对股东负责，并且定期向股东汇报公司的运作情况。董事会首先要进行战略管理，并依据公司战略对经理层提出要求和进行监督。被兼并的风险是保证公司管理层对股东负责的主要激励机制。

市场控制模式的一个特色是存在发达的经理市场。美国经济学家 Fama 在 1980 年代的论文中首先提出经理市场具有公司治理意义。他认为，经理市场的存在对于现任经理会形成约束，用以替代不够尽职或低能的经理。公司内部的经理市场是由可能成为新经理的管理者构成的；而公司外的经理市场则由公司外部有经验或有业绩的经营者构成。经理市场的经济学含义是一个重复博弈的过程，经理以往经营历程的业绩可以用来作为经理人能力信息的指标。如果过去的业绩广为人知，它就可以被用于与新的委托人签约。

披露与监管，是市场控制模式中的重要部分。比如，按照美国证监会的要求，所有的上市公司都必须披露它的一些经营资料。披露出来的资料对于解决公司的治理问题，是非常有意义的。比如，依靠这些数据，经济学家或金融学家可以比较出公司业绩和经理报酬之间的关系，揭示其中的问题和不合理之处。这就为董事会、股东甚至是战略投资者的决策提供了必要的依据，为其他各种治理机制的作用提供坚实的支持。

在资本市场比较健全的国家，债权人可以通过两个另外的渠道实施治理。第一，如果经理班子制定了损害债权人利益的政策和发生此类行为时，债权人可以对公司的管理层进行起诉，这将降低公司的债券评级，引起中介机构（如外部审计）的介入以及机构投资者的关注，增加公司的资本成本。第二，债权人会通过债务的期限安排，对企业进行频度适当的审查，这也将对公司具有治理意义。

以下，我们将分别以一个国家为例对上述三种模式进行说明。

1 意大利的“家族模式”

家族控制模式是公司治理最原始的形式，这或多或少可能同特定地区或特定时期银行或金融机构的发展水平有一定关系。我们以意大利的情况来加以说明。从某种意义上来说，意大利的资本主义是在很多有大股东存在的资本主义经济中非常典型的一种情况。

在20世纪20年代，意大利曾经对其大多数大企业集团进行了国有化，而后又慢慢地对它们进行了私有化。所以，今天成功的大企业大多曾经是富有活力的小公司，由家族进行控制，慢慢成长起来的。有个别意大利学者甚至认为：到1990年代中期，整个意大利只有一家真正意义上的公众公司，只是随着目前正在进行的私有化的进程，公众公司的数量才陆续多了起来。

意大利的公众公司处于一种等级制的金字塔结构中。处于最上层的是由家族控制的控股公司，控制家族可能同其他企业集团之间进行交叉持股。像菲亚特、贝纳通、好利获得这样的大型公司概莫能外。由于法律上对投票权的限制，在一个控制集团内部，很少有交叉持股的现象；但是，在集团之间，交叉持股的情况比较多见。

金字塔形的集团控制方式是介于纯家族企业和公众公司之间的形式。一方面，控制家族可以与集团管理者建立很强的联系，并对外部管理者实行密切的监督。另一方面，控制家族通过投票可以控制更多的其他股东，达到杠杆效果。

在这个过程中，代理问题是两层的：一是大股东与经理之间；一是大股东与小股东之间。很多大型集团都是米兰证券交易所的上市公司，但它们的大多数股份都处于像迷宫一样复杂的持股网络之中。意大利投资银行Mediobanca则处于大多数这种网络的核心位置。

在米兰证券交易市场上，60%的资本是由一个大股东控制的机构持有的，市场交易量也相当低。这样的“一股独大”的环境使得公司控制市场不可能发展起来，因为接管40%的公司股份没有实质意义，而且，在公司章程和关联股东之间的明确的或隐含的关系中都不支持股权争夺和控制争夺。

如果我们把对大股东进行认真的监督，同时能够对小股东进行必要的保护作为好公司治理的标准，那么，意大利对于小股东的保护是相当弱的。在法律上，小股东绝对处于弱者地位，没有任何有效的。市场监管者也没有能力设计和实施出足以保护小股东的披露原则。

在大多数意大利上市公司中，都设有包括审计委员会在内的董事会。但是，董事会并不独立于大股东，董事会虽然名义上有托管的权利和义务，但是，权力非常有限，而且在绝大多数决策中只代表大股东。在1994年进行的一次关于500家最大上市公司的调查中，83%的董事会成员认为他们是代表控股股东的。只有12%认为他们是代表小股东的。在意大利，很少有真正意义上的独立董事。64%的公司董事会成员是在先前的经理或企业顾问中选拔的；26%是股东或者他们的亲戚；只有6%的董事会成员与公司没有什么关系。

在很多国家，证券市场是吸引公众投资的地方，并且可以进行大宗股票的交易，从而为投资者提供一个退出企业的渠道。但是，在意大利，市场的这个作用是非常不足的，股票的价值与企业业绩关联并不密切。在这样的情况下，意大利的机构投资者并不发达，现存的机构投资者也没有把自己的资金放入股市进行长期投资，更不是一个积极的公司治理的关注者。

意大利由银行控制的共同基金持有相当数量的公司股票。但被持股的公司往往属于某个联盟集团，共同基金按照其母公司事先明确的战略进行投票表决。在意大利占垄断地位的投资银行 Mediobanca 在其中发挥着纽带的作用，这家银行在意大利的“关系资本主义”（crony capitalism）体制中扮演着重要的角色。因此，投资者倾向于向中等规模企业进行直接投资，而不是那些管理不透明的大企业。有学者曾经预言，迟早意大利这种股权结构的大蜘蛛网会解体，小股东将得到意大利金融市场管理者早就许诺的保护。但是，这种预言在今天都没有实现的迹象。

在意大利，银行固然是企业的重要融资渠道，但是，银行与企业的关系是“好好”关系，银行不愿意参与到对企业的监督过程中去。意大利学者认为，在意大利的金融制度以及现有的人员和管理条件下，不能指望银行具有事前评价投资项目和事后监督控制项目实施的能力。在意大利，没有主银行制度，一个企业可以同时在不同银行获得贷款，没有像德日模式中的主银行对企业进行监管。国家对银行如何监管企业也没有建立起相应的规范，所以，银行本身是没有效率的，根本无法指望银行可以发挥公司治理的作用。

研究意大利模式对于理解很多发展中国家的公司治理是非常有意义和启发性的。许多发展中国家或转型国家的公司治理模式都是在家族控制下发展起来的。在这些国家中，先前的经济常常是由许可证制度加以控制的，这有利于那些与政府比较接近的家族迅速发展起来。于是，有关系的家族企业发展成为一个个“帝国”。同时，在这些国家中，国有经济的巨大阴影笼罩着家族企业许多年，只是在近些年，国有企业才迅速解体和完成私有化。家族企业刚刚获得一些机会，但面临着改善公司治理的压力，家族集团希望吸引最好的管理者来经营自己的企业。但在这些国家里，公司治理都非常不规范，尽管有很多这样或那样与英美或德日模式的类似规定，但实际的经济运行是另外一回事。

2 日本的“关系模式”

日本是典型的“关系导向模式”的代表。关系导向的模式，也可以叫做“银行导向的模式”，是指股东主要通过一个值得信赖的中介组织，通常是一家银行来代替他们控制与监督公司经理的行为，从而达到参与公司控制的目的。在日本的关系导向模式中，如果股东们对公司经理不满意，不像市场导向国家那样只是“用脚投票”，而是直接“用手发言”，发挥影响力。

日本在早期也是家族控制企业，只是在企业发展到一定阶段的时候，出现了进一步融资以及吸引专业技术人员和管理人员进入到公司控制岗位的要求，才逐渐走上关系导向模式的道路。当然，在日本关系导向模式形成的过程中，有一些重大事件发生了关键的作用。这些事件与日本社会的其他演变密切相关。

第一，是财阀控制体系的形成与发展。

财阀是明治政府中那些能够优先获得资源（包括矿产资源）的家族所拥有的公司。在不同的行业，财阀获得财富的方式不同。在先前国家垄断的行业，最成功的财阀是借助于私有化的方式形成。他们通常与政府有着非常好的关系，如三井、三菱等。在取得收益之后，这些财阀不断地将累积的盈余收入投资到钢铁、造船和贸易等部门去，并雇佣了职业管理人员来经营他们的各种业务。

而在日本的铁路和棉纺织行业，先前并没有财阀结构，大规模企业是通过合资的形式形成的。合资的时候提出要保证 10% 的分红比率，于是使得企业在财务上十分脆弱，很多企业后来以破产而告终。而有资本保障的企业得以大量吞并破产的公司，导致了集中的出现，并形成新的财阀。

由于日本在 50 年代前不存在证券市场，因此成功的财阀家族用在已有的工业中获得的收入进行新的工业投资。在财阀企业持续经营的资金中，留存收益成为长期增长资金的主要来源。而财阀一般通过银行对其留存收益和事业的再投资进行控制。

有学者认为，财阀通过银行进行控制的形式，可能与日本银行体系形成的历史有关。在1868年明治维新之后，为了给工业持续发展提供资金保证，日本建立了邮政储蓄系统，以吸收家庭储蓄到政府的控制中，然后，国家将这些资金提供给那些资助工业发展的私人银行，而这些银行大多是由不同的财阀创建的。

在银行成为财阀控制中心环节的情况下，当企业发展业务的时候，银行具有是否向工业企业提供贷款的决策权利。财阀控制的银行通常要求贷款中必须要有一部分用于长期投资。由于财阀集团中企业与银行的特殊关系，企业一般愿意采用而且能够维持较高的债务与股权比例。这种高比例的债务与较高的资金留用率结合在一起，就为工业发展提供了必要的资金。

第二，交叉持股运动。

二战以后，盟军为了打破战争和军国主义赖以生存的财阀基础，通过将股权分散到普通公众的手中，解散了财阀。这样，所有权就从财阀家族手中被转移走了。不过，盟军解散财阀的工作不够彻底，财阀联合结构和各个财阀的组成部分，在这个过程中基本上保持了下来，管理工作仍由企业中负责长期投资规划的职业管理人员来执行，这为后来解散财阀工作的复辟提供了基础。

在50年代中期，盟军开始逐渐退出对于经济的控制。为了防止来自于日本之外的经济力量的侵入，也为了稳定经营活动，日本的主要工业公司和银行发起了一场交叉持股运动。交叉持股运动基本上是按照原来的财阀体系进行的，原来被打破的、被分开的财阀集团的各个部分，经过了交叉持股运动，又重新恢复到一起来了。

交叉持股运动的核心是原财阀关联企业之间相互购买股份，目的是保持股东的稳定。这些股东约定不出售股份，也不要求提高分红比率。1960年日本加入经济合作组织（OECD）后，日本商界再次加强了交叉持股，以保证外国企业不能通过市场购买而接管日益成功的日本公司。

通过交叉持股运动，日本商界实际上作出了一种集体保证：为了保证日本经济的长期增长，停止传统的财产权概念。当股东之间相互投资，以及在向企业提供资金保证时，结合在一起的不是对股份可能产生收益的追求，甚至不是这些股份所包含的产权，而是企业集团内部的商业关系以及存在于日本经济持续增长中的共同利益。

由于上述这样一些事件，今天日本的公司治理模式是非常独特的。我们可以把它的治理体系分解为这样一些要素：①主银行制度。银行通过派原来的员工参加公司董事会或派员列席董事会，对经理进行必要的监控。②社长会制度，以及高级管理人员的相互派遣。强化资本联系与经营关系的协调，有一定的互相监督的作用。③终生雇佣与年功序列制。建立以终生递延的报酬制度。

前已提及，银行居于日本公司治理体系的核心。经过几十年的发展，日本的企业集团，虽然同时经营多个行业，但所有的关联企业都由处于投资中心的主银行控制。在企业所接受的贷款中，来自于主银行的贷款居于第一位，由主银行提供的贷款也叫做系列贷款，包括长期贷款和短期贷款。主银行深深涉足其关联公司的经营事务中，形成了颇具特色的监控体系。

在20世纪的整个后半期中，日本公司的资金运营基础一直是留存收益。主银行为工业发展提供资金保证，通过与贷款公司领导层的不断接触，如财阀内部各公司董事长每月一次的集会，主银行获得了保证资金回报的信息。主银行不仅为持续经营单位的长期投资进行资金平衡，而且提供新投资项目的资金保证。

一些学者的研究发现，在主银行的严格监控之下，日本公司的管理者必须赚足够多的收益才能满足银行的要求以及偿还债务。如果利润状态较差，主银行将主动地关心公司并且可能作出撤换管理者的决定。所以，一些研究者认为，日本企业的管理者实际上是在为债权人的利益而进行管理。

日本的企业虽然也有董事会，但董事并不是作为股东的代表而存在。董事会更多地是由内部人组成，董事会的运作也不是根据代表董事的数量实施控制的。在上市公司特别是大公司中，具有股东身份的仅占3.9%，其余大部分都是内部高、中层管理人员。在日本公司中，董事会不是股东真正行使监控权力的机构，真正的机构是银行。

表面上，日本公司董事会没有太多银行的代表，在日本公司的董事会中，往往总是有一名以上的董事是公司主银行的前任主管，这是日本商业银行的通行做法。作为股东的商业银行在大多数情况下同时为公司提供贷款。银行及其法人股东通过积极获取经营信息来对公司实行严密的监督。

一方面，银行作为公司的主要股东，在盈利情况良好的条件下，只是作为“平静的商业伙伴”而存在。但另一方面，如果公司盈利开始下降，主银行由于所处的特殊地位，能够很早就通过营业往来账户、短期信贷，以及与公司最高管理层商业伙伴的长期个人交往等途径获取信息，及时发现问题。如果情况继续恶化，主银行就可以通过召开股东大会或董事会来更换公司的最高领导层。

日本公司的另外一个权力机构是定期举行的“经理俱乐部”会议。这个会议往往可以对交叉持股的成员企业主管施加影响。尽管“经理俱乐部”会议是非正式的公司治理机制，但它实际上是银行和其他主要法人股东真正行使权力的场所。在“经理俱乐部”会议上，包括银行和法人股东在内的负责人与公司经理一道讨论公司的投资项目、经理的人选以及重大的公司政策等。

以主银行和经理会议为主要治理手段的关系导向模式，导致了股票市场交易的非常不活跃。由于大的机构股东都是内部人，他们彼此之间比较友善，并且有着不成文的规定，轻易不会进行股权的交易，所以，公司股票的交易主要集中在普通大众所持有的少量股票上面。由于交易清淡，公司股票从持股总量看相当稳定，所以，日本公司可以保持长时间的连续控制，发生接管的可能性非常低。这与市场导向模式中的情况完全不同。在市场控制的模式中，机构投资者的市场交易非常频繁，股票价格和交易量依照业绩发生频繁的波动，接管很容易会发生。

关于日本的公司治理模式，在 1990 年代之前，一直受到人们的赞誉。有学者认为，日本经济之所以可以快速发展，都是由于日本企业独特的运行模式。日本企业的良好经营效果不是因为个人能力，而是一种组织能力，这些组织能力存在于公司内外部多种关系之中。有学者甚至认为，日本那种紧密的经济联系“减少了代理损失，并且允许投资者对管理者进行比美国更加有效的监督”。这种监督更有效地联系了管理者与公司所有者之间的关系，使日本公司能够比美国公司更好地对长期收益项目进行投资，管理者很少受到股东追求短期收益的压力的影响。

不过，在今天，日本公司治理模式已经遭到了越来越多的批评，尤其是在 90 年代末期亚洲金融危机之后。一些学者认为，长期以来，日本公司最大化的目标是增长率和市场份额，而不是利润和股价；日本公司的管理者所追求的目标是公司的快速增长，而不是股东的利益。管理者之所以能够追求这样一种目标，是因为日本公司的股东不能够有效地对管理者进行限制。美国著名学者 Milgrom 和 Roberts 甚至得出了“日本的公司并不是为了他们的股东利益而运行”的结论。

3 美国的“市场模式”

美国公司治理机制的最基本特征是依赖以“华尔街”为核心的资本市场。由于公司的股东对经理人员进行监管的机会相当少，于是，外部股东通常采用分散风险的投资方式去持股。而当他们对公司业绩不满时，他们就通过“用脚投票”、卖掉股份的方式来表决，这样，就会引起股价下跌。然后，公司控制权市场就会发挥作用，经理被替换的威胁成为激励公司管理层的压力和动力。也就是说，股东用“退出”（exit）来施加压力，而不是花时间和精力进行“抱怨”（voice）。

从美国经济史来看，这种公司治理机制的形成是基于由效率驱动的制度演进，美国社会的政治结构和商业文化等因素强有力地决定了制度的最后走向。

在1890年之前，美国工业企业以资产所有权和控制权合二为一为特征。创业者既是企业的所有者，又是经营者，他们用自己的和借来的资金来创建企业，依靠留用收入持续经营，融资主要靠信誉和关系。当时，美国经济的环境非常好，机会也很多。企业主不仅建设厂房，而且还提供资金培训起关键作用的人并使他们留下，这些人后来成为了职业经理。

1890年，美国企业的大合并运动开始了。合并使得市场份额更加集中，企业的规模也在不断扩大，个人逐渐难以提供企业发展所必要的资金。在铁路行业，钱德勒写到：所有权和控制权很快分离了。建造铁路所需的资本远远超过购买一座农场、一个纺织厂甚至一个船队所需的资本。因此，单个企业主、家族或几个合伙人组成的小团体几乎不可能拥有一条铁路。大量股东和他们的代表也并不经营铁路。管理的任务非常繁重、多变而且复杂。他们需要专门的技术和培训，这只能由专职的支薪经理来指挥，只有在筹集和配置资本、制定财务政策和选择高层经理人员的时候，所有者或他们的代表对铁路管理才有发言权。

华尔街在这个时候大显身手。它一方面对合并者提供了资金支持，另一方面，也将迅速发展起来的资金密集企业的股份卖给公众中的有钱人。由于合并而带来的工业集中、公司在纽约证券交易所上市的严格要求、债券评估机构的仔细审查和政府对新证券问题中滥用职权的限制等，使得购买股票的人越来越多，股权也越来越分散。股票发行将股票所有权由直接投资者转移给证券投资者。通过这种转移，所有者逐步退出工业舞台，管理人员开始控制大公司的决策权。

企业的发展也遇到了和金融机构的关系问题。金融机构也应该是与企业融资需要最紧密的机构。美国的民主思想，对金融巨头的恐惧，以及相应的政治决策，影响了美国的融资体制。首先，美国人限制银行的发展。我们看到，美国人在20世纪初期立法，限制银行的并购和跨州经营。其次，在1930年代，美国人也通过立法规范了他们的资本市场，这导致了一个强有力的法律体系的产生，也导致了一个管制投资的独立机构——证券交易委员会（Securities and Exchange Commission）。

按照美国学者Mark Roe的说法，“美国的政治反复阻止了金融中介机构发展到拥有足以在最大型企业中产生影响力的大量股票”。“美国的法律拆散了中介机构、他们的投资组合以及它们相互之间的协调能力”。“法律抑制了中介机构内部的协调运转，抑制了它们结成金融联盟，并对它们和它们的投资组合进行拆散。这经常会阻止它们进入产业部门的董事会。现代美国企业不得不适应这种政治氛围”。

股权分散和市场有效性不断提高，以及美国社会福利体系的建立，直接导致了从1960年代开始机构投资者的发展。从那时开始，个人投资逐渐让位于机构投资。这是因为，与机构投资者相比，个人投资者安排其证券组合，以获取较高利润的动机和能力都要逊色。机构投资者通过大量持股的优势可以获得较高的收益水平。

美国的机构投资者包括：养老基金（public and private pension funds）、共同基金（mutual funds）、保险公司（insurance companies）和银行（banks）。在过去的30年当中，美国的机构投资者迅速发展。1970年，美国机构投资者所持有的资产仅为6726亿美元，到1980年已经增长到19000亿美元，翻了近3倍；而到1995年中期，美国机构投资者所持有的资产数额已经达到了102000亿美元，约占美国金融资产的22%。80年代初到80年代中期，机构投资者所持有的资产平均以每年14.9%的速度增加；80年代以后，该增长速度也在平均10%以上。

不过，机构投资者的快速发展也带来公司治理上的重要问题。机构投资者更加关注短期收益，关注二级市场的交易操作上。机构投资者并不关心长期投资收益，不关心公司治理的改善。这就是所谓的“公司治理消极主义”。

有人按照投资目的不同，按照他们对公司控制所采取的态度和行为不同，将机构投资者像“光谱”一样排列起来。在“光谱”的一端是投资者（investor），他们投资是为了获得投资长期收益，因此关心着公司的长期发展和公司在未来创造收益的能力。在“光谱”的另一端是交易者（trader）。相对来讲，他们更关心短期内的投资收益，因此基本上不关心公司的长期发展状况。

当然，从90年代开始，机构投资者中开始出现了“积极主义”，这在一定程度上增加了人们的信心。这些机构投资者开始集中关注公司的董事会结构和董事会职能。比如：公司的CEO和董事会主席是否应该分离；外部股东的数量有多少；董事会的组成；代理投票机制；经理报酬机制等等。这些问题都是他们可以通过代理投票机制对公司施加影响的。

机构投资者对公司施加压力，通常采用两种不同的方法：第一，在每年一度的股东大会上，提交股东关于公司治理问题的提案或议案；第二，呼吁某一特定的公司管理者或者董事会在公司的管理或战略上做出改变。机构股东的干预使得越来越多的首席执行官被撤职，例如通用动力、IBM、柯达和American Express。

不过，虽然在过去的一段时间内机构投资者在参与公司控制方面表现得非常积极，但从其整体来看，积极性还是很低的。不仅如此，机构投资者在对公司施加压力时，面临着各种各样的信息成本；在组织力量去对公司管理者的行为施加影响时，还面临着如何进行集体行动的问题。当然，还存在法律条文上的限制，机构投资者很难单独拥有足够多的股权来对公司实施影响；而且他们不能联合起来行动，也不能选举他们内部的成员作为董事会的候选人。这一切都使他们对公司控制的积极参与被限定在一个比较小的范围内，而且使用的方法也非常有限。

从1980年代开始，公司控制权的争夺和接管，成为市场控制模式的一个关键机制。垃圾债券的风行刺激了这个机制的发展。美国著名学者Mdnne指出，公司控制权市场的基本前提是存在公司管理效率和公司股票价格高度相关。换句话说，接管对管理者行为的约束依赖于资本市场要能够正确反映管理者的能力。假设这种相关关系存在，没有最大化公司价值的经理，将会在公司被第三方收购之后受到淘汰，收购者将会以高于公司现有市场价格、低于公司未来经营好时的公司价值来购买公司股票。对于收购者，套利是吸引他们参与公司控制权争夺的动力。

当然，从另外一个方面看，美国市场导向模式的主要问题是大型公司越来越缺乏“内部股东”，从而从内部对经营班子进行直接监督。理论上说，股东有权提名外部独立董事进入董事会，股东作为一个整体也有权选择审计机构为他们发挥信息识别与提供真实信息的作用。但是，由于在所有这些活动中，经营班子都无一例外地要发挥作用，甚至是对过程实施控制，比如，独立董事由经营班子来挑选和提名，审计机构和独立董事所能得到的信息都是来自于经营班子的。所以，股东的很多权利只是名义上的。从这个意义上说，这是美国公司治理机制所面对的最深层次的挑战。

3 治理机制的收益与成本

当我们讨论了公司治理的不同模式之后，一个很自然的问题是：为什么不同国家的治理体系是不同的。对于这个问题，我个人认为有两个原因。第一，治理机制的演进，是受到收益成本比较法则影响的；第二，治理机制的发展是路径依赖的。本节和下一节，我们分别讨论这两个问题。

首先，治理机制的演进，是受到收益成本比较法则影响的。不同的公司要根据自己国家的企业文化、人们习惯的行为方式、自己企业的股权性质和公司的领导结构与领导特征来寻找对其最为有效也最为划算的治理机制，也就是在特定环境中最优的治理机制。而多数企业的公司治理模式，就形成了国别模式。

“公司治理”从最本质的意义上讲，就是约束经理的“招”。按照Shleifer 和 Vishny 对公司治理的定义，就是“保证公司的出资人可以获得他们投资所带来的收益”，是“使经理将资本收益的一部分作为红利返还给他们，保证经理不吞掉他们所提供的资金、不将资金投资于坏项目”的工具。

既然是“招”，是“工具”，就有一个使用成本问题。同样的招，不同的人使用起来，评价会不一样。同一个人，在不同的环境下，可以有效使用的招可能也不一样。所以，公司治理机制不可能是千篇一律的，而应该是权变的、有选择的。而进行这种选择的基础性工作，就是比较在不同环境下使用不同治理机制组合的收益和成本。也就是说，在不同的商业和交易环境下，存在着不同的、在当时当地最有效率的公司治理机制。所以，在美国有美国的规范，在英国有英国的规范，在日本有日本的招，在华人社会有华人社会的招。不同的招都针对伴随着交易可能产生的种种机会主义。

要理解不同的治理机制选择过程，就必须要了解交易的特征，那么，怎样区分交易特征呢？怎样针对一个交易找到最好的治理机制呢？威廉姆森在《合同关系的治理》一文中告诉我们：不同的交易意味着不同的契约关系，而不同的契约关系有着不同的最有效率的治理机制。应该按照其交易特征（古典交易、新古典交易、关系交易）选择最有效率的治理机制，衡量交易特征的因素主要是交易频度、资产专用性和不确定性。我认为还应该加上文化、法律、道德的约束力量。

首先，事后机会主义会不会产生首先取决于交易发生的频度，越是频繁发生的交易往往事后机会主义越少。比如说，我们买一个东西，去商店里买和在街上推车买的，那么事后机会主义是不一样的。越是大的店，你和它发生重复交易的可能性越大，你进行交易的时候，担心就会越少，因为出现机会主义的可能性往往比较小。也就是说，由于交易频度比较高，出售商品的人会注重重复交易，就是我们讲的注意吸引回头客。而那种街边推车的，他与你重复交易的频度比较低，他的机会主义行为就会比较多，因为他在流动。所以交易的频度不同，出现机会主义的可能性会不一样，治理的机制也应该不同。

其次，是交易过程中有关当事人围绕交易所进行投资的专用性程度。交易如果伴随的投资在专用性上很强，发生事后机会主义的可能性就越大，损失就越惨重。具体来说，当交易的一方进行了专用性投资以后，交易的对象就可以利用他的交易优势进行事后的机会主义行为，使其利益受损。所以，专用性投资的程度不同，治理的机制也应该不同。

第三，是交易所伴随的不确定性。当一个交易的不确定性很强时，它就会伴随着较多的事后机会主义的可能。没准的事通常人们是不把它太当真的，有的时候交易主体连自己的未来都不清楚会怎样，怎么会维护交易对象的利益呢？所以，不确定性强的时候，往往会发生事后机会主义，对治理机制的要求也高。

第四，是社会文化、法律、道德的约束力。当文化、法律、制度环境等等约束很差的时候，在这样的环境里发生事后机会主义的可能性比较大。比如在一个交易规则和法律不能够得到有效遵守的国家，人们在经济生活中欺诈他人往往不会受到惩罚，而且在人的思想意识里好像并不觉得这个事情怎么样。在这种情况下，事实上事后机会主义发生的可能性很大，对治理机制的要求也比较高。

当股东进行投资的时候，如果可以按照上面几个方面搞清了需要建立什么样的公司治理机制，他也许有很多治理方式可以选择。在这种情况下，接下来的一个问题就是要衡量治理机制的收益和成本。

任何的治理机制都是有成本的，有的时候一个治理机制很好，但是在特定环境下使用这个机制的成本会高到采用这个治理机制不划算，所以什么时候选择一个什么样的治理机制，实际上是一个权衡的问题。也就是怎么样能够保证在交易过程中经济主体的利益不受损，同时成本又不至于高到不划算，所以，合适的治理机制不是千篇一律的。治理机制的选择，是治理机制的成本和收益两个方面的权衡。

4 机制演进的路径依赖模型

除了公司治理机制使用的成本与收益比较问题，对制度选择过程具有决定性影响力的因素是“路径依赖”问题。正是由于治理机制的选择是路径依赖的，企业管理的实践和历史传统在不同国家治理机制的确立和演进中才会是至关重要的。这也就是为什么各国的公司治理机制非常的不同，有些甚至看上去根本不“现代”的原因。比如，在大陆之外华人社会的公司里、在像意大利这样的欧洲国家的公司里，治理机制非常独特。尽管从外面看，公司法所规定的治理结构都存在，但公司实际的治理机制是完全另外的一回事。

从前面几个主要国家的公司治理机制演进的历史看，路径依赖是制度演进的重要规则。比如，德国的工业化比英国、法国和美国晚，所以，它设计了用来促进快速赶上竞争对手的法律与结构，这包括了它的银行制度。由于德国的银行很快被强化起来，所以，德国企业家因此得到了很多用于投资和快速发展他们企业的资金。这就是公司治理机制的“德国模式”得以演化出来的前提条件。

在德国，开始的时候，银行仅仅是公司的债权人，只从事向企业提供贷款业务，但当银行所贷款的公司拖欠贷款时，银行就变成了该公司的大股东。以后，德国银行还兼作个人股东所持股票的保管人。德国大部分个人股东平时都把其股票交给自己所信任的银行保管，并在储存协议书上签署授权书把投票权转让给银行来行使。这样，银行得到了大量的委托投票权，能够代表储户行使股票投票权。这样，德国银行和大的公司股东（股权集中后有大量持股）就有足够的动力去监控经理阶层。

在德国公司内部，成立了与上述体制相对应的管理机构，即监事会和管理委员会。监事会是公司股东、职工利益的代表机构和对公司战略执行的监督机构。其责任是：第一，任命和解聘执行董事，监督执行董事是否按公司章程经营；第二，对诸如超量贷款而引起公司资本增减等公司的重要经营事项作出决策；第三，审核公司的账簿，核对公司资产，并在必要时召集股东大会。

德国企业形成这样的制度，与德国银行和大型公司的人力资源结构有非常大的关系，德国银行选任的公司监事会成员一般都有比较突出的专业特长和丰富的管理经验。德国公司的监事会作为行使控制与监督权力的机构，拥有对公司经理和其他高级管理人员的聘任权与解雇权。如果公司经理和高层管理人员管理不善，银行在监事会的代表就会同其他代表一起要求改组执行董事会，更换主要经理人员。

图示 10－1 是关于公司治理的路径依赖模型。最下面的一排是影响一个国家公司治理机制选择的重要因素。由于制度演进的路径依赖性质，在种种自创和可借鉴的公司治理机制中，有些已经被排除在治理机制的选择范围之外了，而只有一部分机制可以作为选择的范围被保留下来。而最后究竟哪些手段被选择，在很大程度上取决于制度使用过程中的收益与成本比较（这往往是一个公共选择的过程），以及各种被选择制度之间的互补性。

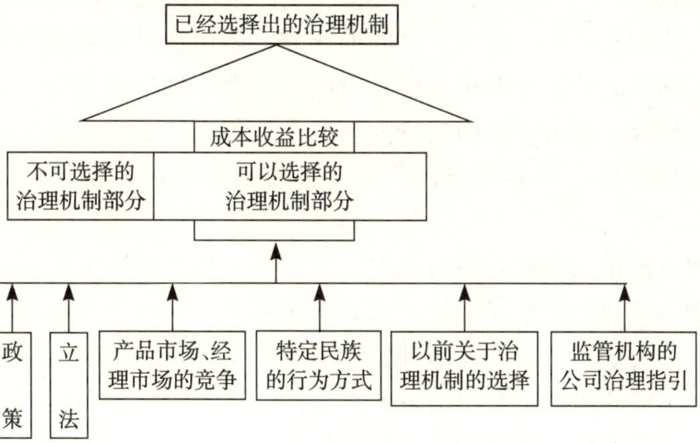

图示 10－1　关于治理机制选择的路径依赖模型

5 比较公司治理研究

前面从历史和分析的角度阐释了各国公司治理机制的演进。一直吸引着经济学家去探求的问题是：在这些不同的治理体系中，究竟哪一种模式更有效、更好。当一个国家的企业绩效比较突出的时候，这个国家的治理模式就会受到普遍的注意和推崇。而对于经济后进的国家来说，试图引进先进国家的公司治理机制，往往也是这个国家“现代化战略”的一部分。这涉及了三个问题。第一，什么因素决定了治理机制的差异；第二，不同的治理机制之间是否有优劣高下之分；第三，治理机制是否可以在不同国家之间进行引进。

对于这些问题的解析，构成了一个新的研究分支，叫做“比较公司治理”。这是指在不同公司治理体系之间进行比较研究，试图发现不同公司治理机制的内在机理和决定因素。比较公司治理研究，既包括对有着不同影响因素的治理体系所进行的比较研究，比如对美国和日本治理机制的比较研究；也包括在有着类似影响因素的治理机制之间进行的比较研究，比如在美国和加拿大之间的研究；还包括针对英美治理体系之外的其他国家的特定治理机制所进行的特异性研究。虽然特异性研究并不是比较研究，但由于它们的研究对象在现象上就不同于欧美的机制，在公司业绩上也有很多差异，所以，这些研究客观上就具有相当的比较意味。

比较公司治理研究的历史不长，在绝大多数问题上还没有形成用现代经济学方法来衡量属于比较明确的研究结论。这个领域最早起源于法学界，主要是对各国公司治理机制的正式条款进行细节上的比较，问题诸如在不同的国家中如何选举董事会，采用什么样的程序与原则等等。

经济学家在早期并不是非常关注比较公司治理方面的研究，其原因一方面是由于美国证券市场的发达和大家对于美国公司治理模式看上去明显出众的种种机制的崇拜。在 1980 年代之前，美国经济一直是一枝独秀，所以，美国经济学界一直把美国的商业制度（包括企业制度、发达的证券市场和分散的所有权）作为效率的来源，作为世界上其他国家学习的典范。在这种情况下，美国经济学家没有必要研究公司治理机制的比较问题。当然，还有一部分原因是，美国之外的其他国家在证券市场的发达程度上也远远不如美国，没有好的股价数据，美国经济学家所擅长的那一套分析方法也没有了用武之地。

然而，到了 1980 年，情况发生了变化。欧洲国家和日本的商品大量出口到美国，在一些如汽车、家电产品上，美国公司竞争不过欧洲和日本的企业。这不仅让美国经济学家开始思考他们原来不曾想过的问题：美国的公司治理是不是就是最好的；欧洲和日本的公司治理与美国有比较大的差异，是否值得美国企业学习。这是比较公司治理研究后来引人注意的背景。

另外，国际机构和各国政府对于这个领域研究的促进，也是该领域发展的一个关键性影响要素。比如，在 1990 年代就出现了四个有代表性的研究报告：1992 年英国的 Cadbury 报告；1993 年美国竞争力政策委员会的报告；1996 年德国的 Mulbert 报告；OECD 在 1997 年的报告。这些报告的研究、编写和出台，尽管目的主要是加强本国的经济体制改革和竞争力，但是，对公司治理模式的相互借鉴，尤其是对公司治理的研究有很大的促进作用。

比较公司治理研究最初是集中在德国、日本模式（以下简称德日模式）和美国模式（也可以说是英美模式）之间的差异比较方面，以后才逐渐向其他发展中国家和转型国家的模式研究方面发展。后一方面的研究主要和经济发展及转型问题的重要性近年来不断突显有关，也与这些国家在美国留学的研究人员不断增多有关。

Berglof 在 1990 年的文章是德日模式与英美模式比较研究领域的典型代表。这篇文章的标题虽然说是关注公司财务体系比较的，但因为文中提出了两种不同公司治理模式的说法，这篇文章已经成为了研究的经典。美国和英国的公司治理机制被认为是市场导向的；而德日模式被认为是关系导向的。最初被观察到的差异是在所有权的配置上面。在德国和日本的公司中，都有一个大的持股者。这个持股者可能是银行，也可以是其他企业，还可以是一个家族，这与美国分散持股的情况完全不同。

至少在亚洲金融危机之前，德日模式中大银行股东和企业股东的存在，被认为是这种治理体制的优越性所在。这涉及几个方面：第一，这些大银行股东和企业股东的存在，可以更加有效地监督经理人，而在美国分散持股的情形中，通过投票进行的股东监督常常是低效率的。在德国和日本，大股东可以更多地参与到企业的管理和政策制定方面来。而且，有关公司投资、财产和技术方面的信息，很容易从公司的内部人手中传递到公司的持股者手中，由于这些持股者获得信息并不是以交易为目的的，所以，信息可以用于改善管理方面。第二，银行作为大股东的双重身份，从理论上有助于恰当的风险水平的选择。如果银行只是债权人，它在决策时有规避风险的倾向；而如果银行只是股东，它就会有冒险的激励。而银行既是股东，又是债权人，它就会权衡资本结构与公司决策的风险水平。

尽管对上述溢美之辞有很多不同的意见，但日本和欧洲在 90 年代以前的经济增长是无可置疑的。经济的成功似乎最有力地证明了比较公司治理研究的乐观结论。这种情况直到 90 年代中期，尤其是亚洲金融危机出现后才告一段落，而对于德日模式的批评也逐渐多了起来。

这些批评主要集中于三个方面：第一，德日模式中不同利益主体之间的矛盾与协调效率并不像想象得那样高；第二，尤其是日本模式中对于雇员的长期就业承诺，在技术和市场变化都非常迅速的今天，似乎使企业缺乏了必要的反应能力，出现了一种适应性的障碍；第三，在没有大股东存在的公司里，同样也可以达到很好的产出业绩，所以，大股东不是绩效不凡的根本原因。

关系导向模式和市场导向模式孰优孰劣一直是人们争论的焦点。在欧洲和日本业绩不凡的时候，人们普遍认为关系导向模式比市场导向模式更有效。然而，随着国际竞争的加剧和信息技术的广泛应用，关系导向模式的弊端日益显露，越来越多的人开始认为，在这种体制中的公司有片面追求规模最大化的倾向，而忽视盈利能力和竞争力的改善。由于大家的看法莫衷一是，比较公司治理研究的意义格外引人注意。

比较公司治理研究对于后进国家建立公司治理机制，其意义是非常显著的。后进国家的公司治理建设通常是一种由监管部门推动的强制创新。而在这个强制创新的过程中，很多后进国家往往会照抄照搬美国或其他国家的治理模式，甚至是把自己所认为的各国好的东西综合到一起，作为指导意见推出，并强迫企业执行。这常常会导致“南辕北辙”的结果。

研究各国制度建设的过程可以发现，公司治理机制的形成涉及了企业外部环境，包括法律体系、金融系统、政府能力与政治环境等，而后进国家恰恰缺乏进行先进治理机制发挥作用的条件。

首先，后进国家的法律体系一般都相当落后，不仅包括合同执行，还包括竞争政策，《破产法》和金融机构建设和订立规章制度都缺乏和不能保证执行。在缺乏这些必要制度的基础上，依赖非内生的、先进的公司治理条文并不一定导致公司运行就一定产生效率。

在世界银行的一项研究中，将国家按其对他们股东保护的力度和股东集中的情况进行了分类，进而发现：只有那些法律保护力度非常大的国家才能够支持分散所有权制度。没有任何法律保护弱的国家拥有分散所有权制度。只有两个国家选择了对分散股票持有权体制实行强有力的法律保护，并使其能够持续发展下来。显然，在后进国家，强调股东力量制衡，强调股权多样化，它的客观要求是法律制度的相对完善和可实施。这个要求达不到，一味推行所谓先进的公司治理制度只能导致灾难性的后果。

其次，在很多后进国家的公司治理机制设计中，都强调银行的作用。这时的假定是：如果存在一个向企业贷款的借款人，那么他就有必要去监督企业的运作；如果是几个借款银行，它们就可以联合监督企业。如果贷款是短期的，那么，企业为了今后获得更多的贷款，就会不断向银行提出资金要求，银行也就有了控制权。如果企业不按银行的意愿行事，银行就可以强迫企业偿还贷款或强迫企业破产。这被认为可以形成有效的公司治理。然而，在多数后进国家，银行并不是真正意义上的银行。银行没有能力筛选和监督企业，它们缺乏在商业基础上进行筛选和监督的激励机制。

第三，后进国家之所以后进，是它们通常没有力量形成比较有效的社会生活，这也是衡量一切国家社会发育程度的标准。在很多社会之中，即使所有权进行了适当的分配，但有效制度安排还是无法产生。尤其是当利益集团和权力关系导致了一个政治与商业联盟的存在，这个同盟将成为公司治理机制建设甚至是改革的一个障碍。

第四，后进国家也会把公司治理的希望寄托在凭证式投资基金或其他大型机构身上，但是，谁来监督这些基金和大型机构呢？大型机构和基金的激励又是什么呢？政治上的信任是否是保证经济效率的关键呢？结果很可能是：机构和基金提供了一个权力滥用的工具。并且，当市场具有相当投机性的时候，开放基金也不能对滥用提供有效的监督。更何况，基金的集中监督能力并不等于事实上的监督意愿和行动。

以上这些因素，是后进国家考虑自己公司治理机制建设时必须要考虑的。我一直认为，公司治理是社会经济制度的一个部分，没有好的社会经济文化环境，是不可能有好的公司治理体制的，那种期望通过局部努力来形成公司治理体制的想法是不现实的。

Corporate Governance: Theory and Cases

公司治理理论

案　例

1　雷诺·纳贝斯克公司
2　W 先生与他的公司
3　K-Mart 公司的 CEO 离职
4　Purina 公司的经理报酬
5　霍尼韦尔公司的股东争议
6　Circon 公司的控制竞争
7　中国网通
8　格林柯尔

1 雷诺·纳贝斯克公司

1988年10月至11月，华尔街。

一起震惊全球的金融事件发生了：世界知名企业雷诺·纳贝斯克公司（RJR - Nabisco）被著名的KKR公司收购。《华尔街时报》的两位资深记者为此专门写了一本畅销书——《门口的野蛮人》（Barbarian at the Gate），来描述这个收购过程。然而，这次美国企业史上最大的并购活动也暴露了雷诺·纳贝斯克公司经营者的大量腐败行为。本案例的内容主要来自于该书中的描写。

一、雷诺·纳贝斯克公司的产生

雷诺·纳贝斯克公司是在1985年由雷诺烟草公司和纳贝斯克公司合并形成的。在此之前，它们分别是生产香烟和饼干的两家独立的大型企业。

早在20世纪中期，R·J·雷诺烟草公司就是拥有“云斯顿”、“沙龙”、“骆驼”等著名品牌的烟草公司，它位于北卡罗来纳州云斯顿沙龙市中心。其主要竞争对手是实力较弱的菲利普·莫里斯公司。然而，到了70年代中期，形势逆转。当能大大提高生产效率的第一代电子卷烟机出现时，尽管雷诺公司也像菲利普·莫里斯公司一样购买了机器，但是，它的许多技工缺少文化，不会操作，仍沿用会拆会装的老式机器。等到雷诺公司意识到自己的错误时，菲利普·莫里斯的工厂已经获得了大量的市场份额。

1976年，“云斯顿”已不再是最畅销的香烟，取代它的“万宝路”一直到今天都保持着如日中天的地位，雷诺公司仅在总的香烟销量上占据微弱优势。在把头号交椅让位于“万宝路”之后不久，雷诺公司开始反击，决定也生产一种纯天然的香烟，定名为“真实”。然而，“真实”

带来的是一场真实的灾难。老品牌问题层出不穷，新产品又遭遇惨败，雷诺的根基进一步动摇。

70 年代后期，年过六旬的保罗·斯蒂克特正式就任总经理。他把有 50 年历史的公司总部从城里迁到了几英里外一座新楼里。这座新楼格局散漫，而且是全玻璃封闭式的。正是在这座后来被称为“玻璃兽笼”的大楼里，雷诺公司开始了它“搞集团、分等级、讲奢华”的时代。

原因就是斯蒂克特经常说的，他老得太快，一上台就得开始考虑继位人选。公司因此分裂成几个敌对阵营，人们再也不为公司利益拧成一股绳了，他们只顾各自寻找可以依靠的走红主管人。

继位之争的影响是持久的。一方面，它助长了一种暗藏祸根的搀假行为。搀假并不是雷诺公司的专利，然而，问题的关键就是搀假能像吸尼古丁一样，容易使人上瘾成癖。为了通过搀假提高利润，公司一而再、再而三地搀假。结果，批发商和零售商手中的存货越来越多，他们不得不在都有害而无利的两种办法中做出抉择：要么基于信用，将这些烟运回，迫使公司承担将这些烟重新加工成新鲜产品的费用（通常情况下，也不过是再次对它进行搀假）。要么坐视不管，这些烟就在闲置数月后发霉变质。消费者不是傻子，越来越多的吸烟者在抽到变质的“云斯顿”后，纷纷叼起了“万宝路”。

1982 年 10 月，65 岁的斯蒂克特向董事会报告：没能找到接替自己的候选人员，请求批准再留任一年。塞满了他的支持者的董事会毫无悬念地通过了他的请求。

可能的继任者之间的竞争更加激烈。三个高级主管霍里根、朗和威尔逊达成共识，必须化干戈为玉帛，组成联合阵线，阻止第四名继任候选人沃尔德伦上台。他是被收购过来的休布莱恩公司的总裁。

为了使沃尔德伦那辆特快列车尽快脱轨，霍里根起草了一封午夜信函，由威尔逊代表三人亲自写道：沃尔德伦没有经营烟草公司的经验，如果他成为董事长和首席执行官，我们三人就辞职。只有威尔逊才是接任斯蒂克特的最合适人选。

斯蒂克特收到信后暴跳如雷，但是，在菲利普·莫利斯咄咄逼人，准备超过雷诺公司而成为全国顶尖烟草公司的情况下，他也只得在死角里接受现实。

1983 年，威尔逊成功地升任总裁。尽管霍里根被任命为总经理和营运总监，但威尔逊在烟草方面遇到问题时，却不找在烟草行业经验丰富的霍里根，而去找自己的心腹杰里·朗。后来，后者取代了霍里根，成为国内烟草事业部的总经理。霍里根的家在棕榈泉，他经常利用公司的喷气式专机去那里度周末。威尔逊为此批评霍里根，公司内部审计员甚至强令霍里根以两倍于头等舱的价格偿还公司部分差旅费。

威尔逊着手整顿雷诺公司的“力作”是希望通过收购为雷诺公司重新定位，他试图由此来实现其宏伟蓝图——把雷诺公司塑造成一个生产超级消费品的公司。一个有华尔街投资银行狄龙·里德合作银行的代表参加的专门调查委员会开始进行筛选。专门调查小组认定，雷诺的理想联姻伙伴是纳贝斯克品牌公司。

纳贝斯克公司建立于1898年，由一家美国东部的主要糕饼店公司和一家拥有西部大部分糕饼店的公司合并而成。合并之前，这两家公司进行过激烈的竞争。合并之后，两家公司形成了“糕饼行业”最大的垄断机构。

纳贝斯克公司的创立者是芝加哥律师阿道弗斯·格林。作为公司的首任董事长，格林亲手参与发明了公司第一次在全国市场上推出的产品，一种八角型的苏打饼干。这种全新的饼干是一种标准化的食品：事先制成并包装好，产品可以保留得更久，携带更方便。它的革命性使纳贝斯克成为了第一个将地区性产品推向全国的公司。

纳贝斯克公司并不满足，1960年，纳贝斯克公司的产品打入澳大利亚，然后进军英国、新西兰、德国、意大利、西班牙和中美洲市场。在进行国际化的同时，纳贝斯克公司也进行多样化生产，开始多样化经营：涉足冷冻食品、地毯和玩具。它买下了一家名为J·B·威廉斯的公司，这家公司主要生产护肤品、经营剃须膏和剃须刀。纳贝斯克公司还曾经是世界上最大的浴罩生产商。但是，20年过去，所有努力都失败了。于是，纳贝斯克公司开始回归主业，并于1981年与标准品牌公司合并成立纳贝斯克品牌公司，新公司的盘子是19亿美金。

1985年春季，纳贝斯克的总经理罗斯·约翰逊接到了北卡罗来纳州烟业巨头雷诺公司董事长威尔逊的一个电话。在电话里，威尔逊问他是否有兴致共进午餐。威尔逊还说，也许，他们可以做笔交易。

1985年，雷诺烟草公司和纳贝斯克公司合并，这形成了当时美国第19大工业公司。新公司名为雷诺·纳贝斯克公司，公司拥有员工14万人，两种主要产品香烟和饼干遍及全国的每一家商店。

二、约翰逊的公司政治

纳贝斯克公司的总经理、加拿大人约翰逊41岁进入美国标准品牌公司，并从那时开始青云直上，表现出超人的政治手段。他坚信："认识到最终的成功来自于把握机遇的行动。这种行动从某种定义上来说是不能计划的。"

大学毕业后，约翰逊在加拿大一些中等规模的公司默默无闻地混迹了近20年。然而，他有两项特殊的本领：大把花钱和溜须拍马。在做推销灯泡的基层经理时，他就削减推销员的开支预算，把省下的钱安排给自己，潇洒地去款待客户，打高尔夫球、吃喝与聚会。

约翰逊曾经对人说："如果你有能力去说服别人去做你想做的事，你就具备了领导一个装甲师的才能"。然而，直到32岁，他依旧是一个无名小卒。不过，他却对自己信心十足，并总结出一种"搅屎"哲学：要建设性地利用混乱，不断地重新建构组织，从中获得利益。他也在不断实践着自己的哲学。

1973年，约翰逊一夜成名，窜升为标准品牌公司的第二号人物。但不幸的是，他很快发现一把手上司魏格尔是一个暴君，很难搞定。并且，两个人在性格上对比极其鲜明。魏格尔把公司管得紧紧的，令下属提心吊胆，而约翰逊则鼓励公司一片乱糟糟；魏格尔大部分时间像个隐士一样躲在办公室，而约翰逊却像一个拉扯大王，跟所有的人套近乎。约翰逊还把一些受压制的管理人员聚集在一起，通宵痛饮，这样的聚会被称作是"星期一夜间救援俱乐部"。魏格尔为人非常吝啬，而约翰逊待人却特别大方。标准品牌公司的一名经理这样描述约翰逊的这种品格："千万别说你喜欢他的毛衣，约翰逊能从身上扒下来送给你。"

这些品格使得约翰逊赢得了很多人的喜欢，包括董事会的成员。权力受到威胁的魏格尔经常找约翰逊的茬，以至于后者以辞职作为反抗。最终，约翰逊大获全胜。1981年，标准品牌公司与纳贝斯克公司合并，成立纳贝斯克品牌公司。罗斯·约翰逊担任新公司的总裁兼营运总监，董事长兼总经理是鲍勃·谢伯尔。约翰逊很快发现，对付后者很容易。

"一个总裁，最重要的工作就是照管好董事，把他们喂好。"约翰逊是这样说的，更是这样做的。利用办公室相邻的地理优势，约翰逊不时讨老板欢心。会议上，约翰逊谦卑地称谢伯尔为"主席先生"。在任何方面，他都服从后者。

在标准品牌公司里，约翰逊挥金如土。他和他的经理们开着豪华的公司小轿车，许多俱乐部会员费由公司支付。这些待遇在纳贝斯克公司的人看来是不可想象的。但约翰逊却坚持这样做。当然，董事会成员们并没有被排斥在挥霍之外，谢伯尔和他手下经理们的俱乐部会费由公司负担，同时，他们也有了小轿车。

在合并之前，36 个标准品牌公司的经理比 15 个纳贝斯克公司的经理多拿 10 万美元年薪。而约翰逊本人的底薪是谢伯尔的两倍多。为了公平起见，拉拢人心，约翰逊大范围地提高工资，大幅度地给董事长升工资。

在佩斯大学的一次宴会上，谢伯尔听到了一个大喜讯：佩斯大学将建立一个拥有 25 万美元的谢伯尔会计学教学基金。光荣与震惊之中的谢伯尔问道："谁来出钱?" 答案只有一个，那就是他的下属约翰逊。

在抓紧拍谢伯尔马屁的同时，约翰逊同样在抓紧解雇谢伯尔原系统的人，即使他们工作得勤勤恳恳。三年后，纳贝斯克品牌公司 24 个高级管理人员当中，有 21 个是标准品牌公司的人。纳贝斯克的老牌经理们一个个地消失，取而代之的是约翰逊的亲信。而谢伯尔却毫无意识，他甚至在开会时还高兴地说：我很高兴看到更多的年轻人欢聚一堂。

1985 年 5 月的最后一天，雷诺公司董事会举行电话会议，给约翰逊政治手段的发挥提供了新的舞台。雄心勃勃的雷诺公司董事长威尔逊计划通过把雷诺公司庞大的生产线和纳贝斯克的资源联合起来，使新公司具有更大的左右购买商的能力。

约翰逊来到雷诺公司的总部，一呆就是八个月。他在这里等待时机。

在这里，他做出了很多让雷诺公司经理和董事们放松消遣的安排。比如，由于约翰逊的精心安排，雷诺公司的高级管理者们有了第一次海滨聚会。这无疑是一次极令人兴奋和收获多多的聚会。比如，参与聚会的门票是一块价值 1500 美元的"古西"手表，当然，这块表是公司发的。在为期一周的聚会上，雷诺人眼福、口福俱饱，享受了从未见过的盛况。有著名歌星的柔情演唱，有大笑星讲的笑话，而且，这些演出都是由著名节目主持人主持的。

聚会结束后，每个与会者都被赠送了塞得满满的宽大的手提箱。纪念品如此之多，从高尔夫球鞋和网球衫，到一次成像照相机、袖珍迪斯科唱机等等。

在雷诺人笑逐颜开之际，却有一个人愁眉苦脸，狂怒不已，他就是斯蒂克特。虽然退休了的他却仍然是雷诺最有实权的董事，但现任董事长威尔逊却并没有给他足够的尊重。比如在从海滨结束聚会返回的飞机上，威尔逊并没有安排他的位置。一段时间的积怨因这个由头而爆发，斯蒂克特和他原来的部下威尔逊之间的紧张关系终于破裂并爆发。

后来的另外一件事加速了威尔逊王朝的覆灭。威尔逊未经董事会许可，五年以来一直在秘密研制一种高科技、有突破性的新产品“无烟”香烟。如此一项庞大的研究项目却没有经过董事会同意，董事们愤怒了。为此，1986 年 7 月，威尔逊被传唤到纽约召开的董事会上解释此事。

身为雷诺·纳贝斯克总经理和营运总监的约翰逊看到了胜利的曙光。在威尔逊陷入危难的时候，他准备给予自己携手工作一年的上司最后一击。他打电话给几位董事，告诉他们他打算离开雷诺·纳贝斯克，有可能去领导另外一个食品公司。他闪电式地表示歇手不干，让所有董事感到非常突然。

曾经被威尔逊羞辱的斯蒂克特终于有了报仇的机会。另外两位董事休格尔、梅康柏也认为必须赶走威尔逊，才能凝聚人心。而其他几位董事几乎无需劝说，他们早就被约翰逊拍得服服帖帖，而成为他的同党了。

威尔逊的末日到了。在一星期后召开的董事会会议上，他不得不辞职。俸禄几乎可与王侯相比的离职协定封住了他的嘴，渴望成为哈佛商学院案例教学经典的威尔逊只能哀叹：“天哪！他们搞了我。”而董事们却对外发表言论说，威尔逊离职是因为他一直渴望早点退休。这个会议后，全体董事召开电话会议。罗斯·约翰逊成为了美国第 19 大工业公司雷诺·纳贝斯克的总裁。那是 1986 年的秋天。

约翰逊并没有被胜利陶醉。经营饼干的他对烟草行当一无所知，他需要深谙这一行的人。这个人便是霍里根。霍里根长期在威尔逊手下被压制，解放他就一定可以获得一员大将。于是，与霍里根打交道成为约翰逊主管雷诺·纳贝斯克公司之后的第一个行动。

对于约翰逊的纳贝斯克朋友们住奢侈豪华住宅的情况，霍里根曾义愤填膺。很快，他连半句牢骚也没有了，因为约翰逊让他得到了一套豪宅。约翰逊还亲自安排霍里根周末去棕榈泉旅行，一切费用由公司替他支付。约翰逊还将自己的私人喷气式飞机和公司最好的一架飞机交由他自由使用。霍里根愉快地接受了这一切。很快，在威尔逊手下因为使用公司飞机而遭到批评和处罚的霍里根与约翰逊成为了好友。不久之后，霍里根开始拥有最大的权力来经营雷诺烟草公司。

在控制大局之后，约翰逊开始着手清理整顿公司的元老级人物，进行大清洗和大换血。在这个方面，约翰逊从不心慈手软。对于那些出身于雷诺公司，但自己不需要、不喜欢的人，一律要扫地出门。只有这样，才能为来自于纳贝斯克的约翰逊的老朋友们让出了位置。也只有这样，才能最终稳定大权。

不过，此时的舆论却出现了对约翰逊不利的局面。公司所在地的日报发表了一篇社论，对公司的名称和公司管理方面出现的变革颇有微辞，并怀疑到底谁接管了谁。约翰逊喜欢讲排场，有时他乘直升机突然出现在卡罗来纳当地盛大的宴会上。这些行为引起了当地人很多的非议和挖苦嘲讽。

约翰逊把这些归咎于公司所在地是一个小城市。地方太小，以至于公司的任何事情都是这里的大事。约翰逊对纽约的朋友们大吐苦水说："这座小镇一共有 14 万人，其中 1700 人为公司工作，还有 1 万多退休人员。你会一次一次地碰到同一个人，对此，你简直无法忍受。"解决这个问题的方法似乎只有一种，那就是搬迁。约翰逊对亚特兰大很感兴趣。像达拉斯一样，那里有四海为家的暴发户，有密集的建筑物，有茂盛的财源。同时，市内第一流的办公用地无人问津，正以低廉售价出卖。而且，亚特兰大离云斯顿沙龙也不算太远。

选定了亚特兰大，约翰逊接下来的事情就是着手说服董事会。

最棘手的人物是斯蒂克特。因为最令斯蒂克特欢乐和骄傲的是公司的总部大厦，也就是人称"玻璃兽笼"的办公大楼。从常理上看，他是怎么也不会同意搬迁的。但是，约翰逊知道斯蒂克特需要什么。金钱可以让斯蒂克特让步，他将斯蒂克特每年的顾问费猛增到 25 万美元，提高了近 10 万。同时，约翰逊还任命斯蒂克特为国际顾问委员会的主席，而且允诺要使这个组织重放异彩。另外，公司还向鲍曼·格雷医学院捐赠了 600 万美元的巨款成立了一家研究中心，中心的名字就叫"斯蒂克特研究中心"。

纷至沓来的名利很快消除了斯蒂克特的最后一丝不悦。搞定了最难缠的一位，其他董事会成员的支持也就指日可待了。可是，搬迁消息激怒了乡土观念根深蒂固的云斯顿沙龙市人。但即使在舆论的一片痛骂声中，约翰逊的去意同样坚决。为了最终促成搬迁，他还慷慨地把雷诺·纳贝斯克公司董事会主席这个在新公司权力结构中已经徒有虚名的头衔让给了斯蒂克特，以缓和矛盾。最终，公司顺利地搬到了亚特兰大。

三、管理者收购与被接管

从20世纪80年代开始，收购开始在美国商界中风靡。华尔街的投资银行家们对雷诺的巨大现金市场垂涎已久，但在威尔逊掌权的时代，他们未能在威尔逊身上打开缺口。现在，人头换了，约翰逊被华尔街的大老板们认为是可以与之谈交易的人。有人统计过，自从约翰逊掌权以来，平均每天40个左右的电话记录中，一半以上是投资银行家们打来的。

约翰逊对于公司也不是没有一点想法。在公司搬迁之后不久的一次债券分析会议上，他就顺便提到，他正在考虑将雷诺烟草公司从股份有限公司转成有限责任合伙企业。这是一个信号，是约翰逊工作重心转移的标志。约翰逊决不满足于做职业经理，他渴求的东西更多，他要为此开始奋斗了。

约翰逊的毁灭之路开始于1987年10月。当时，雷诺·纳贝斯克公司的股票跌至40多美元，下降了近五分之二。尽管12月份公司公布的利润增长了25%，但华尔街对此依然熟视无睹。甚至那年冬天食品股票价格上涨，雷诺·纳贝斯克公司的股票价格依旧在走低。因为股票购买者都把纳贝斯克公司的股票看成是烟草股，尽管它30%的销售额来自食品上。

雷诺·纳贝斯克公司的董事们对股价走低并不在乎，毕竟，公司利润和营业额都在增加。事实上，几乎没有几个主管人员认为华尔街股价公道。但约翰逊却耿耿于怀，绞尽脑汁要提高股票价格。他是一个不甘寂寞的人，他永远都要搅。他说："公司的价值被估得太低，我们曾试图把食品工业和烟草工业合到一块，但是没有成功。分散经营又不行。我们的食品资产本可以赚22倍、25倍于它的利润，可我们只能以9倍的利润在市场上进行交易，因为别人仍然只把我们看成是一家烟草公司。""我们曾研究了各种办法来增加股东收益"，"但我认为惟一可行的办法就是经理层收购。"

所谓"经理层收购"，就是由少数几个资深的经理和一个华尔街投资银行一起，用借来的巨额资金把公司从公众股民手中买下来。在公司10月份例行董事会的前一晚，约翰逊做出了不同寻常的决定。

对此，意见颇为不一致。反对者称这是把公司从公众所有者手里偷走，他们担心，这样做会使公司债台高筑，影响美国产品的国外竞争力。因为大家都知道，在进行经理层收购的企业里，常常伴随的是公司科研经费的大量削减，以及其他可以想见的预算的减少，以便把更多的钱用来偿还债务。支持者们则坚持认为，被迫偿还债务的公司会变得更精干，更注意节约。

本来，约翰逊的计划是非常秘密的，但他没有能够阻止雷诺·纳贝斯克公司经理层收购计划的泄漏。毕竟，这涉及到170亿美元，是美国公司史上最大的一次接管。于是，约翰逊不得不开始面对标购局面。标购者就是名气大得不得了的KKR公司。最终，约翰逊没有获得标购的胜利。他自以为控制了董事会，但董事会却在关键时刻让他打了败仗。

四、管理者的奢华生活

在雷诺·纳贝斯克公司被新的所有者接管之后，原来公司的很多情况得以公诸天下。约翰逊曾经扬言，他自己一直就是一个挥金如土、纵情声色的角色。对于下属，他也愿意“叫那些善于花钱的人为我工作，而不要那些死抠财政预算的人。”果然，在更充分的信息下，我们发现，约翰逊倒是真的言行一致。

比如，自从约翰逊在纳贝斯克公司大权在握之后，他就开始对经营没有多少兴趣。灯红酒绿的生活、声色犬马的浮华，比里兹饼干有趣多了。约翰逊把大量的时间花在享受高级生活上，公司有险情就去扑一次火，此外就是继续奢华生活，直到下一次险情出现。几乎每个周末，他都要飞往远离城镇的高尔夫球俱乐部，或去佛罗里达晒日光浴，有时就是跟某个女友或朋友出门度假。

约翰逊也习惯用公司的钱来办一些赛事。在纳贝斯克公司，他曾把黛娜海滨女子高尔夫球锦标赛办成一件明星荟萃的盛事，明星运动员队伍日益壮大。而到了雷诺公司，约翰逊的得意之作是他为“不眠森林”高尔夫球队提供支持，并举办全美高尔夫球锦标赛。他对明星运动员宠爱有加，对他们偶尔亮相所付给的报酬比给一位副总经理的年薪还高。梅雷迪斯年收入50万美元，吉福德年收入40多万美元，另加纽约的公寓。高尔夫球手本·克伦肖收入40万美元，另一位球手弗里·佐伊勒收入30万美元。而每年进账最高者达到了100万美元。

约翰逊的理由很简单：他要通过球员们吸引购物的顾客，给他带来丰厚的利润。但是雷诺·纳贝斯克公司内部的人却不这样看，他们认为约翰逊抹煞了公私之间的界线。

那种大把赚钱、大把花钱和躁动不安的气氛，在亚特兰大停放喷气式飞机的机场附近表现得更加淋漓尽致。飞机是约翰逊最喜欢的交通工具，雷诺·纳贝斯克因此也有了日益壮大的机队。雷诺公司原来拥有6架喷气式飞机，纳贝斯克公司有两架猎鹰50S和1架里尔。但这种令人窒息的小飞机，约翰逊后来根本不屑一顾。他先购进两架墨西哥湾流号飞机，接着因为还不满足，又订购了两架第一流的G4S。公司为这些飞机修建飞机库，36个飞行员和10架飞机组成了著名的雷诺·纳贝斯克空中飞行大队。

约翰逊曾说过，要配备最新型的计算机来了解总经理们的行踪以及他们预定的飞行计划，公司飞机库所有应该有的东西，我们都要有。仅计算机装置，耗资就达到了1200万美元。为了装下所有的东西，约翰逊在建筑面积共达两万平方英尺的飞机库基础上，建议再增加7000平方英尺。在修建机库的费用方面，飞行队长从约翰逊那儿得到的权利和暗示就是：可以任意编制预算权；可以尽量多花钱。

机库完工后，雷诺·纳贝斯克公司第一流的公司机库使隔壁的可口可乐机库黯然失色。但即使是这样的机库，在整个预算中，也只是小儿科。相比之下，机库本身的修建并没有花多少钱，钱都花在了与之毗连的一幢三层楼上。一走进大楼，迎面的正厅装饰得令人炫目，花费了60多万美元购买的新家具尽收眼底，厅尽头还收藏有价值10万美元的古玩，其中包括中国古代的礼仪长袍，还有同样产自中国的、极其精致珍贵的浅盘和大瓷瓶。

一切都符合约翰逊标新立异、无法安分的处事风格，一切都达到了约翰逊广施恩惠、方便自己和下属的目的。约翰逊有一个老伙计，早已经脱离了公司，可是他比公司任何职员使用飞机的次数还要多。而纳克斯球队的运动员自然也是机队的老主顾。

约翰逊才不在意公司财产合理使用与滥用之间的界限呢，他不断地鼓励董事会成员随时随地免费使用公司飞机。有一次，在安排一位董事的飞行日程之后，他自我安慰着说："我有时觉得自己就像是交通运输的指挥员"，"不过，尽管我快成了交通指挥员，但我知道，我在这儿替他们服务，他们也会为我服务。"

烟草是雷诺·纳贝斯克公司的最大收入来源。约翰逊不懂这个业务，他需要霍里根去经营烟草，为他服务。那么，他怎样去让霍里根按照他的意愿行事呢？约翰逊说，"关键是，钱要花在刀刃上。"霍里根需要的东西，就是刀刃。霍里根所要的每样东西，约翰逊都予以提供，即使一些他没有要求的东西，约翰逊也照给不误。在约翰逊的纵容下，霍里根开始对豪华轿车痴迷。总部离他所住的旅馆只有几百码距离，霍里根却命令一个司机跟在身边，随时接送。外出旅行，霍里根坚持要走最舒服的路线。要是因故变更或者司机不随时听命，他简直就会发疯。霍里根最喜欢栗色，在约翰逊许可后，他将雷诺公司车队所有的黑色“林肯”牌汽车换成栗色“卡迪拉克”，同时给司机配上栗色制服。对于霍里根的小过失以及对额外酬劳的渴求，约翰逊往往哈哈一笑，总是有求必应。“我不在乎花5万美元请个司机”，他说，“我在乎的是几年后的几个亿”。

对于其他经理，约翰逊也是一样纵容。在生活上，雷诺·纳贝斯克的经理们每个人都是国王。31个高级管理人员共拿1420万美元的基本工资，平均每人45.8万美金。在他们眼中，给擦鞋女郎100美元小费也平淡无奇。尽管这在当地一时传为奇谈。

一人得道，鸡犬升天。约翰逊在纳贝斯克董事会继续留任的老友得益特别多。鲍勃·谢伯尔拿到了一份每年18万美元、共六年的咨询合同，而合同对他的职责并无明确的规定。约翰逊的两个女仆也列入职工名册发薪，约翰逊的副手也成为亚特兰大房地产市场首屈一指的人物。

对公司总部的装修，约翰逊不惜破费。尽管迁移总部花了5000万美元，但是花费数百万美元的各种装潢方案在以前的烟草总部和新的华盛顿办事处都同时付诸实施。一个满怀感激的售货商对此评论说：“这是我所工作过的惟一没有预算的公司。”

高管人员办公室的装饰尤为突出。接待处的背景是花10万美金购买的中国18世纪的油漆屏风，外加一对价值16000美金的中国产的景泰蓝花瓶。参观者可以坐在一组价值3万美元的法兰西帝国的红木椅上，浏览两只法国书橱里陈列着的价值2万美元的英国瓷器。参观者可能会被引着走过价值5万美元的驼色地毯，去拜见一位高级主管。如果幸运的话，参观者还能在罗斯·约翰逊的办公室各个角落里，欣赏那些中国18世纪的蓝花瓷器。约翰逊对古玩的酷爱和出手阔绰，使伦敦、巴黎、纽约的商人们对雷诺·纳贝斯克公司趋之若鹜。

这是幸福的生活。在总部，职员们有吃不完的糖果。送糖车每天来，一天两次，在接待区的每层楼卸下很多糖果，其中包括娃娃鲁斯糖，还有法国夹心糖。中下层管理人员得到的实惠是成为俱乐部成员，并可乘坐公司价值28000美元的小汽车。幸运的话，他们还可以得到价值75000

美元的墨西迪斯汽车，作为最高奖赏。

在泾渭分明的等级制度下，一些雷诺公司的老工人们开始称自己是“种蘑菇的农民”，因为他们成天在黑暗中工作，干着铲肥料的活儿。雷诺公司的老工人肩负了大部分的体力劳动，而标准品牌公司的老员工却幸福多了。雷诺·纳贝斯克的“挂名董事长”斯蒂克特开始对约翰逊随意挥霍的做法感到震惊。这位曾经帮助约翰逊赶跑对手的老人想，公司总部笼罩着太多奢侈、浪费和毫无节制的暴发户式的气氛，这绝对不是好事情，必须要改变。于是，他要找约翰逊谈谈。但在公司总部，“董事长”斯蒂克特都难以见到约翰逊，因为后者正忙着去参加高尔夫球赛和去曼哈顿旅行。

斯蒂克特实在无法忍受了，1987 年 8 月，他公开批评了约翰逊。于是，在这个月的最后一天，约翰逊遇到斯蒂克特的第一句话就是：“瞧，保罗，你 10 月份就 70 岁了，干不成啦！我打算来一次变动。”斯蒂克特是约翰逊早先巴结迎合的对象，而今天，约翰逊却要把他踩在脚下了。约翰逊知道，斯蒂克特在董事会中的伙伴们不会对此表示什么抗议。因为董事们发现他们的一切需求都被约翰逊考虑周全，比起他们在威尔逊手下时所享受的待遇，现在的一切是不可思议的。比如，有一位董事来自于商学院，他就可以获得公司捐赠的讲座教授席位，而且，捐出的两个讲座教授席位中，有一个席位还是以他的名字命名的。

斯蒂克特后来果然不干董事长了。在这之后，公司的航空部门便接到通知，说如果斯蒂克特想用飞机，必须征得约翰逊本人的同意。而斯蒂克特知道了这件事后，就再也没有提出过要使用飞机。对于这种安排，董事们并没有什么特别的意见，因为他们还在位，他们很多人是独立董事。他们开会的次数减少了，但酬金却增加到了 5 万元。

值得一提的是，在雷诺公司被接管之后，新的管理者花费了很多时间去削弱公司的奢靡风气。公司的 8 架喷气式飞机被卖掉了 7 架，但被约翰逊所珍爱的飞机库就是卖不掉。有关人员说，因为“它太豪华了，我们无法卖掉它”。

我们可以用纳贝斯克公司创始人的一句话来结束本案例，希望这句话有助于我们更进一步地思考问题。纳贝斯克公司创始人阿道弗斯·格林曾经说：“每一个公司的首席执行官都应该铭记在心，他不仅对公司的股东承担着责任，还对促进美国的繁荣与道德情操负有责任。”这句话，也被《门口的野蛮人》一书的作者放在了扉页。

2 W 先生与他的公司

本案例为虚构案例，如与某公司或某人的情况雷同，纯属巧合，请勿对号入座。

一、W 先生的历史

W 先生于 60 年代后期随父母移民香港，在香港接受教育之后进入商界。开始他只是做一点小生意，但经商的范围遍布整个东南亚地区。在创建企业并逐步发展的过程中，他接触了香港和东南亚地区很多成名企业家，由于他为人乖巧，很多商界人物愿意帮助他这个小兄弟，愿意给他一些指点。因此，他得以对一些大老板的发家之道有了比较深入的认识。这其中固然包括一些有价值的创业战略，也有一些如何利用法律的空子，剥夺小股东，进行快速敛财的秘诀。

1978 年之后，中国大陆改革开放。W 先生开始关注在大陆的发展机会，并于 80 年代中期进入大陆开展经营。他最早进入大陆的身份叫“港商”，他以自己注册的一家香港公司为基地，开始在广东、后来逐渐深入到地做生意。他最早只是做贸易，包括彩电、磁带、录音机，还做一些服装贸易，总之，什么东西赚钱就做什么。当然，他也利用国内企业的加工能力为海外企业进行加工制造。这些生意都获得了一定的成功。到 1992 年，当 W 先生决定向中国内地进行投资的时候，他已经积攒了一定的资金，可以进行一些规模相对较大的投资了。

W 先生从 90 年代中期开始，即着手实施自己设计的“实业 + 金融”的模式，来加快财富的累积速度。在他看来，当实业投资发展到一定规模的时候，如果不介入到金融活动中，事业就不可能做大，就不可能“跑起来”。而要想从“走”到“跑”，就要善于利用金融手段，用别人的钱做自己的事。W 先生认为，在亚洲国家，利用金融，首先是要利用证券市场，利用别人开设的银行。

在90年代中期，W先生曾顺应当时的潮流，也在香港股市上玩过“中资”概念，并利用“中资”概念在香港股票市场上控制了一家股份公司。W先生的玩法是与他最熟悉的一个省进行合作，从而控制这家“窗口”公司，将这个“窗口”公司作为“中资”概念的载体。具体来说，W先生首先让他在香港的公司和该窗口公司共同建立了一个叫做“XX”（中国）的公司。由于“中资”概念公司在这一段时间里比较容易上市，所以，这家公司特别加上中国的字样。后来不久，该公司果然顺利地在香港上市，成为了一家上市公司。又过了一年，W先生根据形势的变化，决定将这家上市公司回购回来，于是，他通过一系列变通的做法和操作，由他自己所完全控制的另外一家公司购买了国内机构持有的该“窗口公司”的股权，从而独自地控制了该上市公司。

促使W先生回购股权的原因是：在90年代后期，有“中资”背景或“中资”概念的股票在香港市场上更多地被关注，更易于炒作。W先生意识到如果利用“中资”概念和自己对公司的全面控制，可以更容易地在二级市场上获利，为自己在大陆收购国有企业、实现快速扩张融资。于是，他开设多家交易账户，不断进行对敲，操纵股价，并在低价位上大量回购公司的股票。然后，由于市场流通的股权越来越少，股价就比较容易被炒高，公司的市值因此就比较高。当股价过高的时候，他就不断地进行股票拆细，这样，可以吸引中小投资者进入到购买者的行列。

W先生非常喜欢中小投资者购买他的股票。在他看来，机构投资者一般都有专门的分析师，也比较善于搜集和利用各种信息，但是，中小投资者则完全没有这样的能力。他们还是要依靠市场表面浮动的一些信息和自己安排的一些假象来进行购买和出售。为了改善股东结构，让更多的中小投资者进入，他不断拆细公司股票，始终将每股股价保持在10元港币以下。通常，股票拆细是一个高成长公司的标志，于是，这也向中小股东发出一个信号，就是公司可能会在大陆赚大钱。W先生还不断采用向股东送红股的办法，把股票价格进一步拉高。总之，通过这样一系列方式，W先生给中小投资者创造了公司未来会有很好发展的形象。广大中小股东积极响应并介入，股价牛气冲天，营造出一片欣欣向荣的景象。有了这样一个股市形象，W先生开始把筹资的重点转向了银行。

W先生曾经对下属说：在台湾地区和东南亚国家里面，企业发展到一定阶段，都会有自己的银行，但是，在中国大陆，我们没有必要去建立自己的银行。为什么没有必要呢？W先生总结了两个原因：一是大陆不允许企业开设自己的银行；二是国家替我们开设了很多银行。他说，用这些银行的钱比用自己公司的钱还方便，还不需要负责任。所以，关键是要找到好的话题和借口把钱弄出来。这是本事。

W先生在一次公司管理人员会议上曾经对部分关联企业的领导人说：你们不要怕贷款，不用怕风险和承担责任，你们能够为公司找到钱就是贡献。你们要放手去安排贷款，你们要学会到不同的银行去贷款，你们的贷款越多，盘子越大，也就越安全。在2000年的一次下属上市公司高级管理人员会议上，W先生曾对心腹说，你们要动脑筋，要想办法把股票和银行贷款联系起来，把股市和银行债务联系起来，这一方面可以放大我们的融资能力，另一方面也可以为我们的融资增加保险系数。我们要力争做到银行不敢动，证券部门不敢动，政府也要投鼠忌器。当然，我们还要注意保持低调，与各个方面保持好的关系。

二、通过收购建立企业集团

由于W先生的“实业+金融”的模式，他在大陆的事业发展越来越快，而他在海外的业务也因大陆业务的发展，同样取得了较大的发展。到1990年代后期，W先生已经建立了一个包括大陆业务、香港业务、东南亚业务和美国业务的大型企业集团。他旗下的公司有上百家之多。不过，这些公司并不都是由W先生自己直接注册、归属在他个人名下的，相当一部分公司是他在幕后进行间接控制的公司。在W先生的企业帝国的建立和发展过程中，低价收购大陆国有企业扮演了基础性的作用。

需要特别指出的是，在W先生发展企业的过程中，他深知谙熟中国传统商业文化奥秘的重要性，知道政商结合的重要性。早在90年代初期，他就教育下属管理人员要好好学习胡雪岩的经验，他也为企业内部所有中高级管理人员购买了高阳作品《红顶商人》，供下属体味。他自己也努力与一些地方的官员保持密切接触，并以爱国华侨和爱国企业家的身份出入大陆的一些机构。可以说，在W先生发展其业务网络的过程中，背后存在着一个看不见的关系网。这些关系网非常有效地帮助W先生营造起了自己的企业帝国。

比如，W先生看中了一位秘书出身的副市长，他相信这个人一定可以升迁。于是，他设计成为了这个副市长的朋友，并派专人陪同这位副市长打了两年的高尔夫球。在这个副市长的头脑中，国有企业在自己的手里是怎么也管不好的，还不如就卖了。所以，当他成为市长之后，就下令突击出售国有资产，并用所获得的资金搞市政建设。他因此也请 W 先生参与该城市的资产收购。他对 W 先生说：就这么大一个盘子，你先挑吧，挑完以后，我替你打招呼。价格好商量，只要你以后把这个企业搞好就行。

W 先生当然求之不得。他也充分地利用了大陆国有资产管理部门并不懂得如何进行公司估价的现状，并通过控制核算过程利用公司账面价值和公司实际价值之间的不一致，以及评估账面价值时可以采用不同方法等手段达到目标。比如，他常常会在私下里建议或要求评估机构采用加速折旧的办法把成本“做”得非常高。再比如，他也利用评估时间上的不一致为自己牟利。在收购北方一个省会城市的企业时，由于这个企业位于市中心，地产很值钱，并且成长性非常好，如果真实地做评估，当时价格可能在十个亿以上。但在做评估的时候，事务所采用了几年前的一个评估结果，这样，仅这一项资产的溢价，就达到了几个亿。

除了低价购买企业，W 先生也采用其他方法进行所谓的“资本运作”，炒卖企业，获得收益。我们可以通过如下两个例子来描述 W 先生的实际操作过程。

第一个案例是一个跨省交易。W 先生曾经看到一家西部的企业急于出售，他主动与当地主管部门接触，表示购买的意愿，但也表示了改组这个企业的难度。结果，该企业的资产评估结果非常低，然后，先进入破产程序，再被 W 先生以净资产 500 万的价格购入。由于该破产企业已经在当地银行部门挂了号，不能再进行抵押贷款等操作。于是，W 先生让他在另外一个省的公司出面，与这个破产企业进行谈判，经过一系列操作之后再合资组建另外一个公司，在另外的省里评估注册。注册时的评估要依照原资产而非净资产作价。结果，新企业被评为价值 5000 万。W 先生就用这 5000 万做抵押在另外的省里贷款 3000 万。他先是从这 3000 万中拿出 500 万，支付了购买企业净资产的款项，剩余的部分被拿到某中型银行变成了存款，之后再通过开承兑汇票的方式放大可支配资金量。经过了这样一系列的操作，W 先生不仅白白获得了一家企业，还获得了大量的银行贷款。

第二个案例是利用上市公司的关联交易，炒卖自己所控制企业，套取现金。整个操作过程如案例图示 2 - 1 所示。

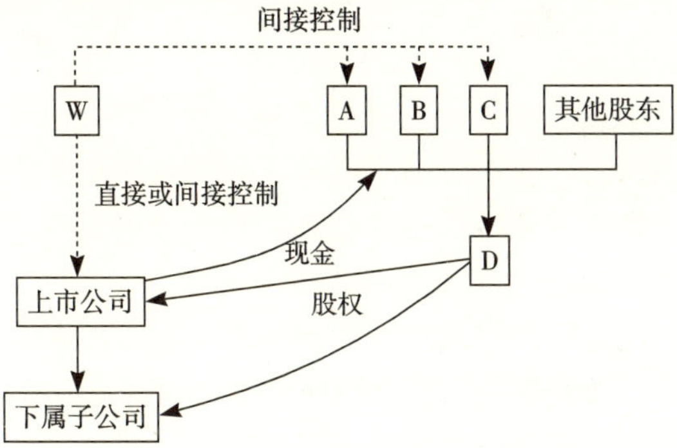

案例图示 2 - 1　交易下属企业套取现金

W 先生是某上市公司的实际控制人，他通过几个渠道控制上市公司的共计 40% 的股份，但他的实际出资却远远低于股权的价值。当上市公司在完成增发、手里现金比较充裕的时候，W 先生决定通过关联交易把现金套出来，转移到自己的手中。W 先生在几年前曾经看中一个研发项目，当时他曾寄予了比较大的希望，他把这个项目放在了上市公司的外面，独立注册，成为图示中的 D 公司。D 公司与上市公司没有任何股权关系，是由 A 公司、B 公司、C 公司以及其他一些投资者共同拥有的。

当 W 先生决定让上市公司购买项目公司 D 之后，他安排上市公司和其下属一家子公司来购买 A 公司、B 公司和 C 公司所持有的 D 公司的股份。这样，W 先生就把 D 公司的股权从图示右方的控制渠道转移到左方的控制链条下，就像倒了一个手。倒手后，W 先生对于 D 公司的控制权并没有发生多大的变化。案例表 2 - 1 描述了收购前后 W 先生通过不同渠道控制上市公司股权变化情况。可以看到，股权变动的数量是非常有限的，但是，这个交易却使 W 先生获得了来自于上市公司的现金 2000 多万元。

案例表 2 - 1　　收购前后的股权变化情况

上市公司的主要股东	收购前持股	收购后直接持股	收购后间接持股	变化
A 公司	19.6	1.23	16.54	-1.83
B 公司	12.5	0.56	15.35	3.41
C 公司	7.89	0	6.75	-1.14

三、介入房地产开发

W 先生最佩服的人是香港富豪李嘉诚，他对李嘉诚开发房地产的功夫非常欣赏。他认为，在一个国家或地区经济发展的早期阶段，最容易快速敛财、快速致富的领域就是房地产，像李嘉诚这样的富豪，就是及时把握了香港和大陆房地产发展的时机。事实上，在东南亚很多地区，最富的富豪往往也是经由房地产行业起家的。所以，W 先生很早就开始在大陆进行调查，培养各种关系，寻找合适开发的土地和项目。

开发房地产项目有很多做法，开发荒地是一种做法。另外的一种做法是购买处于黄金地段的国有企业，然后将国有企业的厂房进行搬迁，也可以获得良好的开发地段。W 先生认为应该两种方式并举，并寻找有机结合的可能。

开发房地产项目，除了要有好的地段之外，还有一个重要的方面，就是要有足够的资金。尤其是开发周期比较长、规模比较大的房地产项目，资金问题更加重要，并且，还要想方设法降低资金的成本与风险。W 先生认为，按照东南亚国家一些公司发展的经验，最能够降低资金成本和风险的办法就是用别人的钱来做开发。而要达到这个目的，就要利用中国大陆改革比较滞后或不完善的银行体系和上市公司。他指示下属：要注意那些属于通过少量持股即可以施加控制的公司，同时，公司内部最好还要有可以进一步加以利用的资源，比如公司的主业最好可以改变为房地产业务。

1995 年，W 先生认为上述三个方面的条件都已经基本成熟了，中国大陆居民的收入水平也开始达到或接近购买房产的水平。在这个时候，他决定进入到房地产开发领域之中。于是，他在公司内部选定了两个小组，一个小组到他认为最有开发潜力的地区去选择未经开发、地价最为便宜的地段，并对重要的相关人员和关系进行联络，力求把成本降到最低。另一个小组对他初步选定的上市公司进行接触，希望收购到一家条件适中的上市公司，用这家上市公司作为在该地区开发房地产项目的资金渠道。

在沿海地区的某个城市，W 先生看中了一块地，也恰好在同一个城市，W 先生已经培植了一个非常好的人脉关系，也找到了一家符合条件的上市公司。于是，他开始了如下的运作过程。

首先，他同有关官员接触，获得了官员们对他所开发地段的意向性支持。应该承认，在选择这个地域的时候，W 先生一方面利用关系获得了一定的规划信息，但另一方面，他也确实是独具慧眼，看得很准。因为在他进入该地区开发后的几年里，这个地区的地价一直处于飞涨状态。

第二，他开始与上市公司的最大持股方——该市的国资局讨论股权转让的协议。该市国资局持有上市公司的股权约 46%，W 先生向国资局购买了 28% 的股权。这个比例足以使他成为上市公司的实际控制人，但又不会碰到上市公司股权转让 30% 的界限。在股权转让交易的细节上，W 先生与国资局达成了一个并非一手交钱、一手交货的协议，双方同意采用分期付款的形式。在总转让金额 1.3 亿的盘子里，第一期支付 4000 万，W 先生就可以进入公司，以后再分两期结清余款。

需要特别说明的是，在首期支付的 4000 万中，W 先生只出了一部分。由于他个人在当时的现金状况并不是很理想，他在事后又通过补充协议把一部分首款的支付时间推迟了几个月。他实际上在最初只交纳了 2000 万左右就获得了对该上市公司的控制。

第三，在取得了上市公司控制权之后，W 先生开始着手进行资本运作，不断套取现金。在收购完成的时候，该上市公司的业务种类非常之多，有相当一些业务因为管理不善，盈利状况较差。在这种情况下，W 先生提出对公司业务进行整合，将公司主营业务确定为房地产开发。W 先生将公司原有的一个业务关闭，将其厂区搬迁，原有地点作为一个房地产开发项目加以经营。这个项目和其他投资的地产项目就成为了公司的主业。

对于非主业的经营业务，W 先生确定的策略是完全出售。他开始有针对性地、有选择地处置这些业务。他把一些在长期看有相当潜力的业务出售给自己的其他投资企业。由于 W 先生的很多控制性企业并不是由他自己出面注册的，控制链条关系也比较复杂和隐蔽，因此，这些出售活动在外界来看，往往看不出是关联交易。在向自己的企业出售资产时，W 先生通过控制中间的评估程序和评估机构，采用非常低的价格就进行了转让，而这些资产在转让之后，如果以股权来出资，大多都可以被估价在十几倍以上的水平。

第四，在开发 W 先生最先看好的那一块土地的过程中，他并没有将之交给上市公司来完成，而是以自己几个亲属的名义注册了一家投资管理公司。在案例图示 2-2 中，我们称这家公司为 A 公司。在 W 先生的安排下，A 公司和上市公司联手注册了一家以房地产业务为核心业务的子公司，我们称为 B 公司。在 B 公司的初始股权结构中，上市公司出资 70%，A 公司出资 30%。需要指出，B 公司的盘子并不是很大，其用意我们在后面会讲到。而 W 先生注册一个规模并不大的公司来进行地产开发，资金不够的问题又是如何加以解决的呢？W 先生认为应该到银行去贷款。如果银行认为 B 公司的盘子不够大，不对 B 公司贷放那么多的资金，W 先生就命令由上市公司进行担保。

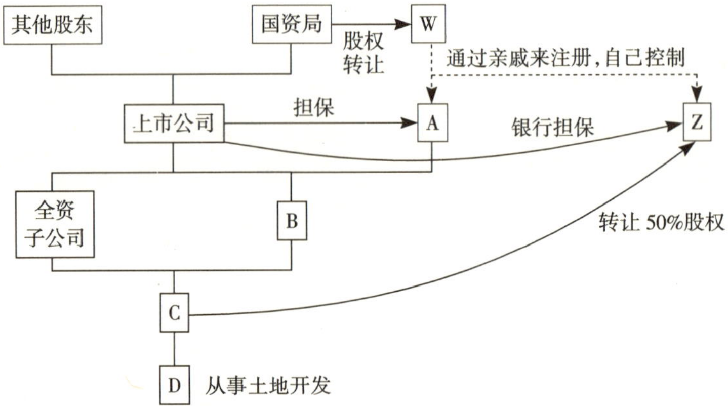

案例图示 2－2　与房地产项目有关的公司结构

那么，是否由 B 公司来进行土地开发呢？不是。B 公司又再次与上市公司的全资企业以 90% 对 10% 的比例注册了 C 公司，并由 C 设立了全资公司 D 公司作为项目建设公司。整个开发项目由 D 公司来操作。

为什么要设计如此复杂的投资结构？关键在于：如果用 B 公司作项目的开发公司，它的所有活动都要按照要求由上市公司对外进行披露。而由 D 公司进行项目开发活动，整个项目的具体进行细节就没有外部监督了，便于事后的各种运作。而在最初的层次上，让 B 公司和上市公司的全资公司共同组建公司，可以更好地掩人耳目。

第五，由 D 公司出面向政府有关部门交付土地出让金，办理开发房地产项目的“四证”，然后由上市公司做担保向银行进行贷款，之后，项目开工。由于 W 先生选择地址的工作和最初开工的几栋楼设计方案比较好，加上正好赶上当地政府进行改革，一批机构被撤销，形成了一次突击购房的风潮。结果，先期开工的几栋楼很快就被预售一空。具体来说，在一期项目还在挖地基的时候，就将房子的 80% 预售了。但是，按照管理规定，在房地产项目还没有完成的时候，是不能出售的。如果实际上已经出售了，预售款就不能入账，因为入账就意味着公开了违反规定的情况。在这样的背景下，这笔钱就变成了账外现金。

W 先生非常隐蔽地处理了这笔账外现金，绝大多数都被他通过各种手段转移到自己的各个直接控制的公司中。其中的一部分被 W 先生用来支付给国资局，作为购买上市公司股权的款项。还有一部分被转移到 A 公司，用来向上市公司进行增资。

第六，当 A 公司有了很多现金之后，W 先生着手对 B 公司进行增资。在 W 先生的操纵下，上市公司董事会做出决议，两次接受了 A 公司的增资。由于 B 公司在最初注册的时候规模并不是很大，所以，W 先生的增资很容易就将 B 公司的股权增加到了倒三七的格局，也就是与初始的格局刚好形成一个相反的局面。毫无疑问，在建设项目开始的时候，上市公司出资 70%，承担了 70% 的风险，事后分红，它就应该分红 70%。但是，由于在建设的过程中股权变动，到建设项目结束的时候，它只能分得 30% 的红利。

第七，在这个项目开始之前，W 先生将整个项目分成几期。当一期开发的形势比较明朗之后，W 先生决定启动二期，并推出一个变更开发方案的计划。其实，所谓变更开发方案，就是引进其他一些关联企业，参与到二期项目的开发中，力求在日后分红的时候分得一杯羹。这个变更开发方案的计划，具体来说就是将 C 公司的股权拿出 50% 来，卖给关联企业 Z 公司。由于 Z 公司是处于 W 先生所控制的另外一个公司链条上的公司，所以，外部人并不知道这是一个关联交易。而这就可以名正言顺地在日后分红的时候将一半的利润拿走。

经过了上述操作之后，我们看到，W 先生最初所设想的操作思路都如期实现了。他只出了自己有限的资金，更多地是用别人的钱来开发荒地。这个别人就是行为能力不如自然人那样强大的上市公司。而通过上市公司，他又获得了两块资产：黄金地段的土地和企业部分非常有潜力、即将进入收获期的业务。

从房地产项目的分红上，我们可以进一步看到 W 先生的显著收益。仅就案例中所描述的与上市公司有关的房地产开发项目而言，项目金额为 20 亿。我们根据该地区在当时的行业收益率大约是 35% 计算，整个项目共创造大约 7 亿的利润。在这 7 个亿的利润中，如果按照收益与投资和承担风险相一致的原则，上市公司应该分到 4.9 亿。但是，由于修改了建设方案，也由于A公司多次进行了增资、B公司的股权发生了变化，在这种情况下，上市公司只分到了区区的1.295亿，比应该获得的收入少了3.605亿。

如果读者看到这里，以为上述收益就是W先生的全部收益，这就错了。W先生还通过控制上市公司获得了另外两个大的收益。第一，是通过上市公司为关联企业进行担保，获得了数量巨大的贷款。第二，通过预收资金的体外循环和上市公司的知名度，W先生与一些省市的官员获得了非常多的关系，这些关系帮助W先生储备了很多有升值潜力的土地。不过，这些土地的出资人并不是上市公司，而是W先生隐藏在幕后的另外一些关联公司M公司和N公司。

3 K-Mart 公司的 CEO 离职

1995 年，Joseph 安东尼尼（中文名字为安东尼尼）被迫离开他当了七年的 K-Mart 公司 CEO 的岗位。他的离开主要是因为机构投资者不满意 K-Mart 公司的业绩，于是采取行动对董事会施加压力，要求安东尼尼离职。

一、安东尼尼之前的 K-Mart 公司

1962 年 3 月 1 日，第一家 K-Mart 折扣店在底特律郊区建成。1977 年，公司创始人昆宁海姆将原昆宁海姆公司改为 K-Mart 公司。历经几十年的发展，到 1990 年，K-Mart 取代了 Sears 公司，成为美国最大的零售商。在 K-Mart 创建、发展、到达顶峰和衰败的过程中，共有 5 位主要的管理者，除了案例的主角安东尼尼和后来接替他位置的康纳威（Charles Conaway）之外，在安东尼尼之前的三位 CEO 分别是创办者昆宁海姆、杜瓦和福博。

K-Mart 创办人昆宁海姆一直坚持薄利多销的战略，并在尽可能的情况下，出售在全国做过广告的名牌产品；在得不到名牌产品的时候，只卖自己的品牌，还强调保证顾客的满意，如果顾客不满意，可以提供退货服务。在这样的经营战略下，从 1962 年到 1963 年底，昆宁海姆建起了 53 家 K-Mart 店，销售额累计达 8300 万元。

多数的 K-Mart 店开在大城市的郊区。当时越来越多的美国人迁往郊区，K-Mart 抓住了这次居民外迁的浪潮。在 1964 年，昆宁海姆又开了 37 家 K-Mart 店，从而成了全国最大的廉价连锁公司。1971 年，K-Mart 在全美折扣百货连锁公司中排名第一，拥有 488 家分店，年营业额 20 亿美元。

时间进入 70 年代中期，美国的宏观经济形势变得严峻，而 K-Mart

的新任经理杜瓦却犯了一系列错误。

首先，K-Mart 扩张速度太快，公司只关注开新店，却忽视了现有店的经营管理，结果导致原有店内购物环境恶化，商品过时，还经常缺货，一些顾客开始到别处去购物。其次，公司在经营战略上脱离了使其获得成功的经营全国品牌的做法，转而更多地去经营杂乱的品牌，这样，虽然看上去产品毛利率较高，但很容易引起一系列的管理问题。第三，公司背离了折扣百货连锁必须通过规模获得效益的原则，在进入人口较少（1 万到 2 万人）的小镇时，开了许多只有 3000 多平方米营业面积的新店，经营的商品也比标准 K-Mart 店少。因此，公司整体销售额虽然仍在上升，但利润却不断下降。在 1976 到 1980 年，公司的销售利润率从 3.1% 降到了 1.3%。

此外，杜瓦还做出了一项致命的决定。早在 60 年代末，K-Mart 曾经对使用计算机订货和跟踪存货目录进行过一些尝试。但是，到了 1973 年，当沃尔顿的 64 个 Wal-Mart 店里已经有 22 个都在使用计算机订货系统，而且其他多数零售商也在尝试使用计算机时，K-Mart 还在用它那套过时的计算机系统。

不过，K-Mart 还是顺利地走过了 70 年代的大部分岁月。公司一直在增加商店，而销售额也在攀升，并在 1976 年达到了 84 亿美元。那一年，K-Mart 开了 271 个新店，是新 Wal-Mart 店数目的 10 倍还要多，几乎占那年所有零售商新开全部廉价商店的一半。

但是，到了 1978 年，即使 K-Mart 的销售额提高了差不多 18%，达到了 117 亿美元，但杜瓦的失误还是日益显现了出来。通货膨胀的加剧使零售商们都面临着极大的困境，而 K-Mart 已经变得相当脆弱：销售额和利润额的增长速度都在变缓；多年来对于店面维修的忽视已经使许多商店的状况相当难堪。越来越多的零售商开始进入了这个行业，它们不仅击败了杜瓦的小型 K-Mart 店，也击败了他的标准 K-Mart 店。到 1979 年中期，当年的销售额和利润额均是自 1974 年经济衰退以来的最低水平。要是把通货膨胀因素扣除的话，其现有商店的销售表现其实平平，甚至稍微有所下降。所有这些趋势直接引发了 1980 年的利润滑坡。在这种情况下，昆宁海姆和董事会决定让杜瓦离开。

1979 年 11 月，杜瓦离职，福博上任。福博一开始他的领导生涯，就不断地为其前任进行忏悔。在 1980 年的股东大会上，福博就许多商店看起来脏乱、破败，以及 K-Mart 店的设计、布局守旧过时等事实，向股东们公开表示道歉。他做出承诺，要解决好上述两个问题，并提出要改进其商品，吸引更多的顾客。

福博花了两年的时间来研究 K-Mart 的缺点及其应对策略。1982 年，在他的研究即将完成的时候，福博采取了一项震惊全公司的措施，即关闭了 25 个最差的 K-Mart 店。他还放慢了建立新商店的步伐，以便省出资金来修整现有商店。福博还决定对 K-Mart 的跟踪销售和订货系统进行彻底的改变。到 1982 年末，福博给所有 2371 家 K-Mart 商店都配备了计算机和手持扫描仪。但是，K-Mart 还缺少另外一项重要的技术：收款机。使用收款机，可以把卖出去的每件商品的销售标签信息扫描收集起来，并自动反馈给公司总部的采购员。杜瓦一直不舍得花这笔钱，而其竞争对手 Wal-Mart 已经配备了收款机。沃尔顿对此类技术的果断采用，使 Wal-Mart 在跟踪商品、添购货物和控制库存方面比 K-Mart 更有效率。

为此，福博大胆地任命了一位“外来人”做副总裁，把收款机项目交给他全权负责。福博雇用了曾担任过 Wal-Mart 顾问的大卫·卡尔森。从此，K-Mart 加快了自己改进的步伐，以赶上其他的竞争对手。但即便这样，也要等到 1990 年，才能把全国 2400 多家 K-Mart 店全部连接起来。

安东尼尼正是在这样的状况下接手了 K-Mart。

二、安东尼尼的管理举措

安东尼尼在 1964 年进入 K-Mart 公司，最开始任商店副经理。1984 年，他成为服装部门经理。1986 年，安东尼尼被任命为公司的营运总监，1987 年成为 CEO。在安东尼尼接手 K-Mart 的时候，尽管从各种统计数据来看，K-Mart 正处在顶峰状态。但从前面我们所叙述的 K-Mart 的发展历史上可以看出，在 1987 年，安东尼尼所接手的并不是一个蒸蒸日上的 K-Mart，相反，在 K-Mart 繁荣的假相下面，实际上是问题重重，可以用“山雨欲来风满楼”来形容。

一方面，在 80 年代的美国，零售业竞争异常激烈，大型商店主要进行的是成本竞争，众多中小零售企业纷纷垮台，就连传统的大型零售商 Sears 等都在走下坡路。新业态的不断出现也给折扣百货店带来了很大冲击。例如，1975 年开始出现的仓储俱乐部店营业面积一般都在 1 万平方米以上，商品组合从食品到一般商品，可以说无所不包。同时，仓储俱乐部的销售利润目标定得比较低廉，平均只有 10% ~13%，这不但比传统百货公司、食品超市低，甚至比折扣百货店的销售毛利率还低一半，于是，这种业态形式就可以提供非常低廉的商品。结果，这种新经营形式发展非常迅速。另一方面，K-Mart 在 1987 年安东尼尼接手的时候，各种长期累积的问题开始逐渐爆发，并导致了比较严重的后果，导致 K-Mart 的竞争力逐渐丧失。

为了解决经营环境和经营效率问题，安东尼尼上任后的主要工作围绕以下几个问题展开。

第一，解决存货控制问题。1987 年，安东尼尼在写给股东的第一份年报中，提出了一系列旨在提高 K-Mart 廉价商店销售量和利润的方案。除了改进内部结构和增加广告支出外，他还建议大量投资自动销售项目，以加强对存货的控制，减少劳动成本，而且这也是 K-Mart 的竞争对手 Wal-Mart 已经实现的。不过，虽然安东尼尼任职期间对这一项目做了大量的努力，但是，存货控制的问题一直存在着。

第二，推行商店翻新计划。在 K-Mart 廉价商店的经营方面，安东尼尼也考虑了商店本身存在的问题。安东尼尼掌权时，K-Mart 公司下属 2200 家廉价商店的平均年龄是 15 年，大部分商店地板变形，照明设备损坏，货架放得太密。在 90 年代初期，K-Mart 只有 10% 的商店年龄小于 3 年，而其对手 Target 和 Wal-Mart 小于 3 年的商店达到 40% 以上。

安东尼尼最初的翻新计划包括重建 280 家商店，翻新 1260 家，关闭 30 家以及新建 620 家，成本大约是 23 亿美元。1994 年 1 月，董事会对这一计划进行了修改，决定将重建数目再增加 500 家。董事会认为，增大商店的规模会使企业更有竞争力，于是，这项计划的成本上升到了 35 亿美元。然而，尽管安东尼尼努力改进廉价商店的经营状况，但商店的销售量在他在位的头四年里仅增加了 3%，而竞争对手 Wal-Mart 的销售量增长了 20%。

第三，开设特殊零售商店。除了解决存货控制问题和进行商店翻新，安东尼尼任职期间还发展了 K-Mart 的特殊零售商店。他希望以此来解决 K-Mart 竞争力衰退的问题。他通过购买、兼并、合作和自己开办等方法，为 K-Mart 发展了大量的特殊零售商店，使 K-Mart 成为廉价和特殊商品零售企业的联合。

从安东尼尼的工作内容来看，他从上任第一天就开始致力于弥补

K-Mart 的问题，但他面对着一个很现实的问题，就是他所有的工作计划都需要大量的资金。由于 K-Mart 的普通股被低估，为筹集资金，1994 年 1 月，安东尼尼提出发行特别普通股，其收益与 K-Mart 的四个特殊零售子公司相联系。但这个被称作“目标股票计划”的方案遭到了股东的反对，尽管后来安东尼尼几经坚持和妥协，期间也接受股东意见，卖掉特殊零售商店，但最终还是因此离职。

单纯从业绩来判断经理的能力是欠妥的，我们应该用更宽广的视角来考察行业和宏观经济情况。在安东尼尼担任 K-Mart 公司 CEO 期间，美国的整个宏观经济形势都令人忧虑，零售业遭到巨大冲击在所难免，行业情况很不乐观。

1974～1975 年的经济衰退以及随之而来的通货膨胀严重地影响了折扣百货业的发展。一方面，消费者推迟了许多商品的购买计划，导致销售额增长速度放慢；另一方面，利息、工资、取暖和制冷费用及其他开支却像消费价格指数一样迅速上升。再加上行业内竞争日趋激烈，销售利润全面下降，一些折扣百货连锁公司破产，另一些被迫放慢了发展速度。

在整个 70 年代末期，飞涨的石油价格导致了两位数的通货膨胀率。1979 年夏，在治理历史上最严重的通货膨胀多年无效后，卡特总统任命沃尔克为联邦储备委员会主席。沃尔克立即建议用他所想到的惟一方式解决通货膨胀问题：紧缩银根。结果却引起了经济萧条。

1981 年初，里根上台，沃尔克出于对里根的减税承诺可能会引发进一步通货膨胀的考虑，把银根收得更紧了。但是，经济萧条和通货膨胀却在同步恶化。到 1981 年夏季，美国又一次陷入了最严重的经济衰退之中，数百万人失业，而通货膨胀使利率高达 20%，高额负债的企业承受着可怕的压力。

在这种经济背景下，零售业再次受到严重打击。尤其是折扣店，面临着有史以来最残酷的环境和最激烈的竞争。大的全国连锁店和小的地区商号一样，一直都在设法尽快的拓展，他们经常吞并比自己小的竞争对手，这导致了很多企业债台高筑。同时，随着日益激烈的竞争，商店开设的密度增加，它们很难再通过抬高价格来弥补亏损。所以，随着劳动力、能源和贷款费用螺旋式上升，其利润不断缩减。很多连锁店在这场大潮中悄然消失，包括一些最早期的先驱，比如考威特、马默斯·玛特和沃尔内多。而像凯尔德和艾尔韦这样的连锁商号，也被一些更庞大和实力雄厚的企业吞并了。伍尔沃思曾经在 1962 年就开始了廉价销售，而到 1982 年，他不得不变卖其拥有的 336 家分店的折扣销售分部，以脱离苦苦挣扎的状态。

三、零售业主要竞争对手状况

在 70 年代之后，美国宏观经济形势不佳，这自然是 K-Mart 发展受阻的一大原因。但是，为什么同样面临着通货膨胀和经济衰退的影响，K-Mart 发展缓慢甚至停滞不前，而其对手却在迅速壮大呢？例如，安东尼尼从 1987 年接管 K-Mart 到 1995 年离职，K-Mart 在廉价商品销售上的市场份额从 34. 5% 降到 22. 7%，而 Wal-Mart 却从 20. 1% 上升到 41. 6%。我们不妨将安东尼尼与其同时期的其他零售业公司的管理者做个比较，看这些公司的管理者如何解决和 K-Mart 相似的内部问题。

1. 西尔斯公司

1992 年，当西尔斯公司亏损累计高达 39 亿美元、处于岌岌可危状态的时候，马丁艾兹接手了西尔斯公司。在他的带领下，公司东山再起，重新跻身于全球 500 家大公司排名中的前列。那么，马丁艾兹是怎样做的呢？

刚一上任，马丁艾兹就对公司业务进行了全面整顿，压缩了西尔斯在零售业以外的业务，卖掉了 110 层的西尔斯塔，对西尔斯商店进行了重新定位。传统的西尔斯公司是美国企业商品的寄售场所，但事实上，作为一家百年老店，公司得以不败的关键是自己的品牌。因此，马丁艾兹从重新塑造公司品牌入手，重树了工具类商品品牌 Craftsman，这个工作每年给公司带来 35 亿美元的收益；而家电类商品品牌 Kenmore 每年给公司带来 36 亿美元的收益，成了公司的摇钱树。

马丁艾兹也认识到，在成本竞争导致利润空间日益缩小的情况下，差别竞争将成为今后零售业竞争的主要方式。因此，他格外追求产品的差异化经营。此外，公司还十分注意引进先进的管理手段和营销方法，如最早开展电脑销售，建立标准结算柜台，引进 POS 条形码系统和建立信息管理系统等。

马丁艾兹的心血没有白费，他的一系列运作大获成功，西尔斯公司得以重新站了起来。1996 年，公司的收入为 382 亿美元，而利润高达 13

亿美元，它的各个商场连续不断地获得成功，几乎在所有商品品种上从对手手中夺回了市场份额，公司的股票价格也因此达到了前所未有的高度。

2. 沃尔玛公司

在70年代中期，一些著名的大百货或折扣百货连锁公司都因遇到这样或那样的麻烦而止步不前，但沃尔玛却一路前行。山姆·沃尔顿是沃尔玛的创始人，他在短短的30多年里，把沃尔玛从一家不起眼的小店发展成为现在世界上最大的零售企业。

沃尔玛从1976年的18家分店发展到1980年的276家分店，总营业面积为117万平方米，每店平均4200平方米。沃尔玛公司的销售收入从1970年的3100万美元增至1980年的12.48亿美元，同期净利润从120万美元增至4100万美元，二者的年增长速度都超过了40%。不过，沃尔玛在80年代所取得的成就更加惊人。

1981~1982年的经济衰退和通货膨胀导致劳动力价格、能源和其他成本上升，这对以低成本、低价竞争为特点的折扣百货业无疑是一个严重的挑战。但沃尔玛却成功地继续保持了低成本和高速增长。沃尔玛公司的成功秘诀就是在更大规模上应用沃尔顿有效管理的基本原则，即在现有分店保持管理高效率，改进并购店的经营管理，以及继续在主要零售商忽视的小镇上开新店。如沃尔顿所说，在其他人忽视的这些社区里，商业机会比人们想像的更多。在当时，沃尔玛的大多数分店都分布在只有5000至2.5万居民的小镇上，1/3的分店所在地没有任何同类零售企业的竞争。

沃尔玛是成本竞争的坚持者和胜利者，当K-Mart向特殊零售领域发展的时候，沃尔玛一直致力于经营成本的减小。沃尔玛的低价格来自于低成本，而低成本则来自于高效率的管理。美国零售店运销成本占销售总额的比例一般为5%，商品损耗率为2%，而沃尔玛商店相应的数字为1.5%和1.1%。沃尔玛的经营成本总额只占零售额的15.8%，而世界绝大多数零售企业的经营成本都在40%。

沃尔玛运销成本的低廉主要来自于信息技术的先进性，包括网络化的计算机销售终端、统一的产品编码、卫星追踪、电子数据交换和电子资金交换等。沃尔玛是世界上最早对信息技术进行大量投资的零售商之一。早在1978年，它就在美国休斯公司的协助下发射了一颗卫星，用于沃尔玛全球商业系统的信息管理。此外，当其他廉价零售商纷纷买地经营的时候，沃尔玛一直采取租而不建的策略，这也降低了成本。

从1978年到1987年的10年间，沃尔玛保持了年销售收入增长38%、纯收入增长40%的速度，而K-Mart同期的销售增长率只有9%。纵观整个80年代，沃尔玛持续以每3年销售收入翻一番的速度增长，从16.5亿美元增至260亿美元，增长速度位居全美零售业之首。沃尔玛也是最赚钱的零售公司，年净收入从557万美元增至10亿美元。同时，它持续降低经营成本和商品加价率，从而不断强化着自身的竞争优势地位。

通过对比，我们发现和K-Mart处于同一个宏观经济环境的沃尔玛、西尔斯在困境中找到了自己发展的方向。沃尔玛现已成为世界500强企业的第一，曾陷入困境的西尔斯也东山再起。

四、安东尼尼时期的公司治理

1. 经理报酬

为了激励安东尼尼有好的表现，K-Mart董事会给了安东尼尼一个激励性的报酬安排。安东尼尼的报酬由四个部分组成：基本工资、奖金、股票和股票期权。其中，奖金与公司业绩的关联度最大。安东尼尼在K-Mart的最后两年没有得到奖金。

1994年，股东提出了经理股票购买计划，其具体内容是每年奖金的20%以上应用来购买公司普通股。由于安东尼尼在1994年没有获得奖金，他也没有购买股票的资格。K-Mart公司还设定了股票期权计划，在该计划中经理每年都能获得股票认购期权。1994年，安东尼尼获得了K-Mart公司125000股普通股的期权。1993年他也获得了同样数量的普通股期权。

2. K-Mart公司的董事会

安东尼尼在任时，K-Mart的董事会有两个特点。第一，公司的CEO和董事长没有分开。安东尼尼从1987年开始就是K-Mart的董事长兼CEO，公司的权力集中在安东尼尼一人手中，董事会独立采取行动的能力很低。第二，K-Mart董事会很大，由13位董事组成。其中，主要是外部董事。在10位外部董事中，只有一位（Donald Perkins）有零售业经营的经验。所有的外部董事只是名义上拥有K-Mart的股份，这些董事并不积极，他们很少见面。K-Mart 董事会在公司决策方面几乎不起作用，对于改善公司治理的建议，董事会并不积极。安东尼尼对 K-Mart 的管理很少受到董事会的监管，直到他提出目标股票计划。有人认为，董事会支持安东尼尼不是因为它相信安东尼尼的能力，而是因为它缺乏独立性。

3. 公司的股东

股东关心的是股票和红利问题，当这个问题不能令他们满意的时候，他们就会动用手中的“股东投票权”和“股东诉讼权”。因此，安东尼尼不会轻易通过减少红利来实现他需要巨额资金的工作计划。

事实上，在安东尼尼掌权期间，红利政策一直是令其焦虑的一个问题。在 1994 年以前，K-Mart 连续 29 年增加红利。即使在目标股票计划受到争议期间，K-Mart 的董事会曾重新考虑过红利政策，但最后也没有变动。甚至在安东尼尼离职以后，董事会在利润不足以发放红利的情况下仍在坚持发放红利。一位证券投资公司的经理说：“K-Mart 什么时候开始减少红利，我什么时候开始认真地考虑问题。”1995 年 4 月，K-Mart 将红利减少了一半。1995 年 12 月，作为与债权人协议的一部分，K-Mart 停止发放红利。

正是 K-Mart 的红利政策促使了安东尼尼的目标股票计划产生，但是该计划却遭到了股东的反对，而该计划的失败促使了安东尼尼的离职。

与股东息息相关的红利政策是重要方面，除此之外负债政策也值得一提。除了 K-Mart 债权评级降低的周期性报告，安东尼尼在任期间，金融机构没有关注过 K-Mart 的债务水平。然而，当安东尼尼离开时，K-Mart 被认为有破产的可能。

1995 年 1 月 25 日，K-Mart 有 37 亿美元的长期债务，长期债务/权益比率是 0. 63，收入的利息倍数是 3. 06。相比之下，到 1995 年 1 月 31 日，Wal-Mart 的长期债务是 97 亿美元，长期债务/权益比率是 0. 76，利息倍数是 8. 55。虽然这些比率只提供了 K-Mart 和 Wal-Mart 财务状况的粗略分析，但有一点是清楚的，尽管 K-Mart 的债务水平相对较低，但它履行其义务的能力不如 Wal-Mart，这是因为 Wal-Mart 有较强的盈利能力。

4. 资本市场

由于安东尼尼重修 K-Mart 廉价商店和扩展特殊零售商店的计划需要大量资金，红利政策又要求公司把大量的现金分发给股东，所以，安东尼尼最后只有通过资本市场来获得资金。不幸的是，资本市场对 K-Mart 的普通股并不友好，在安东尼尼离职前，K-Mart 的股票价格是 12 美元/股，大大低于他刚开始上任的时候。而且 K-Mart 已经有大量的公众债务，评级机构也降低了 K-Mart 的评级。

有学者认为，K-Mart 的股票价格可能并不反映 K-Mart 的基本价值，有很多原因导致股价被低估。安东尼尼在任期间，股价的持续不理想，资本市场发出了不好的信号给安东尼尼，给 K-Mart 的董事会，给关心 K-Mart 业绩的投资者。正是这种外部治理机制传递的信息，才导致投资者对内部治理机制施压，最终赶走了安东尼尼。

五、安东尼尼离职与此后的 K-Mart

安东尼尼与机构投资者的严重分歧产生于他提出的“目标股票计划”。该计划得到了董事会的同意，但却遭到了机构投资者的反对。藉着对“目标股票计划”的反对，机构投资者开始批评安东尼尼的工作策略。例如 SWIB（State of Wisconsin Investment Board，一家公共基金，K-Mart 的机构投资者）对安东尼尼上任后 K-Mart 的业绩进行了批评，SWIB 的代表 James Severance 指出，K-Mart 发展特殊零售商店的战略偏离了其业务核心（廉价零售商店），他希望 K-Mart 能够重新考虑自己的发展方向，或者改变公司战略，或者改变战略的制定者。SWIB 对目标股票计划的反对立刻得到了其他投资者的支持。与此同时，穆迪和标准普尔均降低了 K-Mart 的评级。标准普尔发现 K-Mart 的业绩从 1988 年，也就是安东尼尼上任的第一年逐年下降。

但是安东尼尼似乎仍旧致力于未经股东同意的目标股份计划，他认为股东的投票是错误的。安东尼尼雇用了哈佛大学肯尼迪学院的教授 John Pound 作为他与 20 位机构投资者的中间人，这 20 位机构投资者拥有 K-Mart 公司 15% 的股份。然而，在与机构投资者进行交谈之后，Pound 得出结论，所有的机构投资者都希望卖掉特殊零售业务的子公司。

尽管如此，安东尼尼和董事会仍根据投资银行顾问的意见，决定采取发行目标股票来最大化收益。一般来说，大部分公司增发股票只需要董事会的同意。但是，K-Mart 的章程不允许发行目标股票。所以，在该股票发行之前，K-Mart 需要得到股东的同意，修改章程。在很多公司，股东会往往同意管理层提出的修改章程的建议，但是，K-Mart 公司的投资者却拒绝了这一建议。

为了缓和股东对他的批评，安东尼尼做出妥协，接受股东意见，卖掉了一些特殊零售子公司，并且从公司外聘请了 4 位新的副总裁。而这又成为股东判断其无能的重要根据之一。股东认为，安东尼尼“既不能把廉价商店经营得更好，又不能坚持其策略”以及“不能保持公司策略的连续和稳定”。不管安东尼尼怎么努力，股东还是要求他退位，董事会最后也不得不同意股东的要求。

可以说，安东尼尼最主要的离职原因是 SWIB 和其他机构投资者对董事会施加压力，要求解雇安东尼尼。机构投资者虽然不能直接参与到决策中来，但是他们对决策的结果有重要的影响。股东的影响力在几条股东投票权的规则中得到了保证：①州法律关于目标股票计划的投票规则；②州法律关于公司要获得大部分外部股东的投票支持后，才能修改公司章程，发行目标股票的规定；③州法律规定股东投票选举产生董事会，这样股东就能对董事会施加压力，要求安东尼尼离职；④联邦代理投票条款关于目标股票计划代理权诉讼的基本法则。

这些投票权并不要求股东对目标股票计划进行投票，因为该计划与资本结构的确定属于公司战略决策，但是这些条款决定了当有分歧产生时，该如何解决问题。另外，这些投票权允许股东对董事会施加压力。在 K-Mart 的公司治理中，股东没有直接权利换掉无能的经理，但是，股东投票权使得他们能通过威胁董事会要求更换经理。这个在经理之上的非直接力量是否有意义，取决于股东能否使得这个对董事会的威胁变得可信。在 K-Mart 公司所有权非常集中的前提下，股东非常坚定地向董事会进行威胁。

但是，安东尼尼离开后的 K-Mart 并没有因此扭转颓势，它始终没有找到解决自身问题的正确策略，相反却每况愈下。股东也没有在安东尼尼走后得到实际的好处。在 1995 年 4 月，K-Mart 公司将红利减少了一半。1995 年 12 月，作为与债权人协议的一部分，K-Mart 停止发放红利。

2002 年，K-Mart 的 CEO 查尔斯·康纳威（Charles Conaway）辞职，K-Mart 终因战略失误致使股票下跌、无力还债，于 1 月 22 日在芝加哥向伊利诺伊北区破产法院申请了破产保护，所列资产近 163 亿美元，债务约 103 亿美元，创下了美国历史上最大的零售业破产案。名列全球 500

强第 84 位在全美拥有 2114 家商店，雇员 25.02 万人，2000 年度营业收入达到 359 亿美元，就这样结束了自己的历史。

在安东尼尼之后，很多学者都在对 K-Mart 的案例进行反思，究竟是什么原因导致了 K-Mart 公司的衰败，公司是否应该赶走安东尼尼。一些学者认为安东尼尼是一个无能的管理者；或者说，他只是一个适合于管理经营得很好的企业的经营者，而 K-Mart 当时需要的是一位能扭转其经营滑坡的管理者。也有学者认为，K-Mart 公司的问题是其长期经营战略错误累积的结果，是管理不善的结果，它在竞争激烈的零售业中必将被淘汰。因此，安东尼尼不能使 K-Mart 从困境中走出，相比于马丁艾兹和沃尔顿，固然是没有能力的，但 K-Mart 公司自身存在的问题太严重，它的破产只是迟早的事情。

安东尼尼的离职也让学者去思考另外的问题。在解除公司经理职务方面，公司治理机制要避免两类错误：第一类错误是无能的经理没有离职，第二类错误是有能力的经理离职。公司治理的目标应该是减少这两类错误的总和。但在治理过程中，既可能会犯第一类错误，也可能使有能力的经理离开，犯第二类错误。在 K-Mart 公司的这个案例中，董事会和机构投资者是安东尼尼离职的主要原因，他们行为的起因是 K-Mart 较低的股票价格。但是，股票价格是否反映了经理的表现，是否应该基于股票价格来解除一个公司经理的职务，这是学者争论的焦点问题。

学者们经过研究认为，股东在公司治理中可以扮演一个很积极的角色，机构投资者的积极行为对解决第一类问题非常有帮助。但是，我们的目标是减少两类错误的总和，股东可以获得的信息有限，市场业绩是他们评判经理的主要信息来源和标准，这样就可能犯第二类错误。公司治理改革的目标应该是增加做出正确决策的可能性，所以，公司治理的改革应该着力于提高决策者获得充分信息的能力以及做出正确决策的激励，从而能够正确地做出判断和选择，改进内部约束，客观有效地解决经理无能问题。

4 Purina公司的经理报酬

本案例主要根据 Cynthia J. Campbell 和 Charles E. Wasley 于 1999 年发表在 Journal of Financial Economics 第 51 卷上的论文“基于股票的激励合约与管理业绩：Ralston Purina 公司的案例”（Stock-based incentive contracts and managerial performance：the case of Ralston Purina Company）和其他资料编写而成。

本案例研究了 Ralston Purina 公司在 1986 年 3 月所签订的一份激励经理层的报酬合约，并以这份合约的签订时间为分界线研究经理人员的行为变化。Cynthia J. Campbell 和 Charles E. Wasley 在他们的论文中认为，尽管签订合约后经理人员使公司保持了持续增长，并且公司股票的价格也达到了预期的上升目标，但这个报酬合约的设定是不科学的，它并没有将经理报酬与公司的价值创造有效地联系起来。

案例的主角 Ralston Purina 公司今天已经不复存在了。2001 年末，Ralston Purina 公司被瑞士著名的雀巢公司收购，整个并购金额为 103 亿美元。长期以来，雀巢公司一直把宠物食品作为业务的增长点。通过并购 Ralston Purina 公司，雀巢公司成功地实现了自己的战略目标，从而一举成为世界最大宠物食品市场——北美市场的新霸主。

2000 年，雀巢公司在全球宠物食品市场上的销售额是 40 亿美元，在北美市场是 13 亿美元。而 Purina 公司的全球销售额是 27 亿美元，其中有 22.5 亿美元是在北美地区。在并购的时候，雀巢公司拥有美国猫粮市场的 32%，狗粮市场的 26%；Purina 公司拥有猫粮市场的 10%，狗粮市场的 28%。并购之后新成立的公司叫作“Nestle Purina 宠物食品公司”（Nestle Purina Petcare Company），公司总部仍然保留在密苏里州的圣路易斯市。目前，公司有 7000 名员工。

一、Ralston Purina 公司简介

Ralston Purina 公司（以下简称 Purina 公司）是一个拥有百年历史的老家族企业，公司于 1894 年创立。公司的创立者有三个人：William Danforth，William Andrews 和 George Robinson，公司的总部在密苏里州的圣路易斯市。在 1896 年，William Danforth 成为了公司的主要股东，从那时开始一直到 1960 年代，Danforth 家族作为公司最重要的股东一直掌管着公司的日常事务。

我们知道，美国在 1960 年代开始了一次多样化经营的运动，很多企业都从自己比较熟悉的领域进入到自己不熟悉的相关业务领域，甚至是不相关的业务领域。Purina 公司也被这股浪潮所席卷。在 1960 年代之前，Purina 公司主要生产牲口饲料和宠物食品，但当多样化浪潮席卷而来之后，Purina 公司像很多其他公司一样，迅速开始向多角化经营的方向转变，进入到快餐业等领域。

但 Purina 公司的多样化战略并不成功。到 1970 年代末，各种业绩数据都表明公司的多样化经营战略彻底失败。不仅是公司的财务业绩非常不理想，而且由于 Purina 公司是一家上市公司，因此它在二级市场上的股价表现也非常不好。从 1976 年 12 月 31 日到 1979 年 12 月 31 日，短短三年的时间，公司股票价格就下降了 38%，而同期市场大势却是相当不错的。比如，CRSP 指数的年平均收益率是 13.05%。

价值线投资调查（The Value Line Investment Survey）是美国非常权威和重要的中介分析报告。在 1979 年的分析报告中有这样一段话，客观地反映了 Purina 公司的状况。该报告忠告广大股民："我们建议：不要持有 Purina 公司的股票。Purina 公司的股价多年来一直低于市场的平均水平，我们近期也看不到扭转这种趋势的迹象……，Purina 公司正在失去其三个核心业务的市场份额……，尽管 Purina 公司仍拥有最大的宠物食品市场份额，但它正在失去以往的地位。……面对越来越多的全国性快餐公司，Purina 公司的快餐业正在失去它以往的竞争优势。"

面对这种严峻的形式，公司董事会付给三位独立董事每人高达 10 万美元的报酬，请他们花费力量去为公司物色一名新的 CEO。这三位董事与公司的大股东没有任何的关联关系，他们在身份上是独立的。给这三位董事的报酬激励也足够高，在当时，10 万美元是这个公司董事年金的

10 倍。这三位董事经过细致选择，推荐了公司的副总裁 William P. Stiritz 作为 CEO 的候选人。

1981 年 7 月，Stiritz 被任命为 Purina 公司的总裁兼 CEO。1982 年 1 月，他又被选举为公司的董事会主席。在此后的 10 年时间里，Purina 公司的董事会一直以外部人为主。在董事会中，Stiritz 是惟一的高层管理人员。

1981 年，董事会对 Stiritz 提出了具体的要求：在未来的时间里，应注意改善公司的财务状况并增加公司的市场价值，重振公司的雄风，尤其注意将公司建设成为一心一意地关注如何增加股东价值的高回报的企业；如果必要，可以重新分析和研究公司日常运营的各个方面，对公司的战略进行调整以达到股东利益最大化的目标。

面对董事会的要求，Stiritz 从 1981 年开始明确地调整了公司的战略，强调简单和具体的战略安排与实施过程。公司将资金集中到能最大限度提高公司竞争能力和生产率的领域。对于公司的核心业务，给予重点关注和财务支持，然后，逐渐地通过剥离公司的不良资产，收购与核心业务密切相关的业务来增强公司的优势领域。

经过一系列调整战略，公司的业绩明显好转。从 1981 年 7 月至 1986 年 3 月，Stiritz 剥离了许多回报率低的非核心业务，收购了一些相关业务，增加了财务杠杆，并积极地回购股票。这些工作对公司的价值是有利的刺激，公司股票价格因此大幅上升。到 1986 年 3 月，公司股票的市场价格已经达到了 63.375 美元。

在这样的情况下，公司董事会为了保留和激励现任管理层，在 1986 年 3 月与公司的 14 位管理人员签订了基于股票价格的长期激励性报酬合约，旨在将管理层的个人利益与股东利益更紧密地联系在一起。

合约规定，在未来 10 年中，只要公司股票收盘价在连续 10 个交易日中高于 100 美元（除息后价格），那么，14 位高层管理者就可以获得 49.1 万股的限制性股票。其中，一把手 Stiritz 拥有 16 万股。结果，到 1991 年 2 月 22 日，仅仅用了 4 年 11 个月，公司的股票价格就达到了报酬合同所规定的要求，公司高层管理者成功地获得了报酬。

二、报酬方案的疑点

这个报酬合约背后所依据的原理是：只要高级经理人员努力工作，

他们的业绩将通过股票价格表现出来，于是，通过衡量公司的股票业绩，就可以确定是否应该给经理发放激励性报酬。当经营者获得高额报酬的同时，股东也获得了非常丰厚的收益。

在1982年到1991年，Purina公司的股东主要有Danforth家族财产的持有者Danforth基金会，Danforth家族作为主要赞助人的华盛顿大学，当然还有其他一些公司。这些机构持有公司大约15.5%的流通股份。按签约时的市场价值和100美元股价之间的差额计算，包括大股东在内的所有股东财富在这不到五年的时间里增加了31亿美元。经营者获得49.1万股公司股票，价值4910万美元。其中CEO收入最多，计1600万美元。

这本是千千万万美国公司管理者通过努力创造财富的故事中的一个，这样的故事每天都在华尔街发生着，实在没有什么特别之处。并且，这也是个皆大欢喜的结局。股东们因为股价的上涨获得了巨额财富，他们并没有什么不满之处；高级管理人员也相当快乐，因为他们的报酬数额价值不菲。

然而，当所有人皆大欢喜的时候，前面提到的两位学者Cynthia J. Campbell和Charles E. Wasley却认为这个报酬合约有很大问题。我们知道，虽然从原则上说，把经理报酬与公司的股票价格相联系可以使这两部分人的利益一致起来，但是，究竟在多大程度上使经理和股东的利益一致化起来，还要看以股票价格为基础的激励性报酬合约与股东价值创造是怎样相互联系的。而这两位学者就是从这个角度出发，怀疑Purina公司的经理报酬与公司价值创造并不完全一致。

然而，学者的任务不是去猜想，而是去证明。于是，两位学者通过8年的研究，在上述论文中给出了证明。他们的证明过程比较技术化。他们采用比较的方法分别研究了Purina公司和市场和行业的价值创造差异，也比较了经理自身行为方面的差异，最后得出“报酬方案设计不恰当”的结论。

为了回答“什么叫恰当、什么叫不恰当”这个关键问题，我们需要思考一个更为简单的问题：为什么要给经理激励性报酬？事实上，我们用报酬等方式来激励经理，就是希望他们比别的经理做得好，包括比市场上其他经理做得好，比同行业中其他经理做得好。只有比别人做得好，他们才值得我们给予他们好的报酬。他们获得股东的激励性报酬，并不是因为他们的经理身份，而是因为他们比别的经理做得好，而他们比别人好得越多，他们越应该得到较高的激励性报酬。

实际上，两位学者的研究逻辑如下。为了证明报酬方案设计得不恰当，首先需要证明 Purina 公司的经理在为股东创造价值方面做得没有市场上所有经理的平均水平那样好；但是，即使经理做得不够好，是不是由于 Purina 公司所处的行业在这个时期普遍不好呢，为了解决这个问题，还需要做行业比较，要证明 Purina 公司的经理做得没有和行业中的其他经理一样好。除此之外，两位学者还证明了由于报酬方案的引导，Purina 公司的经理在行为上并没有完全去追求股东利益的最大化。

以下三节，我们将分别就上述三个层次的问题转述 Cynthia J. Campbell 和 Charles E. Wasley 的研究发现。

三、市场比较

两位学者的研究成果发表在权威的《财务经济学杂志》上。他们用非常详实的数据测算表明：尽管 Purina 公司的股价在 1991 年上升到 100 美元，与 1986 年相比上涨了 57.8%，但是，股东不应该对公司经营者的业绩满意。因为在当时的市场环境当中，Purina 公司的经理报酬合约可以说是为经营者提供了一份相当轻松的工作，经营者在拿到高额报酬之时，并没有为股东财富的增值做出应有的贡献。换言之，该报酬合同并没有做到把经理报酬与股东财富增值挂钩，没有起到应有的激励作用。如果经营者真是既尽职又努力，在 80 年代后期的行业环境中，公司的股价还可以涨得更高。

两位学者用 CAPM 方法估计了公司的资本成本，并与报酬合约要求的资本回报率作了个比较。通过计算，他们发现管理团队所给股东带来的回报远远低于 Purina 公司的资本成本。事实上，当时市场上的无风险利率（10 年期的政府债券利率）为 7.5%，按照历史平均的 7.5% 的风险升水，并根据 Purina 公司 0.96 的贝塔值（根据合约签订前 5 年的日数据估计得到），Purina 公司每年的资本成本应该是 14.7%。如果去掉红利的因素，减去 Purina 公司历史平均的红利收益率 3.1%，Purina 公司经过红利调整的资本成本为 11.6%。

但是，根据 Purina 公司的报酬合同，公司的股价在 10 年内涨到 100 美元，这样下来每年的资本收益率只有 4.67%。这一水平远低于 Purina 公司的资本成本。而按照调整后的 11.6% 的资本成本，公司在一个好经营者手里 10 年后的股价应该达到 189.92 美元。或者按时间来算，公司达到100美元股价的时间应该是4年零3个月，而不是实际上的4年零11个月。这样，由于报酬合约选择不当，如果经营者恰好在10年期满的时候使公司股价连续10天达到100美元的预定股价，并因此得到高额报酬，实际上他们给股东带来的每股损失是89.92美元。

由此，他们向社会宣告：Purina公司的经营者报酬合约对股东来说是失败的合约，它做了任何一份好的报酬合约都不会做的事情：为经营业绩不佳的管理者提供了高额报酬。这份合约使股东“赔了夫人又折兵”。

两位学者进一步的测算表明，如果按行业状况对Purina公司的业绩进行调整，可以发现Purina公司的股东在获得31亿美元财富的同时，还有21亿美元他们应该得到的财富，经营者并未让他们得到。在用于比较的13家同行业公司里，如果换上11家公司的经营者，他们都能够得到这一笔收入。Purina的经营者虽然没有给股东带来他们应该得到的财富，但却获得了股东的巨额奖赏，而股东这时还懵然无知，真应了中国的老话：被人卖了，还在帮人家数钱。

四、行业比较

正如上文所指出，如果不看同行业公司在同时期的表现，Purina公司的股东在4年多的时间里从股价上涨中得到了31亿美元的财富。然而，如果跟同行业平均水平相比，Purina公司的股东少赚了21亿美元。两位学者认为，这份报酬合约其中一个不合理之处正是把经理报酬基于绝对的股价指标，而不考虑相对的业绩表现。为此，他们找了与Purina公司同行业的其他13家公司，以此作为参照，来考察Purina公司在同行业当中的相对业绩。

在1981年新任CEO上任到1986年3月报酬合约签订之前这段时间内，经营者的努力使得Purina公司在同行业的比较当中处于相对不错的地位。如果在1981年投资1美元到Purina公司，按行业调整后的回报率来计算，到1986年，这个投资的价值会达到1.82美元。这表明在这五年间，Purina公司的经营者确实在为股东创造价值。

实际上，也正是看到Purina公司的经营者在前期是为股东创造价值的，公司才给经理们设定激励性薪酬，但问题是薪酬方案设计得非常不合理，包括报酬的内容和结构都不是非常恰当。Purina公司的薪酬计划历来强调经理报酬与公司股票价格挂钩，这一点可以从Purina公司与行业其他公司的薪酬计划对比看出。但这是否是比较合适的呢？值得探讨。案例表 4 －1 显示了 Purina 公司与同行业其他公司的 CEO 薪酬结构的对比。

案例表 4 －1　Purina 公司与同行业公司经理报酬结构对比

报酬	企业	合同签订前（1982～1986）		合同签订后（1987～1991）	
		年均报酬（千美元）	股票占总报酬的比率（%）	年均报酬（千美元）	股票占总报酬的比率（%）
工资和奖金	Purina	855	21.8	1162	16.7
	行业平均	856	50.7	1481	37.0
股票期权	Purina	1853	47.3	3359	48.4
	行业平均	714	42.3	2268	56.7
限制性股票	Purina	1212	30.9	2422	34.9
	行业平均	119	7.0	253	6.3
合计	Purina	3920	100	6943	100
	行业平均	1689	100	4003	100

按照通常设计经理报酬的思路，报酬政策的分析应从两个方面着手。报酬总额的合理是一个方面。从给 CEO 的报酬总额来看，在 1982～1986 年和 1987～1991 年这两个时间段里，Purina 公司给 CEO 的报酬总额分别达到 392 万美元和 694.3 万美元。同时期，13 家对比公司的平均 CEO 报酬总额分别为 168.9 万美元和 400.3 万美元。经理报酬的另一方面是薪酬结构要合理，要做到经理报酬与公司业绩密切联系。在 1982～1986 年新的报酬合同签订前的这段时间内，Purina 公司的 CEO 报酬有 78.2% 的部分与股票价格挂钩，分别以股票期权和限制性股票的形式存在。同时期内，行业平均水平为 CEO 报酬的 49.3% 与业绩挂钩。

在新的报酬合同签订后，从 1987 年到 1991 年，Purina 公司的 CEO 报酬与业绩挂钩的部分达到 83.3%。这一时期内，行业平均的 CEO 报酬与业绩挂钩的部分只有 63%。这一对比充分显示出 Purina 公司的 CEO 薪酬政策要比同行业的其他公司更加强调对 CEO 的股权激励，希望使报酬与股票业绩的联系更加紧密。在 1986 年新的报酬合约签订之后，Purina 公司的 CEO 报酬中与业绩挂钩的部分占了更大的份额。

可以看出，Purina 公司的董事会想通过这份合约给 CEO 提供更大的激励。但事与愿违，由于这份合约设计得并不合理，它没有给 CEO 更大的激励，也没有给 Purina 公司带来更好的业绩。两位学者计算了 Purina 公司从

1986年3月合同签订到1991年合同的报酬实现这段时间的行业调整后的收益。如果投资者在1986年投资1美元于Purina公司的话，依据行业平均回报率调整后的价值变化可知，在1991年经营者得到他们的报酬时，1美元的投资价值已经下降到0.59美元。也就是说，在Purina公司的经营者拿到巨额报酬的同时，实际上他们的经营比同行业的公司差了一大截。

两位学者还计算出，如果让13家同行业的公司也在同一天签订同样一份报酬合约，它们当中有11家比Purina公司更早达到合同约定的股价。其余两家公司一家比Purina公司多用了2个月，另一家到1991年底还没有达到约定的股价。但是，那11家用时少的公司平均只用了2年零6个月的时间就可以达到预定目标，比Purina公司的4年零11个月早了许多。这些计算反映出，在报酬合约签订后到合约的报酬实现这段时间内，Purina公司的经营者与同行业的其他经营者相比，表现得相当糟糕，但是他们仍然拿到了股东的高额报酬。

五、管理者的行为比较

为了进一步支持自己的结论，两位学者又用非常专业的方法进一步比较了Purina公司在1981～1986年和1986～1991年这两个阶段的经营者行动的财富效应。他们发现，就兼并与剥离、日常经营、股票回购、财务政策等方面看，报酬合约的签订并没有使经营者更加努力，经营者的行为没有显著的改变，报酬合约并没有激励经营者为股东创造出更多的价值。相反，两位学者发现，经营者在第二个阶段的行为也不是完全没有变化，他们改变了红利政策，以便更有利地实现100美元的股价目标。新报酬合约签订后，经营者显著地降低了公司的红利支付率。

如案例表4－2所示，两位学者先后计算了Purina公司在合同签订前（1981～1986）和合同签订后（1986～1991）两个时期公告的财富效应。这种财富效应反映在经营政策公告期内的股东财富变化。在合同签订前的时间里，Purina公司未经调整的财富变化总额为46.38亿美元，其中45%（20.69亿美元）为公告期内的财富变化。同时期经过行业调整后的财富变化总额为11.31亿美元。在合同签订后到合同报酬实现这段时间里，未经调整的股东财富变化总额只有31.11亿美元，其中只有16.6%（5.19亿美元）来自政策公告的财富效应。尽管在这一时期内经营者得到了更多的股权激励，股东价值的增加却逊色于前一时期。

案例表 4 – 2　　　　合同签订前后公告的财富效应

	合同签订前（1981. 7. 1 ~ 1986. 3. 19）			合同签订后（1986. 3. 20 ~ 1991. 2. 22）		
	交易日	实际的财富变化（百万美元）	行业调整后的财富变化（百万美元）	交易日	实际的财富变化（百万美元）	行业调整后的财富变化（百万美元）
有消息披露的天数	281	2069	1235	240	519	640
无消息披露的天数	912	2569	–104	1007	2592	–2712
总天数	1193	4638	1131	1247	3111	–2072

如案例表 4 – 3 所示，两位学者发现，如果分开考察各类型经营政策对股东财富的影响，所有这些经营者行为对股东的财富（行业调整后）的影响在合同签订前后两个时期内并无显著差异。在此基础上，他们进一步考察了各个方面的经营者行为。他们发现，在公司的收购和剥离政策上面，经营者在两个时期的行为相当一致。经营者通过一系列收购和剥离的动作，使 Purina 公司的经营由多元化向消费者产品领域集中。

案例表 4 – 3　　　　合同签订前后具体经营政策的财富效应

公告类型	合同签订前（1981. 7. 1 ~ 1986. 3. 19）			合同签订后（1986. 3. 20 ~ 1991. 2. 22）			合同签订前后的均值比较（p 值）
	公告次数	行业调整后的财富变化（百万美元）		公告次数	行业调整后的财富变化（百万美元）		
		总额	平均		总额	平均	
收购	8	324	40. 5	13	376	28. 9	0. 74
剥离	32	426	13. 3	10	389	38. 9	0. 41
经营业绩	35	256	7. 3	42	336	8	0. 98
股票回购	11	559	50. 8	7	647	92. 5	0. 23
股利政策	17	150	8. 8	20	–462	–23. 1	0. 17
财务政策	16	–210	–13. 1	18	18	1	0. 45

案例表 4 – 4 也显示了 Purina 公司从 1981 年到 1991 年的业务变化。Purina 公司的消费者产品（人和宠物食品）在 1981 年分别占销售额和营业利润的 37% 和 53%，到 1986 年增长到 67% 和 78. 8%。到 1991 年，Purina 公司的消费者产品（包括人和宠物食品以及其他消费者产品）占销售额和营业利润的份额分别达到了 87. 5% 和 95%。因此，新的报酬合同并没有使 Purina 公司的经营者在收购和剥离方面的政策发生显著变化。

案例表 4－4　　Purina 公司的业务结构变化

业务类型	主要产品	销售额百分比	营业利润百分比
1981			
农业	动物和家禽饲料	47.8	33.6
人和宠物食品	宠物食品、海产品和谷类食品	37	53
餐馆	快餐和餐馆	11.2	10.6
多元化业务	大豆蛋白制品及其他	4	2.8
1986			
农业	动物和家禽饲料	26	13.4
人和宠物食品	宠物食品、焙烤食品和谷类食品	67	78.8
其他消费者产品	电池、大豆蛋白制品及其他	7	7.8
1991			
农业（国际化）	动物饲料	12.5	5
人和宠物食品	焙烤食品、宠物食品和谷类食品	60.7	67.3
其他消费者产品	电池、大豆蛋白制品及其他	26.8	27.7

与这种业务调整相一致的是 Purina 公司在研发和广告上的投入变化。消费者产品领域激烈的竞争状况使 Purina 公司的经营者保持较大的研发和广告投入。从案例表 4－5 可以看出，Purina 公司的研发和广告支出比例一直高于行业平均水平，并且，在 1986 年之后，Purina 公司的研发和广告支出比例有显著的增长。但是，从经营业绩（资产收益率和现金销售比率）来看，新的报酬合同并没有使 Purina 公司的经营者在经营业绩方面有显著的改进。

案例表 4－5　　合同签订前后各项经营指标的变化

比率	合同签订前（1982～1986）			合同签订后（1987～1991）			合同签订前后均值对比（p 值）
	Purina	行业平均	与行业对比（p 值）	Purina	行业平均	与行业对比（p 值）	
研发支出/销售额	0.8	0.7	0.07	1	0.6	0.009	0.01
广告支出/销售额	9.1	5.2	0.01	12	6.5	0.01	0.01
资产收益率	12.4	10.5	0.14	14.4	9.7	0.01	0.68
现金/销售额	5.8	4	0.01	6	5	0.14	0.14
每股股利变化百分比	9	9.3	0.54	14.1	13.3	0.99	0.01
股利收益率	3.1	3.3	0.53	1.8	2.4	0.01	0.09
股利支付率	43.5	37.3	0.46	27.1	103.7	0.01	0.05
长期负债账面值/权益市值	6.4	62.5	0.1	53.3	55.6	0.68	0.4

两位学者考察的经营者行为还包括股票回购政策、股利政策以及财务政策。Purina 公司一直喜欢将股票回购作为把多余现金返还给股东的手段。1982~1986 年，Purina 公司通过股票回购向投资者返还了 11 亿美元，占了该时期现金总额的 74%。1987 年到 1991 年，回购支出了 18 亿美元，占现金总额的 90%。案例表 4－3 的数据表明，这两个时期内的股票回购对股东财富的影响并没有显著差异。

然而，通过计算每股股利变化率等指标，两位学者发现，新的报酬合同签订前后的两个时期里，Purina 公司经营者采取的股利政策存在着显著差异。为了使股价更快地达到合同约定的目标，Purina 公司的经营者改变了股利政策，减少了向股东分红。此外，案例表 4－3 和案例表 4－5的数据显示，Purina 公司的财务政策（杠杆）在合同签订前后没有显著变化，对股东财富的影响也不存在显著差异。

至此，两位学者发现，Purina 公司报酬合约的激励并没有使经营者更加努力地为股东创造财富。相反，经营者意识到不分红会使得股票价格更快地达到合同约定的 100 美元这一目标，为了他们自己的利益，经营者在合同签订后明显地减少了公司的分红。

六、学者的作用：议论

在本案例的经济学或财务学意义需要进一步讨论的同时，我们也需要认识到本案例的另外一层含义，即学者的作用。我曾经以“偏执，学者贡献社会的方式”为题在《经济观察报》上写过一篇短文，讨论过这方面的内容。

事实上，正是一大批真正学者的执著努力，才使我们这个社会在不断获得知识的同时，社会运行的每一个环节也接受着历史的检验和历史的监督。美国的安然公司案和我国的蓝田公司案，都是由学者首先发现，并经过媒体披露得以昭示天下的。如果没有学者们用专业技术进行的监督，这些高水平的造假案或本文故事中经理报酬设计不合理而损害股东价值的情况，是无论如何不会被发现的。

其实，真正的学者对于社会的价值，还不仅仅局限于监督环节，他们的努力直接推进着社会制度的创新和文明方式的进化，并且决定着这个过程的速度和节奏。我甚至以为，在今日世界里，国家之间的竞赛，根本上就是文明方式的竞赛，是文明方式进化的竞赛，是接受先进文化的竞赛。而在这个过程中，真正的学者的作用是至关重要的。可以说，他们孜孜以求的探索精神，是一个社会或一个国家不断前进的动力。

1988 年前后，梁从诚先生曾经办过一本叫《知识分子》的杂志，好像是在中国和美国同时发行的，不过办刊时间不长。最早的一期中，记得有一组讨论“什么是知识分子”的文章。有一篇文章，是个法国学者写的，名字已经忘记了，但有这样一段意思，我还是有印象的。大约是说，知识分子是那些对社会“不满”的人。科技领域的知识分子对自然世界“不满”，就会不断进行发明创造；而人文和社会科学领域的知识分子对社会的某些制度规定“不满”，他们就会写文章向社会呼吁，要创新我们的制度，向更加美好的方向前进。

我们故事中的两位学者，就是这样的“知识分子”。他们根据专业素养，认为 Purina 公司的报酬合约存在着某种问题，于是，他们进行了长达 8 年的研究，致力于找到说明 Purina 公司的报酬合约不恰当的证据。或者更准确地说，他们试图发现对所有此类合约进行判断的一种方法。他们要给所有的投资者、股东、董事会成员、政府机构的监管者带来新的知识和方法。他们要让所有人都觉悟，进而引发在不同层面、不同范围的制度创新，防止股东价值无端损失、但却要付出高额报酬的情况再次发生。

既然学者们的工作这样重要，我们实在有必要去考虑如何创造一个在社会中激发、鼓励和保护学者们“偏执”的机制。这其中，最关键的是要保护学者们研究问题的、近乎“偏执”的激情。真正的学者都是一些具有“偏执”倾向的人，如果没有“偏执”倾向，他们不会穷其一生的精力研究那么一个小小的问题，而且还津津有味。本文提到的两位学者的论文最早是在 1994 年 9 月写成的，然而在他们投给了《财务经济学杂志》之后，竟然进行了近五年的评议和修改，直到 1998 年 3 月才最终定稿，被杂志接受。显然，如果不是具有“偏执”精神，这个冷板凳如何坐得下去。

然而，这种“偏执”精神，却是社会最最宝贵的财富，我们必须要加以支持、鼓励和保护，而不是限制。在这一方面，美国有很多值得我们借鉴的地方。在美国的社会生活中（不仅仅是学术界和舆论环节），有很多保护和鼓励学者“偏执”的机制，力求做到既鼓励学者“偏执”，但又要让你“偏执”得有道理，不能“偏执”得出格。在“偏执”的过程中，你要花很多时间去学习新的东西，去研究问题、寻找证据；然后，你要花大量的时间在各种各样的研讨会上向你的同行讲述你的发现，接受同行的提问，甚至质疑；之后才能进入到发表阶段，在接受严格的匿名审稿之后才能向社会公开发表，影响社会舆论，进而影响制度创新和文明方式的进化。

相比之下，我们却没有这样一套容忍、保护和鼓励“偏执”的制度。于是，我们经常在舆论上看到未加研究、感想式的、不负责任的言论，我们也经常看到浅尝辄止的空泛议论，但我们却很少见到有价值的、力透纸背的、真正称得上“研究成果”的发现。没有了“偏执”者的监督和提议，相信低效率的情况就会很多，社会不健康的地方也会不少，制度创新和社会进步的速度会很慢。

当然，在中国，限制学者“偏执”的一个重要原因，是太多的信息不能公开。举例来说，我曾经主持过一个国际合作项目，研究的内容是就某一种市场机制进行国别之间的比较。我们需要使用大量的数据。然而，这类数据在全世界所有发达市场经济国家都是可以公开获得的，但在我国，却被视为重要“机密”。这样，我们就需要花很多时间自己一点点地记录数据，“偏执”的效率很低。很显然，在让学者们“偏执”之前，让他们真正能够做点有用的学问之前，我们还需要为他们扫除“信息获得”这个最大的壁垒。这是靠学者自己的力量不能解决的问题。

5 霍尼韦尔公司的股东争议

本案例主要根据 Karen Van Nuys 于 1993 年发表在 Journal of Financial Economics 第 34 卷上的论文“通过代表过程的公司治理”（Corporate governance through the proxy process）和其他资料编写而成。

本案例描述了 Hollywell 公司发生在 1989 年的代理权争夺过程，以及随后的公司重组和后果。从这个案例中，我们可以看到美国上市公司中股东行动的真实过程。本次股东行动是由小股东发起的，但是，由于得到了两个养老基金的支持，影响非常显著。该争夺和随后的重组似乎增加了公司的价值，并导致了公司的战略重组。

一、霍尼韦尔公司简况

霍尼韦尔公司的历史可追溯到 1855 年，Al Butz 开发了熔炉控制系统后，于 1855 年将此系统作为主要产品成立了一个公司。后来，Butz 电子温度调节器公司在明尼亚波尼斯州正式成立后，被合并了的温度控制公司收购。1893 年，公司正式更名为电子供热调节器公司（HER）。霍尼韦尔公司前身就是这些公司，它成立于 1927 年，并于 1963 年正式更名为霍尼韦尔有限公司（霍尼韦尔 Inc.）。1927 年后的霍尼韦尔公司主要从事设计和生产自动调温计和其他用于建筑、航空等工业领域的电子控制设施。

二战以后，霍尼韦尔公司逐渐多样化，开始进入武器和计算机工业领域，1986 年之前公司从未有过亏损。1970 年，霍尼韦尔电脑业务与美国通用电气公司合并，组成霍尼韦尔信息系统公司。1986 年与法国布尔、日本 NEC 合作成立霍尼韦尔 - 布尔公司。以后业务逐渐缩小，1999 年结束电脑业务。1986 年，公司成功收购了 Spery 的航空业务，奠定了其在航空界的地位。霍尼韦尔一跃成为航空界领先的航空电子系统的集合者。

在70多年的发展史中，霍尼韦尔的足迹遍布全世界。到1998年，它在全球有83家子公司，13家合资企业。主要产品是航空设备、各种电子设备等，同时还涉足电脑、化工、医药领域。今天，霍尼韦尔公司是一家销售额为240亿美元，在多元化技术和制造业方面占领导地位的公司。在全球，其业务涉及航空产品及服务；住宅及楼宇控制和工业控制技术；自动化产品；特种化学、纤维、塑料以及电子和先进材料等领域。

霍尼韦尔公司在全球95个国家拥有10.8万员工，总部设在美国新泽西州莫里斯镇，在纽约、伦敦和芝加哥太平洋证券市场上市，为道琼斯工业指数的30家构成公司之一，也是“标准普尔500指数”的成分公司。2002年，David M. Cote成为公司的董事会主席和CEO。公司现在的目标是成为新千年里世界级的领袖企业。

二、是什么引起了股东争议

1986年，霍尼韦尔公司面临计算机主机市场的失败，进行了一次较大的结构重组，包括加强公司的基本业务以及卖掉大部分计算机业务。1986年的重组使得公司劳动力从94000人降到78000人，减去重组成本，第四季度的损失为4.93亿美元。

1986年的重组还包括花10.3亿美元从Unisys处购买了Sperry Aerospace Group。虽然这与霍尼韦尔的航空业务相关，但是很多分析家对价格提出了疑问。由于Unisys错误地估计了Sperry的价值，后来，霍尼韦尔向Unisys提出诉讼，要求赔偿3.5亿美元。

70年代末和80年代，霍尼韦尔的资产大量增加，由于公司对员工和其他利益相关者非常好，声誉得到了加强。但是，霍尼韦尔的管理层承认，在80年代末，对雇员没有严格的生产率要求，产生了较低的生产力，使霍尼韦尔的股东受到了损失。1978～1989年，霍尼韦尔的资产从28亿美元增加到53亿美元，但是每个员工的平均生产率（用销售量衡量）低于行业水平，股票回报率也是如此。案例表5－1是1984～1989年霍尼韦尔的资产回报率和人均销售量，以及按三位数行业编码（测量和控制设备）来考察的行业状况。

案例表 5－1　　　　　从 1984～1989 年的业绩数据

年　份	资产收益率			人均销售量		
	霍尼韦尔（%）	行业（%）	行业调整	霍尼韦尔（千美元）	行业（千美元）	行业调整（col. 5－col. 6）
1984	6.02	5.90	0.12	64.43	69.17	－4.74
1985	6.71	5.08	1.63	70.46	73.55	－3.09
1986	－6.91	6.34	－13.25	68.87	78.53	－9.66
1987	6.22	3.89	2.33	84.68	85.96	－1.28
1988	－5.25	4.54	－9.79	91.20	92.87	－1.67
1989	13.19	3.45	9.74	83.40	95.57	－12.17

1988 年 10 月 21 日，霍尼韦尔宣布第三季度公司亏损 2.22 亿美元，大部分来自其航空仪器部门。1988 年 10 月 24 日，《华尔街日报》头条报道了这一亏损的情况，一些分析家和投资者开始不再信任霍尼韦尔。该报道提示：公司很可能是一个潜在的被接管对象，一位分析家认为霍尼韦尔破产的股票价格为 115 美元每股，而当时霍尼韦尔的交易价格是 62.38 美元。

1988 年 12 月，霍尼韦尔宣布当年亏损超过 40 亿美元，大部分是由于公司重组所产生的。分析家开始对公司内部财务控制提出疑问，其理由是在 1986 年对 Sperry 的购买中，没有付出应有的努力，之后的 18 个月里不断暴露出很多问题。1989 年 1 月初，霍尼韦尔的首席财务总管 Louis Navin 被要求辞职。几个星期以后，公司公布亏损额为 4.82 亿美元，其来源包括重组成本、税收、会计方法的变化等等。案例图示 5－1 是霍尼韦尔 1987～1990 年的累积超额收益变化情况。

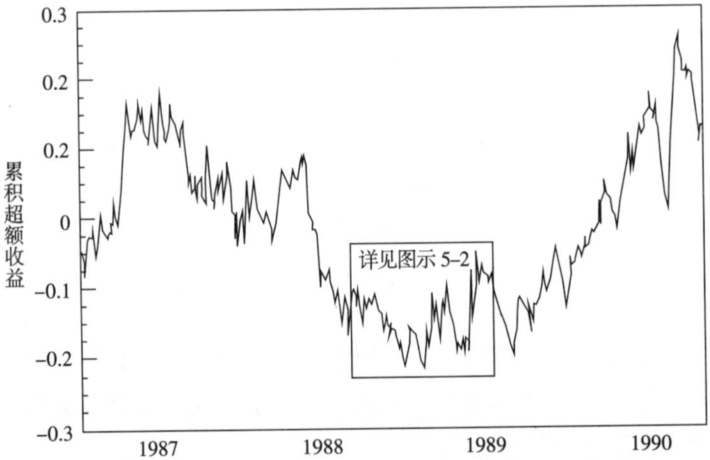

案例图示 5－1　霍尼韦尔从 1987～1990 年的累积超额收益率

1988年末，不满的情绪在股东中非常盛行。Navin 的接班者 Christopher Steffen 后来回忆说，那个时候股东名单列表中有很多著名的接管者的名字，而且他们所拥有的股份也在增加。这使管理层意识到，如果不及时采取果断的行动提高业绩，整个公司很有可能会被其他什么人买走。为了生存，霍尼韦尔需要再次进行重组，1988年12月，董事会开始寻找新的能够重新建立起投资者的信心和对公司进行重组的 CFO。

在1989年2月董事会会议上，董事们投票决定在5月5日的股东大会上提出对两个反接管措施的修改建议。第一个建议是将董事会12位成员分为三组，每年对其中一组进行改选。如果该建议通过，它将会防止任何一个外部人在年会上有控制霍尼韦尔董事会的机会。第二个建议是取消股东书面许可行为。如果这个建议通过，它将会保证股东采取行动必须通过董事会。由于霍尼韦尔的公司章程没有赋予股东召开特殊股东会议的权利，取消他们书面许可行为将会使股东只有在股东年会和管理层提出的股东临时会议上采取行动。

虽然一些投资者把这些建议认为是管理层寻求控制权的根据，但霍尼韦尔的秘书长 Sigurd Ueland 坚持认为它们是用来给董事会时间和讨价还价的力量，这是当公司遇到敌意收购时，股东能够得到一个公平价格所必要的。

1989年2月之前，霍尼韦尔已经有几个防止接管的措施，它们分别在1981和1985年得到了大部分股东的支持。董事会还在早些时候没有经过股东的同意采取过毒丸措施。霍尼韦尔的总部虽然在 Minnesota 的 Minneapolis，但是由于在 Delaware 成立，对霍尼韦尔来说，Delaware 的反接管法律同样生效。该法律事实上不允许拥有公司股份15%以上的股东三年内接管公司，除非得到董事会的同意。不过，外部人是有可能通过代理权竞争获得董事会大部分席位、然后通过投票支持合并来获得公司的。所以，1989年霍尼韦尔的反接管建议就是要防止外部人在一年内获得大部分董事会的席位。

1989年5月，Christopher Steffen 加入公司，成为新的 CFO。他曾经是 Chrysler 的副总裁和负责人。1980年以来，Steffen 在 Chrysler 获得了危机管理的经验以及通过严格的经营资本的管理来减小成本的专家声誉。分析家们称赞 Steffen 的上任，因为他经历了 Chrysler 最艰难的时期，知道充分利用公司的资产结构。

1989年2月，霍尼韦尔宣布其大量亏损之后，3月23日管理层寄出了描述新的反接管建议的代理权材料。这个时候提出该建议是非常有争议的。在公司业绩较差时提出，对股东来说非常难以做决定。1986 年开始的重组已停滞不前，很多投资者认为对反接管措施的修改是公司管理层在不断增加的控制权竞争中保护自己的一项措施。案例表 5 - 2 描述了 1989 年 3 月霍尼韦尔公司的所有权分布状况，其中霍尼韦尔经理和董事共拥有 0.3%，机构投资者拥有 61.2%。

案例表 5 - 2　　1989 年 3 月霍尼韦尔公司的股权分布

	股份的数量	流通股票数量的百分比
流通股总数	43135894	100.0
反对方		
北美合伙公司	1092350	2.5
CalPERS 基金	467600	1.1
PennPSERS 基金	341400	0.8
股权总计	1901305	4.4
经理和董事	108504	0.3
其他机构	26402000	61.2
其他流通股	14724040	34.1

案例表 5 - 3　　公司董事会成员名单

姓　名	年　龄	身　份	起任时间，及 1992 年是否还在任
Baciocco, A	58	退休海军将军	1988 年起任，在任
Bailey, E	50	教授	1985 年起任，在任
Clark, E	62	其他公司退休董事长	1984 年起任，在任
Donaldson, W	57	其他公司董事长	1982 年起任，在任
Greenward, G	53	其他公司副董事长	1988 年起任，在任
Joseph, G	65	高级研究员	1981 年起任，在任
MacIntosh, A	67	公司合伙人	1978 年起任，1992 年离任
Renier, J	59	本公司董事长	1978 年起任，1992 年仍为董事长
Rothmeier, S	42	其他公司董事长	1985 年起任，在任
Sarni, V	60	其他公司董事长	1985 年起任，1991 年离任
Spencer, E	62	本公司退休董事长	1969 年起任，1990 年离任
Wright, M	50	其他公司董事长	1987 年起任，在任

三、股东行动的过程

霍尼韦尔的一个投资者是 NAP 合伙人公司。NAP 是由有名的 27 岁的接管专家 Edward Lampert 和金融股票专家 Richard Rainwater 领导的投资团体。Lampert 从 1988 年开始对霍尼韦尔感兴趣，也就是霍尼韦尔航空仪器部门遭受大量亏损的时候，他开始购买霍尼韦尔的股票，并预期会发生控制权事件和重组，虽然他并不期望做这些事件的发起者。

Rainwater 认为 NAP 一向都是一个相对被动的投资者，但霍尼韦尔代理权材料中反接管措施的修改激起了他们的行动。投资者认为建议会严重限制股东采取有效行动的权利，取消股东影响管理层改变的权利。NAP 联系了机构股东服务协会 ISS，讨论了 NAP 对这些建议的选择。他们决定首先与管理层联系，达成协议，如果失败，进行代理权争夺。这时，NAP 拥有霍尼韦尔 2.5% 的股份。Lampert 和 Rainwater 决定花 35 万美元去游说其他股东，他们非常相信如果管理层的建议通过，将会减小他们所拥有的霍尼韦尔股票的价值。

机构投资者拥有大量股份，反对管理者的建议需要得到机构投资者的支持，NAP 为了加强在机构投资者中的信誉，它找到了两个支持者，ISS 的两个机构客户——CalPERS 和 PennPSERS。这两个养老基金都对霍尼韦尔非常感兴趣。

NAP 向这两个养老基金保证，它无意接管霍尼韦尔，NAP 将会支付代理权竞争中的所有成本。养老基金同意将他们的名字加入反对霍尼韦尔管理者建议的名单中。当时 PennPSERS 的首席顾问 Abbott Leban 指出该机构参加代理权竞争根本不用多考虑，PennPSERS 已经有一项反对霍尼韦尔建议的书面政策。如此一来，他将不承担代理权争夺的成本。总的来说，三位持反对意见的投资者拥有霍尼韦尔 4.4% 的股份。他们请来代理权争夺公司 Georgeson 公司帮助他们协调与股东之间的交流。

1989 年 4 月 9 日，NAP 和 ISS 给霍尼韦尔的 CEO James Renier 打了电话，叫他放弃原有计划并建议他们开会讨论如何提高霍尼韦尔的业绩。Rainwater 和 Lampert 都强调他们不想与霍尼韦尔关系破裂。但是 Renier 与董事会商量以后决定拒绝股东的要求，于是反对者向 SEC 提出了初步的代理权材料。

4 月 28 日（星期五）下午 4 点，也就是霍尼韦尔股东大会召开前的一个星期，SEC 通过了反对者提出的代理权资料。反对者将这一消息散布出去，告诉了报社和有线电视台，并且将代理权材料发给了霍尼韦尔的机构投资者、银行和经纪人公司。图示 5－2 是霍尼韦尔公司从 1988

年10月到1989年8月的累积超额收益率分布以及代理权竞争期间的交易量。4月28日，霍尼韦尔的股票交易量为528000股，两倍于平时的250000股，4月28日和5月1日两天的回报率为5.1%。霍尼韦尔股票的交易量在接下来的一周里仍然很大。

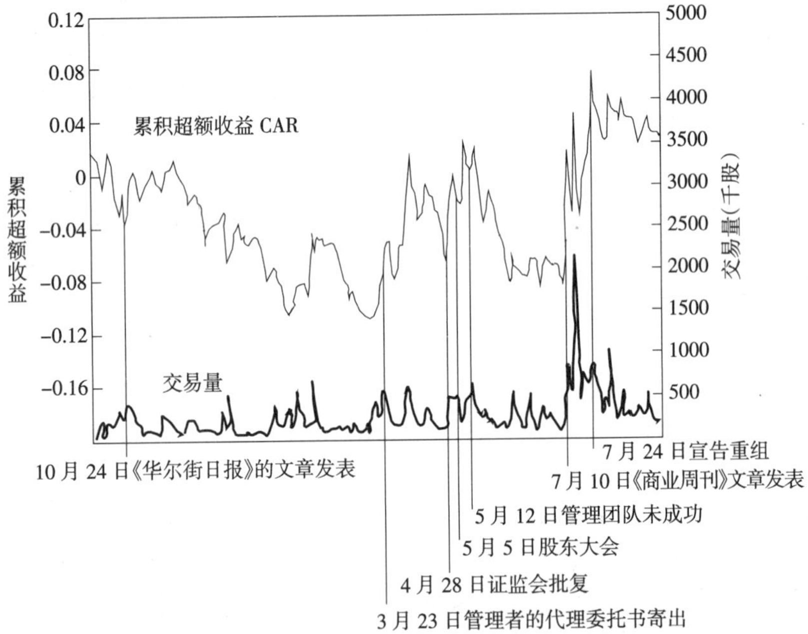

案例图示5-2　霍尼韦尔公司1988~1989年累积超额收益率分布及代理权竞争期间的交易量

从5月1日（星期一）到5月4日（星期四），反对团体以及代理权争夺者给霍尼韦尔的大股东和主要机构投资者打了300多个电话，鼓励他们反对管理层的建议。5月2日，拥有霍尼韦尔3.2%股份的最大的个人投资者 Batterymarch Financial Management 宣布反对建议。同一天，美国股东联合会董事 Ralph Whitworth 倡议联合会成员反对建议。

在5月中旬的股东大会之后，霍尼韦尔宣布管理层失败。虽然两个建议都得到了大部分股份的支持，但是该建议没有得到50%外部股份的支持，而这是通过决议所必需的。宣布当天，霍尼韦尔股份的交易量达到70万股，股票价格比前一天上涨2%。5月12日和15日两天的CAR（累积超额回报率）为1.6%。从管理者寄出代理权材料到宣布失败，总共是7个星期。霍尼韦尔的股票价格从65.75美元上升到77.75美元，累积超额回报率为6.9%。

在股东大会之后，霍尼韦尔的管理层同意满足反对者的要求，听取了NAP的代表所提出的Lampert关于提高公司业绩的观点。虽然两个团体对所建议的内容没有达成一致，但他们都赞同Lampert的建议，即霍尼韦尔回购一些股份以及卖掉部分霍尼韦尔所拥有的Yamatake－霍尼韦尔公司的一半股份。会议之后，NAP继续购买霍尼韦尔的股份，NAP曾一度拥有霍尼韦尔4%的股份。

反对者胜利后的几星期内，霍尼韦尔的股票价格一直保持在76美元/股。7月初，投资顾问在《商业周刊》上推测，如果霍尼韦尔不进行重组，Rainwater将会对它进行收购。Rainwater否定了这个报道。7月16日，《华盛顿邮报》报道NAP建议霍尼韦尔卖掉部分或所有Yamatake－霍尼韦尔公司的股份。围绕着这些事情的可能发生的接管造成霍尼韦尔公司股票巨大的交易量，7月10日，产生了52个星期以来的最高股票价格86美元/股。

7月24日，霍尼韦尔宣布了重组计划。该计划包括通过减少员工数量和成本，增加公司年度经营利润1.5亿美元，减少公司对军火工业的依靠，将所持Yamatake－霍尼韦尔公司的股份从50%降低到24.15%，年度分红增加31%以及购回1000万股股份（大约是外部股份的1/4）。分析家均称赞这一计划，霍尼韦尔的股票从每股3.88美元上升到52个星期以来的最高点89.38美元。在重构宣布的两天内CAR为6.8%。

四、股东投票及其结果

在1989年股东大会上进行投票的机构投资者有五类：独立的投资经理、银行、公共养老基金、保险公司和公司养老基金。后来，ISS专门统计了霍尼韦尔机构投资者中投资超过1亿美元或者超过1000股的机构投资者。案例表5－4描述了ISS的统计。当时的总投票量为17915559股，占霍尼韦尔外部股份的41.5%。如果把NAP所拥有的股票和霍尼韦尔的经理和董事所拥有的股票包括进去，投票共有19116413股，占外部股份的44.3%。ISS的数据包括了几乎2/3的机构投资者股份。

案例表 5 -4　　　　霍尼韦尔机构投资者的股份状况

	股份数量	占流通股的百分比
总股份	17915559	41.5
股份拥有者		
投资经理	9919198	23.0
银行	3406779	7.9
公共养老基金	2674171	6.2
保险公司	1334017	3.1
公司养老基金	581394	1.3

案例表 5 -5 是投票的结果。虽然修改建议获得了一半以上的股份支持，但是没有获得大部分外部股份的支持。对两个建议进行投票的出席人数分别为 77.5% 和 76.4%，所以，霍尼韦尔 4300 万股外部股份中只有 3300 万股进行了投票。ISS 的投票纪录加上北美合伙公司（North American Partner）和霍尼韦尔的经理和董事占了实际投票股份的 58%。

案例表 5 -5　　1989 年霍尼韦尔反接管措施修改的投票结果

	对董事会分类的投票		对取消书面许可的投票	
	股份数量	占流通股的百分比	股份数量	占流通股的百分比
赞成	20103414	46.6	18735970	43.4
反对	12711863	29.5	14080728	32.6
弃权	634282	1.5	118783	0.3
总投票数	33449559	77.5	32935481	76.4
未投票数	9686335	22.5	10200413	23.6
流通股总量	43135894	100.0	43135894	100.0

案例表 5 -6 是机构投资者投赞成票的数量和比例。比如，在 71 个机构投资者的最后样本中，39 个（即 54.9%）投票同意每年只进行一部分董事的选举，33 个同意取消书面许可。在样本里的 21 个银行中 81.0% 同意将董事会分组，61.9% 同意取消书面许可。

案例表 5 -6　　　　71 个机构投资者的投票纪录

		投赞成票的机构			
		董事会股东分类		取消书面许可	
机构类型	样本数量	数量	百分比	数量	百分比
所有	71	39	54.9	33	46.5
投资经理	32	14	43.8	13	40.6
银行	21	17	81.0	13	61.9
公共养老基金	9	2	22.2	2	22.2
保险公司	6	4	66.7	4	66.7
公司养老基金	3	2	66.7	1	33.3

案例表 5 -6 表明，关于对董事会进行分组的问题，银行更可能支持管理者。保险公司和公司养老基金仅次于银行，是第二个最支持者。其次是投资经理和公共养老基金。取消书面许可也有相似的结果，保险公司是最支持的，其次是银行、投资经理、公司养老基金和公共养老基金。案例表 5 -6 的结果突出了投票分化现象，即投票赞成对董事会进行分组的机构反对取消书面许可。四个银行、一个公司养老基金和一个投资经理的投票就是这样。

1989 年穆迪工业手册、标准普尔公司目录和 Dun's Million Dollar Directories 中记载了与霍尼韦尔有商业关系的机构的信息。一般来说，有商业关系的都是银行和保险公司，它们或者是霍尼韦尔发行债务的代理人，或者是霍尼韦尔股票注册和买卖的代理。1989 年霍尼韦尔的代理权声明中记载，9 个机构投资者的董事会成员或者雇员是霍尼韦尔的董事。这些资料一共得到了 33 个与霍尼韦尔有关系的机构投资者，其中包括 21 个银行、6 个保险公司和 6 个投资经理公司。

要考察与公司有无关系的机构投票行为差异的显著性，将有关系的 5 个机构（4 个银行和 1 个保险公司）作为一组与其他没有关系的 22 个银行和保险公司进行比较。案例表 5 -7 是分类分析的结果。在 17 个不知道是否与霍尼韦尔有关系的银行中，82.3% 赞成对董事进行分类，58.8% 赞成取消书面许可。在所知道的 4 个与霍尼韦尔有关系的银行中，75% 赞成两个建议。惟一知道的与霍尼韦尔有关系的保险公司对两个建议都赞成，而和霍尼韦尔没有关系的 5 个保险公司中有 3 个赞成两个建议。

案例表 5 -7　　　27 个机构对两个建议的投票结果

（a）银行和保险公司分别考虑

		机构投票			
		董事会分类		取消书面许可	
机构类型	样本数量	数量	百分比	数量	百分比
银行	21	17	81.0	13	61.9
有关系的	4	3	75.0	3	75.0
没有关系的	17	14	82.3	10	58.8
保险公司	6	4	66.7	4	66.7
有关系的	1	1	100.0	1	100.0
没有关系的	5	3	60.0	3	60.0

（b）银行和保险公司一起考虑

		机构投票			
		董事会分类		取消书面许可	
机构类型	样本数量	数量	百分比	数量	百分比
所有银行和保险公司	27	21	77.8	17	63.0
有关系的	5	4	80.0	4	80.0
没有关系的	22	17	77.3	13	59.1

五、股东行动的结果

1. 加快了重组发生的时间和深度

在这个案例中，董事会承认重组的决定受到一些很积极的大股东的影响。Steffen 认为这些股东（其中有几个大股东是有名的收购者）在 1989 年初对霍尼韦尔管理层的压力非常大。当然，我们现在不可能知道如果 NAP 没有采取反对措施霍尼韦尔会是怎样。但是 NAP 和霍尼韦尔的管理层一致认为 Lampert 所提出的改变以及公司最后所进行的改革是当时众多分析家所建议的。并且，除了在投票结果出来之后霍尼韦尔的管理层和 NAP 召开了一次会议，他们之间很少有交流。因此，如果重组发生时没有 NAP，霍尼韦尔最后所采取的措施也会是这样。

股东的反对成功地影响了公司重组，使公司市场价值增加。霍尼韦尔的管理者认为如果没有代理权竞争，重组也会发生。不过，反对使经理更好地意识到了来自反对股东的压力（1988 年底和 1989 年初，收购者积累了大量霍尼韦尔的股份），刺激了重组的加速进行。代理权竞争虽然没有影响重组的形式，但是却影响了重组进行的时间。

这些问题的部分答案在于代理权争夺发生时董事会的结构。从 1974 年到 1987 年，Edson Spencer 担任霍尼韦尔的 CEO。虽然 1987 年 Renier 代替 Spencer 担任 CEO 的职位，并且在一年以后担任董事长。在争议发生的时候 Spencer 仍然在董事会里，而且 1989 年在位的所有董事都是 Spencer 担任董事长时选上来的。在霍尼韦尔的雇员和其他利益相关者眼里，Spencer 是一位很受欢迎的 CEO，虽然他受欢迎的程度在股东中间有所下降，尤其是在他任期即将结束的时候。但是董事们很喜欢他，把他当做朋友，因而在他离任之后不太愿意改变他的政策。当 NAP1989 年春天出现的时候，Spencer 和 Renier 的交接基本完成，事实上 Spencer 在 1990 年退休，离开了董事会。如果 Renier 同意重组，似乎没有 NAP 的参与重组也能进行。反对者的出现也可能是对正在考虑的重组的一个外部压力。

2. 增加了股东的市场收益

重组之前 8 个月，公司的累计超额收益率为负。虽然代理权竞争中和管理层被打败的时候霍尼韦尔有正的 CAR，但总的来说，霍尼韦尔的 CAR 为负。

从寄出代理权资料到宣布重组的四个月里，霍尼韦尔累积超额回报率为 14%，外部股票价值增加了 10 亿美元，反对团体所拥有的股票价值增加了 4.5 亿美元。Lampert 估计 NAP 的代理权争夺成本为 350000。案例图示5－1表明了这一点。在 Steffen 的改革中，有一项激励计划，鼓励经理尽快收回应收账款。该计划减少了头两年与经营资本相关的现金 1.7 亿美元，1990 年度经营利润增加了 1.8 亿美元。也就是说，由于重组，从寄出代理权材料到执行重组计划的 22 个月里，CAR（累积超额回报率）超过 35%。

伴随重组的较大的正 CAR 值意味着从投票权本身来评价反对者参与的价值是不合适的。重要的是公司的重组，股东的行为通过形成和加速重组增加了公司的价值。于是，真正的问题是如果 NAP 没有在 3 月份对代理权提出挑战，霍尼韦尔是否会重组。霍尼韦尔的管理层认为，如果建议被通过，公司仍然会进行重组。

3. 建立了股东与管理者的沟通机制

代理权竞争的另一个结果是霍尼韦尔管理者和股东之间的交流得到了加强。有意思的是，虽然反对者在刚开始的时候想和经理层进行对话，反对者最初与管理层的对话失败，遭到拒绝，但竞争本身很少有管理者和股东的直接谈判。自从 1989 年代理权竞争以后，霍尼韦尔的股东和管理者的对话越来越多，产生了一个很好的交流环境。也就是说，正是由于代理权竞争和重组，公司的 CFO Steffen 和 CEO Renier 开始经常与大机构投资者进行关于公司政策的交流。

六、几个值得思考的问题

1. 怎样可以使机构投资者积极行动起来

本案例中的股东行动是由一个小的机构投资者发起的，NAP 同意支付成本。但是如果 NAP 没有提出来、而且不提供资金，那些大的机构投资者是否会参与进来？PennPSERS 的执行董事 James Perry，将霍尼韦尔的代理权竞争看做是表现自己的机会，而不是积极地追求自己的利益。PennPSERS 常常避免公开，保持低调。这种态度对由养老基金这样的大机构投资者发起代理权竞争产生疑问。霍尼韦尔反对者团体中的两个机构并没有组织或者资助竞争。而这一角色却是由非机构的积极股东完成的，它们将自己的财产进行投资，比机构具有更强的最大化股票价值的动力。

2. 机构投资者的类型与行动差异的含义是什么

霍尼韦尔最大的 72 个机构投资者的投票纪录表明，银行和保险公司更加支持管理者提出来的两个修改反接管措施的建议，而不是公共养老基金和独立的投资经理。霍尼韦尔和其机构投资者们现有的商业关系并不能解释投票的差异。霍尼韦尔的投票数据对不同类型的机构投资者投票行为有差异提供了更好的证据。对这些数据的检验得到了和大样本一样的结果，银行和保险公司比公共养老基金和投资经理更加支持管理者的建议。为什么会存在这些投票差异呢？这些差异的含义究竟是什么？

3. 董事会成员的更迭为什么没有发生

我们从案例表 5－1 中可以看到，虽然公司发生了股东争议，进行了重组，但是，董事会的成员并没有发生大的变化，这又是为什么呢？

Circon 公司的控制竞争

Circon 公司在 1996～1998 年期间，曾经被另外一家公司在市场上标购，这是美国历史上发生的持续时间最长、影响较大的一个公司收购案。那么，为什么 Circon 公司会被标购？标购是否针对了 Circon 公司不良的治理状况？这是本案例要格外关注的。

本案例根据 Brian J. Hall 和 Christopher Rose 等人编写的哈佛商学院案例以及其他相关材料来写作。Brian J. Hall 和 Christopher Rose 的案例依次为 Circon（A），案例号 N9－801－403；Circon（B），案例号 N9－801－403；Circon（C），案例号 N9－801－403。作者感谢 Brain Hall 教授对于作者使用这个案例进行教学的帮助和启发，也感谢他提供的其他参考材料。

一、Circon 公司的背景

Circon 公司于 1957 年创建，最初是定位在电子元器件制造业。在 1970 年代，公司业务转向医疗仪器行业，在医疗设备行业率先使用彩色监视技术，并成为这个行业的带头企业。在 1980 年代，这个企业兼并了 ACMI 公司。在 1990 年代后期，Circon 因市场策略失败，被其他企业收购。今天，Circon 公司更名为 ACMI 公司。

传统中的 ACMI 公司创建于 1908 年，是世界上最好的内窥镜的开发和生产企业。1890 年，ACMI 公司的创始人 Reinhold Wappler 从德国移民到美国。当时，美国的医生完全要依赖从德国和奥地利进口的内窥镜。而进口过程和设备使用的过程常常是伴随着沟通上的困难，漫长的等待，以及维修的高成本。

Wappler 是一个有经验的维修人员，医生们常常请他进行维修，在这个过程中，他积累了很多关于医疗设备的经验，也开发和生产自己的设备。到1930年，ACMI公司已经成为美国最大的泌尿手术设备制造企业。在1910~1930年之间，ACMI先后开发了大约50种先进的设备，并拥有专利。这些产品包括膀胱镜以及其他手术设备。由于其开创性的工作和杰出的贡献，Wappler先生今天也被认为是泌尿外科诊断设备的鼻祖。

Wapplers先生于1933去世，他的儿子接替了他的职务。ACMI公司继续把公司的经营重点放在为泌尿外科手术开发相关的设备。在第二次世界大战中，由于ACMI公司在显微透镜方面独一无二的优势，公司开始为军方生产一些武器的光学部分。这后来使ACMI进入到工业用途。

1944年，Frederick Wallace成为公司的新总裁。在他的领导下，公司开发出使用弹性玻璃纤维传导的光学设备。1971年，ACMI为这个技术申请了专利。之后，根据这个技术，公司的产品线得到了很大的扩展。1966年，Wallace先生退休，ACMI公司开始了一系列在所有权和管理关系上的变革。同时，在1970年代，公司又经历了一些重大创新，产品增加了很多，产品线也更加丰富。

Circon公司的创始人Auhll是1963年毕业的本科生，他的原专业是宇航工程。1967年，已经获得宇航工程硕士学位的Auhll进入哈佛商学院。1969年，Auhll从哈佛毕业后来到加州的一家大型企业应聘董事长助理的职位。后来，他又主动提出要担任该公司下属一个部门的经理。这个部门就是Circon公司的前身。

Auhll在担任这个部门的经理之后，对公司的产品方向做了转变，从工业用途的显微设备转到了开发高科技外科手术的显示设备，公司因此获得了较快的发展。1977年，Auhll和其他人一道买下了Circon公司。在新公司的股权结构中，Auhll占了55%。Auhll担任了Circon公司的董事会主席兼CEO，他也是公司最大的股东。

1977~1984年，在Auhll的精心经营和管理下，Circon公司的经营业绩大大提高。1983年，Circon公司在纳斯达克上市，开盘价是21美元，当天就冲高到了26.75美元。Auhll的股份在这一天就增值到5000万美元，成为了数字时代之前的财富英雄。

到1980年代中期，ACMI公司的所有者是Baxter Travenol，公司陷入亏损状态。1986年，Circon收购了ACMI公司。在成功收购之后，Circon花了3年的时间对ACMI进行整合，在这个过程中，Circon公司业绩一直艰难，直到90年代初期才走出谷底。1995年，Circon公司在购买了ACMI之后，再次与Cabot Medical和Surgitek这两家公司进行了并购，这进一步地扩展了公司的产品线。

1998年之后，Circon公司被其他公司兼并。这时，Circon旗下有很多部门和很多品牌。在这样的情况下，新公司对CIRCON，Cabot，Surgitek和ACMI的品牌进行了整合，统一为ACMI，这也是新公司的名字。今天，由Circon等公司发展而来的新ACMI公司将自己的使命确立为：通过提供成本更低、更易于使用、更高级的治疗和诊断设备，改善泌尿和妇科病人的生活质量。

二、标购与抵抗

1992年，当Auhll整合ACMI公司取得“成功”之后，他获得了很多奖励和荣誉。在养精蓄锐三年之后，他再次渴望扩张，并把目标锁定在Cabot公司身上。Auhll相信，有了收购ACMI的经验，这次收购会取得更大的经济效益。于是，经过了一番争夺之后，Auhll打败了其他竞争对手，取得了收购的成功，如愿以偿地获得了Cabot。

在收购Cabot公司之后，Circon公司的股价一路下跌。由于这次收购占用了大量的资金和资源，Circon公司在1996年的第三季度财务报表上开始出现负值。参见案例表6－1。

螳螂捕蝉，黄雀在后。1995年曾与Auhll同台竞争的美国外科公司把手伸向了Circon公司，公开声明要收购Circon。美国外科公司的标购价格是18元/股。但Auhll明确表示拒绝。不过，在8月1日美国外科公司开始收购Circon公司的前一天，Circon股票的市场价格上涨了16%，而美国外科公司的股票价格也上涨了1/8美元。参见案例图示6－1。

Auhll在公司被标购的时候，拥有11.5%的公司股权，而公司雇员和董事拥有13%的股权。所有内部人持股共有24.5%，显然是少数。在这样的情况下，Auhll请人帮他谋划应对之策。Auhll找到了Berkerley的法学教授、知名律师事务所的合伙人Sonsini。Sonsini为他提出了如下一些策略。

（1）向董事会提出Poison Pill毒丸的授权计划，当恶意收购方购买公司股权达到15%以上，不需要董事会批准就可以触发毒丸计划。

案例表 6－1 **Circon 公司季度财务数据** 单位：1000 美元

	96Q1	96Q2	96Q3	96Q4	97Q1	97Q2	97Q3	97Q4	97Q4 预测	98Q1	98Q1 预测	98Q2	98Q2 预测	98Q3
销售额	39362	37062	38369	38386	38393	40455	41034	40072	43200	36279	43000	37251	46700	38400
销售费用	17764	16466	17030	16641	16927	18673	18777	17585		15871		16434		17227
毛利	22198	20596	21339	21745	21466	21782	22257	22487		20408		20817		21173
研发	2975	3060	3174	2687	2784	2743	2658	2756		2758		2700		2628
管理费	15645	16573	15808	16618	16679	17517	16552	15582		14882		14845		14053
设备关停费用	–	2129	500	–	–	–	–	–		–		–		–
重组费用	–	–	–	–	–	–	150	362		–		–		–
主营业务支出	18645	21762	19482	19280	19463	20260	19360	18700		17650		17545		16681
主营业务收入	3578	–1166	1857	2440	2003	1522	2897	3787	5000	2758	5100	3272	6500	4492
利息收入	96	166	86	0	141	40	36	30		10		5		4
利息支出	–1128	–1002	–1121	–948	–919	–1000	–1065	–1078		–874		–793		–686
其他收入与支出	–62	–53	32	224	–9	115	35	–10		10		141		26
税前收入	2483	–2055	–2346	1920	1216	1522	1903	1884		1904		2625		3836
税收	824	–760	–821	684	425	237	667	947		685		900		1343
税收抵免	–	–2000	–	–	–	–	–	–850		–		–		–
净收益	1659	705	–1525	1232	791	440	1236	·2632	3400	1219	2800	1725	3600	2493

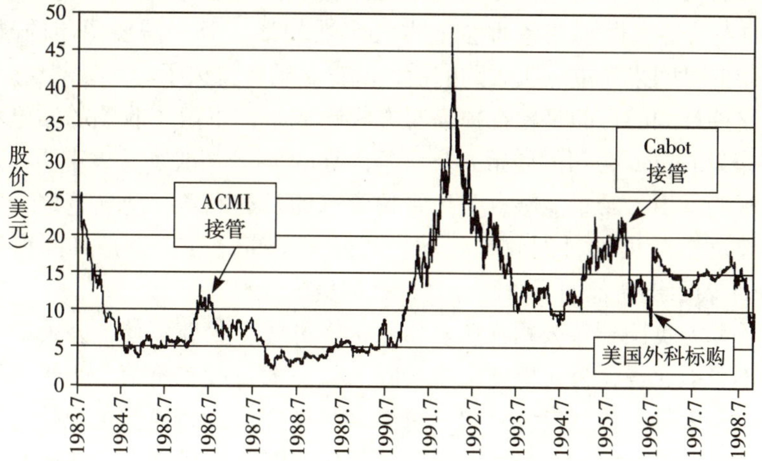

(a) 从 1983 年到 1998 年的全景图

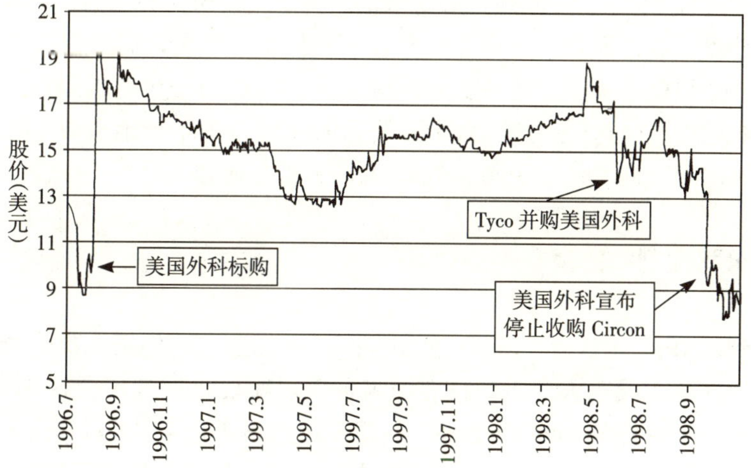

(b) 从公司被标购开始的股价细部图

案例图示 6－1 Circon 公司的股价图

(2) 制定一个“银降落伞”计划，与公司骨干员工（约占全部员工的 25%）签订失业报酬补偿协议。

(3) 请美国著名的 Bear Stearns 作财务顾问，向股东发表声明：18 美元的标购价格比较低，并不合理，建议股东不要接受。

(4) 实行董事会分年度改选。这个方法就使公司董事会的 7 名董事分成 3 个任期。在董事会改组时每年只能改选 1/3 的董事。这样一来，即使接管公司持有的股份达到可以控制董事会改选时，一年也只能改选1/3的人。要想做到在董事会上占大多数的话，至少需要两年的时间。用两年的时间来完成一次收购的话，就算是旷日持久了。

这些计划的目的是旨在提高对方收购成本，以阻止收购的实施和进行。作为Circon公司的创始人及元老，Auhll向公司股东发表声明，陈述拒绝标购理由：希望能够有效地维护股东的长远利益。他向董事会明确表示要反击美国外科的收购行动。其公司董事之一，也是其同窗好友Cloutier表示支持他的反收购计划，打败美国外科。

收购方美国外科公司认为：Circon公司现有业绩不佳，公司的各种预测不可能完成，公司拒绝出售实际上是在损害股东价值。当年的8月20日，3个股东分别起诉公司、董事会和经理，认为他们拒绝接管实际上是违背股东利益的。美国外科公司将标购时间持续延长。在旷日持久的标购过程中，令Auhll最担心的事情发生了。公司人心不稳，大量骨干人员外流。由此而陷入一个恶性循环：越标购，人员就越外流；人员越外流，业绩就越下降，呼吁卖的人就越多，标购的公司就越猖狂，然后人员就越外流。这样一来，就导致公司的业绩持续不断地滑坡。各种指责声不断地涌向Circon公司，Auhll的压力可想而知。

三、公司控制权的争夺

到了1997年秋天，Circon公司迎来了被标购之后的第一次公司股东大会。在这次股东大会上，将有两名董事名额要被改选。也算Auhll倒霉，这一年恰好是Auhll和另外一名董事首先到任。美国外科提出了两位候选人：第一位名叫Elson，是一个法学教授，公司治理的积极鼓动者；另一位Krulak是全美闻名的海军退休将军。他们的共同特点是正直而公正，对于独立董事而言这是最重要的品格。

美国外科公司送这两位新候选人各价值10万美元的Circon公司股票，以向小股东们表明，这两位新候选人与广大股东的利益是一致的。对于多数股东来说，他们早就有了自己的选择：他们想把Circon公司卖掉。他们知道，只有选出老董事，选进新人，他们的目标才能实现。

美国公司的股东大会允许实行代理投票，于是，现任管理班子和美国外科公司都向股东们寄出了代理投票委托书，争取获得多数中小股东的委托。案例图示6－2是美国外科公司因此向股东发出的信的复印件。

It's Time for a Change

United States Surgical Corporation

150 Glover Avenue, Norwalk, Connecticut 06856

Dear Fellow Circon Shareholders:

When the Board of Directors you selected at Circon to manage your Company:

- blatantly defies the desire of the overwhelming majority of Circon's shareholders to sell the Company——it's time for a change.
- places their interests above yours——it's time for a change.
- denies you of the opportunity to more than double the value of your Circon investment——it's time for a change.

ONLY YOU CAN EFFECT CHANGE
VOTE THE *BLUE* PROXY CARD

As Circon's shareholders, we are faced with an important decision. We are strapped with a Board of Directors led by Richard Auhll, Chairman and President, which, in our opinion, has failed in its fiduciary responsibility to act in the best interest of all Circon's shareholders. We believe Mr. Auhll and his Board are letting greed cloud their judgment.

Mr. Auhll and his Board have repeatedly resisted U. S. Surgical's cash offers for Circon during the last 13 months in spite of the overwhelming support of Circon's shareholders. The Board's negative actions since our original $18 cash offer has cost Circon's shareholders dearly in lost opportunities. Shereholders could have more than doubled the value of their Circon investment had the Board not resisted our original cash offer. **Enough is enough! It is time to take matters into our own hands by replacing Board members who are not responsive to shareholder wishes with new Directors who will be.**

At Circon's Annual Meeting of Shareholders on October 6, 1997, send a message to Mr. Auhll and the Board that you will no longer tolerate their nonsense and delay. Show the Circon Board that you demand that they comply with their industry responsibilities and the will of a majority of Circon's shareholders to sell the Company to the highest bidder. Return your ***BLUE*** proxy card today.

We urge you to vote ***FOR*** U. S. Sugical's two Director nominees and ***FOR*** the Maximize Value Resolution on the ***BLUE*** card.

Thank you for your consideration and continued support.

On behalf of the Board,

Leon C. Hirsch, Chairman
United States Surgical Corporation

案例图示 6－2　美国外科公司向股东发出的信

结果，在这次股东大会上，Auhll 和另外一个到任董事被改选出了董事会。而美国外科公司提名的两名董事被选入了董事会。Auhll 自然不会甘心拱手让出董事会主席的位子，因为董事会的成员虽然变了，但 Auhll 作为创始人依然可以在公司发挥作用。在股东大会结束之后，Auhll 就跟董秘密谋了一下，然后决定举行改选之后的第一次董事会。

在这一次董事会上，一名 65 岁的老董事首先提出退休。大家在接受了老董事的退休要求之后，决定再补选一位新董事。Auhll 的研究生同学 Cloutier 这时已经成为了公司的独立董事。Cloutier 这时提议重新选举 Auhll 进入公司的董事会，继续担任董事，并提出了一些非常有说服力的理由。由此，Auhll 再次以 5∶2 的比例被重新选入了董事会，并以 4∶2 的比例被选为董事会主席。

当 Auhll 重新回到董事会主席的位子之后，他还是没有能更多地考虑全体股东的价值问题，而还是比较多地满足他个人控制公司资源的欲望。当 Auhll 依然执著于原来的方向时，公司业绩每况愈下。外界评论说，在 Auhll 重新担任公司董事会主席之后，Circon 一切可能的机会都消失了。

在 1997 年 12 月到 1998 年中期，Circon 仍不能达成其预先向外界承诺的扭亏计划。在这样的情况下，Auhll 继续一意孤行，于是，与一些董事、包括 Cloutier 在内也发生了一些摩擦。在一些董事会会议上，Auhll 的主张常常会受到质疑，这是转折点，意味着董事会开始挑战 Auhll 的权威。逐渐地，董事会中的反对派成了多数，老董事 Blokker 和 Cloutier 都开始站在反对派一边。

1998 年 5 月，美国外科公司被 Tyco 公司接管。Tyco 表示，不想考虑美国外科公司对 Circon 的收购案。这个消息传出，Circon 公司的股价再次下降 2 美元，这表明很多股东还是希望短期内会发生 Tyco 并购 Circon 的事情。Circon 的董事会授权 Bear 去联络 Tyco，但这并没有发生。

1998 年 9 月 15 日，Tyco 中止收购，Circon 股票下落 3.375 美元，到了 9.875 美元。Auhll 举行记者招待会表示“胜利”，这引起了很多董事的不满。因为这是一个矛盾的信号，一方面，Circon 追 Tyco，提出要被收购，但最后被拒绝。另一方面，公司又召开记者招待会，表示胜利，似乎公司并不希望被外界好的公司收购。这会妨碍新的标购者进入。在这个时刻，公司的股价进一步下降到 8 美元以下，公司的销售业绩也极差。

在这样的情况下，董事会成员们开始考虑自己该怎么办。

四、董事会的关键会议

时间到了1998年10月，公司马上就要开被标购第二年的股东大会。在这个股东大会上，将会有三名董事参加改选。出于对自己声誉的考虑，Cloutier与Elson进行了一次密谈。之后，四名董事经过“密谋”，决定在下一次公司董事会上与Auhll摊牌。

在开会之前，出于多年的友谊，Cloutier曾经劝告Auhll，委婉地建议他主动辞职。可是，Auhll开始时对Cloutier的警告不以为然，但事后认为大势已去。结果，在董事会会议上，Auhll不得不同意辞职。

在公司CEO提出辞职之后，Cloutier任公司的执行CEO，Blokker被选举为董事会主席。咨询专家出身的Cloutier和其他董事一道花了很多的时间来整顿公司，他们首先给员工语音信息，在大变故的过程中力求稳定人心。之后，公司的管理架构有了变化，公司的业绩也就有了渐渐好转的迹象。

在这种情况下，公司董事会对外做出宣告：公司目前收到了一些公司前来进行协议收购的要求，最新的接管报价是16.50美元/股。公司董事会认为，我们不积极对外征求协议收购对象，但如果其他公司有兴趣，欢迎这些公司前来商讨，公司会认真考虑并讨论。结果，在几个月之后，一家公司Maxxim用15美元/股的价格把Circon公司收购了过去。于是，持续两年的Circon收购案正式落下帷幕。

在回首Circon公司的历史和两年被收购的经历后，有人认为，是美国外科的收购打乱了Circon正常的经营计划和接管与整合Cabot的节奏。如果没有美国外科公司，Circon说不定就会如愿整合Cabot，就像他们在ACMI所做的那样。也有一些人不同意这个说法，认为美国外科公司之所以选择Circon，就是因为Circon的经营是有问题的，他们从一开始就在损害股东的价值。为了有效地帮助读者解决这样一个问题，我们下面提供案例图示6－3供大家分析。

在案例图示6－3中，我们假定在1983年Circon公司上市的时候，进行三种不同的投资。首先是花100美元购买Circon公司的股票，这100美元价值的变化体现在图示中最下面的粗线。其次是买市场大盘，如标准普尔500指数，价值变化为图示上面的细线。再次是买行业指数，如医疗板块的指数，价值变化为图示上方的粗线。

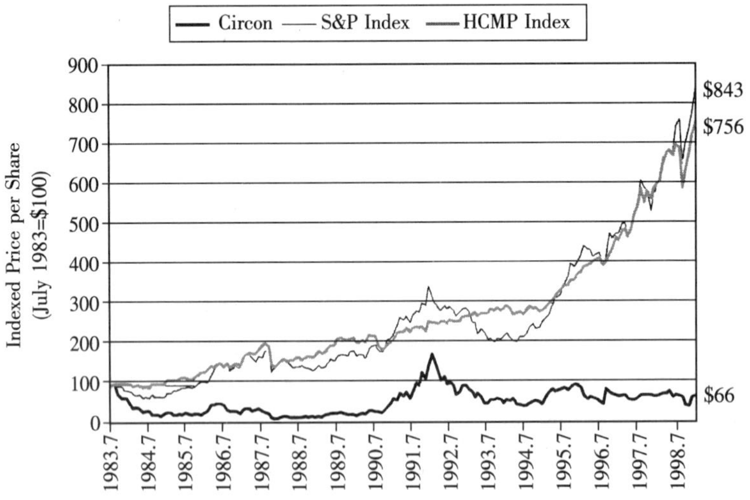

案例图示 6－3　Circon 的相对业绩情况

五、案例的启示

从这个案例中，我们可以看到 Gircon 公司在收购过程中的种种力量角逐及争斗。这有助于我们理解公司治理的实质和内涵，并由此帮助我们判断在董事会的运作中哪些是董事可以做到的，哪些是必须要制度去做的，还有哪些是制度也无法做到的。

透过这个案例，我们可以进一步思考这样一些问题。①经理激励与股东利益的一致性。现在都在讲给经理股权、期权、股票或其他的激励形式。给了之后，是否能够保证激励与股东利益是一致的？换句话说，作为一个局部股东或小股东，虽持有了股票，他是否能够代表广大的股东？②经营层究竟该对股东负什么样的责任？在信息不对称的情况下，怎样才能去判断经营层是做了符合股东利益的事情，还是没做？③公司董事会是不是一个橡皮图章，是不是被一个经理所控制的机构，是不是经理欺骗民意的幌子？④什么是公司治理，公司治理和公司价值的创造及价值的回归究竟有什么关系？此外，我们还应该思考，在接管的过程中该怎样去激励 CEO，该怎样去激励公司和董事会，从而让他们作出对股东负责的决策。

通过这个案例，我们可以很清楚地看到公司治理的本质和董事会制度的本质。美国的股东们非常清楚经理的利益与自己的利益是不一致的，于是，他们想出的最简单的招术就是通过巧妙的经理报酬设计，把经理的个人利益与股东利益（也就是公司价值）挂起钩来，让经理在追求他个人经济利益的同时，为公司和股东创造财富。比如说，给经理股票报酬，让经理也成为股东。但是，经理持股总不会100%，于是在他与所有股东利益一致的同时，也存在着他可以剥夺或无偿占用其他股东资源的分离效应。所以，在这种情况下，我们仍然需要约束经理行为的手段。

董事会是在股东大会上选出来的，其主要工作就是受股东之托，对公司大政方针进行决策，对公司的经营过程进行监督。最初，股东们会选举大股东来参加董事会，后来股东们逐渐认识到，大股东在控制公司的过程中可能会损害小股东的利益，所以，建立一个独立、公正的董事会，成了董事会改革的方向。然而，董事会毕竟只是受托机构，而不是公司的所有者，他们可能会不尽职。

根据法律定义和一般公司章程的规定，董事会的主要作用在于监督公司管理、选聘高管人员、更换不称职的管理者。由此看来，公司高管人员应尽量取悦于董事会。但是现实正好相反。董事们需要仰仗高管人员提名，发给报酬，提供信息。因此，大多数董事的行为实际上是在取悦于高管人员。理论上讲董事的提名是提名委员会负责的，但通常的情况是谁来决定提名委员会的人员，这是一个问题。提名委员会的人员通常是经营班子提名的。

理论上讲，外部的独立董事是与公司没有关系的外部人，他们不在公司领钱。有人说不在公司领钱的就是独立；或者CEO以前不认识，就叫独立；或者说是有声誉的名人，可以做到独立，因为他是为了自己的声誉，不是为了钱，他会关心公司的运营，他会在遇到问题的时候与公司的班子针锋相对。但事情并非如此简单，独立董事要做到尽职，除了要有很强的责任心之外，还要有很多时间的投入。但统计表明，能够达到这样要求的独立董事，数量并不多。

据估计，一个董事如果要适当地履行董事职责，他每年必须花费至少100个工作小时。由于许多董事除了本身的全职工作外，一般都在一个以上的董事会任职，他们不大可能花那么多的时间。哈佛教授Lorsch是公司治理领域的专家。他认为，董事们最普遍的问题是他们没有时间去执行自己的任务。即使加上委员会的会议和正式的董事会会议之前或之后的非正式聚会，董事们每次会议很少花够一个完整的工作日在一起讨论公司事务。而且，在很多董事会，这些有限的时间很大部分被管理者的报告和各种各样的仪式占据了。本质上，外部董事在一起的有限时间没有用来在他们之间或者与管理者进行有意义的交流。

另外，普通董事与公司经理之间也存在着信息的不对称性。公司经理对经营拥有更多的信息，他们通常决定着董事会的活动日程及所能得到的信息类型、数量等等，这就严重地限制了董事会成员监督、估价经理队伍和公司战略的能力。同时，有效地监督和估价经理队伍的行为、确定哪些因素会影响公司价值、制定公司发展战略目标，需要董事会中有熟悉公司财务等各方面的专家。董事们不可能像高管人员一样掌握有关公司运作的详细情况，因此，他们必须依赖高管人员提供必需的、精确的、及时的信息，并以此作为决策的依据。这就为高管人员操纵和控制董事会的决策提供了可能。高管人员可以通过向董事会提供有选择的、经过加工的信息，从而使董事会作出有利于他们的决策；或是通过隐瞒一些信息，从而避免董事会作出不利于他们的决策。

还有一类问题是董事互锁的问题，即一个公司的高级经理人员担任另一家公司的董事。统计显示，65% 的外部董事在两个以上的董事会做董事，89% 的内部董事同时又在担任其他公司的外部董事。1/5 的董事同时在四个以上的董事会任职。这意味着一家公司的经理承担着监督另一家公司管理层的职责。尽管有许多理由赞同这一做法，但在实际实施时它的缺点常常超过优点。简单说，董事互锁就是你做我公司的董事，我做你公司的董事。我现在特别需要你的支持，我又同时是你这个公司中董事会的成员，而且我是你这个公司薪酬委员会的成员，这怎么支持，那就是你要按照我的需要支持我。

在董事会因存在上述问题而让股东不满的时候，股东会怎么办呢？他们就会亲自出马，在股东大会上行使自己的表决权，提出更换或者投票改选董事会。这是美国公司治理体系的一道重要防线。股东大会的斗争、股东之间对于表决权的争夺，在很大程度上会对董事会和经理形成压力。因此，股东的压力是公司治理结构的原动力，企业价值、公司业绩和分红是股东衡量所有问题的基础，也是企业运作的最终动力。所以，必须要保证股东发挥作用的机制健全与完整。

7 中国网通[①]

近年来，中国国有企业“海外上市”成了热门话题。仅2006年上半年，就有40家中国企业在海外上市募集资金138亿美元。海外上市对于中国国有企业的改革、发展与提高是大有裨益的，企业能够获得更大的融资空间和发展机会。但在获得好处的同时，国企到海外上市也必须要遵循海外市场的“游戏规则”，接受更高素质投资者和更规范的国际资本市场的监督，建立相应的治理结构。这种治理结构的背后是一种权力控制关系，它与我国国有企业传统的权力控制关系是完全不同的。这两种权力格局在海外上市的国有企业中相遇，必然形成治理上的冲突，从而产生一系列的矛盾。

一、中国网通的基本情况

1999年2月11日召开的国务院总理办公会上，中国科学院、中国广播电影电视总局、铁道部、上海市政府共同提出了“中国高速互联网络示范工程”项目。同年8月6日，四方联合成立了中国网络通信有限公司。它是继中国电信、中国联通之后，我国批准的第三家可以经营综合业务的电信公司。亚信公司创始人田溯宁被聘为网通CEO。1999年12月9日网通在香港注册成立了“中国网络通信（香港）有限公司”。2001年2月，中国网通完成第一轮私募，由新闻集团、高盛、Dell、新鸿基集团等海外投资方组建的CNC基金公司为网通注入3.25亿美元。私募的投资者透过网通香港持有该公司12%股权。2002年11月，中国网通（香港）与新桥资本及软银亚洲基建基金联合成立了亚洲网通，并持有51%的股份，由田溯宁担任亚洲网通的董事长兼首席执行官。以上

① 本案例由我所指导的研究生吴晓亮与本人共同完成。

这个发展阶段，也被称为“小网通阶段”。

作为我们案例主角的中国网通集团实际上始于2001年11月。当时中国政府决定重组中国固网电信行业。根据拆分方案，原中国电信只保留南方和西部21个省市自治区的电信公司；原中国网通、吉通通信、中国电信在北方10个省市的公司组成新的中国网通集团。2002年5月16日，新的中国电信和新的中国网通挂牌成立。2004年7月，中国网通（集团）股份公司成立，各省分公司与网通国际则成为股份公司的分公司。新组建的中国网通（集团）股份公司承担起了下属网通股份公司在海外公开募股上市（IPO）的任务。2004年11月16日，中国网通在美国纽约股票交易所上市发行5230万股美国存托凭证（ADR），每股价格为21.82美元，相当于20股普通股。同年11月17日，中国网通在香港联交所上市，约发行10.46亿股股票，IPO总募资规模超过87.8亿港元。

请注意，上市的中国网通股份公司是将“北方六省（市）+南方两省（市）+网通国际分公司和亚洲网通公司”的电信资产放在一起形成的在香港主板上市的红筹公司。北方六省市包括北京、天津、山东、河北、河南、辽宁，南方包括上海、广东两省市的电信资产。上市以后，上市公司作为中国网通集团的主力，形成了多元化的股权结构，如案例图示7－1。

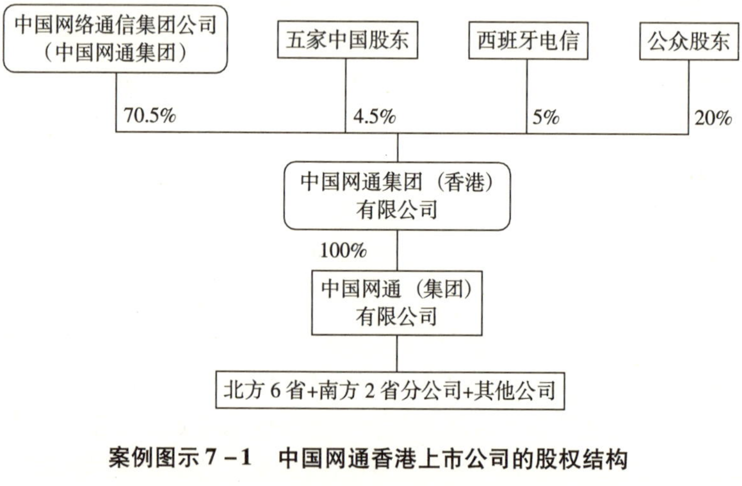

案例图示7－1　中国网通香港上市公司的股权结构

二、网通股份公司的治理问题

我们知道，公司治理结构说到底就是有关公司运营决策的一系列权力结构。中国网通上市以后，集团公司的决策程序与结构和上市公司的决策程序与结构非常不同，事实上已经形成错位。从案例图示 7 – 2 中我们可以看到这种差异。

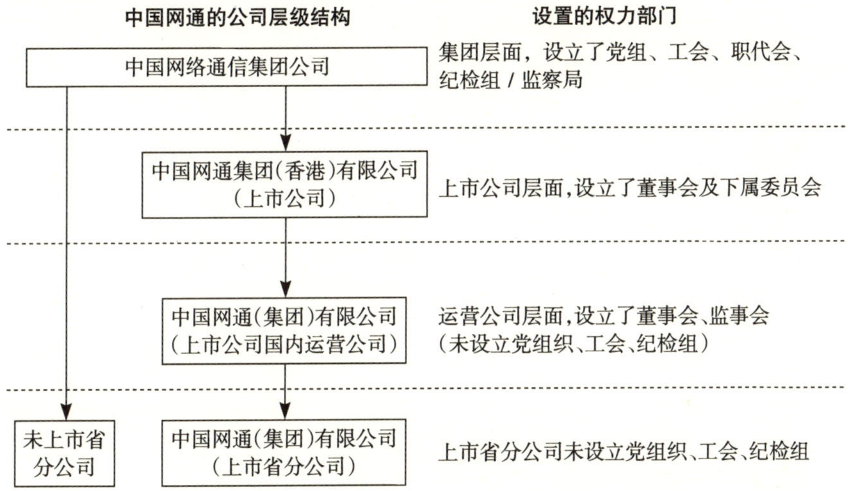

案例图示 7 – 2　中国网通的公司层级结构与权力部门

在上市的中国网通中，按照香港公司法建立了以董事会为核心的现代公司治理结构，公司董事会成员共有 13 名，其中有 9 位外部董事，包括独立非执行董事 5 名。董事会主席由中国网通集团总经理张春江担任，但非执行董事中有前高盛公司总裁桑顿、香港的查懋诚、钟瑞明这样的代表海外投资者利益的专家。很显然，让这些海外专家完全理解中国网通传统的决策程序，并让其在决策过程中进行妥协是不可想象的事。并且，在中国网通股份公司董事会中，已经建立了比较符合国际惯例的委员会制度，很多委员会实际上是由独立董事拥有多数表决权。案例图示 7 – 3 显示了董事会专业委员会的情况，包括审核委员会、提名与薪酬委员会、战略规划委员会与公司治理委员会。

显然，中国网通股份公司的治理结构与集团公司比较传统的决策与制衡结构已经形成了某种不协调，急需完成四个统一。

董事	审核委员会	提名与薪酬委员会	战略规划委员会	公司治理委员会
独立非执行董事				
约翰·劳森·桑顿		▲		▲★
查懋诚	▲	▲		
钱颖一	▲	▲★	▲	▲
侯自强	▲	▲	▲	
钟瑞明	▲★			▲
非执行董事				
何赛·阿巴雷			▲	
田溯宁				▲
李黎明			▲	
严义埙				
执行董事				
张春江		▲	▲★	
张晓铁			▲	
苗建华				▲
左迅生		▲	▲	

注：▲表示该董事在该委员会任职；★表示该董事是该委员会主席。

案例图示 7－3　董事会专业委员会成员

1. 政府目标与投资者要求的统一

中国的国有企业是国民经济的重要支柱。首先，国有企业作为经济组织，承担着重要的经济责任，要参与市场竞争，讲求经济效益；同时，对于关系到国家安全和国民经济命脉的骨干企业还要担负重要的政治责任和社会责任。传统上，网通作为关系到国家安全和国民经济命脉的国有骨干企业，不仅追求经济效益，同时还承担着重要的政治责任和社会责任，包括扩大就业、维护社会稳定、支持国家产业战略规划等等。但中国网通海外上市以后，海外投资者作为新的利益主体进入治理结构，必然带来他们的利益要求。简单地说，海外投资者追求投资收益最大化，关注企业能否盈利并实现可持续发展。而这一目标与中国网通传统上需要承担的政治责任、社会责任在一定程度上是有冲突的。

2. 大股东决策与董事会决策的统一

国家目标与投资者要求的矛盾反映到公司治理结构中，就是大股东决策与董事会决策的矛盾。中国网通的股东中，国有股份占了70%以上，是绝对控股股东。传统的权力控制模式下，大股东可以通过直接指定人员实现对上市公司的控制，这保证管理层完全实现大股东意志。但网通股份在海外上市之后，根据资本市场对公司治理的要求和海外投资者的要求，董事会必须执行某些职能，以保证股东权益（特别是小股东权益）最大化，而这些职能和大股东的控制权之间存在冲突，使得在公司治理结构中，大股东与董事会的职责划分不清晰。具体来说，大股东参与决策方式没有明确的制度规范和流程，造成决策主体的复杂性和执行上的疏忽，也使董事会在一些重大问题上未能充分发挥作用。由于中国网通的董事会与大股东之间职责划分不清晰，对资本市场而言，公司的决策透明度不高，投资者的利益如何得到保护无法预期，这直接表现为海外资本市场对公司股价存在一定程度的低估。

3. 工会参与与现代公司治理结构的统一

作为运营地主要在中国内地的国有控股公司，职工的地位和海外上市公司有明显不同。我国的国家性质决定了“工人阶级是我们国家的领导阶级，是先进社会生产力和生产关系的代表，是改革开放和社会主义现代化建设的主力军”。《工会法》和其他相关文件指出，“研究制定劳动就业、工资福利、职业安全卫生保障等与职工利益直接相关的政策措施，要主动邀请工会代表参加并认真听取他们的意见；国有企业改制方案和国有控股企业改制为非国有企业的方案，必须提交企业职工代表大会或职工大会审议，并注意听取工会的意见”。

然而，网通现有的治理体系中却没有工会参与公司治理的法定渠道。网通在集团层面设立了工会，而上市公司和国内运营公司尚未建立工会组织和职工代表大会，集团公司工会事实上担负了上市公司工会的角色。为了保障工人的利益，集团工会可能会对上市公司的决策造成影响，但这种渠道是不符合现代公司治理要求，并不能被广大投资者理解和接受的。而且，董事会中如果完全没有工会代表，工人的利益很难得到保障。

4. 纪检监察职能与现代公司治理结构的统一

中国的国有企业一直设置着纪检、监察部门，党和国家通过在企业中设立专门的纪检组和监察局，对企业高管与员工进行纪律检查和行政监察，监督其贪污受贿、徇私舞弊以及违反财经纪律等行为。但是按照美国上市公司的法律规定，公司董事会下设审核委员会，拥有财务审计方面的职权，协助董事会履行与公司的会计、审计、财务报告、内部控制以及遵守法律等相关的法定和受托义务。那么，纪检、监察部门的职权范围究竟有多大，边界如何，并没有明确的、可以量化的评估标准。这就可能与审核委员会的工作存在某种冲突。

三、完善公司治理机制的尝试

解决以上“四个统一”的问题，终于在2005年下半年被提到中国网通集团公司领导班子的议程中。2005年12月2日，中国网通正式启动了“完善公司治理”项目，并聘请了国内外知名的多名专家和咨询公司参与研究讨论。项目的核心内容是针对海外上市国企亟待解决的“三个明确，一个提升”建立解决方案。“三个明确”即明确大股东在公司治理中的角色和参与机制；明确工会在公司治理中的角色和参与机制；明确纪检监察职能在公司治理中发挥作用的途径。“一个提升”指提升公司治理的“软件”水平。

2006年6月14日，中国网通股份公司董事会的企业治理委员会召开会议，“完善公司治理”项目组向有关董事汇报了方案成果。会议做出建议：由董事会全体会议审议有关建议报告，以及董事会“软硬件”提升及实施计划报告。2006年6月28日，中国网通召开董事会全体会议，讨论并通过了治理项目的主要方案。

方案的主要内容包括如下方面。

1. 明确大股东的角色和参与机制

大股东以向上市公司派出董事为载体，形成法律通道，通过上市公司的董事会程序参与决策，既要保证国家方针政策得到落实，也要保持上市公司的独立性，原则上集团党组不直接参与上市公司事务（有关程序参见案例图示7－4）。在建议报告中，明确定义了党组参与公司治理的事项范围包括高管的遴选和任命、公司战略的制定、关键投资并购的决策。

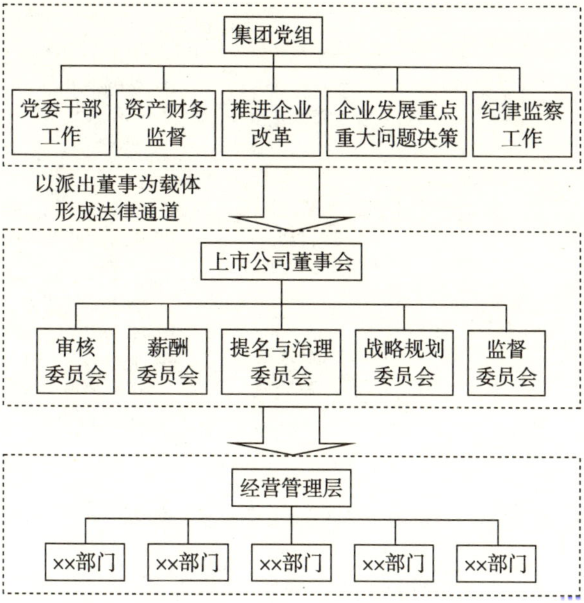

案例图示 7－4　党组参与机制

2. 工会的角色和参与机制

解决方案建立了职工参与公司治理和民主管理的渠道，集中体现了公司对职工和工会参与的重视。集团公司工会主席作为派出董事，进入董事会（为薪酬委员会与战略委员会的成员），就涉及职工利益的议题，代表职工发表意见。集团公司每年召开一次职工代表大会，对有关上市公司重大变动和职工切身利益的议题发表意见和建议，并且职代会主席团（或其代表）与董事会（或其代表）每年举行一次联席会议，交换对相关问题的看法。董事会及各委员会会议、上市公司高管层工作会议都可邀请职代会代表列席会议，就特定议题征求意见和建议。参见案例图示 7－5。

3. 纪检监察职能

在董事会内部专门设立一个监督委员会，规定在监督委员会中，独立董事占多数，主席为独立董事。集团公司党组纪检组负责人作为派出董事进入董事会，成为监督委员会成员。监督委员会的设立，使纪检监察职能在董事会层面与一个专门机构进行汇合和统一，加强了对上市公

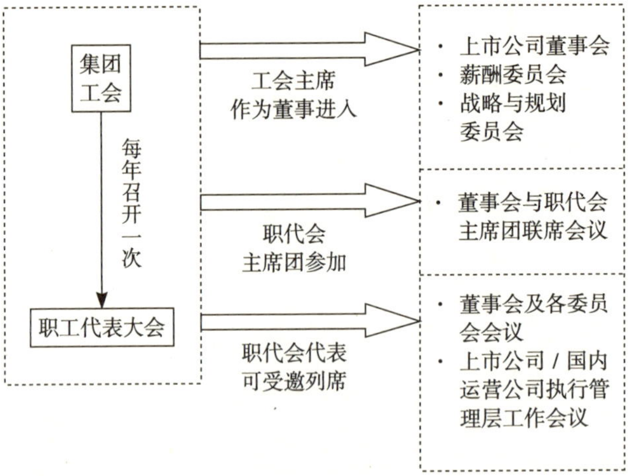

案例图示 7－5　工会的参与机制

司的监督。监督委员会的设置是中国网通结合传统国企特点与西方公司治理结构的一个创造，受到了一些国际级公司治理专家和美国证券监督委员会（SEC）有关人士的高度赞扬。中国网通公司还特别明确地规定了监督委员会与审核委员会的职能界限，期望通过对董事、公司中高层管理人员在道德规范、商业贿赂、腐败行为、岗位效能、内幕交易及员工行为准则等方面的制度建立和行为监督，有秩序地履行上市公司的监督职能。参见案例图示 7－6。

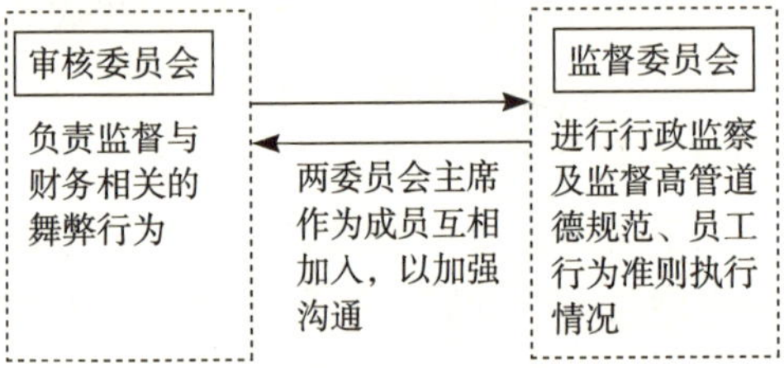

案例图示 7－6　监督委员会与审核委员会的职权划分

4. 公司治理“软件”的提升

中国网通公司也认识到其公司治理机制的运行与国际最佳做法还存在差距。为此，董事会建立了“软件”提升的一系列方案，包括战略、绩效管理、董事的提名与任命的程序，以及董事会和董事业绩评估等四个方面。

总之，中国网通公司治理改善具有显著的进步意义，为海外上市的国有企业提供了一个宝贵的借鉴经验。网通最后确定的治理方案充分结合了中国国情和海外资本市场的要求，构建了一个更加透明、规范的治理结构框架，既坚持了国家利益和党对企业的领导地位，又平衡了海外投资者的利益。同时，网通的治理方案中，党组以向上市公司派出董事为载体，形成法律通道，通过上市公司的董事会程序参与决策。公司决策完全通过董事会，确保董事会成为决策核心。而在网通的董事会中，外部董事占多数，这样就可以实现对“内部人控制”问题的制衡。这种改革方案为国有企业长期存在的“内部人控制”问题提供了一个良好的解决思路。

不过，在研究中我们也感到，像中国网通这样的大型国企由于历史等多方面的原因，与现代先进的企业相比还有很大差距。我们认为，公司治理机制的建设，还在于与管理工作的有效联结，进而获得积极支持，而中国网通在部门设置、职能部门协调、传导信息的机制上，还存在着一定的问题。所以，解决这个层面的问题，应成为中国网通公司治理建设下一步工作的重点。

8 格林柯尔①

1959 年，顾雏军出生于当时的江苏扬州专区泰县。1977 年考入江苏工学院动力工程系，获得学士学位。1981 年考上天津大学热能工程系研究生，后留校，在校热能研究所从事了近 4 年的科研工作。1989 年，顾雏军申请了其无氟制冷剂 CFC 的发明专利，1990 年，顾雏军与一个英国合伙人兴办格林柯尔制冷剂工厂［顾氏热能技术（英国）有限公司］。1992 年，业务开展到了北美，并在加拿大成立了加拿大格林柯尔有限公司。1995 年回国发展，顾雏军说服一家中国的金融机构，投了 1000 万元资金，在天津成立了制冷剂生产厂，其中顾雏军持有 76% 的股权。这家生产厂，就是后来的天津格林柯尔，即所谓亚洲最大的非氟制冷剂生产基地。2000 年，顾雏军在开曼群岛注册的格林柯尔科技控股有限公司成功登陆香港股市，融资 5.46 亿元港币。

中国政府自 1998 年起，开始了分行业逐步分批淘汰破坏臭氧层物质生产的进程。顾雏军在这期间瞄准机会，又在深圳、北京、湖北、海南等地开设了多家高科技环保工程公司，其核心业务以格林柯尔制冷剂替代氟利昂，以此来配合中国政府加快淘汰氟利昂的政府工程。在这个阶段，格林柯尔通过强有力的政府公关，在各个地方政府的支持下，取得了在当地作为无氟制冷剂惟一提供商的机会。据格林柯尔科技控股公司 2000 年年报披露，公司在 2000 年收入的 3.64 亿元中有 3.18 亿元来自于北京、深圳、湖北、海南四家工程公司所完成的 125 项替换工程。

一、顾雏军的系列收购

从 20 世纪 80 年代中期开始，电冰箱行业成为中国产业发展和投资

① 本案例由我所指导的研究生郑文彬与本人共同完成。

的重点，重复建设问题严重。1985年，中国电冰箱制造企业共116家，而到90年代初只剩下50多家。起初，高额的投资回报吸引了大量的国有资本投入该行业，大量的资本投入促进了该产业的迅速发展，生产、管理、配套水平、技术水平大幅提高，成本方面优势明显，但同时也形成了过剩的生产能力，竞争残酷。截止到2002年底，约有70%的企业亏损。

中国电冰箱生产企业的“四大家族”——海尔、科龙、美菱、新飞，占据了国内市场60%的份额；外资品牌包括西门子、伊莱克斯、东芝、日立、LG等，主要集中在高端市场；另外，TCL、美的等一些企业也生产一定份额的冰箱。不过，外资品牌和上述冰箱生产新军还未形成主流态势。

1984年10月，科龙电器的创业者潘宁用广东顺德容奇镇政府给出的9万元试制费，在简陋的条件下成功试制出中国第一台双门电冰箱。1984年10月28日，科龙电器的前身“珠江冰箱厂”成立，在当时计划经济体制下，成功挤进了国家首批42家冰箱定点生产企业，成为中国最早的冰箱生产厂家之一。到1991年，珠江冰箱厂冰箱产量达48万台，全行业产量第一。1992年10月募股工作完成，改名为“广东科龙电器股份有限公司”，1993年初启用科龙商标。1996年，科龙与日本三洋合作，建立广东科龙冷柜有限公司；随后，又成立了成都科龙冰箱有限公司和营口科龙冰箱有限公司。1998年相继成功投产，使科龙集团冰箱年生产能力达到300万台，成为国内冰箱业的老大。1998年购并广东顺德华宝空调器厂，年生产能力达到150万台，科龙成为全国最大的制冷企业。1996年7月，科龙H股在香港成功上市，并于一年后相继配股成功，共为科龙募集海外资金近25亿元人民币。上市几年来的良好表现，使科龙集团在1997年、1998年连续两年获《亚洲货币》杂志“中国最佳管理公司”和“中国最佳投资者关系”殊荣。

短短3年内科龙电器实现两地上市，由镇政府实际控股的科龙电器达到鼎盛时期。1999年，科龙电器冰箱产量达到创纪录的265万台，销售总额58亿元，净利润达到近6.3亿元。但是，不彻底的产权改革，导致新规则与旧体制的碰撞，加上收购华宝空调后，规模不经济，给处于鼎盛时期的科龙电器留下巨大隐患。科龙是镇办企业，创业者和中层骨干与当地重要政经人员有着错综复杂的关系。镇政府通过容声集团控股科龙，集团与政府实为一体，集团董事会即为镇政府领导班子，既在政府领薪，又在上市公司获利。由于政府的左右，科龙电器在短暂的鼎盛之后迅速陷于动荡并走向衰退。2000 年、2001 年科龙电器销售额急剧下降，连续两年巨额亏损，戴上了 ST 的帽子。

为了摆脱内忧外患，政府需要外来企业进驻科龙。2001 年 10 月，顾雏军的格林柯尔受让原由顺德容桂镇政府持有的科龙电器 20.6% 的股权，成为其第一大股东。这一股权突如其来的转让却引起了极大的争议和怀疑，尤其是格林柯尔鲜为人知的背景。顺德格林柯尔是顾雏军为了收购广东科龙而在 2001 年 10 月注册的国内公司，其中顾雏军占 90% 的股份，其父占 10% 的股份。按当时的说法，注册资金 12 亿元人民币。顾雏军入主科龙的第一件事就是妥善清理原科龙的大股东占用上市公司资金问题，根据科龙公开的数据，当年集团公司欠上市公司的资金高达 12.7 亿元人民币。

顾雏军通过与原母公司容声集团谈判，改变最初的股权转让支付方式，根据 2002 年 3 月科龙公开的转让协议，容声集团将其所持有的科龙电器 2.04 亿股股份转让给格林柯尔，格林柯尔将此笔转让价款由原来的 5.6 亿元变更为 3.48 亿元，并直接交给科龙电器，代容声集团偿还所欠相应数额的关联欠款。这样，容声集团的关联欠款就减少到了 9.22 亿元。此后，容声集团以其拥有的科龙、容声注册商标的专用权的转让价款 64400 万元，以及土地发展中心拥有的 399614 平方米的土地使用权转让价款中的 21339.71 万元，用于归还对科龙电器的欠款。交易完成后，容声集团对科龙电器的欠款清偿完成。在此基础上，科龙电器同意免去容声集团的 5043.66 万元资金占用费。通过此项交易，彻底解决了科龙原股东的资金占用问题，同时，科龙也真正拥有了“科龙”、“容声”、“华宝”三个商标的使用权，为以后节省了因为使用商标而支付的数额不菲的管理费用（商标使用费）。

2002 年，顾雏军为科龙摘掉 ST 帽子，这个成绩放大了他身上的光环，一时间，各地政府、企业到科龙参观访问者络绎不绝，各类招商引资的项目更是让人眼花缭乱。之后，顾雏军以科龙电器的名义出资 2980 万元在江西南昌注册江西科龙实业发展有限公司（即“江西科龙”），其中科龙电器控股 60%，江西科龙为广东科龙的子公司。顾雏军还通过 GCL 公司控股格林柯尔制冷剂（中国）有限公司，合资成立江西格林柯尔实业发展有限公司。江西科龙作为投资主体在江西南昌工业园厂房内投资兴建 12 条空调生产线，并于 2003 年 11 月投入试生产。在顾雏军的规划中，江西南昌工业园是其未来的空调生产基地。根据顾雏军的测算，南昌生产基地的整体成本，较广东顺德低7%，对于利润愈来愈薄的家电业来说，能节省7%的成本已是业内的制胜利器。

2002年8月24日，顾雏军用广东科龙电器的名义以4000万元的价格对吉林吉诺尔进行并购，并改名为“吉林科龙”。吉诺尔公司前身为国家军工企业，1980年代初期转产民用产品。1986年引进日本富士通将军公司全套冰箱设备与技术，建成吉林市电冰箱总厂，其生产设备当时处于国内先进水平。吉诺尔冰箱厂发展初期，正值国内冰箱市场的快速成长期，产销量增长较快，1980年代末，跻身全国十大名牌冰箱之列，被誉为“东北王”。1996年开始，吉诺尔的经营危机逐渐显露，被迫停产。1999年开始，吉诺尔冰箱厂开始面向社会公开转让。2001年，吉林市政府为了寻求受让方，盘活国有资产，四处走访，先后与全国多家各大家电企业洽谈，其中包含TCL、康佳等一些国内著名企业，均未达成交易，最后，归入了顾雏军的旗下。

上海上菱电器是上海本地一家老牌家电制造类上市公司。上菱冰箱厂1985年投资8095万元引进日本三菱全套设备和先进技术，1987年开始批量生产，90年代中期，上菱进入全盛期，市场占有率居全国同业之首，经济效益也是全国同业冠军。但从90年代后期开始，随着海尔、科龙的登场，上菱开始走下坡路，日子一年不如一年。近年来经过主业转型后，公司主营业务已全面转向电梯、冷冻空调设备、印刷包装机械等高科技机电一体化产品领域。上菱电器的业务转型成功后，上菱冰箱设备以及其固有资产已成为同行业争夺的对象。顾雏军以科龙的名义用1000万元“低价”取得上菱冰箱账面近3000万元的两条冰箱生产线，用于建设扬州的冰箱出口基地。

顾雏军的另外一笔大收购是美菱电器。美菱的前身是合肥市二轻局下属第二轻工机械厂。1983年成立合肥电冰箱厂。1987年生产电冰箱达到6万余台。同年从意大利引进一条单班年产10万台、具有当时国际先进水平的生产线。1990年5月，美菱集团成立。两年后，集团公司进行股份制改造，组成合肥美菱股份有限公司，于1993年10月在深交所挂牌上市。由于与集团公司间的大量关联交易，美菱电器从成立之日起即包袱沉重。2001年，公司亏损3.5亿元。在其应收款项中，仅大股东美菱集团的占款即达3.68亿元之巨。为此，合肥市政府急寻对策，决定出售国有股份。

在顾雏军看来，美菱年产150万台冰箱和排名第四的市场占有率可以为其产业构想增添浓厚一笔。格林柯尔在美菱最暗淡的时候，主动找上门来。此时，合肥市政府也开始对有意收购者进行考察。双方不谋而合，谈判共进行了15个月。2003年5月31日，控股股东合肥美菱集团将其持有的美菱股份的国有股转让给格林柯尔。格林柯尔用现金2.07亿元进行收购，获得美菱股份20.03%的股权。由于美菱股份超过70%的股份为流通股，格林柯尔成为第一大股东之后，原大股东美菱集团以拥有9.8%的股份退居为第二大股东。与2001年底科龙电器转手顾雏军时的情形类似，此番美菱易帜之际，原美菱集团公司对美菱电器亦有巨额欠款，后者同样通过受让集团公司商标及土地的方式回收欠款。2002年，美菱集团向美菱电器转让位于合肥市经济技术开发区三宗共计24万平方米的土地，以抵偿1.23亿元债务。2003年11月，顾雏军入主美菱电器后，美菱电器再从集团公司手中受让位于开发区的土地93.5万平方米，以及集团公司下属合肥美菱洗衣机公司的房产及附属设施，以冲抵集团和洗衣机公司对其总计8.37亿元的债务。2004年11月，美菱集团又向上市公司出让开发区土地49.11万平方米，冲抵对后者的最后一笔4.19亿元的欠款。

2003年7月，格林柯尔旗下的广东科龙电器和杭州西泠集团签署合同，由科龙电器控股西泠集团70%的股份。格林柯尔系布局华东地区冰箱基地的一个“梯形”框架正清晰地浮出水面。广东科龙总部派出高管空降杭州，筹建杭州科龙电器有限公司，并且将西泠冰箱生产线作为科龙在华东的冰箱生产基地，这将极大地降低科龙在华东地区的物流成本，使科龙冰箱在华东市场更具竞争力。借助西泠原有的两条冰箱生产线，科龙在杭州的冰箱年产能可达到80万台。

对于顾雏军和他的格林柯尔来说，除了享受被并购企业未来收益之外，在现有条件下充分挖掘企业所在地的资产和关系，是其高明之处。比如，顾雏军在家乡扬州建立了科龙在华东的生产基地扬州科龙电器有限公司。扬州科龙对外宣称要“投资两三个亿”，建成一个“年产280万台冰箱的出口生产基地”。但科龙集团总裁刘从梦在接受《商务周刊》专访时表示，扬州科龙“投资不大，一千多万就搞定了；土地是扬州经济开发区的，享受了当地的优惠政策”。

通过一系列收购，顾雏军完成了其在冰箱产业的布局：华南的棋子是科龙，华东的棋子是上菱生产线和西泠基地，东北布下的棋子是吉诺尔基地，腹地深处有美菱。依托于科龙、美菱、容声和康拜恩四个品牌以及吉诺尔和上菱的生产线，顾雏军在高、中、低档冰箱产品上全部覆盖，形成差异化的竞争优势，同时也最大限度地降低了生产成本。顾雏军对其多品牌战略做出如下解释：我们的四个品牌，科龙在平均售价每升 15 块钱的市场上，容声在每升 10 ~ 12 块钱的市场上，美菱在 10 块钱的市场上，康拜恩在 7 块钱的市场上。他希望在康拜恩冰箱这个价位的市场中占领 80%，中低档冰箱占领 50% 以上，高档冰箱占 10% ~15%。

二、介入客车行业

顾雏军在冰箱行业之外开始也有一些小的动作，比如并购威力。威力集团的前身是生产农机具的集体所有制小厂，1980 年开始转产洗衣机，在 1994 年、1995 年产量一度达到 140 万台，从 1989 年到 1996 年连续 7 年产销量全国第一。威力在 1997 年开始滑坡，1998 年全面衰退，其负债据传超过 16 亿元。2004 年 10 月 28 日，顾雏军旗下的科龙电器发布公告，科龙电器及其全资子公司科龙发展与原中山威力控股方顺畅公司共同组建广东科龙威力电器有限公司，根据协议，科龙电器通过资产及现金形式出资 1933 万美元（约人民币 1.6 亿元），拥有科龙威力 80% 的股权。科龙此次收购实际上只付出了 604 万元美元（约 5000 万人民币）的现金，但却拥有了原中山威力的机器设备、威力品牌及中山市阜沙工业园 2 号路地段黄金土地等资产的控制权，而不用背负原中山威力高达上亿元人民币的债务。

然而，顾雏军和格林柯尔的真正大动作是在 2004 年开始转向客车行业。长期以来，由于城市客运属于公用服务性事业，有地方政策的扶持，因而传统企业不太注重技术方面的投入，产品更新换代周期长，技术水平落后，企业内部管理缺乏科学性。合资客车企业的发展加速了城市客车生产集中局面的瓦解。90 年代中期后，由于国外大量的客车企业看好中国巨大的市场，纷纷涌入，向中国输出豪华客车生产技术，中国的公路客车水平得到空前发展。伴随着高速公路突飞猛进的建设，公路客车市场竞争已经进入激烈状态，不少企业在竞争中遭受亏损。

作为国内最早也是最大的大中型豪华客车制造商，亚星客车在近二十年中一直占据国内客车行业领头羊的位置，自 1980 年开发出国内第一辆利用客车底盘生产的JT663客车至今，亚星客车的累计销量已超过了10万辆。1999年，江苏亚星集团组建成扬州亚星客车股份有限公司，并将其包装上市，即在上交所挂牌交易的上市公司亚星客车。可是，上市后亚星客车的经营状况每况愈下。特别是2002年，在汽车行业整体大幅增长的情况下，其净利润同比下降超过了50%。2002年8月，公司曾委托德隆旗下新疆金新信托投资股份有限公司投资国债，至2004年4月德隆系崩塌，亚星客车总计7000万元的投资血本无归。

2003年3月，正在四处谋求机会力图改制的亚星看到了当时格林柯尔对科龙电器民营化的成功以及对冰箱行业的有效整合，亚星需要的恰恰就是这种民营化的注入。格林柯尔在家电行业的业绩，对亚星来说无疑是个很大的诱惑。

顾雏军认为，客车业本质上属于“组装产业”，与彩电业、冰箱业、空调业并无本质不同；核心部件来自国外，辅助部件国内企业起点大致相同，客车企业间的竞争力，主要体现在企业管理、成本控制上。于是，2003年12月17日，格林柯尔发出全面收购要约。格林柯尔将受让亚星股份60.67%的国有法人股，是国内民营企业首次参与国内汽车行业上市公司的资产重组。格林柯尔收购亚星客车11527.25万股国有股付出的代价是，每股转让价格3.625元，股权转让价款总计41786.28万元，且转让价款全部以现金支付。

顾雏军在汽车领域的第二个大动作是收购襄阳汽车轴承股份公司(以下简称“襄轴”)。这个企业建厂于1968年，是我国“四五”期间国家重点项目。1993年，成立了襄阳汽车轴承股份有限公司，1996年底，襄轴股份转为公众公司并面向社会发行股票，1997年1月6日，“襄阳轴承”在深交所挂牌上市，其中襄阳汽车轴承集团公司持有总股本的33.40%，为上市公司第一大股东；流通股占总股本的56.18%。

襄阳轴承自上市以来，由于经营机制和管理体制难以彻底转换，加上国企历史包袱沉重，主业日益萎缩，自1996年以来经济效益逐年下滑，潜在亏损逐年累积，2000、2001和2002年连续三年巨额亏损，被实行特别处理，成为“ST襄轴”。2003年4月因连续三年亏损，公司一度被“暂停上市”。为避免摘牌退市，2003年，在襄樊市委、市政府操作下，通过出售土地等存量资产实现盈利，股票恢复交易，但因主业未能扭亏，仍被深交所作为“特别处理”。

2004年4月8日，襄轴与扬州格林柯尔签订了股份转让合同书，转让股份占总股本的29.84%。2004年6月，襄轴集团公司与扬州格林柯尔协议修改了公司股权的转让价格。新的收购价格比原价格上浮8%。7月27日，国务院国资委以《关于襄阳汽车轴承股份有限公司国有股转让有关问题的批复》（国资产权［2004］700号文）同意国有股权的转让。最终结果有待中国证券监督管理委员会批准。

在重金控股亚星客车、襄阳轴承两家国内上市公司后，格林柯尔又宣布通过其境外子公司GRC capital收购了世界著名汽车配件生产商汤姆肯斯（Tomkins）的子公司——盖兹国际（Gates International）在法国莱维斯（Nevers）的汽车管件工厂，同时收购欧洲著名汽车设计公司雷莱德产品发展公司（简称LPD），这两起收购均为全资收购。

格林柯尔收购的是世界著名汽配生产商汤姆肯斯旗下子公司——盖兹国际在法国的汽车管件工厂，汤姆肯斯是世界最大的汽车配件生产商之一，是伦敦证券交易所上市公司，年销售额达31亿多英镑。盖兹国际是其旗下主营传动皮带和汽车管件的公司，是世界上最大的传动皮带生产商，年销售额约14亿英镑。盖兹国际在法国的管件工厂的主要客户法国标致雪铁龙，是其在汽车及发动机管件生产和共同研发的合作伙伴。

另一家被格林柯尔收购的LPD公司，其前身是英国汽车巨头雷莱德（Leyland）汽车公司大车（卡车、公交车、公路客运车等）的研发部门，多年来一直从事大车的设计和制造，技术力量极为雄厚，客户包括世界著名汽车巨头。

经过3年多的攻城掠寨，在一系列收购完成之后，顾雏军已有4家A股公司和1家香港创业板公司，格林柯尔系已悄然成形。

三、遭受质疑

顾雏军似乎天生是个充满争议的人物，从其具有争议的“顾式理论”，到早期的发家史，到收购科龙的一夜成名，再到一连串的产业整合收购行动，再到引发全社会大讨论的“郎顾之争”，及最后因涉罪而锒铛入狱，整个历程遍布着质疑与争论，使他一直处于舆论注意的焦点。

1988年，顾雏军在英美合办的权威杂志《能源》上发表了论文《一个新型热力循环的研究》，声称突破了传统的卡诺循环理论，该理论被国际工程热物理学界命名为“顾氏循环理论”。中国制冷学会秘书长曹德胜认为，如果顾氏理论能够成立，则意味着热力学理论将被改写，用他的话说：“那是要得诺贝尔奖的。”1989 年，顾的师兄马一太、导师吕灿仁等人也联合发表文章《劳伦兹循环与顾氏循环》称：“顾氏循环在理论上不能成立，在技术上无独到之处，实验印证也不符合对比实验要求。”1992 年 9 月，国家科委有关部门在北京召开了关于“顾氏循环”技术推广的可行性论证会议，各地学者与顾雏军再次激烈交锋。这场辩论一直持续到 1996 年，最终导致了国内制冷学界与顾氏长达 10 年之久的对立。

顾雏军入主科龙后，格林柯尔制冷剂又成为人们议论的话题。2002 年初科龙的人事剧烈动荡，很大程度上是因为顾雏军试图向自己控制的科龙下属冰箱公司和空调公司兜售格林柯尔制冷剂导致。然而，由于格林柯尔制冷剂比普通的制冷剂贵近 10 倍，正在经过几次小批量试水，勉强进入科龙试用。顾雏军却要求科龙大量采购这种昂贵的制冷剂，因此受到了原科龙中高层及大部分董事的强烈抵制。这一对抗，直接导致科龙中高层的剧烈动荡，一批科龙旧臣出走。

顾雏军通过“整风运动”等一系列整合步骤，完全掌控了科龙后，却发现冰箱、空调的市场竞争异常激烈，另外，科龙急需摘掉 ST 的帽子，所以，除了在双高效空调（因为其市场售价较高且销量相对较少）上少量使用格林柯尔制冷剂外，科龙的制冷产品基本上继续采用业内常用的制冷剂。至于格林柯尔制冷剂，顾雏军把它推向售后服务系统。顾雏军借助科龙公司在全国 31 个省市 3000 个售后网点的庞大服务体系，推销其格林柯尔制冷剂，他改革了原来售后服务系统，设立相关的制度，使其格林柯尔制冷剂在制冷产品的维修服务市场大行其道。

顾雏军另外一个受到争议的事情是“小康空调”。有关小康空调的诉讼是当年引起舆论关注的重要新闻事件之一，1995 年 2 月 4 日《科技日报》在一篇题为《法律不可渎》的报道中记录了小康空调查封始末，文中指生产小康空调的惠州某空调制冷设备厂在 1993 年 7 月 21 日以后的五个月中，“连续九次无理拒绝了执法部门的抽样检查”，其后，又将已被惠州市技术监督局原地封存的 732 台空调机非法转移。1995 年 2 月 3 日惠州当地法院作出裁决，支持了技监局对该公司处以 600 万元罚款的决定。顾雏军当时是该公司的法人代表及董事长。这一案例还入选了《人民法院案例选》。

真正让顾雏军和格林柯尔身败名裂的是来自郎咸平教授的质疑，或者说批判。2004 年 8 月 9 日，香港中文大学教授郎咸平在复旦大学发表了题为《格林柯尔：在“国退民进”的盛宴中狂欢》的演讲。他认为，顾雏军先后收购了科龙、美菱、亚星客车以及ST襄轴等四家公司，号称投资41亿元，但实际只投入3亿多元。期间顾雏军采取了多种手法巧取豪夺，郎咸平将顾雏军的巧取豪夺归纳为“七大板斧”，即：安营扎寨、乘虚而入、反客为主、投桃报李、洗个大澡、相貌迎人以及借鸡生蛋。

郎咸平认为，顾雏军这种以较小成本“撬动”整体产业的操作，是一种时机、条件、谋略和操作手法上精心设计的共同结果。而这种看似奇迹的“撬动”已经在许多爆出丑闻的上市公司中重复上演。“资本神话”的背后，是疯狂运动的资本控制“黑手”，是巨额国有资产的悄然流失和违法者的一夜暴富。郎咸平教授宣称发现了顾雏军的“并购神话”的真相，认为后者采取了不正当的财务手段来侵吞国有资产。

郎咸平发表该言论后数日，格林柯尔集团委托的香港齐伯礼律师行向郎咸平递送了措辞严厉的律师警告函。这一律师函直接导致了郎咸平将那篇名为《在“国退民进”盛筵中狂欢的格林柯尔》的文章直接在国内门户网站上公布，顿时引起轩然大波。一时之间，“郎顾之争”闹得沸沸扬扬，引起了不少争论。“郎顾之争”的焦点在于，顾雏军是否侵吞了国有资产？顾雏军是否财务造假？而顾雏军在不同场合接受媒体记者采访时，公开否认自己的收购资金来自银行贷款以及上市公司，并提到“我的钱有国际背景”，“我用的是我个人的钱，是格林柯尔集团内部的钱”。

2005年3月，广东、江苏、湖北、安徽等地证券监管部门联合对格林柯尔涉嫌违规挪用其控股的上市公司科龙电器资金，收购美菱电器、襄阳轴承以及亚星客车三家上市公司的事件展开调查。4月初，这些机构正式展开联合调查。这次调查从时间来说对科龙乃至整个格林柯尔系的生产形成了致命的一击，因为4月份至7月份是制冷行业传统意义上的旺季，在整个年度里，这个时期的生产和销售，是影响着企业业绩最重要的时间段。4月到7月是空调的销售旺季，通常一年有近2/3的量在这个几个月内售出，企业在这个时期都会投入所有可能的资源，以确保万无一失。

正当各地证券监管部门开始着手查证格林柯尔系企业时，不利的消息接踵而来，危机开始引爆。2005年4月28日，格林柯尔系科龙电器年报预告出炉，公告称，预计2004年度亏损金额约为6000万元人民币。消息传出，科龙在深交所挂牌的A股在按例停牌一小时后，复牌股价即直落至跌停板，下滑10.12%；港股方面同样狂泻16.31%。之所以市场反应这么剧烈，是因为科龙上年前三个季度的利润在2亿元左右，而在科龙主业空调、冰箱市场基本正常运营的情况下，短短三个月内却来了个大变脸，原先2亿元的利润不见踪影，而且还额外出现6000万元的亏损。

5月10日，科龙电器正式发布公告：科龙公司因涉嫌违反证券法规被中国证监会立案调查。更重要的是，原来负责香港格林柯尔和科龙的会计师事务所德勤表示不再担任格林柯尔科技和科龙电器的审计师。虽然调查结论尚未最终公布，但科龙危机已经开始愈演愈烈，股票一再狂跌，直接影响了金融机构、供货商、经销商等对科龙的信心，银行不敢放款，供应商不敢供货，生产经营趋于严重困难，使科龙在银行融资和赊账方面遇到困难，现金流的紧张对供货商的供货及与经销商的合作构成连锁性冲击，令科龙错过了本年度冰箱及空调的生产和销售旺季，导致科龙2005年5月和6月的营业额较上年同期减少50%以上。与此同时，顾雏军已开始在香港上市公司的格林柯尔的股份进行减持。6月27日减持1000万股格林柯尔股份，套现465万港元。

四、结局

2005年7月下旬，证监会首次在北京找顾雏军谈话。7月29日17时左右，在北京奔走公关多时的顾雏军，在北京首都机场被警方带走。8月2日，证监会公布了调查结果，自2002年以来，科龙电器法定代表人、董事长顾雏军等人在科龙电器采取了虚增收入、少计费用等多种手段，虚增利润，导致科龙电器所披露的财务报告与事实严重不符，涉嫌构成未按有关规定披露信息、所披露信息有虚假记载及有重大遗漏等多项违反《证券法》有关规定的行为。同时，对在调查中发现的顾雏军及其实际控制的格林柯尔有关公司侵占科龙电器利益的犯罪行为及线索，证监会已移交公安机构及相关部门处理。

据查证，在2002~2004年的年报中，科龙电器累计虚增利润近4亿元。而在不到4年的时间里，顾雏军等人涉嫌挪用、侵占科龙电器财产累计发生额为34.85亿元。科龙公司在银行竟设有500多个账户，连公司内部工会的账户，都被借来转移资金。进驻科龙公司不久，顾雏军便开始在各地收购或新设控股子公司。调查显示，到案发时，科龙公司共有37家控股子公司、参股公司，28家分公司。而顾的私人公司格林柯尔公司在国内亦拥有12家公司或分支机构。

顾雏军首次大规模挪用科龙公司资金，竟是为了满足设立收购科龙公司的顺德格林柯尔公司之用。2001年10月22日，顾雏军以现金3亿元和专利技术使用权评估9亿元注册顺德格林柯尔公司，准备收购科龙公司，但其无形资产的出资比例不符合公司法的有关规定。为将其无形资产比例降低，顾雏军在2002年5月14日从科龙划拨1.87亿元到顾雏军在天津的私人公司，当日与顺德格林柯尔公司利用资金对倒的手法，虚假放大为6.6亿元，虚假出资满足了注册条件。

为收购扬州亚星客车股份有限公司，顾雏军2003年6月20日在扬州注册了扬州格林柯尔创业投资有限公司，在注册验资过程中，涉嫌占用科龙电器2.9亿元，且科龙电器未予披露。此后，扬州格林柯尔为筹集要约收购亚星客车股份的专项资金，于2003年12月10日至15日期间占用科龙电器1.65亿元资金，科龙电器未予公开披露。

科龙与格林柯尔之间上演过无数“左右手”互换把戏。围绕在顾雏军身边的有“科龙系”和“格林柯尔系”。“科龙系”主要由数家上市公司和各地子公司所构成，为顾雏军通过收购等方法打造而成；“格林柯尔系”则由顾雏军等人在境内外设立的私人公司所组成。

经查证，2002年5月，江西格林柯尔与南昌经济技术开发区管委会签订了协议。2002年10月，江西格林柯尔作为投资主体兴建厂房，江西科龙在厂房内投巨资兴建12条空调生产线，并于2003年11月投入试生产，当年产量4000多套，2004年产量达30多万套。对上述事实，科龙电器2002年、2003年年报未披露江西科龙与关联方江西格林柯尔共同投资的事项，2003年、2004年年报也未披露使用关联方巨额资产的事项。

2003年9月24日，珠海格林柯尔公司成立并在珠海市金湾区三灶镇青湾工业区内修建厂房，珠海科龙在此厂房内投资建设冰箱生产线及相关设备。科龙电器也未在2004年年报中披露上述事项。

科龙空调在2004年10月与关联方江西科盛工贸有限公司签订购买95吨制冷剂协议，此后科盛工贸将95吨格林柯尔R411C制冷剂送达科龙空调仓库，2005年4月科龙电器支付货款1282.5万元，科龙电器对上述事项并未披露。

总之，经证监会查明，2002~2004年，科龙电器采用虚构主营业务收入、少计坏账准备、少计诉讼赔偿金等手段编造虚假财务报告，导致其2002年年度报告虚增利润1.1996亿元，2003年年度报告虚增利润1.1847亿元，2004年年度报告虚增利润1.4875亿元。另外，科龙电器年报现金流量表也存在重大虚假记载。2003年科龙电器利用产品在科龙电器及其子公司之间的互相买卖，开具银行承兑票据和商业承兑票据到银行贴现，获取大量现金。经统计，科龙电器2003年年报合并现金流量表少计借款所收到的现金30.255亿元，少计偿还债务所支付的现金21.36亿元，多计经营活动产生的现金流量净额8.897亿元。

2006年7月，中国证监会根据科龙电器及其责任人员违法行为的事实、性质、情节与社会危害程度，依据原证券法、证券市场禁入暂行规定等有关规定，对科龙电器处以60万元罚款；对顾雏军给予警告并处30万元罚款，实施永久性市场禁入。对科龙电器案件涉嫌犯罪部分，证监会已依法移送公安机关追究刑事责任。

参 考 文 献

英文部分

[1] Ada Demb and Friedrich Neubauer, 1992, The Corporate Board, New York: Oxford University Press

[2] Alchian, A., Demsetz, H, 1972, Production, Information Costs, and Economic Organization, American Economic Review 62: 777 - 795

[3] Baliga, B. R., Moyer, R. C. and Rao, R. S., 1996, CEO Duality and Firm Performance: What is the Fuss?, Strategic Management Journal 17: 41 - 53

[4] Baysinger, B. and H. Bulter, 1985, Corporate Governance and the Board of Directors: Performance Effects of Changes in Board Composition, Journal of Law, Economics, and Organization 1: 101 - 124

[5] Benjamin E. Hermalin and Michael S. Weisbach, Boards of Directors as an Endogenously Determined Institution: A Survey of the Economic Literature, FRBNY Economic Policy Review, Forthcoming

[6] Benjiamin E. Hermalin and Michael S. Weisbach, 1998, Endogenenously Chosen Boards of Directors and their Monitoring of the CEO, American Economic Review 88: 96 - 118

[7] Berglof, Eric, 1991, Capital structure as a mechanism of control: a comparison of financial systems, in Aoki, M. Et al (eds) The Firm as a Nexus of Treaties, New York, Sage Publications

[8] Berle, Adolf, and Means, Gardiner, 1933, The Modern Corporation and Private Property New York, Commerce Clearing House

[9] Bhagat, S. and Black, B., 2000, Board Independence and Long-term Firm Performance, University of Colorado Working Paper

[10] Bhagat, S. and B. Black, 1999, The uncertain relationship between Board composition and Firm Performance, Business Lawyer 54: 921 - 963

[11] Bhagat, S., Black, B. S. and Blair, M., 1997, Relational investing and firm performance, Working paper. Columbia Law School, Center for Law and Economic Studies

[12] Brain, Hall and Kevin Murphy, 2001, Option Value does not equal Option Cost, World at Work Journal, Second Quarter, 23

[13] Brickley, J. A. Coles, J. L. and Jarrell, G., 1997, Leadership Structure: Separating the CEO and Chairman of the Board, Journal of Corporate Finance 3: 189 - 220

[14] Brickley, J., J. Coles and R. Terry, 1994, Outside Directors and Adoption of Poison Pills, Journal of Financial Economics 35: 371 - 90

[15] Brickley, J. A., Lease, R. C. and Smith, C. W., 1988, Ownership structure and voting on antitakeover amendments, Journal of Financial Economics 20: 267 - 291

[16] Brickley, J. and C. James, 1987, The takeover market, Corporate board composition, and ownership structure: the case of Banking, Journal of Law and Economics 30: 161 - 181

[17] Byrd, J. and K. Hickman, 1992, Do outside Directors Monitor Managers? Evidence from Tender offer Bids, Journal of Financial Economics 32: 195 - 207

[18] B. Holmstrom, 1999, Managerial Incentive Problems: A Dynamic Perspective, Review of Economic Studies 66, no. 1: 169 - 82

[19] Bengt Holmstrom, 1982, Moral Hazard in Teams, Bell Journal of Economics, 13: 324 - 40

[20] Bengt Holmstrom, 1979, Moral Hazard and Observability, Bell Journal of Economics, 10: 74 - 91

[21] Carolyn Kay Brancato, 1999, Institutional Investors and Corporate Governance, Best Practices for Increasing Corporate Value, Chicago, IRWIN

[22] Charles R. Geisst, 1997, Wall Street: a History, New York, Oxford University Press

[23] Claessens, Stijn, Simeon Djankov and Larry H. P. Lang, 1999, Expropriation of Minority Shareholders: Evidence from East Asia, Policy Research Working Paper 2088, World Bank, Financial Sector Practice Department, Washington D. C.

[24] Claessens, Stijn, Simeon Djankov and Larry H. P. Lang, 1999, Who Controls East Asian Corporations?, Policy Research Working Paper 2054, World Bank, Financial Sector Practice Department, Washington D. C.

[25] Cosh, A. D., Hughes, A., 1987, The anatomy of corporate control: directors, shareholders and executive remuneration in grant US and UK corporations, Cambridge Journal of Economics 11: 285 - 313

[26] Coase, 1991, The Firm, the Market, and the Law, University of Chicago Press

[27] Cynthia J. Campbell and Charleys E. Wasley, 1999, Stock-based Incentive Contract and Management Performance: A Case of Ralston Purina Company, Journal of Financial Economics, 51: 195 - 217

[28] Demsetz, H., 1988, Ownership, Control and the Firm, Vol 1 of The Organization of Economic Activity, Oxford, Basil Blackwell

[29] Demsetz, Harold. and Lehn, Kenneth, 1985, The Structure of Corporate Ownership: Causes and Consequences, Journal of political Economics, 93: 1155 - 1177

[30] Demsetz, Harold, 1983, The structure of ownership and the theory of firm, Journal of Law and Economics, 26: 375 - 390

[31] D. Gordon Smith, 1996, Corporate Governance and Managerial Incompetence: Lessons From Kmart, North Carolina Law Riview, 74: 1037 - 1139

[32] Defond, and Park, 1999, The effect of competition on CEO turnover, Journal of Accounting and Economics

[33] DeLong, J. B., Did J. P., 1991, Morgan's men add value? An economist's perspective on financial capitalism. In Inside the business Enterprise: Historical Perspectives on the Use of Information, ed. P. Temin, Chicago: University of Chicago Press: 205 - 49

[34] Edward Paul Matter and Michael Ball, 1985, Handbook for Corporate Directors, New York: McGraw-Hill Book Company

[35] Edward J. Kane, 2001, Using deferred compensation to strengthen the ethics of financial regulation, NBER Working Paper Series, No. 8399

[36] Eisenberger, T., S. Sundgren, and M. Wells, 1998, Larger Board Size and Decreasing Firm Value in Small Firms, Journal of Financial Economics 48: 35 – 54

[37] Fama, Eugene and Jensen. Michael, 1985, Organizational Forms and Investment Decisions, Journal of Financial Economics, 14: 101 – 119

[38] Fama, Eugene F. And Jensen, Michael C., 1983, Agency Problems and Residual Claims, Journal of Law and Economics, 26: 327 – 349

[39] Fama, Eugene F. And Jensen, Michael C., 1983, Separation of Ownership and Control, Journal of Law and Economics, 26: 301 – 326

[40] Fama, Eugene., 1980, Agency Problem and the Theory of the Firm, Journal of Political Economy, 88: 288 – 307

[41] Fama, E. 1980, Agency Problems and the Theory of the Firm, Journal of Political Economy, 88: 288 – 307

[42] Fred J. Weston, Kwang S. Chung, Juan A. Siu, 1998, Takeovers, Restructuring, and Corporate Governance, Prentice Hall

[43] Furtado, E. and Rozeff, M., 1987, The Wealth Effects of Company Initiated Management Changes, Journal of Financial Economics, 18: 147 – 60

[44] Grossman, Sanford J., and Hart, Oliver D., 1986, "The Costs and Benefits of Ownership: A Theory of Vertical and Lateral Integration", Journal of Political Economy, 94: 691 – 719

[45] Gilson, S., 1990, Bankrupcy Boards, banks and Blockholders, Journal of Financial Economics 27: 355 – 87

[46] Grundfest, Joseph., 1990, Subordination of American Capital, Journal of Financial Economics, 27: 89 – 114

[47] Gerald Roland, 2000, Transition and Economics, Boston: MIT Press

[48] Gibbons, R. and K. Murphy, 1990, Relative Performance Evaluation for Chief Executive Officers, Industrial and Labor Relations Review, 43: 30 – 51

[49] Hall, Brian, 2001, Circon, Harvard Business School Case, 801 – 403

[50] Hallock, K. 1997, Reciprocally Interlocking Boards of Directors and Executive Compensation, Journal of Financial and Quantitative Analysis, 32: 331 – 334

[51] Hart, O., 1995, Firms, Contracts and Financial Structure, Oxford: Clarendon Press

[52] Hart, Oliver D., and Moore, John, 1990, Property Rights and the Nature of the Firm, Journal of Political Economy, 98: 1119 – 1158

[53] Hermalin, B. 1994, Heterogeneity in Organization Form: Why otherwise Identical Firms choose Different Incentives for Their managers, Rand Journal of Economics 25: 518 – 37

[54] Hermalin, B. and M. Weisbach, 1991, Effects of Board Composition and Direct Incentives on Firm Performance, Financial Management 20, no4: 101 – 112

[55] Hermalin, B. and M. Weisbach, 1988, The Determinants of Board Composition, Rand Journal of Economics 19: no4: 589 – 606

[56] Jensen, Michael, 1993, The Modern Industrial Revolution, Exit, and the Failure of Internal Control Systems, Journal of Finance, 48: 831 – 80

[57] Jensen, Michael, 1986, Agency Costs of Free Cash Flow, Corporate Finance, and Takeover, American Economic Review 76: 323 – 329

[58] Jensen, Michael and Ruback, Richard, 1983, The Market for Corporate Control: the Scientific evidence, Journal of Financial Economics 11: 5 – 50

[59] Jensen, Michael C, 1983, Organization Theory and Methodology, Accounting Review, 58: 319 – 339

[60] Jensen, Michael C. and Meckling, William H., 1976, Theory of the firm: Managerial Behavior, Agency Costs and Ownership structure, Journal of Financial Economics, 3: 305 – 360

[61] Johnson, W. Bruce, Robert Magee, Nandu Nagarajan, and Harry Newman, 1985, An analysis of the stock price reaction to sudden executive deaths: implications for the management labor market, Journal of Accounting and Economics 7: 151 – 174

[62] John Y. Campbell, Andrew W. Lo, and A. Craig MacKinlay, 1997, The Econometrics of Financial Markets, New Jersey: Princeton University Press

[63] Kaen, F. R., 2004, A Blueprint for Corporate Governance, AMACOM: American Management Association

[64] Kaplan, S. And Bernadette Minton, 1994, Appointments of outsiders to Japanese Boards: Determinants and implications for managers, Journal of Financial Economics 36: 225 – 58

[65] Kang, Jun-Koo and Anil Shivdansani, 1995, Firm Performance, Corporate Governance, and Top Executive Turnover in Japan, Journal of Financial Economics, 38: 29 – 58

[66] Kester, W. Carl, Japanese Takeovers: The Global Contest for Corporate Control, Boston: Harvard Business School Press

[67] Klein, A., 1998, Firm Performance and Board Committee Structure, Journal of Law and Economics 41: 275 – 299

[68] Kosnik, R., 1990, Effects of Board of Demography and Directors' Incentives on Corporate Greenmail Decisions, Academy of Management Journal 33: 129 – 150

[69] Kole, S. 1997, The complexity of Compensation Contracts, Journal of Financial Economics, 43: 79 – 104

[70] Larner, R. J., 1966, Ownership and control in the 200 largest non-financial corporations, American Economic Review 56: 777

[71] Lutgart Van den Berghe and Liesbeth De Ridder, 1999, International Standardization of Good Corporate Governance: Best Practices for the Board of Directors, Boston: Kluwer Academic Publishers

[72] Lars Oxelheim and Trond Randoy, 2001, The Impact of Foreign Board Membership on Firm Value, The Research Institute of Industry Economics, Working Paper No. 567

[73] Lipton, M. and Lorsch, J., 1992, A Modest Proposal for Improved Corporate Governance, Business Lawyer, 48, no. 1: 59 – 77

[74] La Porta, Rafael, Florencio Lopez-de-Silanes and Andrei Shleifer, 1999, Corporate Ownership around the World, Journal of Finance, 54: 471 – 517

[75] Mara Facio, Larry H. P. Lang and Leslie Young, 2001, Dividends and Expropriation, The American Economic Review, 91: 54 - 78

[76] Margaret M. Blair, 1995, Ownership and Control: Rethinking Corporate Governance F or the 21st Century, Washington, D. C., The Brookings Institute

[77] Manne, Henry, 1965, Mergers and the Market for Corporate Control, Journal of Political Economy 73: 110 - 120

[78] McConnell, John, and Chris Muscarella, 1986, Corporate Capital Expenditure Decisions and the Market Value of the Firm, Journal of Financial Economics 14: 399 - 422

[79] Modigliani, F. And Miller, M. H., 1958, The cost of Capital, Corporation Finance, and the theory of Investment, American Economic Review, 48: 261 - 297

[80] Morck, Randall, Andrei Shleifer, and Robert W. Vishny, 1988, Management Ownership and Market Valuation: An Empirical Analysis, Journal of Financial Economics, 20: 293 - 316

[81] Morikawa, H., 1992, Zaibatsu: The Rise and Fall of Family Enterprise Groups in Japan, Tokyo, University of Tokyo Press

[82] Mace, M., 1986, Board of Directors: Ryth and Reality, Boston: Harvard Business School Press

[83] Mayers, D., A. Shivdasani, and C. Smith, 1997, Board Composition and Corporate Control, Evidence from the Insurance Industry, Journal of Business

[84] Ning, Xiangdong, 2000, "What Is the Matter with the Governance Structure in Chinese State-owned Enterprises?", Ownership Reform in China and its Impact on the Development of the Economy, Liu Bolong et al eds. Publication Center, University of Macau

[85] Ning, Xiangdong, 2000, "The Policy Enforcement in the Transition: A Case in Chinese Coal Industry" in Proceedings of The 4th International Conference of Economic Transition

[86] Paul Milgrom and John Roberts, 1992, Economics, Organization and Management, New Jersey, Prentice Hall

[87] Pi, L. and Timme, S. G., 1993, Corporate Control and Bank efficiency, Journal of Banking and Finance 17: 515 - 530

[88] Putterman, L., 1993, Ownership and the nature of the firm, Journal of Comparative Economics, 17: 243 - 263

[89] Rediker, K. And A. Seth, 1995, Boards of Directors and Substitution Effects of Alternative Governance Mechanisms, Strategic Management Journal, 16: 85 - 99

[90] Rechener, P. L. and Dalton, D. R., 1991, CEO Duality and Organizational Performance: a Longitudinal analysis, Strategic Management Journal 12: 155 - 160

[91] Rosenstein, S. and J. Wyatt, 1997, Inside directors, board effectiveness, and shareholder wealth, Journal of Financial Economics, 44: 229 - 250

[92] Rosenstein, S. and J. Wyatt, 1990, Outside Directors, Board Independence, and Shareholder Wealth, Journal of Financial Economics, 26: 175 - 184

[93] Shleifer, Andrei and Robert W. Vishny, 1995, A Survey of Corporate Governance, National Bureau for Economic Research, Working Paper, 5554

[94] Vancil, R. F., 1987, Passing the Baton: Managing the Process of CEO Succession, Boston: Har-

vard Business School press

[95] Van Nuys, 1993, Corporate Governance through the Proxy Process: Evidence from the 1989 Honeywell Proxy Solicitation, Journal of Financial Economics 34: 101 –132

[96] Williamson, 1985, The Economic Institutions of Capitalism: Firms, Markets and Relational Contracting, New York, The Free Press

[97] Williamson, Oliver, 1979, Transaction-cost Economics: The Governance of Contractual Relations, Journal of Law and Economics, 22: 233 –261

[98] Williamson, O. E., 1964, The Economics of Discretionary Behavior: Managerial Objectives in a Theory of the Firm, NJ: Prentice Hall

[99] Weisbach, M., 1988, Outside Directors and CEO turnover, Journal of Financial Economics, 20: 431 –60

[100] Warther, V., 1998, Board Effectiveness and Board Dissent: A Model of the Board's Relationship to Management and Shareholders, Journal of Corporate Finance

[101] Welch, E. F., Fleming, G. A. and Heaney, R. A., 2000, The Shareholder Wealth Effects of Director Departure Announcements, Australia National University Working Paper in Finance No00 –08

[102] Warner, J. B., Watts, R. L. and Wruck, K. H., 1988, Stock prices and top management changes, Journal of Financial Economics, 20: 461 –92

[103] Yermack, D. 1996, Higher market valuation of companies with a small board of directors, Journal of Financial Economics 40, 185 –211

[104] Zajac Westphal, 1994, The costs and Benefits of Managerial Incentives and Monitoring in Large U. S. Corporations When Is More Not Better?, Strategic Management Journal, 15: 121 –142

中文部分

[1] [美] 约瑟夫·熊彼特. 经济分析史. 北京：商务印书馆，1991

[2] [美] 加里·D·利贝卡普. 产权的缔约分析（中译本）. 北京：中国社会科学出版社，2001

[3] [意] 瓦莱里奥·卡斯特罗诺沃. 意大利经济史. 北京：商务印书馆，2000

[4] [意] 路易吉·德罗萨. 战后意大利经济. 北京：中国经济出版社，1999

[5] [日] 奥村宏. 法人资本主义. 北京：三联书店，1990

[6] [日] 青木昌彦. 日本经济中的信息、激励与谈判. 北京：商务印书馆，1994

[7] [日] 青木昌彦. 转轨经济中的公司治理结构：内部人控制和银行的作用. 北京：中国经济出版社，1995

[8] [日] 青木昌彦. 经济体制的比较制度分析. 北京：中国发展出版社，1999

[9] [美] 马克·洛. 强管理者，弱所有者. 上海：上海人民出版社，2000

[10] [美] 小阿尔弗雷德·钱德勒. 看得见的手. 北京：商务印书馆，1985

[11] [美] 多米尼克·诺拉. 华尔街的企业兼并. 北京：中国对外经济贸易出版社，1991

[12] [美] 路易斯·洛温斯坦. 公司财务的理性与非理性. 上海：上海远东出版社，1999

[13] [美] 索贝尔·西西利亚. 企业家. 北京：三联书店，1989

[14]［美］克拉夫等．美国文化的经济基础．北京：三联书店，1992

[15]［美］大卫·史文森．机构投资与基金管理的创新．北京：中国人民大学出版社，2002

[16]［美］富兰克林·艾伦．比较金融系统（中译本）．北京：中国人民大学出版社，2002

[17]［美］泰格·利维．法律与资本主义的兴起（中译本）．上海：学林出版社，1996

[18]［美］伦纳得·小唐尼等．美国人和他们的新闻（中译本）．北京：中信出版社，沈阳：辽宁教育出版社，2003

[19]［日］今井贤一等．现代日本企业制度（中译本）．北京：经济科学出版社，1995

[20]［英］艾兰·布雷克．董事会的构建（中译本）．北京：经济管理出版社，2003

[21]［芬］斯塔凡·布鲁恩等．诺基亚传奇（中译本）．北京：机械工业出版社，2001

[22]［日］冈崎哲二．经济史上的教训（中译本）．北京：新华出版社，2004

[23]［英］R·西拉等．国家、金融体制与经济现代化（中译本）．成都：四川人民出版社，2002

[24]［美］道格拉斯·C·诺思．经济史中的结构与变迁（中译本）．上海：上海三联书店，1991

[25]［美］杰拉尔德·冈德森．美国经济史新编（中译本）．北京：商务印书馆，1994

[26]［美］卡尔森．所有权与价值创造（中译本）．上海：上海交通大学出版社，2003

[27]［美］罗伯特·蒙克斯．公司治理（中译本）．北京：中国财政经济出版社，2004

[28]［英］乔纳森·巴伦·巴斯金．公司财政史（中译本）．北京：中国经济出版社，2002

[29]［美］沃德．新世纪董事会（中译本）．上海：上海交通大学出版社，2002

[30]［美］杰伊·A·康格等．公司治理结构（中译本）．上海：上海交通大学出版社，2002

[31]［美］路易斯·普特曼．企业的经济性质（中译本）．上海：上海财经大学出版社，2000

[32]［英］卡尔·莫尔等．历史能重复自身吗（中译本）．南京：江苏人民出版社，2002

[33]［英］萨德沙纳姆．兼并与收购（中译本）．北京：中信出版社，1998

[34]［美］罗森堡等．西方致富之路（中译本）．北京：三联书店，1989

[35]［英］考特．简明英国经济史（中译本）．北京：商务印书馆，1992

[36]［美］布来克福德．西方现代企业兴起（中译本）．北京：经济管理出版社，2001

[37]［美］布来恩·伯勒等．大收购（中译本）．海口：海南出版社，1997

[38]［美］乔尔·塞利格曼．华尔街变迁史（中译本）．北京：经济科学出版社，2004

[39] 公司法及其配套规定．北京：中国法制出版社，2002

[40] 张维迎．企业理论与中国企业改革．北京：北京大学出版社，1999

[41] 李维安等．公司治理教程．上海：上海人民出版社，2002

[42] 何家成．公司治理比较．北京：经济科学出版社，2003

[43] 何家成．公司治理结构、机制与效率．北京：经济科学出版社，2004

[44] 杨心宇．法理学研究：基础与前沿．上海：复旦大学出版社，2002

[45] 毛亚敏．公司法比较研究．北京：中国法制出版社，2001

[46] 陈志武等．安然华尔街完美案例．北京：中国城市出版社，2002

[47] 王森等．美国证券市场：制度、运作与监管．北京：经济科学出版社，2002

[48] 周德武．解读华尔街．台北：海鸽文化出版社，2003

[49] 吴敬琏，周小川等．公司治理结构债务重组和破产程序．北京：中央编译出版社，1999

[50] 谭安杰．企业督导机制与现代企业部门的发展．上海：上海社会科学院出版社，2000

[51] 王彬．公司的控制权结构．上海：复旦大学出版社，1999

[52] 熊海斌等. 股东行为与股东产权. 北京：中国城市出版社，2002
[53] 高先民. 上市公司的秘密. 北京：世界图书出版公司，2001
[54] 郎咸平，张信东等. 中外家族控制上市公司比较. 新财富，2002（8）
[55] 李南雄. 关于中国腐败现象的研究. 经济社会体制比较，1989（1）
[56] 张春霖等. 中国的公司治理与企业改革. 北京：中国财政经济出版社，2002
[57] 宁向东. 管理 10 论. 北京：中国发展出版社，2004
[58] 宁向东. 国有资产管理与公司治理. 北京：企业管理出版社，2003
[59] 宁向东等. 职工持股的理论进展与国际经验. 经济问题，2004（9）
[60] 宁向东等. A 股与 H 股市场的差异与互动. 中央财经大学学报，2004（8）
[61] 宁向东等. "年报" 与 "非典" 的公告日效应：比较与含义. 中国管理科学，2004（1）
[62] 宁向东等. 内部职工持股：目的与结果. 管理世界，2004（1）
[63] 宁向东等. 分红与配股联动：大股东剥夺的含义. 数量经济技术经济研究，2003（11）
[64] 宁向东. 公司治理研究的均衡观及其意义. 南开管理评论，2003（5）
[65] 宁向东等. 关于买卖报价价差及其决定因素的实证研究. 数量经济技术经济研究，2002（6）
[66] 宁向东等. 股利政策与利益主体的博弈关系. 经济管理（新管理），2002（16）
[67] 宁向东等. 关于上市公司特别处理制度的研究. 会计研究，2001（8）
[68] 宁向东. 拯救中小企业. 北京：经济管理出版社，2000
[69] 宁向东. 走向高潮：权利、制度与体制转换. 南宁：广西人民出版社，1993